全国中医药行业高等教育"十三五"创新教材

医药信息检索

（供中医学、中西医临床医学、中药学、药学、检验学等专业用）

主　编　孙　玲（湖北中医药大学）
副主编　陆伟路（上海中医药大学）
　　　　李　欣（湖北中医药大学）
　　　　王喜臣（长春中医药大学）
　　　　戴　翥（云南中医药大学）

中国中医药出版社
·北京·

图书在版编目（CIP）数据

医药信息检索 / 孙玲主编 .—北京：中国中医药出版社，2019.7
全国中医药行业高等教育"十三五"创新教材
ISBN 978 – 7 – 5132 – 5567 – 7

Ⅰ .①医…　Ⅱ .①孙…　Ⅲ .①医药学—信息检索—中医学院—教材
Ⅳ .① R–058

中国版本图书馆 CIP 数据核字（2019）第 080524 号

中国中医药出版社出版

北京经济技术开发区科创十三街 31 号院二区 8 号楼
邮政编码　100176
传真　010–64405750
河北省武强县画业有限责任公司印刷
各地新华书店经销

开本 787×1092　1/16　印张 18.25　字数 411 千字
2019 年 7 月第 1 版　2019 年 7 月第 1 次印刷
书号　ISBN 978 – 7 – 5132 – 5567 – 7

定价　58.00 元
网址　www.cptcm.com

社 长 热 线　010–64405720
购 书 热 线　010–89535836
维 权 打 假　010–64405753

微信服务号　zgzyycbs
微商城网址　https://kdt.im/LIdUGr
官 方 微 博　http://e.weibo.com/cptcm
天猫旗舰店网址　https://zgzyycbs.tmall.com

如有印装质量问题请与本社出版部联系（010–64405510）

全国中医药行业高等教育"十三五"创新教材

《医药信息检索》编委会

编写说明

随着信息技术的发展和传播方式的变革，检索工具也发生了质的变化，从纸质文本检索逐渐转向了电子文本检索。文献检索在提高医学生对医学领域信息资源的管理、建设、检索能力，培养情报意识，提高信息素养，进而在自如获取知识、学会终身学习等方面具有积极作用。

1984年教育部发布了《关于在高等学校开设〈文献检索与利用课〉的意见》的通知，要求"凡是有条件的学校可作为必修课，不具备条件的学校可作为选修课或先开专题讲座以后逐步发展完善"，目的在于"提高大学生的自学能力和独立研究能力"，把学生由知识型人才培养成为素质型人才，特别注重学生自学和独立研究能力的培养。这一文件的颁布，使文献检索课教学有了明确的发展方向，走向了正规化。

1999年《中共中央 国务院关于深化教育改革 全面推进素质教育的决定》对高等教育实施素质教育提出了明确要求："高等教育要重视培养大学生的创新能力、实践能力和创业精神，普遍提高大学生的人文素养和科学素质。"

习近平总书记也在多次讲话中提出要大力推进素质教育，2013年9月30日中共中央政治局第九次集体学习时提出"要深化教育改革，推进素质教育，创新教育方法，提高人才培养质量，努力形成有利于创新人才成长的育人环境"。2016年12月7日在全国高校思想政治工作会议上习总书记也指出："只有培养出一流人才的高校，才能够成为世界一流大学。""办好我国高校，办出世界一流大学，必须牢牢抓住全面提高人才培养能力这个核心点，并以此来带动高校其他工作。"

教育部高等学校图书情报工作指导委员会出台并两次修订了确立高校图书馆地位、规范高校图书馆工作的《普通高等学校图书馆规程》，规定要加强图书馆的教育职能和情报职能，目的就是要培养学生的情报意识，掌握文献检索的方法和技能，使之在未来的医学和科研工作中有独立获取和运用文献的能力，最大限度地继承前辈的经验，提高医疗水平，做出科研成果。

医学信息检索课作为信息检索学科的一个分支，经过近三十年的发展已初具规模。20世纪80年代，美国著名的医学期刊连续刊载医学文献检索方面的专题文章，提出对临床医学人员进行信息检索教育。目前，国内设置有医学信息专业教育的高等学校不在少数，并且医学高等院校均开设了不同形式的医学信息检索课程。医学信息检索的本科教育、研究生教育都有了一定的基础。

本教材以培养医学院校的研究生、本科生的信息素养为宗旨，力求提高医学生的信息意识和精准获取信息的能力。内容的组织和编排符合高等医药院校的教育特点和中医药人才培养目标的要求，注重实用，方便教学，遵循医药信息检索与利用的规律，定位准确，侧重学生信息获取方式、方法和利用医药信息分析问题、解决问题能力的培养，所用数据为最新数据，数据库、网络资源的截图为交稿前的最新界面。教材全部选用医学、药学，以及具有中医药特点和内容的检索示例。每章后面均附有思考题和练习题。

本教材共八章，第一章由孙玲、李欣编写；第二章、第七章由黄玲玲编写；第三章、第八章由李欣编写；第四章由贺艳慧编写；第五章由李旺、伊富红编写；第六章由李友巍、贾佳编写。

医药信息检索已纳入湖北中医药大学研究生指定公选课和选修课，医、药学类本科生必修课已开设多年，参与本教材编写者皆为承担本门课程教学的教师，这使本教材的质量得到了保证。教材编写过程中得到了中国中医药出版社领导和编辑的指导和支持，得到了兄弟院校的支持和参与，在此表示衷心感谢。教材编写借鉴了前人的研究成果，在这里感谢参考文献的作者。

尽管编写者尽了最大努力，力求编写出高质量的教材，但难免不足之处，敬请各位同道和读者提出宝贵意见，以便再版时修订提高。

《医药信息检索》编写组
2019年2月

目 录

第一章　医药信息检索基础 ▷▷▷▷

第一节　绪　论

一、信息检索现状与发展趋势

目前，信息技术快速发展，信息环境变化巨大，互联网已经成为科学研究和技术开发不可缺少的工具。面对现代纷繁复杂的海量信息资源，如何便捷、准确地检索到所需信息已经成为全球用户关注的焦点问题。随着计算机技术、通信技术、激光技术、自动控制技术和人工智能技术等信息技术的突飞猛进，信息检索作为一门学科也发生了翻天覆地的变化。现在，信息检索已经发展到网络化阶段，信息检索的对象已从过去由独立数据库集中管理的信息内容扩展到更新快、分布广泛、管理松散的网络内容；信息检索的用户也由原来的信息专业人员扩展到科研人员、高校教师、学生、管理人员、商务人员等，他们对信息检索从结果到方式都提出了更高、更多样化的要求。信息检索的发展趋势和发展方向也就成为人们所关注的问题。信息检索的发展趋势主要表现为智能化、可视化、简单化、多样化和个性化。

（一）智能化

智能化是网络信息检索发展的重要方向。近年来，人工智能技术在网络信息检索中的应用，极大地推动了信息检索的智能化趋势。目前，越来越多的检索工具重视自身在检索功能及检索服务上的智能化程度，人工智能产品不断涌现，如智能搜索引擎（intelligent search engine）、智能浏览器（intelligent browser）、智能代理软件（intelligent agent）、知识共享智能体（knowledge-sharing agent）等。智能化检索是基于自然语言的检索形式，检索系统根据用户所提供的以自然语言表述的查询计划、意图进行分析，而后形成检索策略进行搜索，也可对用户的兴趣方向进行推理，自动进行信息搜集过滤，自动地将用户感兴趣的、对用户有用的信息推送给用户，甚至还能体会出用户的言外之意，最大限度地满足用户的需求。用户所需要做的只是告诉检索系统想要什么，至于怎样实现则无需人工干预。随着人工智能技术的逐步发展、完善，各种相关硬件与软件的应用，都会极大地利于网络信息检索的智能化，会越来越方便用户用时准确地检索信息。

（二）可视化

可视化是提供一种可见的语义关系，运用计算机图形学和图像处理技术，使提问与检索结果以及检索到的各文献之间的数据、关系转换为图形或图像在屏幕上显示出来，提供一种有效的信息反馈机制，即所谓的"所见即所得"，让用户对所检索的信息分布状况一目了然，了解提问与检索结果之间以及各结果之间的语义关系，帮助用户判断检索结果的相关性，减少了理解检索结果的时间，具有交互性、多维性、可视性等特点。哲学家柏拉图指出，我们通过看图识别物体。据统计，人获取信息 70% 靠视觉，20% 靠听觉，10% 靠触觉。可视化信息检索极大地改善了检索系统的人 – 机交互性能，避免了繁琐的操作过程，使用户更直接、方便、快速、高效地获取信息和知识。

（三）简单化

未来家用电脑将朝着智能化、网络化、人性化和绿色环保的方向发展；操作系统的用户友好性将不断增强；各搜索引擎检索界面更加"傻瓜化"，用户学习和网络信息检索更加容易；网上自动标引、自动文摘、自动跟踪、自动漫游、机器翻译、多媒体技术、动态链技术、数据挖掘和信息推拉等技术逐步发展、完善，越来越方便用户及时、准确地检索信息。这些硬件与软件技术的发展都有利于网路信息检索的简单化。

（四）多样化

多样化首先表现在可以检索的信息形态多样化，如文本、声音、图像、动画。目前，网络信息检索的主体是文本信息，基于内容的检索技术和语音识别技术的发展，将使多媒体信息的检索变得更加普遍。其次，检索工具向多国化、多语种化方向发展。网络的迅速发展，使得整个世界变成了地球村，世界各地上网人数的不断增多，使得英语已无法满足所有用户的需要，语言障碍越来越明显。第三，网上检索工具的服务多元化，网上检索工具已不仅是单纯的检索工具，正在向其他服务范畴扩展，如提供站点评论、天气预报、新闻报道、股票点评、各种黄页（如电话号码）、航班和列车时刻表、地图等，多种面向大众的信息服务、免费电子信箱，以多种形式满足用户的需要。第四，网络信息检索可以间接地服务于其他行业。例如，数据挖掘技术可用于分析历史数据的变化趋势，预测未来发展方向，发现大量数据中潜在的模式规律，为投资、科研、项目评估等提供有力的依据。第五，可以系统地、定量地分析目前较为热门的研究发展领域，查询频繁更新的文献资料种类，可使信息中心、图书馆等信息服务机构不断调整文献资料和图书订阅、收集工作，做到有的放矢，向以需求为驱动的方向发展，建立一套更为系统、科学的管理方式。

（五）个性化

个性化是指各网站注重内容的特色化和提供个性化服务。网络资源的指数级膨胀，使得用户在获得自己需要的信息资源时需要花费大量的时间和精力。随着互联网的快速发展，每个人的不同信息需求将凸现于标准化、单一的"大众需求"之上，并成为各个网站努力追求的对象。不同的打有消费者个人烙印的产品将成为某个消费者区别他人、感觉自我存在及独特的外在标志，个性化服务成功的实质在于提供了真正适应用户需要的产品，贯彻了以用户为中心的理念。

总之，科技是要素，信息是基础，信息检索是手段，发展是目的。

二、医药学信息素养教育

21 世纪是信息化社会，网络环境下人们的工作和生活方式发生了深刻的变化，其中最迫切的是需要社会成员的信息素养普遍提高。信息素养既是信息时代的产物，又是人们在这个时代必备的生存之道。信息检索课教学的目的就是培养与增强大学生的信息素养。

"信息素养"（Information literacy）一词最早出现于美国信息产业协会（IA）主席 Paul Zurkowski 在 1974 年给美国政府的报告中，其含义是"利用大量的信息工具及主要信息源使问题得到解答的技术和技能"。1989 年，美国图书协会（ALA）主席委员会出版了《总结报告》。这个报告定义了信息素养的四个组成部分：确定何时需要和查找信息的能力，有效评估和使用信息的能力。随着时代的发展，人们对"信息素养"概念的理解和认识不断深入，其内涵也在发生变化。虽然目前尚无确切的定义，但比较一致的看法是：信息素养是人们能够判断确定何时需要信息，并且能够对信息进行检索、评价和有效利用的能力。

在西方发达国家，信息素养早已进入学校的教育目标与评价体系，并成为评价人才综合素质的一项重要指标。1998 年，美国图书馆协会和教育传播协会制定了学生应具有的九大信息素养标准，概括了信息素养的具体内容：①具有信息素养的学生能够有效地、高效地获取信息。②具有信息素养的学生能够熟练地、批判地评价信息。③具有信息素养的学生能够精确地、创造性地使用信息。④作为一个独立学习者的学生具有信息素养，并能探求与个人兴趣有关的信息。⑤作为一个独立学习者的学生具有信息素养，并能欣赏作品和其他对信息进行创造性表达的内容。⑥作为一个独立学习者的学生具有信息素养，并能力争在信息查询和知识创新中做得最好。⑦对学习社区和社会有积极贡献的学生具有信息素养，并能认识信息对民主化社会的重要性。⑧对学习社区和社会有积极贡献的学生具有信息素养，并能实行与信息和信息技术相关的符合伦理道德的行为。⑨对学习社区和社会有积极贡献的学生具有信息素养，并能积极参与小组的活动探求和创建信息。1998 年，美国医学院联合会发布"医学院目标计划"，详细阐述了对医学毕业生的信息素质要求。医师在职业生涯中将扮演"终生学习者、临床医师、教育者/交流者、研究者以及管理者的角色，医学信息对于这些角色至关重要"。

在我国，为适应信息时代的需要，也越来越重视在大学生素质教育中培养与增强信息素养。中国医学科学院医学信息研究所自 2007 年起也开展了建立医学生信息素养能力指标体系的研究，通过对医学生信息素养能力现状进行调查，并借鉴国内外高等教育信息素养能力评价标准及全球医学教育最基本要求，初步建立了《医学生信息素养能力指标体系（修订稿）》，主要包括 7 个一级指标、19 个表现指标和 66 个指标描述，其中一级指标和表现指标见表 1-1。

表 1-1　《医学生信息素养能力指标体系（修订稿）》指标

指标一　具备信息素养的医学生能够确定所需信息的性质和范围	①具备信息素养的医学生能够明确表述信息需求
	②具备信息素养的医学生熟悉各种类型的信息源及其特点
	③具备信息素养的医学生能够考虑到影响信息获取的因素
指标二　具备信息素养的医学生能够有效地获取所需信息	①具备信息素养的医学生能够选择最适合的信息获取方法或信息检索系统来查找所需信息
	②具备信息素养的医学生能够组织和实施有效的检索策略
	③具备信息素养的医学生能够在必要时修正检索策略
	④具备信息素养的医学生能够根据需要，利用恰当的信息服务获取信息
指标三　具备信息素养的医学生能够正确地评价信息及其信息源	①具备信息素养的医学生能够从收集到的信息中总结要点
	②具备信息素养的医学生能够运用初步的标准评估信息及其出处
	③具备信息素养的医学生能够确定新的知识对个人的价值体系是否有影响，并采取措施消除分歧
	④具备信息素养的医学生能够通过与其他人、学科专家和 / 或行家讨论，有效地诠释和理解信息
指标四　具备信息素养的医学生能够管理其获取的信息，并能够采用适当的方式交流、表达信息	①具备信息素养的医学生能够有效地管理和组织信息
	②具备信息素养的医学生能够有效地与他人交流信息
指标五　具备信息素养的医学生能够将选择的信息融入自身的知识体系，形成新的知识体系，并应用于医学科研与实践	①具备信息素养的医学生能够将选择的信息融入自身的知识体系中，重构新的知识体系，综合主要观点形成新的概念
	②具备信息素养的医学生能够将选择的可靠的信息应用于医学科研与实践，并通过医学科研与实践进一步验证信息
指标六　具备信息素养的医学生能够了解信息素养是终身学习的重要组成部分，并关注专业领域的最新进展	①具备信息素养的医学生能够不断吸收和积累本领域知识
	②具备信息素养的医学生能够利用各种方法和新兴技术把握本领域的发展趋势
指标七　具备信息素养的医学生能够合理、合法地检索和利用信息	①具备信息素养的医学生能够了解与信息相关的伦理、法律和社会经济问题
	②具备信息素养的医学生能够遵循在获得、存储、交流、利用信息过程中的法律和道德规范

第二节　文献及其相关概念

一、信息

1. 概念　信息（Information）是客观存在的，是客观事物运动时所表现出来的特征和信息。我国国家标准《信息与文献术语》（GB/T4894-2009）将信息定义为："信息是被交流的知识。""信息是在通讯过程中为了增加知识用以代表信息的一般消息。"

信息与物质一样，是客观存在的。信息源于物质，又必须依附于物质。无论通过什么载体，信息反映的都是自然世界的客观变化。信息作为一种资源可被共享，即同一内容的信息可同时被两个或两个以上的用户使用，而信息的提供者并不会因为提供了过多的信息而失去原有的信息内容和信息量，各用户分享的信息也不因为分享人数的多少而受影响。信息可共享的特点，使信息资源能够发挥最大的效用，使人们可以利用他人的研究成果进一步创造，避免重复研究，从而节省资源。

2. 分类　根据不同的分类标准，信息可分为不同的类型。①根据物质世界的组成结构，可分为自然信息、社会信息和人的思维信息。②根据人的认识层次，可分为语法信息、语义信息和语用信息。③根据信息的载体形式，可分为感官信息、语言信息、文字信息、缩微信息、声像信息、电子信息等。④根据社会属性，可分为经济信息、科技信息、政治信息、文化信息、政策法规及娱乐信息等。⑤根据信息的交流渠道，可分为正式交流信息和非正式交流信息。

二、知识

1. 概念　知识（knowledge）是将人们实践活动中获得的大量信息，通过人脑进行加工、存储、归纳、推演后而得到的系统化产物。随着这种反映和加工的逐步深入，人们的认识不断深化，从感性认识上升到理性认识，这种认识飞跃的结果就是知识。国家标准《信息与文献术语》（GB/T4894-2009）将知识定义为："基于推理并经过证实的认识。"

知识是一种观念形态的东西，只有人的大脑才能产生它、认识它、利用它。信息是产生知识的原料，知识是被人们理解和认识并经大脑重新组织和系列化了的信息。信息提炼为知识的过程就是思维。知识与信息密不可分，知识来源于信息，但信息不等同于知识。只有将反映自然现象和社会现象的信息经过加工，上升为对自然和社会发展客观规律理性的认识，这种升华后的信息才是知识。知识的本质就是对客观事物运动规律的科学概括。知识本身也是一个不断完善、不断更新的过程。

2. 分类　知识可分为显性知识和隐性知识两大类。①显性知识：基于知识的物质论，是指"可用文字、数字、图形或其他象征物（symbol）清楚表达（如手册、书本、程序）的知识，即可定义、可撷取的知识而且容易沟通。"②隐性知识：基于知识的实践论，是指"高度个人化、难以表达，只可意会不能言传，而且根植在个人的经验、判断、联想、创意、潜意识之心智方式内的知识"。隐性知识的挖掘和利用能力，将成为个人和组织成功的关键。

三、情报

1. 概念　情报与信息在英文中是同一个词"Information"，但信息的外延比情报广，信息包括情报。情报是被传递的知识或事实。情报是指为了特定的目的，经过选择而传递给用户的信息。到目前为止，学术界还没有一个公认的定义。通常认为，情报是在特定时间、特定状态下，对特定的人提供的有用知识，是解决问题所需要的知识，是激活了的知识。

情报一定是根据需要才产生的概念，需要决定一切，因此，需要是情报的最根本属性。对用户而言，一旦不再需要某个文献或信息，则立即丧失情报的意义，回归到原本的文献或信息，不再被认为是情报。

情报来源于人类社会实践，是物质世界与精神世界共同作用的产物。人类正是在不断认识、改造自然与社会的过程中，在物质生产与科学实验的实践中源源不断地创造、交流与利用各种各样的情报。在日常生活中，人们经常在不同的领域里自觉或不自觉地传递情报、接受情报与利用情报。因此，情报又是一种普遍存在的社会现象。

2. 分类 情报可从不同的角度分为多种类型。①根据情报的应用范围分：可分为科学情报、经济情报、技术经济情报、军事情报、政治情报等。②根据情报的内容及其所起的作用分：可分为战略性情报和战术性情报两大类。③根据情报的载体分：可分为语言情报、文字情报、声像情报、实物情报等。④根据情报的传递范围分：可分为公开情报、内部情报、秘密情报等。

四、数据

1. 概念 数据（data）是信息的表现形式，是对客观事物进行记录，用符号、字母等方式对客观事物进行直观描述。数据是进行各种统计、计算、科学研究或技术设计等所依据的数值，是表达知识的字符的集合，数字、文字、符号、图像都是数据。数据是客观对象的表示，信息则是数据内涵的意义，是数据的内容和解释。总之，数据是指能够客观反映事实的数字和资料。

信息与数据的关系：信息与数据是不可分离的，数据是信息的表现形式和载体，可以是符号、文字、数字、语言、图像、视频等。信息是数据的内涵，是加载于数据之上，对数据进行具有含义的解释。数据本身并没有意义，数据只有对实体行为产生影响时才成为信息。

2. 分类 在信息社会，信息可分为结构化数据和非结构化数据两大类。①结构化数据：信息能够用数据或统一的结构加以表示，称之为结构化数据，如数字、符号。②非结构化数据：信息无法用数字或统一的结构表示，如文本、图像、声音、网页等，称之为非结构化数据。结构化数据属于非结构化数据的一部分，是非结构化数据的特例。

五、文献

1. 概念 文献记录了人类文明产生与发展的轨迹，人类社会认知以往的知识信息基本上都记录在文献上，可见，文献是人们获得知识信息的主要来源，是人们了解过去、知晓现在与探索未来的知识信息宝库。我国国家标准《文献著录第 1 部分：总则》（GB3792.1–2009）规定，文献是记录有知识的一切载体。国际标准《文献情报术语国际标准（草案）》（ISO/DIS 5127）将文献定义为："为了把人类知识传播开来和继承下去，人们用文字、图形、符号、声频、视频等手段将其记录下来，或写在纸上，或晒在蓝图上，或摄制在感光片上，或录到唱片上，或存贮在磁盘上。这种附着在各种载体上的记录统称为文献。"

2. 构成　文献主要由知识内容、物质载体、记录符号和记录手段四要素构成。

（1）知识内容：知识内容是文献的核心内容，是指文献中所记载的人类的思想意识、知识信息等，是文献存在的根本，也是文献的实质所在。文献是人类思想和智慧的结晶，人们产生、传递、保存和利用文献的主要目的，是为了获得和利用其中所记载的知识内容。

（2）物质载体：文献是由一定的物质材料构成的客观存在物，只有物化在一定物质材料上的信息、知识才构成文献。人们只有将知识信息通过一定的方式记载在物体上，才能显示出来，才能感知到，才能长期保存和有效传递、利用。

（3）记录符号：提示和表达知识信息的标识符号，如文字、图形、符号、声频、视频、代码等是信息的携带者。

（4）记录手段：记录所用的方法。例如，甲骨文的刻、钟鼎文的铸、纸质文的印刷、记录于感光片的摄影、存储于磁带的磁记录等，将文献的知识内容与文献的物质载体联系在一起而成为一个统一体。

六、信息源

1. 概念　信息源即信息的来源，是人们在科研活动、生产经营活动和其他活动中所产生的各种成果和原始记录，以及对这些成果和原始记录加工整理得到的成品。这些都是借以获得信息的源泉。联合国教科文组织出版的《文献术语》将其定义为："个人为满足其信息需要而获得信息的来源。"信息源内涵丰富，不仅包括各种信息载体，也包括各种信息机构；不仅包括传统印刷型文献资料，也包括现代电子图书报刊；不仅包括各种信息存贮和信息传递机构，也包括各种信息生产机构。

2. 分类　广泛存在着的多种类型的信息源，既是信息检索的基础，又是信息检索的对象。信息源的分类方法很多，应用较多的是根据存在形式和生产过程划分。

（1）根据存在形式划分：信息源主要有三种类型：①存在于人脑记忆中，人们通过交谈、讨论、报告会等方式进行传播交流，被称为口头信息源。②存在于实物（如产品、样品等）中，人们通过采集、实地考察和举办展览等方式加以交流传播，被称为实物信息源。③用文字、图形、符号、声频、视频等手段记录在某种载体上，形成文献交流传播，被称为文献信息源。文献信息源包括各种类型的文献，是信息源的主体部分，是信息收集、存储、检索和利用的主要对象，获取这种文献必须借助于文献收藏机构，如图书馆、文献信息中心、网络中心等。

（2）根据信息的载体形式划分：可分为印刷型信息源、缩微型信息源、电子型信息源、实物信息源和声像信息源。

（3）根据信息的运动形式划分：可分为静态信息源和动态信息源。静态信息源提供变化不大或不会发生变化的信息。例如，档案信息是对过去发生事件的记录，信息内容一般不会发生变化，属于静态信息源。动态信息源提供的信息通常处于变化之中。

（4）其他划分方法：根据提供信息的单位和部门性质分，信息源区可分为文献信息部门（如图书馆、科技信息和档案馆等）和非文献信息部门（如与组织有相同业务的竞争对手、咨询公司等）。

七、常见文献信息源

目前，常见的文献信息源主要有印刷型和电子型，包括图书、期刊、报纸、科技报告、会议文献、专利文献、学位论文、标准文献、政府出版物、产品样本和产品目录、技术档案、电子刊物、数据库、音像制品、网络信息资源等。根据不同的标准，文献信息源可分为不同类型。

（一）根据载体形式划分

根据载体形式，文献信息源分可分为印刷型、缩微型、视听型和电子型 4 种类型（表 1–2）。

表 1–2 文献信息源按载体形式划分的四种类型

类型	内容	具体表现形式	特点
印刷型	以纸张为主要载体，以手写、雕版或各种印刷技术为记录手段而形成的一种文献形式	纸质型图书、期刊等	优点是便于阅读，利用方便，成本较低。缺点是知识信息存储密度低，占用空间，不易保管和传世
缩微型	采用光学摄影技术，把文献的体积缩小，固化到感光材料上	缩微胶卷、缩微平片卡片	具有信息储存量大、体积小、保存时间长等特点，但阅读必须借助机器
视听型	以各种磁性材料、感光材料为载体，直接记录声音和图像的文献	唱片、录音带、录像带、教学视听资料等	记录知识的形式较为直观、生动，既可闻其声又可见其形，易于理解；但阅读必须借助机器
电子型	通过编码和程序设计将文献转换为计算机可存取、阅读的数字化形式	电子期刊、电子图书和各种类型的数据库等	存储容量大，节省存放空间，检索速度快捷、灵活，使用方便，资源共享

电子出版物的问世是信息时代的重要标志。随着计算机技术特别是网络技术的迅猛发展和普及，电子型文献作为一种新型的文献信息载体，已经成为一种占有重要地位的文献信息源形式，为越来越多的人所接受和利用。

（二）根据出版形式划分

1. 图书 联合国教科文组织对图书的定义是：凡由出版社（商）出版的不包括封面和封底在内 49 页以上的印刷品，具有特定的书名和著者，编有国际标准书号，有定价并取得版权保护的出版物称为图书。图书的特点是内容比较系统、全面，理论性强，成熟可靠。尤其是教科书，其知识和理论具有权威性，是了解学科知识的主要文献依据。缺点是编辑出版周期长，知识的新颖性不够，传递信息速度慢，故一般不宜作为获取学科发展最新信息的来源。电子图书的出版发行可弥补这一缺陷。

图书的主要特征有书名、著者、出版地、出版社、出版时间、总页数、国际标准书号、分类号、主题等。查找图书可以用其中的一个或几个特征进行检索，但需注意的是，国际标准书号（International Standard Book Number，ISBN）是国际上通用的图书或独立出版物（除定期出版的期刊）代码，一种出版物只有一个ISBN号与之对应。国际标准书号由13位数字组成。前3位数字为欧洲物品编码（EAN）前缀码978或979，代表图书，中间的9个数字分为3组，分别表示地区号、出版社号和书序号，最后一个数字是校验码，如中国中医药出版社2016年7月出版的由陆伟路主编的《中西医文献检索》一书的ISBN号为978-7-5132-3432-0。其中中国的地区号为7，中国中医药出版社的出版社号为5132。

2. 期刊

（1）基本特征：期刊是指有固定名称、版式和连续编号，定期或不定期出版的连续性出版物。期刊的出版周期短，报道文献速度快，内容新颖，学科广，数量大，种类多，发行及影响面广，是进行科学研究、交流学术思想经常利用的文献信息源。期刊的主要特征有期刊名称，期刊出版的年、卷、期，国际标准刊号（ISSN）、国内统一刊号（CN）等。公开发行的期刊都有ISSN号，即国际标准连续出版物编号（International Standard Serial Number，ISSN），以实现对全世界期刊文献的管理。国际标准连续出版物号由8位数字组成。8位数字分为两段，每段4位数字，中间用"-"隔开，前7位是刊名代号，末位是计算机校验位。我国正式出版的期刊都有国内统一刊号（CN），它由地区号、报刊登记号和《中国图书馆分类法》分类号组成。如《新中医》：ISSN 0256-7415，CN44-1231/R。

（2）核心期刊：核心期刊是学术界通过一整套科学的方法，对期刊质量进行跟踪评价，并以情报学理论为基础，将期刊进行分类定级，将最为重要的一级称之为核心期刊。目前国内较著名的核心期刊（或来源期刊）遴选体系有北京大学图书馆"中文核心期刊"、南京大学"中文社会科学引文索引来源期刊（CSSCI）"、中国科学技术信息研究所"中国科技论文统计源期刊"（中国科技核心期刊）、中国社会科学院中国社会科学评价中心"中国人文社会科学核心期刊"、中国科学院文献情报中心"中国科学引文数据库来源期刊（CSCD）"（表1-3）。核心期刊与非核心期刊是相对的、动态变化的。如2018年12月出版的最新版北大中文核心期刊，有171种期刊晋级，173种期刊淘汰。

表1-3 五大核心期刊体系详细情况

核心期刊体系	评选单位	收录学科范围	遴选周期
中文核心	北京大学图书馆	社会科学、自然科学	约4年
中国科技核心	中国科学技术信息研究所	社会科学、自然科学	每年
CSSCI	南京大学中国社会科学研究评价中心	社会科学	2～3年
中国人文社会科学核心期刊	中国社会科学院中国社会科学评价中心	社会科学	2014年首次发布，最新是2018年版
CSCD	中国科学院文献情报中心	自然科学	每两年

（3）合法期刊与非法期刊：合法期刊是指经过国家有关部门批准出版的期刊，它又

分为正式期刊和非正式期刊两种。正式期刊由国家新闻出版广电总局严格审批，既有国际标准连续出版物号 ISSN，又有国内统一连续出版物号 CN，国内外公开发行；非正式出版物一般只限于行业内部交流，不公开发行，其出版必须经过行政部门审核，并领取"内部报刊准印证"。除此之外，均属国家查处和打击之列的非法期刊。查询期刊是否合法，可通过国家新闻出版广电总局的官方网站（http://www.sapprft.gov.cn/sapprft/）进行查询，能查询到结果的即为合法期刊。

3. 会议文献　会议文献是指在各种学术会议上交流的学术论文。其特点是内容新颖，专业性和针对性强，能及时反映科学技术中的新发现、新成果、新成就以及学科发展趋向，是了解有关学科发展动向的重要信息源。通过参加相关的具有一定国际影响的学术会议，不仅能结识同行，把握科研动态，而且对启迪研究思路、寻找合作伙伴均具有相当重要的作用。

会议文献根据出版时间可分为会前文献和会后文献。会前文献主要有会议论文预印本和会议论文摘要。会后文献是会后经整理出版的文献，如会议录、会议论文集、会议论文汇编、会议丛刊、丛书等。根据会议的范围可分为国际性会议、全国性会议、地区性会议等。

4. 学位论文　学位论文是指在申请授予相应的学位时评审所用的学术论文。根据学位的不同，可分为学士学位论文、硕士学位论文和博士学位论文。通常情况下，所谓学位论文习惯上只限于硕士论文和博士论文。学位论文是一种原始研究的成果，理论性、系统性较强，内容专一，阐述详细，具有一定的独创性和学术价值。学位论文是非卖品，也不公开发行，通常只在学位授予单位和按国家规定接受呈缴本的图书馆保存有副本，故学位论文的收集与利用不如其他类型的文献方便。

5. 专利文献　专利文献是专利制度的产物，专利文献有广义和狭义之分。广义的专利文献包括专利说明书、专利公报、专利分类表、专利检索工具以及与其相关的法律性文件。狭义的专利文献仅指各国（地区）专利局出版的专利说明书。这类文献技术内容广泛、新颖、内容详尽可靠，是集技术、法律、经济信息于一体的特殊类型的文献，是科研人员选择研究方向、学习和引进先进技术、解决技术难题、开展创新活动等需要参考和借鉴的文献信息。

6. 标准文献　标准文献有狭义和广义之分。狭义是指按规定程序制定，经公认权威机构（主管机关）批准的一整套在特定范围（领域）内必须执行的规格、规则、技术要求等规范性文献，可分为国际标准、区域标准、国家标准、部门标准、专业标准、企业标准等。标准文献对标准化对象描述详细、完整、内容可靠、实用，有法律约束力，时效性强，适用范围明确，是从事生产、设计、管理、产品检验、商品流通、科学研究的共同依据，也是执行技术政策所必需的工具。

7. 科技报告　科技报告是描述一项科学技术研究的结果或进展，或一项技术研制试验和评价的结果，或是论述一项科学技术问题的现状和发展的文件。科技报告的种类很多，根据时间可分为初期报告、进展报告、中间报告、终结报告；根据流通范围可分为绝密报告、机密报告、秘密报告、非密限制发行报告、公开报告、解密报告等。科技报告的特点是内容新颖、详细、专业性强、有专门的编号，一般不是正式出版物，不易获取原文。

8. 政府出版物 政府出版物是各国政府部门及其所属机构出版的文献，又称官方出版物，分为行政性和科技性两类。行政性文献（包括立法、司法文献）主要有政府法令、方针政策、规章制度、决议、指示、统计资料等，主要涉及政治、法律、经济等方面。科技性文献主要是政府部门的研究报告、标准、专利文献、科技政策文件、公开后的科技档案等。政府出版物内容可靠，对了解各国的方针政策、经济状况及科技水平有较高的参考价值。

9. 技术档案 技术档案是在科研、生产技术、基本建设等活动中形成的应归档保存的科技文件，如课题任务书、计划、大纲、合同、试验记录、研究总结、工艺规程、工程设计图纸、施工记录、交接验收文件等。其内容真实、详尽、具体、准确可靠，保密性强，保存期长久，是科研和生产建设工作的重要依据，具有重要的参考价值。它通常保存在各类档案部门。技术档案一般为内部使用，不公开出版发行，有些有密级限制，因此在参考文献和检索工具中极少引用。

10. 产品资料 产品资料一般是指产品样本，即产品说明书，是各厂商为推销产品而印发的一种宣传性出版物。好的产品说明书含有丰富的内容，包括产品规格、性能、特点、产品专利号、构造原理、用途、使用方法、操作规程等具体说明。产品技术资料一般向厂商直接索取，有些以汇编形式正式出版的可以在图书馆查到。

第三节 信息检索与检索语言

一、信息检索的定义与原理

信息检索是指在海量的数据中快速、准确地找到所需信息的过程。信息检索的概念一般有广义和狭义之分。广义的信息检索包括信息存贮和信息检索两个方面，是指将信息按照一定方式收集、组织和存储起来，并根据信息用户的需求找出所需信息的过程。狭义的信息检索仅指根据一定的方法，从已经组织好的信息集合中查找并获取特定需求信息的过程。

1. 信息存贮 信息存贮是指收集大量无序的信息，根据信息源的外部特征和内容特征，经过分类、标引等处理，使其系统化、有序化，并按一定的技术要求编制检索工具或建立检索系统，供人们检索和利用。

2. 信息检索 信息检索是指检索者根据文献信息需求，确定检索标识（如主题词、关键词、分类号、著者姓名等）或提问式，利用编制好的检索工具或检索系统查找用户所需的特定信息。检索者在检索时，务必使自己的检索特征标识与检索系统中的文献特征标识达到一致或基本一致，这样才能检出所需要的文献（图1–1）。信息存贮与信息检索是密不可分的两个过程，存贮是为了检索，而检索必须先要存贮。

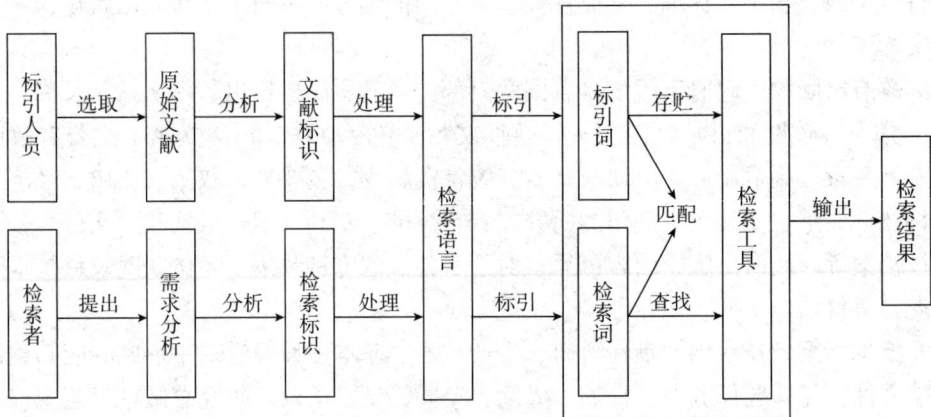

图1-1　信息检索原理

二、信息检索的类型

（一）根据文献检索的对象和性质划分

根据文献检索的对象和性质，信息检索可分为数据检索、事实检索和文献检索。

1. 数据检索　数据检索是以具有数量性质，并以数值形式表示的数据为检索目的和对象，检索的结果是经过测试、评价过的各种数据，可直接用于比较分析或定量分析。例如，各种统计数据、工程数据和检验数据等都属于数据检索的范畴。

2. 事实检索　事实检索是以事项为检索的目的和对象，检索的结果是有关某一事物的具体答案。凡是查找有关人物、地名、术语、时间等都属于事实检索的范畴。

3. 文献检索　文献检索是指从一个或多个文献集合中查找出包含所需信息的文献，是以文献为检索对象的检索类型。文献检索结果提供的是与用户的信息需求相关的文献的线索或原文。

（二）根据文献检索的手段划分

根据文献检索的手段，信息检索可分为手工检索和计算机检索。

1. 手工检索　简称"手检"，是指通过手工的方式来存贮和检索文献。其使用的检索工具主要是书本型或卡片式的检索工具。手工检索是传统的检索方式，优点是便于控制检索结果的准确性，但工作量大，检索速度慢。通常适用于查找古籍资料。

2. 计算机检索　简称"机检"，是指利用计算机进行文献的存贮和检索。具体地说，就是指人们在计算机或计算机检索网络的终端机上，使用特定的检索指令、检索词和检索策略，从计算机检索系统的数据库中检索出所需的信息的过程。随着计算机技术、通信技术和高密度存储技术的迅猛发展，利用计算机进行文献信息检索已成为人们获取文献信息的重要手段。

三、检索语言

检索语言是文献检索中用来描述文献特征和表达检索提问内容的一种专门的人工语言。检索语言是文献标引者与文献检索者之间的纽带，是沟通信息存储和信息检索过程的桥梁。检索语言的合理使用能最大限度地避免信息检索的误检和漏检，直接影响检索质量。

（一）检索语言的作用

检索语言在信息检索中起着极其重要的作用。①标引文献的外表特征及其内容特征，保证不同标引人员表征文献的一致性。②对内容相同及相关的文献信息加以集中或揭示其相关性。③使文献信息的存储集中化、系统化、组织化，便于检索者按照一定的排列次序进行有序检索。④便于将标引用语和检索用语进行相符性比较，保证不同检索人员表述相同文献内容的一致性，以及检索人员与标引人员对相同文献内容表述的一致性。⑤保证检索者按不同需要检索文献时都能提高查全率和查准率。

（二）检索语言的类型

目前，世界上的检索语言有很多种，划分的方法不同，类型不一样（图 1-2）。它们各有利弊，又能取长补短，在实际应用中往往多种并用，相辅相成。

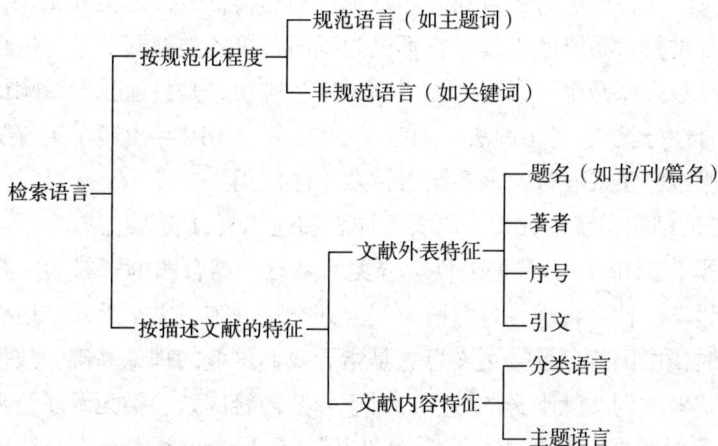

图 1-2　检索语言分类

根据规范化程度，可分为规范化语言（受控语言）和非规范化语言（自然语言）两类。规范化语言是指对文献检索用语的概念加以人工控制和规范，把检索语言中各种同义词、多义词、近义词、同形异义词等进行规范化处理，使每个检索词只能表达一个概念，如主题语言。没有进行人工控制和加工的语言则称为非规范语言，也叫自然语言，如关键词语言。

根据描述文献的特征，可分为描述文献外部特征的检索语言和描述文献内容特征的检索语言。表达文献外部特征的检索语言主要是指依据文献的题名、著者、文献序号、引文等外部特征作为文献存贮和检索标识而形成的索引语言。描述文献内容特征的检索语言主要是依据文献所论述的主题、观点、见解和结论等内容特征作为文献的存储和检索标识而形成的索引语言，主要有分类语言和主题语言两种。

四、分类语言与《中国图书馆分类法》

（一）分类语言概述

分类语言检索能较好地体现学科的系统性，反映事物之间的联系，把内容性质相近的事物聚集在一起，较好地满足按学科检索的需要，族性检索功能较强。它直接体现知识分类的概念等级，以学科、专业集中文献，从知识分类角度揭示文献在内容上的区别与联系，提供从学科为出发点的检索途径。分类语言广泛用于图书、资料的分类和检索，是图书情报界使用最普遍的一种检索语言。比较有影响的分类法有《国际十进分类法》《杜威分类法》《中国图书馆分类法》等。

（二）《中国图书馆分类法》

《中国图书馆分类法》（简称《中图法》）是以科学分类和知识分类为基础，并结合文献内容特点及形式特征进行逻辑划分和系统排列的类目表，是类分文献、组织文献分类排架、编制分类检索系统的工具。它不仅为我国各级各类型图书馆、信息部门广泛使用，而且在各类数据库乃至互联网中也得到了广泛应用，是目前我国影响最大、使用最广泛的一部综合性分类法。《中图法》初版于 1975 年，2010 年出版了第 5 版。《中图法》第 5 版的网络版也已正式发行，该系统需付费才能使用。

《中图法》的结构由基本大类、简表、详表和通用复分表等组成。

1. 基本大类　《中图法》首先以科学分类为基础，结合图书资料的内容和特点，将知识门类分为哲学、社会科学、自然科学三大部类；马列主义、毛泽东思想、邓小平理论、习近平新时代中国特色社会主义思想是指导我们事业的理论基础，故作为一个基本部类列于首位。考虑到文献本身的特点，对于一些内容庞杂、类无专属、无法按某一学科内容性质分类的图书，概括为"综合性图书"，作为一个基本部类，置于最后。在五大部类的基础上，将社会科学和自然科学再进行扩展，共分为 22 个基本大类，如"医药、卫生"类号标识为 R。每个大类下面再加以细分。

《中图法》用分类号表示相应的学科类目，分类号采用字母与阿拉伯数字相结合的混合号码，用一个字母代表一个大类，以字母顺序反映大类的次序，在字母后用数字作标记。

A 马克思主义、列宁主义、毛泽东思想、邓小平理论

B 哲学、宗教

C 社会科学总论

D 政治、法律

E 军事

F 经济

G 文化、科学、教育、体育

H 语言、文字

I 文学

J 艺术

K 历史、地理

N 自然科学总论

O 数理科学和化学

P 天文学、地球科学

Q 生物科学

R 医药、卫生

S 农业科学

T 工业技术

U 交通运输

V 航空、航天

X 环境科学、安全科学

Z 综合性图书

2. 简表 简表是《中图法》中一级类目下进一步划分出来的二级类目，基本为独立科目。如"R 医药、卫生"下设 17 个二级类目，其类号分别以 R 和阿拉伯数字组成，其中 R2 为中国医学的分类标识。

3. 详表 详表由各级类目组成，是分类法的主体，也是文献标引和分类检索的依据。它是简表内容和结构的扩展。类目的排列严格按照概念之间逻辑隶属关系逐级展开，划分出更专指、更具体的类目。

《中图法》整个类目表以基本大类为起点，依次逐级细分为二级、三级、四级……直到不宜再细分为止。如"R2 中国医学"下设 18 个三级类目，"R24 中医临床学"下设 9 个四级类目，"R241 中医诊断学"下设 9 个五级类目，"R241.2 四诊"下设 4 个六级类目（图 1-3）。详表的类目之间呈现倒树状的线性排列，排列的原则是从整体到部分、从大概念到小概念、从抽象到具体、从上位到下位，层层划分到最小类目，各类目之间表示的是并列、属分或相关关系。

例如："R241.5 舌诊"的分类号从上而下的查找顺序是，R 医药卫生→ R2 中国医学→ R24 中医临床学→ R241 中医诊断学→ R241.2 四诊→ R241.25 舌诊。

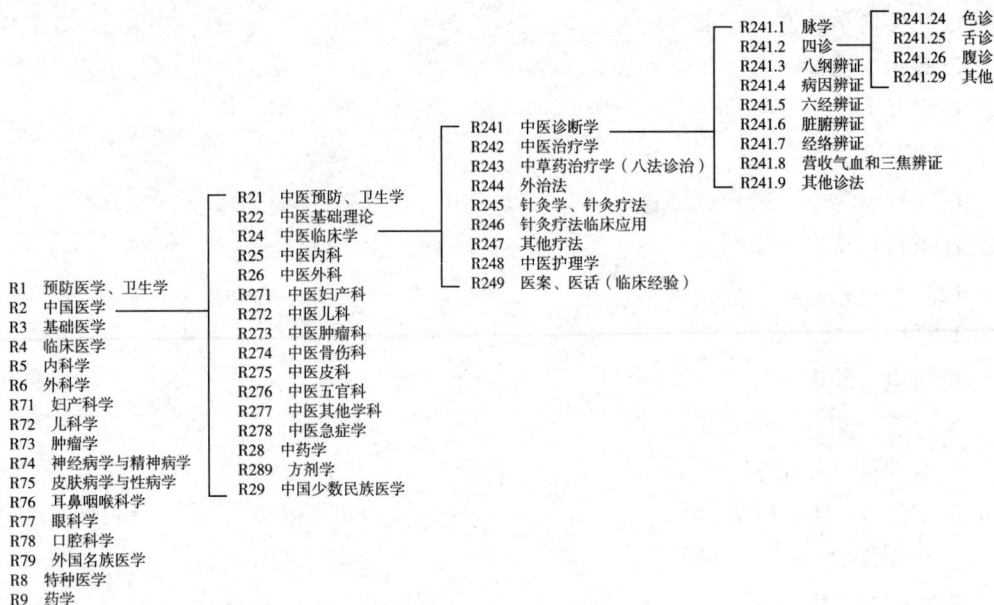

图1-3 《中图法》的分类体系

（三）分类语言的优点与不足

1. 优点　严密性和系统性是分类语言的主要特征。分类法是一种体现知识分类等级概念的标识系统，具有按学科或专业集中、系统揭示文献信息内容的功能，用分类方法检索文献具有较高的查全率。分类法的等级结构，便于扩大和缩小检索范围，最适用于系统检索与浏览查询。

2. 不足　不熟悉分类检索语言的人使用起来较为困难，可能会出现漏检；不能及时反映新学科、边缘学科等；不易反映学科交叉、渗透的情况，也不易准确标引或检索主题概念复杂的文献。

五、主题语言与主题词表

（一）主题语言

主题语言是用能反映文献实质内容的词语来标引和检索文献，通过主题词表达各种概念的一种检索语言。它不考虑概念的学科属性，是从文献内容中抽取出能够表达文献主要内容，并经过规范化处理的名词术语，具有较高的专指性。主题语言表达概念能力强，标引深度大，规范化程度较高。医学文献普遍使用的《医学主题词表（MeSH）》就属于这一类型，特点是概念性、规范化、组配性和动态性。

1. 概念性　任何事物都具有一定的概念，概念是对事物本质属性的概括。文献的信息内容代表的也是概念，如中风、糖尿病等词汇，所表达的都是一些反映特定信息内容的概念，所以主题语言首先必须具有概念性。

2. 规范化　自然语言中的词汇普遍存在多义、同义、同形异义、同义异形等情况，如先天性心脏病就包括了先天性心脏病、先天性心脏缺损、心脏畸形、先天性心脏异常、异位心等多种表示，大大影响了文献标引的一致性。检索时如果只用一词或若干词检索势必会造成大量漏检，若所有的词都检索一遍，则检索效率低下。因此，必须对自然词语进行规范，使同一概念的事物只能用一个规范词汇表达，这便产生了主题词。

3. 组配性 一篇文献往往涉及多个主题，因此，对一篇文献的正确描述需要多个概念组配方能完成，这就是主题词与副主题词的组配。副主题词是用来修饰和限定主题词使用范围的规范化名词，使主题词具有更高的专指性与灵活性，如诊断、药物疗法、治疗应用等。副主题词本身无独立检索意义，通常用组配符"/"与主题词一起使用。如"红霉素治疗链球菌感染"的主题标引为"红霉素 / 治疗应用　链球菌感染 / 药物疗法"。其中"红霉素""链球菌感染"是主题词，"治疗应用""药物疗法"是副主题词。

4. 动态性 动态性是指主题词表的词是随着医学文献内容的变化而不断更新变化的。

（二）医学主题词表

1. 概述 《医学主题词表》（Medical Subject Headings，MeSH）是目前最权威、最常用的医学主题词表，由美国国立医学图书馆（National Library of Medicine，NLM）创建并负责更新。MEDLINE/PubMed、中国生物医学文献服务系统（SinoMed）以及很多医学图书情报单位用它编制馆藏图书和期刊的主题目录。该词表不仅收词丰富、注释详尽，而且动态性强。伴随生物医学的发展和进步，NLM 每年都要对其进行增删修订。从 2004 年开始，NLM 每年更新网络版 MeSH Browser。MeSH Browser（《医学主题词表》浏览器）是因特网上利用电子版 MeSH 来确定主题词、副主题词，以便检索 MEDLINE 及其相关数据库的必备工具（图 1-4）。它包括注释字顺表、树形结构表、轮排表及补充的化学记录等内容。

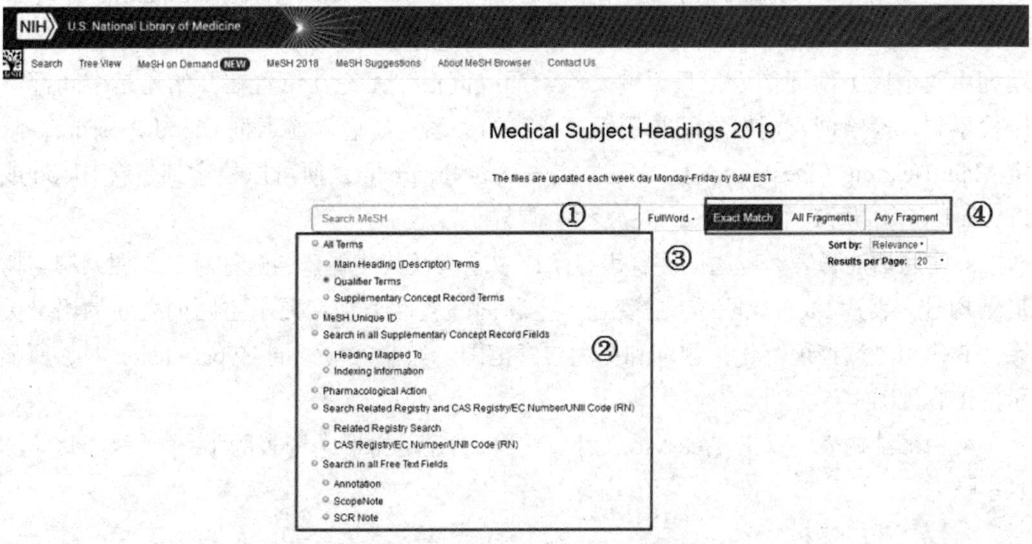

图 1-4　MeSH Browser 主页

注释：①检索词输入框。②目标词类型限制。③全文字段搜索。④检索词与目标词匹配模式。

2. 使用方法　MeSH Browser 浏览器提供全文字段搜索（FullWord Search）和字符串搜索（SubString Search）两种方式来确定所需的主题词、副主题词。全文搜索仅查找完整的条目，而不查找属于术语、单词或句子的字符串。字符串搜索将查找包含字符串的记录作为完整的术语，或嵌入术语、单词或句子中。

（1）输入检索词：在输入框中，输入检索词或词根，选择目标词类型，点击检索词与目标词匹配模式，选择排序方式和每页显示的条数，即可获得包括检索词在内的目标词列表。

（2）目标词类型限制：所检索的目标词可在相应类型中选择。所有选项（All Terms）类型包括主题词（Main Headings，Descriptor Terms）、副主题词（Qualifiers Terms）、补充概念词（Supplementary Concept Record Terms）、主题词 ID 号（MeSH Unique ID）、在所有补充概念词字段检索（Search in all Supplementary Concepts Record Fields）、药理作用（Pharmacological Action）、相关注册表、化学物质登记号 /EC 编号/酶学委员会编号搜索（Search Related Registry and CAS Registry/EC Number/UNII Code（RN）、在所有自由文本字段中搜索（Search in all Free Text Fields）。

（3）检索词与目标词匹配模式：输入的检索词或词根与目标词之间有 Exact Match（精确匹配）、All Fragments（包括全部检索词）或 Any Fragment（包括任一检索词）三种匹配模式。①精确匹配要求检索到的目标词与输入的检索词要完全一致，如输入检索词 Acupuncture，限定 Exact Match，则只能检索到 Acupuncture 一个主题词。②包括全部检索词会以任何特定顺序查找包含搜索字符串的所有片段的术语，检索到的目标词包括输入的全部检索词或词根的词，检索词或词根之间是逻辑"与"的关系。如输入检索词 Blood Pressure，限定 Main Heading（Descriptor）Terms，点击 All Fragments，便可以检索到包含 Blood Pressure 在内的所有主题词，如 Blood Pressure Determination 等共 10 条检索结果。③包括任一检索词会查找包含搜索字符串的至少一个片段的术语，多数主题词由两个以上的词构成，只要输入检索词或词根，无论其位置在开始还是中间都可以检索到，检索词或词根之间是逻辑"或"的关系。如输入检索词 Blood Pressure，限定 Main Heading（Descriptor）Terms，点击 Any Fragment，便可以检索到包含 Blood 或 Pressure 在内的所有主题词，共 184 条检索结果。

3. 主题词注释表　主题词注释表显示该主题词及其注释。通过注释、参照系统与树形结构号，表达 MeSH 词的历史变迁、主题词的族性类别，揭示主题词之间的语义关系。其作用是选择规范化主题词和扩大检索范围。如输入检索词 Hypertension 时，所显示的内容见图 1-5。

4. 树形结构表　点击 Tree View，网页会自动显示树形结构表的 16 个一级类目（图 1-6）。

Hypertension MeSH Descriptor Data 2018

Details　Qualifiers　MeSH Tree Structures　Concepts

① **MeSH Heading** Hypertension
② **Tree Number(s)** C14.907.489
③ **Unique ID** D006973
④ **Annotation** not for intracranial or intraocular pressure; relation to BLOOD PRESSURE: Manual 23.27; Goldblatt kidney is HYPERTENSION, GOLDBLATT see HYPERTENSION, RENOVASCULAR; hypertension with kidney disease is probably HYPERTENSION, RENAL, not HYPERTENSION; venous hypertension: index under VENOUS PRESSURE (IM) & do not coordinate with HYPERTENSION; PREHYPERTENSION is also available
⑤ **Scope Note** Persistently high systemic arterial BLOOD PRESSURE. Based on multiple readings (BLOOD PRESSURE DETERMINATION), hypertension is currently defined as when SYSTOLIC PRESSURE is consistently greater than 140 mm Hg or when DIASTOLIC PRESSURE is consistently 90 mm Hg or more.
⑥ **Entry Term(s)** Blood Pressure, High
⑦ **NLM Classificatio...** WG 340
⑧ **See Also** Antihypertensive Agents
　　Vascular Resistance
⑨ **Date Established** 1966/01/01
⑩ **Date of Entry** 1999/01/01
⑪ **Revision Date** 2010/06/25

图 1-5　主题词注释字顺表

注：①主题词。②树形结构号。③主题词 ID 号。④注释。⑤概念范围。⑥款目词（入口词）。⑦美国国家医学图书馆分类法的分类号。⑧参见其他相关主题词。⑨成立日期。⑩收入 MeSH 主题词表时间。⑪ 修订日期。

Anatomy [A]
Organisms [B]
Diseases [C]
Chemicals and Drugs [D]
Analytical, Diagnostic and Therapeutic Techniques, and Equipment [E]
Psychiatry and Psychology [F]
Phenomena and Processes [G]
Disciplines and Occupations [H]
Anthropology, Education, Sociology, and Social Phenomena [I]
Technology, Industry, and Agriculture [J]
Humanities [K]
Information Science [L]
Named Groups [M]
Health Care [N]
Publication Characteristics [V]
Geographicals [Z]

图 1-6　树形结构表

选择类目可以逐级浏览并选择所需主题词。若树形结构号后面有"+"，则表明该主题词还有下位主题词。树形结构表中的主题词共分为 16 个类别，分别用 A～N、V、Z 等字母和数字进行编码，每一大类用一个字母表示，大类可分为若干个小类，以此类推，最多可细分成 11 级。树形结构号由代表该类的字母与数字组成，每级的数字以小数点隔开。如：

Disease［C］
　Neoplasms［C04］
　Cysts［C04.182］
　　Bone Cysts［C04.182.089］
　　　Jaw Cysts［C04.182.089.265］

Odontogenic Cysts〔C04.182.089.530.690〕

Periodontal Cyst〔C04.182.089.530.690.790〕

Radicular Cyst〔C04.182.089.530.690.790.820〕

通过树形结构表可以了解主题词在主题词表中的位置及隶属关系，可以从学科体系中查找主题词。检索时若找不到适当的主题词，可根据检索课题的学科范围，在结构表中找到满意的主题词。检索中如果需要扩大或缩小检索范围，可根据树形结构表中主题词的上下位等级关系选择主题词，需扩大检索范围时，就选择上位概念的主题词；需缩小检索范围时，则选择下位概念的主题词。

5. 副主题词（Subheading） 副主题词是限定主题概念的规范化词汇，对主题词起细分作用或揭示多个主题词之间的关系。副主题词单独检索无实际意义，其作用是对主题词进行限定，提高主题词的专指度，从而提高查准率。在 MeSH Browser 主页，目标词类型选择 Qualifiers Terms 即可进行副主题词的查询。查询方法同主题词检索，如输入 abnormalities，即可得到该副主题词的详细结果页面（图 1-7）。

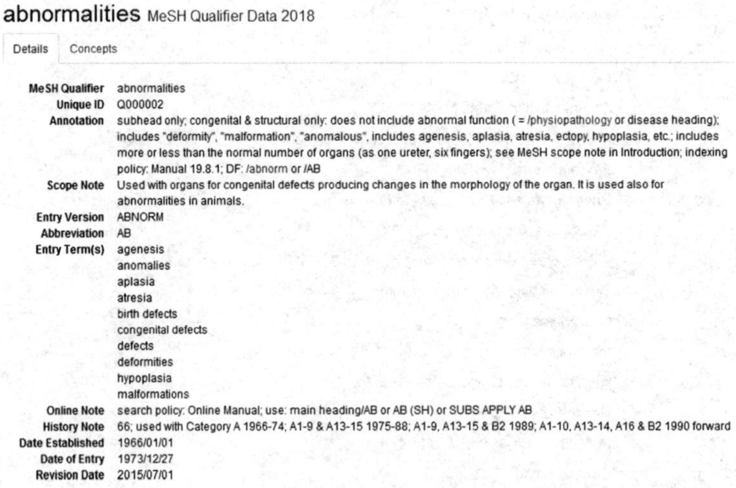

图 1-7 副主题词检索

网址：https://meshb.nlm.nih.gov/search

（三）《中国中医药学主题词表》

1. 概述 《中国中医药学主题词表》是将中医药学科领域自然语言转换成规范化中医药名词术语的一种术语控制工具，是由语义相关、族性相关的中医药学术语组成的规范化动态词典。作为我国第一部中医药专业词表，其研究起步于 20 世纪 70 年代，1987年正式出版《中医药学主题词表》，1996 年修订后更名为《中国中医药学主题词表》，2008 年第三次修订，2015 年网络版发布。《中国中医药学主题词表》中的主题词来源权威、规范，且收录众多入口词，能够完整表达中医药概念，可为课题研究、数据库构建等工作中的术语规范、词典构建等提供基础可靠的数据来源。

该系统需付费才能使用，用户输入用户名和密码，点击"登录"按钮即可登录系统。新用户如需试用，可以进行申请。在系统登录页面，点击登录按钮旁的"注册"按钮，即可打开注册新用户页面，用户需填入用户名、密码、真实姓名、使用目的等信息，完成后点击"确定"即可成功提交注册申请。

2. 使用方法

（1）主题词检索：用户登录后，默认为主题词检索，检索入口处提供"主题词和入口词、注释、可组配副主题词"选项，可以在搜索框内输入检索词进行相应信息的模糊与精确查询。如选择"主题词和入口词"，输入"肝经"，即可得到在主题词或入口词中包含"肝经"一词的所有结果（图1-8）。

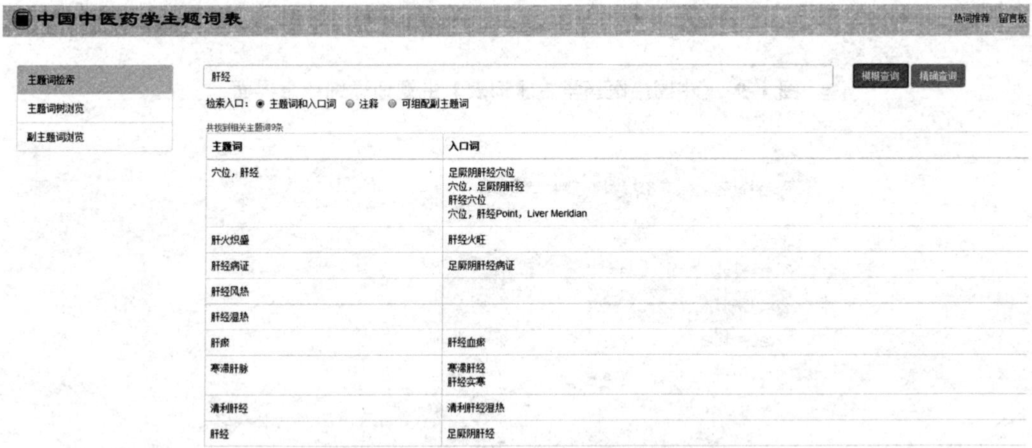

图1-8 《中国中医药学主题词表》主题词检索界面

查看主题词详细信息。在检索结果列表中，单击一条主题词，它的详细信息会在一个新的页面中显示，包括主题词的汉语拼音、英文主题词、入口词、树形结构号、标引注释、历史注释、检索注释以及可组配的副主题词等，可以同时打开多个主题词的详细信息页面。在主题词详细信息页面，相关主题词和主题词树都是超链接，单击可以打开相关主题词和主题树中主题词的详细信息页面。主题词可组配的副主题词中列举了本主题词可以组配的副主题词，单击副主题词蓝色的字母缩写，可弹出副主题词的定义，以便于用户正确使用副主题词（图1-9）。

（2）主题词树浏览：登录中医药学主题词表发布系统后，单击页面左侧功能导航区域的"主题词树浏览"选项，进入主题词树浏览页面。树形结构表又称范畴表，是将主题词按中医药学学科理论体系及学科范畴划分为15个子类及二级子类目。子类下会显示隶属于该类目的主题词，按属分关系逐级展开呈树型结构，每个主题词均有字母数字标识以显示主题词的级别；范畴划分做到了与MeSH词表的范畴兼容。点击主题词树中主题词前的加号图标，可以将主题树逐级展开（目前只允许展开顶部两层主题词）。单击某个主题词，可以打开其详细信息页面（图1-10）。

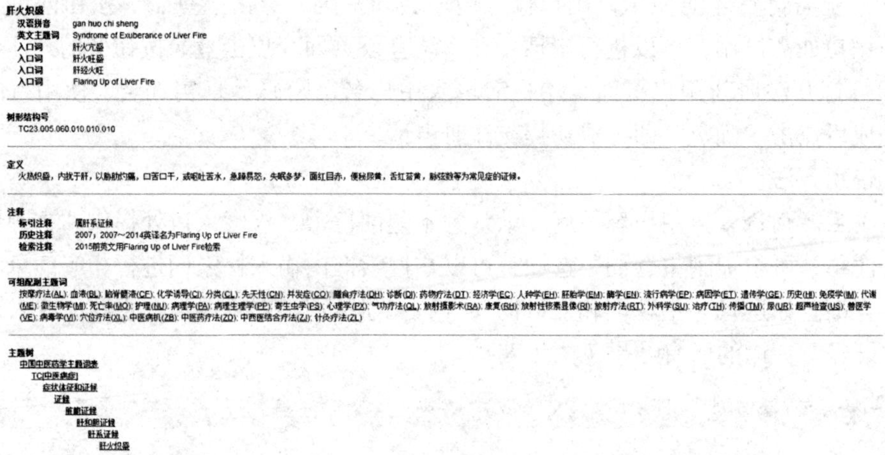

图 1-9 《中国中医药学主题词表》主题词详细信息界面

图 1-10 《中国中医药学主题词表》主题树浏览界面

（3）副主题词浏览：登录《中国中医药学主题词表》发布系统后，单击页面左侧功能导航区域的"副主题词浏览"，可以打开副主题词浏览页面。在副主题浏览页面，可以查看全部副主题词列表，一共有 93 个副主题。副主题词列表默认按副主题词的编码排序，也可以通过列表右上方的排序选项，使副主题词列表按中文名称或英文名称排序（图 1-11）。副主题词浏览可以方便理解副主题词含义。

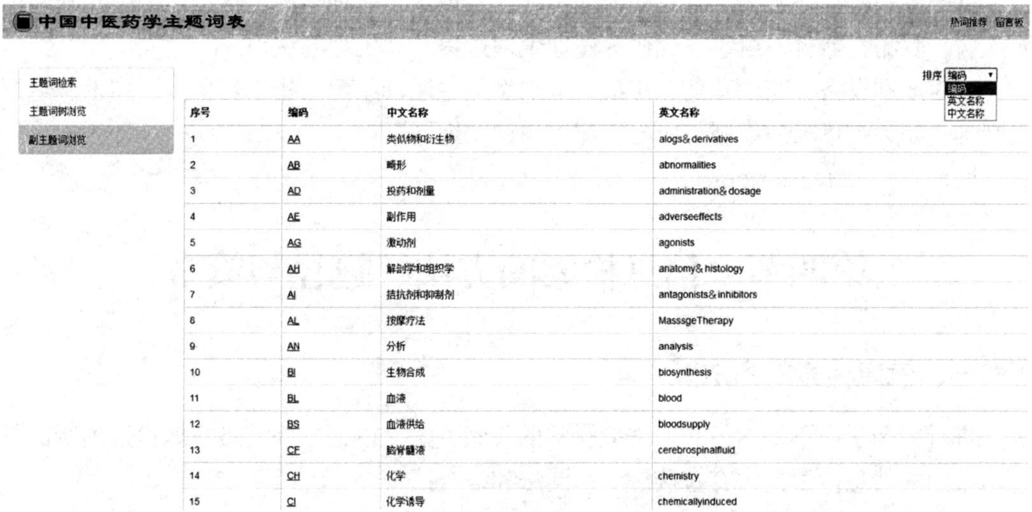

序号	编码	中文名称	英文名称
1	AA	类似物和衍生物	alogs& derivatives
2	AB	畸形	abnormalities
3	AD	投药和剂量	administration& dosage
4	AE	副作用	adverseeffects
5	AG	激动剂	agonists
6	AH	解剖学和组织学	anatomy& histology
7	AI	拮抗剂和抑制剂	antagonists& inhibitors
8	AL	按摩疗法	MasssgeTherapy
9	AN	分析	analysis
10	BI	生物合成	biosynthesis
11	BL	血液	blood
12	BS	血液供给	bloodsupply
13	CF	脑脊髓液	cerebrospinalfluid
14	CH	化学	chemistry
15	CI	化学诱导	chemicallyinduced

图 1–11　副主题词浏览界面

93 个副主题词中包含了 10 个有关中医药副主题词。

①中医药疗法：与疾病、症状、证候等主题词组配，指以中医基础理论为指导，投予中药或正骨、刮搓、割治等治疗疾病。如系投予口服药物，可不加组配用法主题词，否则应组配投药途径。如外治法、熏洗疗法、投药、直肠（保留灌肠法）等。中西药合并治疗时，不用此副主题词，而用“中西医结合疗法”。以气功、推拿、按摩等非药物疗法治疗疾病时，用相应的副主题词。

②中西医结合疗法：与疾病、症状与证候主题词组配，指同时采用中西医两法或综合应用中西药物治疗疾病。

③针灸疗法：与疾病、症状、证候主题词组配，指按照中医理论及经络学说，用针刺、灸法（包括电针、耳针、头针、艾卷灸、艾炷灸等）治疗疾病，但不包括穴位埋藏、激光、微波、穴位按压等非针的穴位疗法及药物穴位贴敷、穴位注射等，此时用“穴位疗法”。除体针疗法外，其他需组配专指的针灸疗法主题。

④按摩疗法：与疾病、症状、证候主题词组配，指用按摩、推拿、捏脊等手法治疗疾病。但穴位按压用“穴位疗法”。

⑤穴位疗法：与疾病、症状、证候主题词组配，指在穴位上施用各种刺激，如激光、红外线、指压或穴位敷药、穴位注射、穴位埋线、穴位埋药、穴位磁疗等的物理、化学刺激方法以治疗疾病。针刺及灸法用“针灸疗法”。

⑥气功疗法：与疾病、症状、证候主题词组配。指运用气功（如外气）或指导病人练功，以达到治疗疾病的目的。

⑦气功效应：与器官、组织、内源性物质、生理或心理过程主题词组配，指气功对其产生的效应。

⑧针灸效应：与器官、组织、内源性物质、生理或心理过程主题词组配，指针灸对其产生的效应。

⑨中医病机：与脏腑、器官、疾病、症状及证候主题词组配，指按照中医基础理论对疾病、脏腑、器官、组织、气血等病理生理过程及其机理的认识。

⑩生产和设备：与中草药、中成药、剂型等主题词组配，指中药生产、加工、炮制与制备。如为中草药的炮制，应再组配主题词"炮制"。

网址：http://tcmesh.org/

第四节　信息检索的方法、途径与策略

一、信息检索的方法

进行医药学信息检索，必须掌握科学的检索方法，以便准确、迅速地检索到所需信息。常用的信息检索方法有直接法、追溯法和综合法。

（一）直接法

直接法是指直接利用检索工具（系统）查找信息的方法，又称工具法，是最常用的一种检索方法。根据检索信息的时间顺序，可分为顺查法、倒查法和抽查法（表1-4）。

表1-4　直接法的详细内容

检索方法	内容	优点	缺点
顺查法	从检索课题研究的起始年代，按时间顺序由远及近的查找方法	查全率较高，查到的信息比较系统、全面	效率低，费时费力
倒查法	按由近及远的时间顺序检索信息的方法	便于掌握近期该课题的进展水平和动向，省时省力	查全率较低，容易漏掉早期有价值的文献
抽查法	针对课题发表文献比较集中的年限，有选择性地检索信息的一种方法	以较少时间获得较多的文献，检索效率较高	必须准确把握学科发展特点，否则会漏检

（二）追溯法

追溯法又叫参考文献法，是指不利用检索工具，而是利用文献所列的参考文献为线索进行追溯查找的方法。优点是简单方便，通过滚雪球式的追踪检索获取所需的信息；缺点是检索到的信息不够全面，查全率较低，而且追溯的年代越远，所获得的信息越旧。一般是在缺少信息检索工具的情况下，作为一种辅助方法使用。

（三）综合法

综合法又称循环法、交替法、分段法，它是将上述两种方法加以综合运用的方法。首先利用直接法，即利用信息检索工具，检索出一批文献，然后再利用文献后所附的参考文献进行追溯，扩大检索范围，获得更多的相关信息。如此循环地使用直接法和追溯法，直到检索到的信息满足检索要求为止。综合法吸取了直接法和追溯法的优点，既可获得特定时期的文献，又可节约检索时间，检索效率较高，是实际检索中采用较多的方法。

二、信息检索的途径

检索途径是信息检索工具的检索入口，即信息检索工具提供的、用以查询获取资源的各种标识，在计算机检索中表现为字段检索。不同的信息检索工具，因编制方法不同，检索方法和检索途径也不同。但各种检索工具都是根据信息的内部特征和外部特征进行编排的，形成了特定的检索途径。检索信息时也要以这些特征或检索工具提供的检索标识作为检索入口。

（一）基于文献外部特征的检索途径

文献外部特征是文献检索对象外部标识上可见的特征，如题名（书名、刊名、篇名）、责任者（作者、编者、译者、专利权人等）、号码（专利号、标准号、索取号、ISBN、ISSN、报告号等）。它们直接来源于文献本身，与文献存在一一对应的关系，查准率高。

1. 题名途径　利用图书、期刊、资料等的题目名称中的名词术语进行检索的途径，是信息检索中最常用的途径，由于文献题名一般能反映文献的主要内容，所以利用题名中名词术语可以比较准确地查找到所需文献。

2. 著者途径　利用文献上署名的作者、译者、编者的姓名或团体、机构的名称进行检索。著者检索可以查到同一著者的多种著作，能够比较全面地了解某一著者或团体的研究成果。外文检索工具中，采取个人著者姓用全称在前、名用缩写在后的格式。同时要根据著者的专业及其他特征进一步鉴别，以免误检。

3. 序号途径　利用文献特有的序号作为检索入口来检索信息的一种途径，如专利号、标准号、国际标准书号（ISBN）、国际标准刊号（ISSN）等。序号检索具有明确、简短、唯一性的特点，是一种很实用的信息检索途径，但必须以事先知道文献的序号为前提。

（二）基于文献内容特征的检索途径

文献内容特征是指文献表达的主题概念，反映文献的实质内容，是重要的检索途径。主要有分类途径、主题途径和关键词途径。

1. 分类途径　分类途径是按照信息内容在特定的学科分类体系中的位置（类目名称或分类号）作为检索入口来检索信息的途径，可满足从学科、专业等内容出发获取信息的需要。其检索标识就是给定的类目名称或分类号码。通过分类途径查找文献是一个传统的途径。

2. 主题途径　主题途径是指通过文献的内容主题进行检索的途径，利用主题词作为检索入口来检索信息。主题途径可以将分散在各个学科中的有关文献集中于同一主题之下，便于分析选择。利用主题途径进行信息检索，必须准确选择主题词和副主题词的合理组配，如果主题词选择不准或组配不当，检索效果就会大大下降。

3. 关键词途径 关键词途径是以文献的篇名、文摘或全文中抽出来的能表达文献实质内容、起关键作用的名词术语作为检索标识进行信息检索的途径。关键词是为了适应计算机自动编制索引的需要而产生的。关键词与主题词不同，它不需要经过规范化处理，完全取自原文。关键词途径检索的优点在于简单、方便，直接使用文献中的专业名词，一些新兴的名词术语，即使未经过规范化处理，也能及时进入检索系统。缺点是关键词没有经过规范处理不易控制，检索时必须充分考虑与使用的关键词内容相关的同义词、近义词，否则容易造成漏检。

三、计算机检索技术

在计算机信息检索过程中，为了保证检索结果的快、全、准，仅靠一个检索词是难以满足检索需要的，有时需要用各种算符将若干个检索词组成检索式进行检索。常用的检索技术主要有布尔逻辑检索、截词检索和字段限制检索等。

（一）布尔逻辑检索

布尔逻辑检索（Boolean searching）是现代信息检索中最常用的方法，即用布尔逻辑运算符来表达检索词之间逻辑运算关系。在实际检索中，检索提问涉及的概念往往不止一个，而同一个概念又往往涉及多个同义词或相关词。为了正确地表达检索提问，采用布尔逻辑运算符将不同的检索词组配起来，用以表达用户比较复杂的信息检索要求。基本的布尔逻辑有逻辑与、逻辑或、逻辑非三种。它们的用法和意义可用示意图表示（图 1-12）。

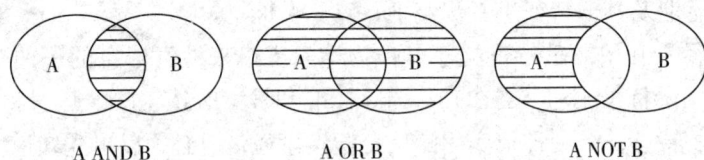

图 1-12 布尔逻辑组配示意图

1. 逻辑与 逻辑与是反映概念之间交叉和限定关系的一种组配，常用"AND"或"*"表示。A AND B，表示一篇文献中 A、B 两者必须同时存在。其作用是缩小检索范围，提高查准率。

例：查找有关"六味地黄丸治疗糖尿病"方面的文献，布尔逻辑表达式为：

六味地黄丸 AND 糖尿病

2. 逻辑或 逻辑或是反映概念之间并列关系的一种组配，常用"OR"或"＋"表示。A OR B，表示一篇文献中 A、B 两者有一即可，也包括两者同时存在。其作用是扩大检索范围，提高查全率。通常可以运用在以下两个方面：查找多个方面的文献，如查找"甲型肝炎或乙型肝炎"方面的文献，布尔逻辑表达式为：

甲型肝炎 OR 乙型肝炎

考虑检索词的同义词、近义词，如查找有关"消渴和糖尿病"的文献，由于二者是同一种病中医和西医的不同名称，属于并列关系，为防止漏检，布尔逻辑表达式为：

消渴 OR 糖尿病

3. 逻辑非 逻辑非是表示不含某种概念关系的一种组配，即从检出的文献中剔除部分文献。常用"NOT"或"–"表示。A NOT B，表示一篇文献中包含 A 但不包含 B。逻辑非也是一种缩小检索范围的概念组配，用来增强专指性，或减少文献数量。逻辑非运算是一种排除性运算，用来排除指定的某类信息，以提高查准率，但使用时要谨慎，否则会造成漏检。

例：查找"哮喘"但不包含"小儿"的文献，布尔逻辑表达式为：

哮喘 NOT 小儿

4. 运算次序 对于同一个检索式，检索系统的处理是从左至右，现行所有检索系统在这一点上基本是一致的。而当多个布尔算符在一个检索式中出现时，它们的运算"级别"是不同的，且在各个检索系统中也可能不一致，通常在检索系统的帮助文件中都会有说明。在一个检索式中，如果含有两个以上的布尔逻辑符，大部分系统的运算次序是："NOT"优先级最高，"AND"次之，"OR"最低。在有括号的情况下，先执行括号内的逻辑运算；有多层括号时，先执行最内层括号中的运算，即：

（ ）>NOT>AND>OR

例：检索中药或饮食疗法治疗糖尿病的文献，但不要实验研究方面的文献，检索表达式可表达为：

（（中药疗法 OR 饮食疗法）AND 糖尿病）NOT 实验

（二）截词检索

利用检索词的词干或不完整词形进行查找的过程称为截词检索。截词检索可以扩大检索范围，提高查全率，减少检索词的输入量，节省检索时间。尤其在英文检索系统中检索时，若遇到名词的单复数形式、词的不同拼写法、词的后缀变化时，均可采用此方法。

不同的检索系统所用的截词符可能不同，常用的有 ?、$、* 等。截词检索按截断的位置分，有前截断、中截断和后截断三种；按截断的字符数量分，有无限截断和有限截断两种。有限截断和无限截断的区别在于对被截断部分的字符是否有限制。无限截断，即一个截词符可代表 0 ~ 无限个字符；有限截断，即一个截词符只代表一个字符，N 个截词符代表截断 0 ~ N 个字符。

1. 前截断 即截去某个词的前部，使词的后方一致，也称后方一致检索。例如：输入 *magnetic 能够检出含有 magnetic、electromagnetic、paramagnetic、thermomagnetic 等词的记录。

2. 中截断 截去某个词的中间部分，使词的两边一致，也称两边一致检索。例如：输入 organi?ation 可以检出 organisation、organization。输入肝炎 * 疫苗，可检出肝炎疫苗、肝炎病毒基因疫苗、肝炎减毒活疫苗、肝炎灭活疫苗等。

3. 后截断　截去某个词的尾部，使词的前方一致，也称前方一致检索。例如：输入 biolog*，会把含有 biological、biologic、biologist、biologize、biology 等词的记录检索出来。

任何一种截词检索都隐含着布尔逻辑检索的"或"运算。采用截词检索时，既要灵活又要谨慎，截词的部位要适当，如果截得太短，将影响查准率。另外，不同的检索系统使用的截词符可能不同，在实际检索中要加以注意。

（三）字段限定检索

字段限定检索是指限定检索词在数据库记录中的一个或几个字段范围内查找的一种检索方法。数据库的每条记录通常由多个代表不同信息内容的字段组成，在一般情况下，系统在默认的若干基本字段或全部字段中检索。几乎所有数据库检索系统中均设置了字段限定检索功能，可以指定检索某一字段或某几个字段从而使检索结果更为准确，减少误检。如 AU=Smith，表示检索词 Smith 限定在作者字段；如"题名：白血病"，表示检索词"白血病"限定在题名字段。

（四）位置检索

位置检索反映两个检索词在文献中的位置邻近关系，因此又称作邻近检索，是逻辑运算符 AND 的延伸，适用于两个检索词在同一篇文献中需要指定间隔距离或出现顺序的检索表达式。常用的位置算符有 Near 和 With 两个。

1. Near　表示该算符两侧的检索词同时出现在记录中，两词次序可以颠倒，两词之间不允许有任何字母或词语。如表达式：traditional near chinese，可检索出 traditional chinese 和 chinese traditional。Near 后加正整数（N）表示检索词间可插入 0 ~ N 个词，且不论次序。如表达式：cancer near2 cells，可检索出含有 cancer cells、cells of cancer、cells of lung cancer 的文献。

2. With　表示该算符连接的两个检索词在记录中的先后顺序不能颠倒。如表达式：woman with migraine，可检索出 woman migraine。with 后加正整数（N）表示检索词间可插入 0 ~ N 个词，而前后顺序不能颠倒。

位置算符可以说是特殊的布尔逻辑 AND。AND 算符在功能上不限制两个词出现的位置和顺序，而位置算符弥补了"AND"的这种不足。

（五）加权检索

数据库对每个检索词赋予一个数值表示其重要程度，这个数值就是"权"。权值的大小可以表示为被检出文献的切题程度。权值越大，检出的文献命中程度越高。运用加权检索可以命中核心概念文献，是一种缩小检索范围、提高查准率的有效方法。但并不是所有系统都提供加权检索这种检索技术，而提供加权检索的系统对加权的定义、加权的方法、权值计算和检索结果的判定等方面又有不同的技术规范。

（六）精确检索与模糊检索

精确检索表示完全匹配，模糊检索表示含有，允许检索词之间插入其他字词。如在作者字段限定检索词"王平"，选择精确检索，只检索"王平"，也可用英文状态下的""表示精确检索，处于""内的检索词将作为一个整体进行查询。如选用模糊检索，可以检索出"王平""王平飞""王平平"等。

四、信息检索的策略

信息检索的过程是一个整体，检索策略就是在分析课题内容的基础上，确定检索系统、检索途径和检索词，并科学安排各检索词之间的逻辑关系、位置关系和查找步骤等。在数据库和系统功能相同的前提下，检索策略是否考虑周全，以及在检索过程中能否根据实际情况修改原来的策略，使其更加切题，都会影响检索文献的查全率和查准率。所以检索策略的构建与调整在检索过程中极为重要。

（一）分析研究课题

首先要分析检索目的，制定检索目标，分析所需信息涉及的学科，确定检索的学科范围。检索前应尽可能了解课题的基本知识、目前的研究进展、常用的名词术语、领域专家等。其次要明确检索的信息类型、检索年限、研究对象的性别及年龄、期望文献数量等。例如：检索课题是侧重基础研究还是临床研究？任何文献类型都要还是只要期刊论文？倾向查全还是查准等，也可以在得到初步检索结果之后再进行调整。

（二）选择检索工具

要正确选择检索工具，除了应考虑检索工具的学科范围、包括的语种及其所收录的文献类型外，还应考虑检索工具的类型、收录信息的规模、收录的年限、时差、收费情况等。选择检索工具要以专业性检索工具为主，若追求查全，应多选择几个相关检索工具，以防漏检。

（三）选择检索途径

一般的检索工具都根据文献的内容特征和外部特征提供多种检索途径。手工检索主要有主题途径、分类途径和著者途径。计算机检索系统中的检索途径是与其可检索字段相对应的，即有多少个可检索字段就有多少个检索途径。检索途径越多，就越方便读者从不同途径获得有关文献，提高文献的查全率。

（四）确定检索标识

确定检索词是整个检索过程中较难把握且容易出错的环节，拟定的检索词必须与记录中的标识一致才能检索命中。如选择主题途径检索，就要利用主题词表查找相应的主题词作为检索标识。用关键词途径检索，除了要选择相应关键词外，还要注意考虑同义词、近义词，以防漏检。

（五）构造检索表达式

检索表达式又叫检索提问式或检索式，是计算机检索中用来表达检索提问的一种逻辑运算式，是检索策略的具体表现。检索表达式由检索词和检索系统允许使用的各种运算符，如布尔逻辑算符、位置算符以及系统规定的其他组配连接符号组合而成。构造检索式就是用一定的逻辑关系把各个检索标识连接起来组成检索提问式，并表达各种复杂的概念关系，以准确地表达信息需求。

（六）调整检索策略

信息检索是一个不断探索和发现的过程，从检索结果的反馈中得到启发和提示，调整检索策略，如采用扩展检索、缩小检索、调整检索词和检索途径等方法，甚至重新选择检索工具，最终完成检索。

1. 当检索结果过少　当检出的文献量过少时，应考虑提高检索结果的全面性，提高查全率。如减少逻辑"与"组配，删除某个不甚重要的检索词；多用逻辑"或"组配，选用同义词、近义词等以逻辑或的方式加入检索式；进行扩展检索或族性检索，如主题检索时选择下位词一并检索或采用分类检索时，选择其上位类；放宽限制条件，如取消字段限定检索，增加检索年限，增加查找的文献类型，尽可能多选用一些检索工具进行检索。

2. 检索结果过多　当检索出的文献量过多时，应考虑提高检索结果的相关性，提高查准率。如提高检索词的专指度，采用下位词和专指性较强的检索词进行检索；增加逻辑与组配；减少逻辑或组配；限制检索词出现的字段，如限定在题名、主题词等字段进行检索；增加更多的限定条件，如限制检索的文献类型、出版年代、语种、作者等。

（七）获取原始文献

对于科学研究来说，阅读原文是必不可少的重要环节。原文中有很多重要信息，诸如有用的数据、图表等，这些信息都需要阅读全文才能获得。虽然目前全文数据已经越来越多，但大多需要付费，所以掌握全文获取途径非常必要。传统途径主要是利用图书馆（大学图书馆和公共图书馆等）、通过作者单位或 E-mail 向作者索取；利用网络途径主要是指利用全文数据库、免费网络资源（如开放存取、搜索引擎等）和进行文献传递服务。

五、检索效果的评价

检索效果就是利用检索工具（或系统）开展检索服务时产生的有效结果。衡量检索结果对用户需求的满足程度，是检索系统性能的直接反映。目前，普遍认同的检索效果的评价标准主要有查全率、查准率、收录范围、响应时间、用户负担、输出格式等。其中以查全率和查准率最为重要。

（一）查全率

查全率（Recall Ratio）是指系统在进行某一检索时，检出的相关文献量与检索系统中相关文献总量的比率，是衡量信息检索系统检出相关文献能力的尺度，反映该系统中实有的相关文献量在多大程度上被检索出来（表 1-5）。

表 1-5　检索效果的评价

项目	相关文献	非相关文献	合计
被检出文献	a（命中）	b（误检）	a+b
未检出文献	c（遗漏）	d（正确地拒绝）	c+d
合计	a+c	b+d	a+b+c+d

查全率 =（检出相关文献量 / 系统内相关文献总量）×100%=（a/a+c）×100%

例如，利用某个检索系统查课题，假设在该系统文献库中共有相关文献 100 篇，而只检索出来 80 篇，那么查全率就只有 80%。

（二）查准率

查准率（Precision Ratio）是指检出的相关文献量与检出文献总量的比率，是衡量信息检索系统精确度的尺度，它反映每次从该系统文献库中实际检出的全部文献中有多少是相关的。

查准率 =（检出相关文献量 / 检出文献总量）×100%=（a/a+b）×100%

例如，检出的文献总篇数为 100 篇，经分析确定其中相关的只有 80 篇，另外 20 篇与该课题无关。那么，这次检索的查准率就只有 80%。

查全率反映所需文献被检出的程度，查准率则反映系统拒绝非相关文献的能力，两者结合起来反映检索系统的检索效果。研究表明，查全率与查准率之间存在互逆关系，即提高系统的查全率，会使查准率下降，反之亦然。查全率和查准率这种互逆的关系，使我们在检索中很难实现查全率和查准率均接近 100%。因此，我们在检索中要根据课题的实际需求，确定是以查准为主还是以查全为主，或是寻求查准与查全之间的平衡。

思考题

1. 信息检索的发展趋势体现在哪些方面？
2. 美国图书馆协会和教育传播协会制定的学生学习的九大信息素养标准是什么？
3. 什么是信息素养？
4. 什么是信息检索？原理是什么？
5. 简述信息检索的步骤、方法和途径。
6. 什么是查全率和查准率？扩检或缩检的方法有哪些？

7.常用的计算机检索技术有哪些?

8.要查找下列文献,请写出检索表达式。

(1)饮食疗法治疗糖尿病(消渴)。

(2)紫杉醇抗肿瘤研究成就。

(3)连翘的化学成分及药理活性。

9.按照文献检索步骤分析"补阳还五汤治疗中风后遗症"。

第二章 中文医药图书信息检索 ▷▷▷▷

　　图书是人类历史上最古老而悠久的文献类型，承载着人类的文明与进步。"图书"一词最早出现于《史记·萧相国世家》。刘邦攻入咸阳时，"何独先入收秦丞相御史律令图书藏之。沛公为汉王，以何为丞相……汉王所以具知天下厄塞，户口多少，强弱之处，民所疾苦者，以何具得秦图书也"。这里的"图书"指的是地图和文书档案，它与我们今天所说的图书是有区别的。今之图书是以传播知识为目的，将文字、符号或图形记载于某种载体上并有一定形式的著作物，它不受时间与空间的限制，行使宣告、著述、保存与传播知识的职能。图书是对人类生活、精神面貌、风俗习惯、经济形态、科学文化的重要记录，对人类文明历史与智慧的记录与传承是其最根本的功能。依赖图书的繁衍与传播，人们获得最经济、最简便、有系统的知识。图书以其出版量大，质量稳定、系统、便于存放、携带等优点成为人类社会重要的信息交流媒介之一。如何在海量图书中获取自己所需要的图书成为现代人的重要技能之一。

第一节　书目及其分类

　　医药类图书浩如烟海，内容广，种类多，充分显示了医药伟大宝库内容之丰富。医药学的主要理论和丰富的临床经验都保存在这些文献之中。如何全面、迅速、准确地了解医药图书的出版、存佚、收藏以及学术内容、学术价值等情况，就需要利用有关的书目来检索。

一、书目的作用

　　书目是图书目录的简称，是揭示和报道图书的工具。它是以文献的出版单元为著录对象，系统揭示图书的名称、著者、出版者、出版时间、收藏者及内容提要的检索工具。目录是目和录的总称，目指篇目，即一本书篇章或卷次的名称，将诸多篇章和书名汇集编排起来就叫"目"；录指叙录，又称序录、书录，是对目的说明，即逐一介绍某书或某篇的内容提要、学术源流等。《昭明文选·任彦升为范始兴求立太宰碑表》李善《注》引刘歆《七略》称："《尚书》有青丝编目录。"可知刘向校书，即已使用"目录"一词。班固《汉书·叙传》中，亦有"爰著目录，略序洪烈，述艺文志第十"之句，表明早在汉代，"目录"二字已作为一个名词而被加以使用。书目的作用体现在三个方面。

　　1. 揭示刊行情况，提供流传线索　各个历史时期的著述，基本反映在各个历史时期的各类书目之中。通过书目，可以从宏观上了解和掌握一定历史时期文献的著述、刊行、流传、存佚等基本情况。例如，据估计，我国现存古籍可能在 15 万种左右，就是根据《四库全书总目》《中国丛书综录》《贩书偶记》《中国地方志综录》等书目加以统计的。又如，通过《全国总书目》，可以了解新中国成立以后历年医药图书的出版情况。由于书籍是一定历史时期科技文化的记录，因此，透过书目，还可以了解各个时期科学文化发展的概貌。尤其是专科书目，更是学科发展史的一个缩影。

2. 揭示图书特征，提供研究资料　书目著录了所收图书的书名、卷帙、撰者、版本、提要等，这些内容使人们得以了解每种书的撰述情况、著者生平、简要内容、书名异同、版本优劣、学术价值，以及进一步研究的线索等。这些资料也是人们阅读、校勘和考证等不可缺少的。例如，《中国分省医籍考》对于各书的作者，凡是在方志中能查到的传记资料均予以全文载录，其内容往往比《中国医学人名志》还要详悉。

3. 评价图书得失，指导读书门径　清代学者王鸣盛在《十七史商榷》中指出："凡读书最切要者，目录之学。目录明，方可读书，不明，终是乱读。"书目通过对有关文献特征的集中反映，尤其是书目中的说明和提要，关于学术源流、类目条析和书籍内容的评价，对人们了解、选择和利用图书起着重要的指导作用。通过书目了解某一学科图书的全貌，了解某一图书在学科中的地位、价值和作用，也就是前人所说的"辨章学术、考镜源流"。

二、书目的类型

书目的种类很多，不同的划分标准构成不同的书目类型，国内外的划分方法尚不统一。我国学术界根据编撰方式和时间等方面的特点，一般将书目分为古典书目和现代书目两种。

（一）古典书目

古典书目可概略地分为官修书目、史志书目、方志书目、私撰书目、专科书目和导读书目等。

1. 官修书目　官修书目是指封建王朝宫廷的藏书目录。此类书目由皇帝诏命大臣或知名学者专门修撰。西汉末年，刘向、刘歆父子等编撰了中国最早的综合性官修书目——《别录》《七略》。《别录》《七略》不仅反映了先秦以来的丰富古籍，对当时学术界辨章学术、考镜源流起了推动作用，还奠定了我国目录学的基础，对两千多年来书目编制的原则、体例和方法产生了深远的影响。

清代乾隆年间（1781 年）编撰的《四库全书总目》，是中国历史上规模最大、体例最完善的一部官修书目。

2. 史志书目　史志书目是指史书里面记录图书的"艺文志"或"经籍志"。东汉班固编著《汉书》，依据刘歆《七略》改编而成"艺文志"，开创了根据官修书目编制正史艺文志的先例。《汉书·艺文志》是我国现存最早的一部史志书目。其他没有"艺文志"的史书，清代以来的学者纷纷补编，形成了一个史志书目的流派，连贯起来就成为中国古籍的总目，基本反映从古代至清末的著述情况。

3. 方志书目　方志书目是指地方志中的图书目录。各省、州、府、县地方志，一般都编有"艺文志"或"经籍志"这一项，主要收录当地历代人士的著作，或内容与本地有关的书籍。方志目录收录图书的数量远远超过正史，一般以县志记载最为详备。如《河北医籍考》一书就是根据河北省 91 种地方志辑成，其中医籍大多数为历来公私书目所未载；《中国分省医籍考》著录了全国近 3000 种地方志中的医籍 8000 余种。

4. 私撰书目　私撰书目主要指个人编纂的目录和私人的藏书目录。这类目录大多出自藏书名家之手，有较高的学术研究价值。现存最早、最负盛名的是宋代晁公武编的《郡斋读书志》。范行准先生的《栖芬室架书目录》共计七百六十种，七千两百余册。其中医书六百六十多种，两千一百多册，内含善本 290 种，一千五百余册。善本中有宋、元、明三代刻本、写本九十多种。

5. 专科书目　专科书目是指围绕某一学科系统全面地收集文献而编制的书目。明末殷仲春的《医藏书目》是现存最早的医学书目。

6. 导读书目　中国古典书目中还有一种指导读书的推荐书目，这类书目又叫导读书目。现存最早的是唐代末年编的《杂钞》，它以问答的形式给青年开列了一部包括数十种书的书目单。

（二）现代书目

现代书目可分为国家书目、综合性书目、馆藏书目、联合书目、个人著述书目、书目之书目、专题书目（专科目录）。

1. 国家书目　国家书目是揭示与报道一个国家在一定时期内出版的所有图书及其他出版物的目录，包括报道最近出版物的现行国家书目和反映一定时期内出版物的回溯性国家书目，如《中国国家书目》。

2. 综合性书目　综合性书目是将各个学科门类的图书汇总编成的一种图书目录。其内容广博、包罗万象，既有哲学社会科学方面的书，又包括自然科学和应用技术；层次也不同，既有普及性读物，也有学术性著作。国家书目也属于综合性书目。

3. 馆藏书目　馆藏书目是反映一个图书馆收藏的全部或部分文献的目录，主要供读者了解图书馆的收藏情况以及馆藏文献的内容，如《北京图书馆善本书目》《中国中医研究院图书馆馆藏中医线装书目》。

4. 联合目录　联合书目是揭示与报道多个文献收藏单位所藏文献的目录。联合目录能扩大读者检索和利用文献的范围，也便于图书馆藏书协调、馆际互借和实现图书馆资源共享，如《中国中医古籍总目》《全国中医图书联合目录》。

5. 个人著述书目　专门收录某一作者的全部著述，并兼收研究该作者资料的目录，个人著述书目在西方又称传记书目，如《鲁迅研究资料编目》。

6. 书目之书目　收录各种书目、索引等二次文献的目录，又称书目指南。

7. 专题书目（专科目录）　按照特定专题（专科）以一定次序编排而成的一种目录。

三、书目的体例

一部完整的书目主要由前言与凡例、目次、正文和辅助资料四部分组成。

1. 前言与凡例　前言又称序言、引言、编辑说明、编者的话等，凡例又称序例、编例、编写条例等。前言与凡例是任何一部书目都不可缺少的组成部分，其内容大致包括介绍书目编制的目的和过程、书目的性质、用途、结构以及收录的范围、编排和使用方法等。这些说明有助于读者了解和利用书目。

2. 目次　目次是反映书目内容的大纲。通过目次，可以直接迅速地了解书目的内容、结构及其体例。目次也是从学科类别检索图书的途径。

3. 正文　正文是书目的主体，是利用书目的主要对象。它由著录、提要和类序 3 部分组成，但不是每部书目都包含提要和类序。书目著录事项主要包括书名、卷次、著者、撰写方式、出版年、出版者、版次、附注等。

4. 辅助资料　辅助资料是指附在书目正文后面的各种有关资料，一般包括各种辅助索引，如书名索引、作者索引等，还有收藏单位名录及引用文献等。个人著述目录还附有作者生平、著译年表等。

第二节　中医药古籍检索

怎样检索中医药古代图书，是中医药教学、科研、医疗工作中经常遇到的问题，是检索中医药文献的一项重要内容。中医药古籍历史悠久，数量庞大，种类繁多，版本庞杂，在长期流传过程中存在许多复杂现象，如散佚、伪托、讹误以及内容增删、书名变化等。只有掌握一定的检索规律和方法，才能全面、迅速、准确地检索古代中医药图书。检索中医药古籍主要利用中医药专科书目、有关综合性丛书和馆藏目录等。

古代中医药图书有两种划分方式：一是泛指 1911 年以前撰写的中医药图书，一是专指 1911 年以前刻印或抄录的中医药图书。这两种划分方式，因使用场合不同而异：前者侧重内容检索，后者侧重版本检索。

一、中医经典检索

中医经典，通常指《黄帝内经》《难经》《神农本草经》《伤寒论》四部医籍。中医经典撰写年代久远，在流传过程中大都经历了编订、修改、增补、注解、校勘、译释等演变过程，因而在版本方面较一般的古籍更为复杂。此外，四部经典历来被认为是中医药学的元典，一直受到历代医家的高度重视，从而产生了大量的相关研究著作，这些著作对学习理解经典起到了重要的作用。因此，在古籍检索中，掌握检索中医经典版本源流的有关参考书，了解中医经典版本源流及其相关研究著作的情况是非常必要的。检索中医经典的版本源流及其相关研究著作的基本情况，可以利用书目。

1.《经典医籍版本考》　马继兴著，1987 年中医古籍出版社出版。

该书是一部专门介绍医经版本源流的学术专著，内容包括对《素问》《灵枢》《黄帝内经太素》《针灸甲乙经》《难经》《神农本草经》《伤寒论》《金匮要略》《中藏经》《脉经》和《诸病源候论》等 11 种重要中医古籍版本源流的叙述与考证。全书资料翔实，引据精确，对查考中医经典的历史渊源及其版本特征具有较高的参考价值。

2.《中医古籍版本学》 吉文辉等编著，2000 年上海科学技术出版社出版。

该书是我国首部中医古籍版本学专著。全书系统地论述了中医古籍版本学的功能、作用，以及版本鉴定的各种方法和途径，简要介绍了中医古籍版本沿革与重要医籍版本系统，广泛吸纳古今中医古籍版本学研究成果，注意学术性与实用性相结合，对迅速增强古籍版本意识、提高版本鉴别能力、了解重要医籍版本源流具有较高的参考价值。

3.《中医文献学》 马继兴著，1990 年上海科学技术出版社出版。

该书是我国首部中医文献学专著。全书分为四篇，第一篇为中医文献范畴论，第二篇为中医文献源流论，第三篇为中医文献结构论，第四篇为中医文献方法论。其中第二篇中医文献源流论主要论述了中医古籍的起源与发展，各类医学著作系统的形成与派生衍化过程；古医籍的亡佚、缺损、改异、变动、保存情况与价值等，对查考中医经典的版本源流及其相关著作情况具有较高的参考价值。

4.《中医古籍文献学》 张灿玾著，1998 年人民卫生出版社出版。

该书是一部中医古籍文献学专著。全书客观地反映了中医古代文献的基本情况与基本面貌，系统而科学地总结与概括了中医古籍整理研究的基本内容和方法。其中第二章中医文献源流与流别对中医古籍的起源与发展、各类医学著作系统的形成与派生衍化过程进行了详细论述，为从总体上考察历代医籍的流传、版本沿革提供了很大的方便。

5.《中医文献导读》 田代华等编著，2006 年人民卫生出版社出版。

该书是一部全面介绍中医历代书籍及中医文献知识的著作。全书共 19 章，前 3 章为检索中医古籍的基本知识，后 16 章分门别类介绍了中医古代文献的发展概况，并对中医经典的主要内容、学术价值、版本沿革和相关研究著作进行了重点介绍。书后附有常用文史工具书索引和中医重要著作索引，以方便检索。

二、中医专科书目检索

中医专科书目数量众多，择其要者，根据书目的时代、地域、性质等可以大致分为 3 种：①早期的中医专科书目：现存最早的中医专科书目，当推明末殷仲春的《医藏书目》，出版时间较早的还有曹禾的《医学读书志》和凌奂的《医学薪传》。②日本学者所撰中医专科书目：日本学者编撰的中医专科目录较多，主要有丹波元胤的《中国医籍考》、冈西为人的《续中国医学书目》和《宋以前医籍考》等。③其他中医专科书目：主要有《四部总录医药编》《三百种医籍录》《中国医籍通考》《中国分省医籍考》《中国医籍提要》《中国医籍大辞典》等。这些书目都从不同角度体现了其学术价值与应用价值（表 2-1）。

表 2-1 《中国医籍考》《中国分省医籍考》《中国医籍提要》《中国医籍通考》的区别

书名	收录范围	种数	特点	检索途径
《中国分省医籍考》	先秦至清末地方志中的医籍	8000 余种	首创分省著录、著录作者小传	书名笔画索引、人名笔画索引、分类检索
《中国医籍提要》	1960 年以前的著作，兼采日本、朝鲜比较著名的中医药著作	906 部	注重著录书的内容提要和版本，以及作者的学术思想及对后世的影响	书名笔画索引、人名笔画索引、分类检索
《中国医籍考》	我国秦汉至清道光年间历代医书	2383 种	著录书的序跋、著者传略、诸家述评、历史考证等资料	书名笔画索引、人名笔画索引、分类检索
《中国医籍通考》	先秦至清末，旁及日本和朝鲜的中医药古籍	9000 余种	广泛摘录了序言、跋文和历代学者有关论述，部分书附有编者所做考证的按语	书名笔画索引、作者笔画索引、分类检索

1.《中国分省医籍考》 郭霭春主编，1984 ~ 1987 年出版，天津科学技术出版社出版。上、下册。

上册包括河北、河南、山东、江苏、浙江、江西六省，下册包括除上述省以外的省、自治区（其中包括中国台湾在内，北京、天津属于河北省，上海市隶属江苏省）及全书的人名、书名索引。全书收录医籍的时间范围上始先秦，下至清末，著录了全国近3000 种地方志中的医籍 8000 余种。各省医籍，按类编排。每类之下，按历史朝代及作者生卒年代的先后次序排列。每种书目标明卷数、作者朝代、作者姓名及作者小传。该书目不仅收罗丰富，而且在编排体例上首创分省著录。每书之下附有医家小传，各省卷首有该省医学文献综述。

2.《中国医籍提要》 该书编写组编，吉林人民出版社 1984 ~ 1988 年出版。上、下册。

上册收录医籍 504 部，主要是清代以前的著作，兼采日本、朝鲜比较著名的中医药著作。下册收录医籍 402 部，主要是清代至近现代（1960 年以前）的中医药著作。上、下册均分为临床理论、临床各科、综合，以及医史、法医、养生 4 大类，大类下分若干子目。每种书的著录项为书名、成书年代、作者、内容提要和版本。内容提要按原著卷目、章节、内容简介、学术成就、学术思想、学术源流及对后世的影响、作者生平传略等层次分段撰写。书后附书名、人名笔画索引。

3.《中国医籍考》 日·丹波元胤编，1956 年人民卫生出版社据《皇汉医学丛书》本重印出版，1983 年再版。

该书编于 1826 年，收辑我国秦汉至清道光年间历代医书 2383 种。全书分为医经、本草、食治、藏象、诊法、经脉、方论、史传、运气等九大类。大类之下再分小类，每小类所列医书以时代先后为序。每书之下注明其出处、卷数、存佚，并详列该书序跋、著者传略、诸家述评、历史考证等资料，有的还附有作者按语。按语大多是论述古医籍版本方面的问题。附有书名、人名索引。

4.《中国医籍通考》 严世芸主编，1990 ～ 1994 年上海中医学院出版社出版。4 册，索引 1 册。

该书是目前规模较大的一部辑录体中医药古籍目录，收辑上溯先秦，下迄清末，旁及日本、朝鲜的中医药古籍 9000 余种。全书分 4 卷，按类及成书年代编排。第 1 卷为医经、伤寒、金匮、藏象、诊法、本草、运气、养生；第 2 ～ 3 卷为温病、针灸、推拿、方论；第 4 卷为方论、医案医话、丛书、全书、史传、书目、法医、房中、祝由、补编。方论为临床著作（包括方书），按综合、妇科、儿科、外科、伤科、五官科顺序编排。每书大体按书名、作者、卷帙、存佚、序跋、作者传略、载录资料、现存版本等项著录，阙项付如。部分书还附有编者所作考证的按语。

三、综合性书目检索

综合性书目一般也收录有中医药古籍，学习中医药学也需要研读参考有关的传统文化著作。检索中医药古籍和经史百家文献，利用综合性书目也是不可或缺的途径。常用的综合性书目主要有《四库全书总目提要》《中国丛书综录》等。

1.《四库全书总目提要》 清·纪昀等编纂，1965 年中华书局出版校定断句影印本。200 卷。

《四库全书总目提要》（简称《四库全书总目》）是清乾隆年间所编的大型丛书《四库全书》的总目录，收录书籍 3461 种，另有"存目"（有名无书者）6793 种。其中子部医家类提要著录医书 97 部，存目医书 94 部。全书采用四部分类法，即分为经、史、子、集四部。经部收录儒家经典及其研究著作，下分易、书、诗、礼、春秋、孝经、五经总义、四书、乐、小学诸类；史部收录历史地理方面的图书，下分正史、编年史、纪年史、纪事本末、别史、杂史、诏令奏议、传记、史抄、载记、时令、地理、职官、政书、目录、史评诸类；子部收录诸子百家及释道方面的图书，下分儒家、兵家、法家、农家、医家、天文、算法、术数、艺术、谱录、杂家、类书、小说家、释家、道家诸类；集部收录历代作家的作品集，下分楚辞、别集、总集、诗文、词曲诸类。四部之下分 44 个小类，各小类又分 67 个子目。在四部之首，各有"总序"一篇。小类之首也各有"小序"一篇。某些子目或提要后面也附有按语，用来阐明各种学术思想的渊源、流派、相互关系，以及划分类目的理由。

2.《中国丛书综录》 上海图书馆编，1959 ～ 1962 年上海中华书局出版。3 册。

该书目是我国目前最完备的一部丛书联合目录，收录了全国 41 个主要图书馆馆藏的历代丛书 2797 种，古籍 38891 种。第一册是总目分类目录，也就是丛书目录。将2797 部丛书分类编排，每种丛书详列书名、种数、编者、刻印年代及馆藏。子目（著有书名、卷数、作者）一一开列于后。全册分汇编和类编两个部分。汇编分杂纂、辑佚、郡邑、氏族、独撰五类；类编分经、史、子、集四部，各部之下再分若干细目。子部医家类中，共收医学丛书 139 种。书后附全国主要图书馆收藏情况表，又附丛书书名索引。第二册是子目分类目录，收录子目七万多条，以子目为单位，分经、史、子、集四部，部下又分细类。每书著录书名、卷数、著者及所属丛书。某些子目本身又包括几种著作的，另编《别录》，附四部之后。医家类在子部，下分22类，内科、外科、五官科等加以细分，载录医书1357种。第三册是为第二册服务的工具，包括子目书名索引、子目著者索引。书前附有四角号码检字法、索引字头笔画检字、索引字头汉语拼音检字，以便读者多途径检索。

【检索示例】《济生拔粹方》丛书的馆藏及所收图书情况。

检索步骤：

第一步：用《中国丛书综录》第一册的"索引字头笔画检字"查"济"（17划），对应四角号码为30123。

第二步：用"丛书书名索引"查30123"济"，得《济生拔粹方》的正文页码为707，馆藏顺序号为1843。

第三步：查正文第707页，得《济生拔粹方》所收图书情况。

第四步：用"全国主要图书馆收藏情况表"查馆藏顺序号1843，得到《济生拔粹方》在北京图书馆有收藏，但收藏不全。

3.《中国丛书广录》 阳海清编撰，1999年湖北人民出版社出版。上、下册。

该书目是继《中国丛书综录》之后又一部规模宏大、体例完备的中国古籍丛书目录，共收录古籍丛书3279种（子目40227种），其中医学丛书176种。

上册由四部分组成。①丛书分类简目：包括序号、书名、编（撰）者、版本四项，实为本书主体之目次。②丛书分类详目：为本书之主体，所收条目分为汇编丛书和类编丛书两部分。汇编丛书又细分为杂著、地方、家族、自著四类；类编丛书分为经、史、子、集4类，各类之下再分若干细目，外加补遗。每种丛书详列书名、编者、版本、子目（含书名、卷数、著者、著作方式）及按注。③丛书书名索引。④丛书编撰者、校注者、刊刻者索引，均按首字四角号码排列。

下册由三部分组成：子目分类索引、子目书名索引和子目著者索引，均按首字四角号码排列。全书各部分既各自独立又浑然一体，通过《简目》和各个索引，均可径直查检《详目》，获取所需线索。为方便读者检索，在上册末附有索引字头四角号码与笔画对照表，在下册前附有四角号码检字法。

该目录一是收书广泛，不仅收目前实存的丛书，亦收录历史上曾经有过而今仅存书目之丛书；不仅收录原刻本和影印本，也收录近几十年出版之整理本，并包括港、澳、台及国外印行本。对于已汇入大丛书的一些小丛书，其原刻本和抽印本亦予揭示。二是著录详尽，对一书之多种版本及多种异名都一一录出。尤其是各条目下之按注，对所收丛书从内容、学术价值、版本流传情况及编撰者生平等多方面进行了揭示。该目录与《中国丛书综录》参照使用，可全面了解中国古籍丛书之概貌。

四、联合目录、馆藏目录检索

利用前面介绍的中医专科书目和综合性书目，我们基本上可以掌握中医药古籍的刊行、存佚、版本、内容以及学术价值等问题。但要准确了解某种医籍的馆藏情况，则必须利用联合目录或馆藏目录。常用的联合目录有《中国中医古籍总目》《全国中医图书联合目录》，馆藏目录有《中国中医研究院图书馆馆藏中医线装书目》等。

1.《中国中医古籍总目》 薛清录主编，2007年上海辞书出版社出版。

《中国中医古籍总目》是一部迄今为止收录范围最广、种类最多的大型中医古籍联合目录，共收录全国150个图书馆（博物馆）1949年以前出版的中医图书13455种，其中不乏明以前珍稀善本医籍。它是对《全国中医图书联合目录》的补充和修订，增加了图书2263种和古籍版本3652个。

2.《全国中医图书联合目录》 薛清录主编，1991年中医古籍出版社出版。

全书由四部分组成：凡例、参加馆代号表、类表；书目正文；附录；书名索引、著者索引。正文采用分类编年体例排序，以体现中医学术的发展源流和传承轨迹。每书著录内容包括类号、序号、书名、卷帙、成书年代、著者、版本、馆藏代号等。

该书在目次的整体结构上能够反映出中医药学术发展的历史源流和传承轨迹。其分类体系的确定是根据现存中医药古籍的实际状况，以学科为主，兼顾到中医药古籍的体裁特征，划分为医经、医史、综合性著作等12大类，大类之下又分成若干小类，有的还进一步展开形成三级类目。该书目冠有参加馆代号表，书末附有书名笔画索引、书名音序索引、著者笔画索引、著者音序索引。另有四种附录：甲子表；岁阳、岁阴表；历代建都简表；历代帝王名讳表。

【检索示例】查找《妇科宗主》的作者、卷数、成书年代、版本及馆藏情况。

检索步骤：

第一步：用"书名笔画索引"或"书名音序索引"查"妇"，得《妇科宗主》在目录中的流水号是07495。

第二步：用07495查正文，得《妇科宗主》作者为崔建庵、卷数五卷（妇科宗主四卷附续增胎产心法）、成书年代为公元1848年、版本为清道光二十八年戊申存诚堂刻本、馆藏代号为590（残），799A。

第三步：用"收藏馆代号表"查馆藏代号，得《妇科宗主》被上海中医药大学图书馆和湖北中医药大学图书馆收藏，其中上海中医药大学图书馆藏本为残本。

3.《中国中医研究院图书馆馆藏中医线装书目》 中国中医研究院图书馆编，1986年中医古籍出版社出版。

该书目是我国第一部公开出版的中医古籍馆藏目录，共收录中医古籍4200余种、7500余部，其中乾隆以前刻本1000余部。正文部分按类编排，所设类目与《全国中医图书联合目录》大致相同。每书按序号、书名、卷帙、成书年代、著者、版本、附录等项著录。附有书名、人名索引。书末附范行准等人献书目录，以资纪念。

【检索示例】查找《灵枢经》的作者、卷数、成书年代、版本情况。

检索步骤：

第一步：用《中国中医研究院图书馆馆藏中医线装书目》的目次索引查"医经"，得"灵枢"相关图书在目录中的编号为0072-0077，在书目的第7页。

第二步：在书目第7页，得《灵枢经》的编号为0076。

第三步：查0076号，得《灵枢经》作者为（清）张志聪注，成书于1672年。该馆收藏的两个版本为清光绪十六年庚寅（1890）浙江书局刻本和清刻本。

第三节　中医药专题资料检索

在学习和研究中医药学的过程中，经常需要对某一专题的古代资料进行检索，如历代有关阴阳五行学说的论述、有关消渴的诊疗方法、临床特效药物的筛选、方剂最佳配伍，或某一医家的临证经验、传记资料等。这些专题资料大多分散在历代各类医学著作中，检索起来很不方便。这就需要利用有关的中医药类书进行检索。

类书是采辑多种古籍的内容，将其分门别类加以研究整理，重新编次排比从属于设定的类目之下，以便于读者阅览研究和检索之用的一类图书。中医药类书是专门辑录中医药文献的专科性类书，从内容上又分为综合性和专科性两类。如《古今图书集成医部全录》，内容涉及中医药学各科，属综合性类书；《本草纲目》，内容主要是中药学方面的，属专科性类书。

中医药类书一般都汇编了多种古医籍的内容，特别是综合性中医药类书，内容丰富，门类齐全，包括医学理论、诊断、辨证、各种疾病、药物、针灸、气功、医案、医家等多方面的内容，并且按类编排，便于检索，是查考古代专题资料的首选工具书。此外，一些汇编性大部头的医学全书、中医、中药、方剂、人物辞典、索引以及史书、方志等也是经常需要利用的。

一、医理和临证资料检索

综合检索中医理论和临证资料，如阴阳五行、藏象经络、气血津液、病因病机、论治原则、五运六气、四诊、脉学等理论，以及内外妇儿各科疾病的证治、方药、针灸、推拿等方面的内容，除了利用有关专著外，主要是利用综合性中医药类书。常用的有《古今医统大全》《六科证治准绳》等。

1.《古今医统大全》 明·徐春甫辑，又名《古今医统》，成书于1556年。100卷。

该书辑录明代以前医籍及有关文献282种，包括历代医家传略（明以前历代医家，共270人）、《内经》要旨、各家医论、脉候、运气、针灸、经穴、各科病证诊治、医案、验方、本草、救荒本草、制药、通用诸方及养生等。各科病证诊治包括中风、伤寒、暑证、湿证、内伤证、瘟疫、皮肤等141证与妇、儿科疾病及老年保养等，每一病证基本上按病机、脉候、治法、方药等依次论述。例如，查找"伤寒"，通过目录检索"伤寒门"在卷十三、十四，分病机、脉候、治法、证候、补遗、药方。

2.《六科证治准绳》 明·王肯堂编撰，又名《证治准绳》，成书于1602年。44卷。

该书以证论治，故总称《证治准绳》，内容包括杂病、杂病类方、伤寒、疡医、幼科、女科六个部分。论及的科目和病种广泛，每一证先综述历代医家治验，后阐明己见，条理分明，且立论平正，不偏执于一家，故广为流传，多为后人所习用。例如，查找"伤寒"，见《伤寒证治准绳》八卷。卷一为伤寒总例，卷二至卷七为六经病证、合病、坏病、狐惑、百合病、瘥后诸病、阴阳易、春温、夏暑、秋疟等以及妇人、小儿伤寒。论述以《伤寒论》方论为主，广集各家治法，并注明出处。

3.《古今图书集成医部全录》 清·陈梦雷等编，成书于1726年。520卷。

该书是《古今图书集成》的抽印本（原隶属于博物汇编艺术典医部下），全书约950万字，收录文献上自《黄帝内经》，下迄清初，共120多种，是我国历史上最大的一部医学类书。全书分为以下八个部分。

（1）医经注释（卷1～70）：内容包括《素问》《灵枢》《难经》三部医经的注释。

（2）脉法、外诊法（卷71～92）：共汇集34种重要医籍的有关内容，按内容和时间先后，系统地介绍望、闻、问、切等中医的诊断方法。

（3）脏腑身形（卷93～216）：共汇集了58种重要医著中的有关内容，系统地论述中医的脏腑、经络、运气及身形等学说。

（4）诸疾（卷217～358）：主要介绍各种内科疾病的证治，分为风、寒、暑、湿、咳嗽、呕吐、泄泻等52门，将历代重要医籍的有关论述依次列出。在治疗方面，除介绍方药外，还有针灸、导引、医案等。

（5）外科（卷359～380）：内容包括外科的一般疾病，具体分为痈疽、疔毒、附骨流注等11门。在治疗方面，除介绍有关复方外，还有单方、针灸等。

（6）妇科（卷381～400）：主要包括妇科的有关疾病，分为经脉（月经）、子嗣、胎前、产后等11门。辑录的文献除取材于医学名著外，还有一部分录自比较少见的妇科专著。

（7）儿科（卷401～500）：主要介绍小儿一般疾病，包括未生胎养、出生护养、诊断等25门，并详细地叙述中医对天花、麻疹的治疗经验。辑录的文献除来自于医学名著外，亦有一部分录自现已少见的古代儿科名著。

（8）总论、医术名流列传、艺文、纪事、杂录、外编（卷501～520）：主要包括从《易经》《周礼》《素问》《灵枢》等书中辑录的有关医学的概论性资料，从史书、地方志及有关医学著作中辑录的清以前的著名医家的传记（1200多则），历代医药书籍中有研究价值的序和医家的诗文，历代史书、笔记中有关医药的记事，有关书籍中记载的医学事迹和寓言，非医学书籍中记载的有关医学的传说等。

4.《中国医药汇海》 蔡陆仙编辑，1937年中华书局出版，1985年北京中国书店据中华书局版影印出版。

该书采集上自炎黄、下迄民国，包括历代医家数百人的医学论著，摘其精要，汇集成24册出版。内容分为经部、史部、论说部、药物部、方剂部、医案部和针灸部七编，其中药物部附于经部《神农本草经》之后。每部又细分若干类，层次清晰。经部详列原文，广搜博引，互相引证，以辨其真伪。论说部取各家学说中理旨纯正、切合初学者，去其芜杂，撷其精要，熔各家学说于一炉。医案部以病分类，精选各家医案，相互校勘，取其有效者而录之。凡引用文献，都注明出处，方便查考。

【检索示例】用《古今图书集成医部全录》查找"虚劳"。

检索步骤：

第一步：判断为内科疾病，在《古今图书集成医部全录》（人民卫生出版社点校本）

的第七册《诸疾（下）》。

第二步：通过本册的目录检索"虚劳门"（第 25 ～ 31 页）。

第三步：在第 25 ～ 31 页可见：《素问》《灵枢经》《难经》《金匮要略》等 20 部医书中有关"虚劳"疾病的证治。在治疗方面，收录有一般方药，如桂枝加龙骨牡蛎汤、天雄散、薯蓣丸、酸枣汤等 150 种，另有单方、针灸、导引、医案。

二、本草和方剂资料检索

（一）本草资料检索

本草资料检索是指综合查检有关中药的历代研究资料，内容包括中药性味、产地、炮制、功效以及临床应用、各家学说等。解决这一问题，可借助于综合性本草著作（类书）和有关的中药学参考工具书。常用的有以下几种。

1.《经史证类备急本草》 简称《证类本草》，宋·唐慎微撰，成书于 1082 年。31 卷。

该书是在北宋官修本草的基础上，又参考了 247 种医药文献和经史子集各部古籍中的相关资料编撰而成。其内容：卷一、卷二为序例，主要收载前代重要本草著作的序文、凡例、药物炮制、药性理论、方剂组成、诸病通用药以及药物的配伍禁忌等药物总论方面的内容；卷 3 ～ 29 为各论，共收药物 1 748 种，按属性分为 10 类，每类又按上、中、下三品排列；每药首列该药图形，次引历代文献中有关该药的记载，内容包括正名、别名、性味、毒性、药效、主治、产地、形态、采制方法以及临床有效方剂、医案等。其中所附方剂达 3000 余首；卷 30 为有名未用类，系将《神农本草经》及《名医别录》等书中的 194 种药物后世已不详其用途者辑录出原文，以供参考；卷 31 收录了《（嘉祐）本草图经》中增入的 98 种植物药的原文及图形。该书囊括了北宋及北宋以前本草学之精华，资料丰富，体例完备，是检索古代本草资料的重要参考书。

2.《本草纲目》 明·李时珍撰，成书于 1578 年。52 卷。

该书是一部系统总结明以前医药经验的医药学巨著。全书引据历代本草凡 84 家，古今医家书目 277 种，经史子集各部著作 800 余种，收载药物 1892 种（其中 347 种为李氏所增），收录方剂 11096 首，插图 1109 幅。

该书以《证类本草》为蓝本，采用"物以类从，目随纲举"的编撰体例，将各种资料加以分类。其中卷一、卷二辑录各家本草序例，内容为引用书目和药性理论。卷三、卷四为百病主治药，列病证 110 多种。卷 5 ～ 52 为药物各论，按药物自然属性分为水、火、土、金石、草、谷、菜、果、木、服器、虫、鳞、介、禽、兽、人 16 部，每部又分小类，共 60 类。每药按释名、集解、正讹、修治、气味、主治、发明、附方等项详细论述。

3.《中华本草》 国家中医药管理局主持编纂，宋立人总编，1999 年上海科学技术出版社出版。

该书共 34 卷，全面总结了中华民族两千多年来的传统药学成就，并集中反映了 20 世纪中药学科发展水平。前 30 卷为传统中药，包括总论一卷，药物各论 26 卷，附编一卷，索引两卷，共计载药 8980 味，插图 8542 幅；后四卷为民族药专卷，藏药、蒙药、维药、傣药各一卷。前 30 卷应用古今文献一万余种，内容涉及中药品种、栽培、药材、化学、药理、炮制、制剂、临床应用等中医药学科的各个方面。总论分 14 个专题，系统论述中药学各分支学科的主要学术内容。各论药物分为矿物药、植物药、动物药三大类，药物分列正名、异名、释名、品种考证、来源、原植（动、矿）物、栽培（养殖）要点、采收加工（制法）、药材及产销、药材鉴别、化学成分、药理、炮制、药性、功能与主治、应用与配伍、用法与用量、使用注意、附方、制剂、现代临床研究、药论、集解 23 个项目依次阐述，资料不全者项目从略。

【检索示例】用《本草纲目》查关于"潦水"的记载。

检索步骤：

第一步："潦水"属于"水部"，查目录得"水部"在该书的第五卷。

第二步：查第五卷得关于"潦水"的记录。

【释名】时珍曰：降注雨水谓之潦，又淫雨为潦。韩退之诗云，潢潦无根源，朝灌夕已除，是矣。

【气味】甘，平，无毒。

【主治】煎调脾胃，祛湿热之药（时珍）。

【发明】成无己曰：仲景治伤寒瘀热在里，身发黄，麻黄连轺赤小豆汤，煎用潦水者，取其味薄则不助湿气。

（二）方剂资料检索

方剂资料检索是指综合查检有关方剂的历代研究资料，主要包括方剂来源、组成、用法、用量、功用、主治以及配伍、临证应用、各家论述等。解决这一问题，可借助于大型综合性方书（类书）和有关的方剂学参考工具书。

1.《外台秘要》 唐·王焘撰，成书于 752 年。40 卷。

该书广泛汇集唐以前医著及民间单方、验方 6000 首，分为 1104 门，是集我国唐代以前医学大成的综合性方书。每篇首列有关病候、次叙各家方药，内容包括内、外、妇、儿、五官等各科病证。所引录的大量医学著作均一一注明出处。在医学著作中，标明资料来源，以本书为最早。该书所集资料皆属于唐以前被视为"秘密枢要"的秘方，许多古医籍，如《范汪方》《小品方》均赖以保存下来。

2.《太平圣惠方》 宋·王怀隐等编，成书于 992 年。100 卷。

该书是我国第一部由政府编修的大型综合性方书。全书分 1670 门，收方 16834 首。首列为医之道、次详述诊脉辨阴阳虚实法，再叙处方用药之法则。然后以《千金要方》和《外台秘要》为蓝本，采用脏腑病证的分类方法，按类分叙各科病证的病因、病机以及方剂的适应证、药物、用量。方随证设，药随方施，以说明病因、病机、证候与方剂药物的关系。所论病因病机多出自《诸病源候论》，并引录了《内经》《伤寒论》等诸家论述。该书虽为方书，但包括了中医理、法、方、药四个方面的基本内容。

3.《圣济总录》 宋·赵佶撰，成书于 1117 年。200 卷。

该书是在广泛收集历代方书及民间方药的基础上，连同"内府"所藏的医方整理编撰而成。全书分为66门，载方两万余首，分为三部分。其中卷一至卷四论运气、治法等；卷五至卷一百八十四为临床各科病证的病因、病机以及方药治疗；卷185～200为补益、食治、针灸、符禁、神仙服饵等。全书分类方法和体例与《太平圣惠方》相同，但内容更加全面，补充了许多前代方书中未载的方剂。

4.《普济方》 明·朱橚等编，成书于1390年。168卷。

该书是我国现存最大的一部综合性方书。全书共1960论，2175类，载方61739首，分为七部分。第一部分为方脉总论、运气、脏腑；第二部分为身形，分头、面、耳、鼻、口、舌、咽喉、牙齿、眼目等九门；第三部分为诸疾，包括诸风、伤寒、时气、热病以及杂治等39门；第四部分为诸疮肿，分疮肿、痈疽、瘰疬、瘿瘤、痔漏、折伤、膏药等13门；第五部分为妇人，分妇人诸疾、妊娠诸疾、产后诸疾、产难等四门；第六部分为婴孩，先载儿科诊断法，次为新生儿护理法及新生儿常见疾病，后列各种儿科病候；第七部分为针灸，分总论、经络腧穴、各种病候针灸疗法。此外还附有本草药品畏恶和药性异名两卷。

5.《医方类聚》 朝鲜·金礼蒙等编集，成书于1445年。266卷。

该书据我国明代以前153种医籍中的方剂分类整理而成。共分92门，收载方剂五万余首，包括医学总论、藏象、诊法、临床各科证治等。该书分类详细，有论有方，诸方以朝代先后，分门编入，不分细目，每方悉载出处。每门除收录论治药外，并附食治、禁忌、导引等。书中除博引历代各家方书外，亦兼收其他传记、杂说及道藏、佛书中有关医药的内容。其辑录的多为原文，有二三十种医籍在我国已经失传，而部分内容在该书中保留下来。

6.《中华医方》 孙世发主编，2015年科学技术文献出版社出版。共12册。

全书分列伤寒温病、内科、外科、妇科、儿科、骨伤科、五官科、眼科等篇，每篇以中医病证为目，兼及部分西医疾病。每个病证首先简介其病因病机、治疗大法等，继之以原载方剂文献时间为序，共收载方剂88489首。每方载有来源、别名、组成、用法、功用、主治、宜忌、加减、方论、实验、验案等项，无内容之项目从缺。清代以前的方剂几近收罗殆尽，清代以后特别是现代书刊所载方剂则有所选择。本书是迄今为止内容最新、信息最全、收方最多、分类最详、临床实用性最强的中医方剂类书，填补了《普济方》问世至今620余年以病症列方之大型方书的历史空白。

【检索示例】用《太平圣惠方》检索"脾胃病"方药。

检索步骤：

第一步：用《太平圣惠方》查"脾脏论"，得"脾脏论"在本书的第五卷。

第二步：查第五卷，得治疗"脾胃病"的方药有：治脾虚补脾诸方、治脾实泻脾诸方、治脾气不足诸方、治脾脏中风诸方、治脾脏风壅多涎诸方、治脾胃冷热气不和诸方、治脾气虚腹胀满诸方、治脾胃气虚冷水谷不化诸方、治脾胃气虚弱不能饮食诸方、治脾实热咽喉不利诸方、治脾胃气虚弱呕吐不下食诸方、治脾脏冷气攻心腹疼痛诸方、治脾脏冷气腹内虚鸣诸方、治脾胃壅热呕哕诸方、治脾胃气虚弱肌体羸瘦诸方、治脾脏虚冷泻痢诸方、治胃虚冷诸方、治胃实热诸方。

三、针灸和养生资料检索

（一）针灸资料检索

针灸（包括推拿）是中医学独特的医疗方法，其内容主要包括经络、腧穴理论和针法、灸法及其适应病证。在中医历代文献中，针灸推拿类文献数量很多，既有专著，也有散见于其他医学著作中的有关资料。因此，要综合检索历代有关针灸推拿某一方面的研究资料，除了利用相关专著外，还需要借助一些综合性针灸著作（类书）。

1.《针灸甲乙经》 晋·皇甫谧编撰，成书于 282 年。12 卷。

该书是我国现存最早的综合性针灸著作，其内容可分为两大类：卷 1 ~ 6 为中医基本理论和针灸基本知识，卷 7 ~ 12 为各科病证的针灸治疗，列腧穴主治 800 余条。该书是皇甫氏在《灵枢》《素问》《明堂孔穴针灸治要》三书的基础上，使"事类相从，删其浮辞，除其重复，论其精要"，分类编撰而成。其内容丰富，系统连贯，在全面总结晋代以前针灸治病经验的基础上多有发明。

2.《针灸大全》 又名《徐氏针灸大全》，明·徐凤编，成书于 1439 年。6 卷。

该书是一部介绍针灸资料为主的著作。内容包括针灸经穴、针灸宜忌、周身折量法、窦文真公八法流注、八法主治各种疾病及配穴，以及徐氏本人之金针赋及子午流注针法、点穴、艾炷、壮数避忌、灸疮保养、要穴取法和经穴别名等。除此之外，书中还附有治疗歌诀、标幽赋、十二经穴位置七言诗以及插图。

3.《针灸大成》 又名《针灸大全》，明·杨继洲、靳贤撰辑，成书于 1601 年。10 卷。

该书由靳贤选录明以前的重要医学、针灸学著作中的有关针灸内容，结合杨继洲的诊治经验编辑而成。内容包括针道源流、征引原文、针灸歌赋、针刺补泻理论及方法、经脉及经穴部位与主治、诸证针灸取穴法（内、外、妇、儿等 23 门）、各家针法及灸法（附杨氏验案）、历代名家针灸医案。书后附有《陈氏小儿按摩经》。

该书以《内经》《难经》为源，以历代诸家之说为流，全面总结了明以前针灸学的经验与成就，内容丰富，别具特色，是查考历代针灸学资料的重要参考书。

4.《针灸集成》 又名《勉学堂针灸集成》，清·廖润鸿编撰，成书于 1874 年。4 卷。

该书由廖氏收集历代医书中的针灸内容分类编撰而成，其中卷 1 ~ 2 为针灸集成，载针法、灸法、点穴、辨穴、针刺补泻等针灸学基本知识，以及各种疾病的针灸疗法；卷 3 ~ 4 为经穴详集，详述十四经穴和奇穴的位置、主治及腧穴配伍的治疗作用，并摘要节录历代有关某穴的歌赋作为治疗的验证。

【**检索示例**】用《针灸甲乙经》查找"手太阳经的穴位"。

检索步骤：

第一步：查目录，得"诸穴"在该书的第三卷。

第二步：在第三卷中查找"手太阳凡一十六穴"，得"小肠上合手太阳，出于少泽。少泽者，金也。一名小吉，在手小指之端，去爪甲下一分陷者中，手太阳脉之所出也，为井。刺入一分，留二呼，灸一壮……"

（二）养生资料检索

中国养生学内容广泛，方法众多。其中怡精神、调饮食、慎起居、适劳逸是养生学的基本观点，导引、按摩、食疗、服药等是常用的养生方法。这些资料不仅量多，而且分散，在中国传统儒、释、道各家以及各类文、史古籍中均有记载。因此，检索有关养生学的专题资料，主要利用综合性的养生著作（类书）以及有关辞典类参考工具书。常用的有：

1.《养生类纂》 南宋·周守忠编撰，成书于1222年。两卷。

该书系周氏将南宋以前一百三十余种古籍中的养生内容进行整理类编而成。全书包括养生总叙、天文、地理、人事、毛兽、鳞介、米谷、果实、菜蔬、草木、服饵等部，涉及养生理论以及导引、适时、起居、食疗、服药等具体方法。该书资料丰富，繁简得宜，条理清晰，便于实用，不少散佚的养生古籍资料借此书得以保存。

2.《遵生八笺》 明·高濂撰著，成书于1591年。19卷。

全书分为8个部分：第一部分为清修妙论笺，载历代各家的养生观点及养性格言；第二部分为四时调摄笺，详述四季吐纳、导引、方药等修养调摄的方法；第三部分为起居安乐笺，分恬适自足、居室安处、晨昏怡养等项，介绍节嗜欲、慎起居、远祸患、得安乐等调养方法；第四部分为延年却病笺，载述导引、按摩、八段锦以及戒色欲、修身心、择饮食等养生之道；第五部分为饮馔服食笺，详述饮茶、汤粥等食疗方法及养生药物，载食品四百余种，服饵方剂四十余种；第六部分为燕闲清赏笺，介绍书画鉴赏、文房四宝以及养花赏花等；第七部分为灵秘丹药笺，选录益寿延年的效验方三十余种，并载各种单方一百余种。第八部分为尘外遐举笺，介绍历代百余位隐逸名士的事迹。

3.《中国养生说辑览》 民国·沈宗元编，成书于1929年。

全书计18篇，以历代著作和人物为纲，前15篇辑录《庄子》《吕氏春秋》《素问》《灵枢》以及董仲舒、张仲景、葛洪、孙思邈、苏轼、李东垣、汪昂、石成金、曾国藩诸家养生学说与方法。后3篇采录、汇集各家养生格言、名言以及历代养生诗歌。该书精选切实可行之说，摒弃虚玄不经之论，理法兼备，儒道兼容。

四、医案和医话资料检索

（一）医案资料检索

医案是中医诊疗实践的记录，综合体现了中医理法方药的应用。在众多的医案中，既有丰富的医学理论，又有大量的医疗经验；既有成功的案例，又有失败的教训；既有常见病证的不同诊治方案，又有疑难杂证的独特治疗方法。因此，学习和研究医案不仅能丰富和深化中医理论知识，而且可以开阔视野，启迪思路，有利于临证诊疗水平的提高。检索医案著作可以利用书目，一般的中医书目都设有医案、医话类目。但是要综合检索历代医案资料，尤其是散见于经典、临床各类医著中的医案资料，就需要利用一些综合性医案著作（类书）。

1.《名医类案》 明·江瓘父子编集，成书于1549年。12卷。

该书是我国第一部带有总结性质的大型综合性医案类书。全书辑录自《史记》起，迄明嘉靖前历代医学著作和经、史、子、集所载之验案2400余则，按病证分类编排为205门。卷1～6为内科案，卷7为五官科案，卷8～10为外科案，卷11为妇科案，卷12为小儿科案。这些医案主要是宋、元、明三代141位最著名医家治验案或失误案，案中记录或详于脉，或详于证，或详于因，或详于治，均有依据。江氏父子并常于案前、案中、案后一些紧要处采用出注、按语、圈点等方式以明诊断之精、遣方之妙、治验之所在、失误之因由，指点迷津，方便后学。

2.《续名医类案》 清·魏之琇编，成书于1770年。36卷。

该书是《名医类案》的续补，编写体例悉依《名医类案》。全书分345门，一方面补辑清代以前历代名医治病的验案，另一方面大量增录当时各家医案，包括伤寒、温病、内科杂病以及外、妇、儿、五官诸科病案5800多则。其所载病案，往往一病数例，使人更明了各病的辨证以及相应的治疗方法。全书分类清楚，选案广泛，特别是对温热病的病案记载更为详细，反映了各种流派的学术经验。书中所附分析治案尤为精辟，对读者颇有启发。

3.《宋元明清名医类案》 徐衡之、姚若琴主编，成书于1933年。

该书收辑自宋朝许叔微起，迄于近代丁甘仁，共46位名医之医案。全书以人为纲，以证为目，分类清晰。每家医案之前，各冠列传一篇，介绍该医家生平事迹、师承关系、学术特点，供研读医案时了解其学术渊源。书中所收录的医案，多辑自丛书典籍、家藏秘本，十分珍贵，且各具特点。并附有名贤之评注。

4.《清代名医医案精华》 秦伯未撰辑，成书于1928年。

全书共辑清代名医叶天士、薛生白、吴鞠通、尤在泾，迄近人金子久、丁甘仁等凡20家，以内科为主，辑理法并重、按语透辟精警的医案2069则。以医家为纲，以病证为目，每一医家均冠以小传，明其师承及学术渊源。每家医案均按其特点收集数十种病证，包括常见病及疑难杂证。每病案前又均加按语阐发病理、分析证治要点，颇能启迪后学。是书撷菁采华，列案广备，充分反映了清代名医的学术特点和治病经验。

【检索示例】用《续名医类案》查"头晕"的医案。

检索步骤：

第一步：查目录，得"头晕"在该书的第三卷。

第二步：查书的第三卷得"头晕"的医案，如：窦材治一人，头风发则眩晕呕吐，数日不食。为针风府穴，向左耳入三寸，去来留十三呼，病患头内觉麻热，方令吸气出针，服附子半夏汤，永不发。华佗针曹操头风，亦针此穴，立愈。但此穴入针，人即昏倒。其法向右耳横下针，则不伤大筋而无晕，乃千金妙法也（此针法奇妙，须与高手针家议之，方得无误）。

（二）医话资料检索

医话（又称医论）是历代医家的随笔记录，内容包括读书体会、临证心得、学术评论等。尤其是以学术评论为主的医话，或阐发经旨，或辨别是非，或提出新论，或质疑旧说，均足以补群经之缺，正先贤之误，发前人未发，开启研究思路。多读医话能增长知识、广开视野，常可得到意外收获。要检索历代医话，尤其是散见于临床各类医著以及文、史、哲等非医学文献中的医话资料，需要借助一些综合性医话著作（如类书）。

1.《医说》 宋·张杲撰，成书于1189年。10卷。

该书广泛收集南宋以前我国文史著作及医籍中有关医学人物、典故、传说、轶事方药、疗法等资料，并及个人经历或耳闻之医事，是现存最早的综合性医话著作。全书内容丰富，史料翔实，所集资料分类编排，且注明出处，有很高的文献参考价值。《慈云楼藏书志》赞曰：“读之足以扩充耳目，增长知识，诚医部中益人神智之书。”

2.《医说续编》 明·周恭著，成书于1493年。16卷。

该书着重从医书、针灸、脉法、用药、养生等多方面论述作者的学术见解，同时介绍了五十多种疾病证治经验。书中医案所占篇幅较多，叙述中多插有议论，且较精辟独到，对医者尤多启迪。

3.《续医说》 明·俞弁撰，成书于1522年。10卷。

该书仿《医说》体例，引录补充历代文献中的医学掌故及本人耳目所及之医事得失辑录而成书，是为《医说》续集。全书分27门，载历代医话228则，内容涉及医德医事、医家医著、诊法辨证、治疗原则、处方用药、临床各科证治及本草性味功用等。全书搜罗广博，内容丰富，叙述简练，编排有序，出处明确，既补《医说》之未备，又多作者之阐发，实为学医者之良师益友。

4.《医衡》 清·沈时誉述，梅鼎等辑，约成书于1661年。4卷。

该书是一部综合性医论著作，系摘取李南丰、张景岳等39人的81篇医论编辑而成，分为统论、证论、附论三部分。统论议养生、运气、奇经八脉等内容；证论以风、寒、暑、湿、燥、火、气血、痰积、虚损等为序，列论各种病证；附论述子嗣生育之道。沈氏选辑前人有关病脉证治之精论，删繁补阙，诸篇均附有沈氏及其门人所写按语。是书网罗宏富，抉择精严，所选医论大多立论持平公允，较少偏激之词。

【检索示例】用《医衡》查"奇经八脉大旨"。

检索步骤：

第一步：查目录，得"奇经八脉大旨"在该书的卷上，作者是李时珍。

第二步：在卷上查找"奇经八脉大旨"，得记录如下：人之一身，有经脉，有络脉。直行曰经，旁行曰络。凡经有十二，手足三阴三阳是也……

五、中医药人物传记资料检索

中医学是一种以个性化治疗为特色的医学，对个人临证经验的高度依赖是其学术承传的重要特征。正是这一特征，决定了历代名医的传记资料如别名、字号、籍贯、历史背景、生平经历、师承脉络、学术专长、行医风范、社会交往、重要著作及近人研究成果等，对于后学有着重要的参考、研究价值。因此，在专题资料检索中，掌握中医药人物传记资料的检索途径也是必要的。

（一）人名辞典

1.《中医人物词典》 李经纬主编，1988 年上海科学技术出版社出版。

该词典收录与中医有关的古今人物词目共 6200 余条，介绍有关人物的生卒年（或朝代）、字号、别号、籍贯、主要学历和经历、学术思想及医学成就、著作、授徒门生、学医亲属等。词目释文的详略，主要依人物贡献大小、学术成就及著作多少而定。素材多取自历代医著、经史典籍、文集笔记、簿录方志、佛书道藏等，特别对现存中医药古籍的作者都依据原书作了分析考订，予以介绍。书末附有：①人名、字号、别名、师徒及后裔索引。②中医书名索引。

2.《中医人名辞典》 李云主编，1988 年北京国际文化出版公司出版。

该辞典共收载中医药人物一万余人，重点介绍清代以前的医学家、现代中医界名人。凡在世者未收。扼要介绍人物姓名、生卒年、字、号、时代、籍贯、简历、著作、师承关系等情况。每个条目后均列有资料出处。所录人物按姓氏笔画排列，冠有姓氏首字索引，附有别名索引。

3.《中国历代医家传录》 何时希编，1991 年人民卫生出版社出版。上、中、下三册。

该辞典引据了正史、通志、类书、医书、辞书、地方志、传记等有关文献三千余种，介绍了上古至清末民初两万多名医家的生活年代、师承脉络、学术专长、道德操行等。所录医家之多、收集资料之丰均为前所未有。书前编有首字检索及目录，书后附有历代医家师承传授表、医家别名斋号表、历代医书存目。

【检索示例】用《中医人名词典》查找李时珍的信息。

检索步骤：

第一步：用总目录姓氏笔画查找"李"，查七画，得"李"在人名目录的第 39 页。

第二步：在人名目录的第 39 页，查李时珍，得李时珍在书的第 352 页。

第三步：在第 352 页查找李时珍的相关信息，得李时珍生平信息及出处。

（二）中医药类书

历代出版的中医药类书也辑有医家人物资料，尤以清代陈梦雷等编的《古今图书集成医部全录》最为丰富。该书卷 504 ～ 517 "医术名流列传"中收录史书、地方志及有关医学著作中及清初以前著名医家的传记资料共 1200 多则，按朝代先后为序，并注明原文出处。对一些重要医家，则引用大量的资料。例如，介绍后汉医家华佗时，引用了《后汉书·方术传》《三国志·本传》《华佗别传》《魏志》《中藏经·序》《甲乙经·序》《志怪》《襄阳府志》等书中有关的记载。介绍明代医家滑寿时，辑录了《明外史·本传》《仪真县志》《浙江通志》《绍兴府志》《医学入门》等书中有关内容的原文。利用该类书，能够详细地了解某医家生平事迹、学术源流；通过有关医案，可进一步了解其医疗经验。

（三）史书、方志

1. 史书　我国古代许多著名的医家传记都记载于正史（通常指二十四史，外加《新元史》《清史稿》共二十六史）中。例如《史记》有扁鹊仓公列传，《三国志》有华佗传，《金史》有刘完素传、张元素传，《元史》有李杲传、滑寿传等。查找正史中有关医学人物的资料，可利用各种史书人名索引，也可通过陈邦贤编撰的《二十六史医学史料汇编》。该书把二十六史中与医学有关的资料（包括医学人物）全部摘录出来，分类排列，汇集成册，为检索历代史书中医家的史料提供了方便。

2. 方志　方志是我国传统的记述地方情况的志书。方志以地区为中心，内容广泛，遍及各地，有总志、通志，还有州、郡、府、县、乡、镇等不同的地方志，材料比一般正史更为丰富。方志特别重视记载本地人物和与本地有关的人物，所记事项一般都比较翔实，对于研究地方的历史事件、历史人物常能提供十分珍贵的资料。所以，方志亦是检索医学人物资料的重要途径。检索方志中的医学人物资料，可通过其籍贯和生平活动的地区去查阅相关的地方志。

第四节　现代医药图书检索

现代医药图书泛指 1911 年以来编撰出版的有关医药学方面的图书。这些图书传承了医学的学术经验，记录了现代医药学发展的知识信息，是学习与研究医药学必须检索与利用的文献。我们可以利用书目查找，也可以利用图书馆联机公共目录检索系统、电子图书数据库、出版社网站、搜索引擎等方式查找图书。

一、现代图书目录

1.《中国医学书目大全》　侯家玉主编，1994 年成都出版社出版。

本书含 1950 ~ 1989 年 40 年间，由中国人著、译的医药卫生著作 1.14 万余种，分上、下两编。上编包括医药卫生综合类、医史、预防医学、基础医学、临床医学、内科学、外科学、妇产科学、儿科学、肿瘤学、神经病与精神病学、皮肤病学与性病学、五官科学、特种医学；下编包括中医学、中药学、习题、问题解答、图谱、工具书等。共收录中医药图书 3480 种。书末附著者索引，并于姓名后分别列入其所著图书的号码，以备检索。

2.《全国新书目》　国家新闻出版署信息中心主办，全国新书目杂志社编辑出版。

该书目是中国新闻出版署主管、由新闻出版署信息中心主办的一份书目检索类期刊。该刊创刊于 1951 年 8 月，每月出版两期，为半月刊。该刊全面介绍当月的新书出版信息，设有"书业观察""特别推荐""新书评介""书评文摘""畅销书摘""精品书廊"和"新书书目"等栏目。其中"新书书目"使用国际标准图书分类法，读者可以简便、快捷地检索到所需内容。

本刊将书目内容与非书目内容分开，上、下半月各出一本专刊，上半月的叫《新书导读》，全彩印刷，主要面向社会读者，追求可读性；下半月的叫《数据大全》，主要面向图书馆及图书出版、发行、销售、配送机构的人员，书目数据"全、准、快"，每期发布图书在版编目数据五千条以上，成为国内最全的书目信息渠道。

3.《中国国家书目》 由国家图书馆《中国国家书目》编委会主编，《中国国家书目》编辑组编辑。

该书目按年度全面、系统地揭示我国的出版物，属于登记型书目，不但收录我国大陆出版的文献，而且还收录中国台湾、香港、澳门出版的文献和中国与其他国家共同出版的文献。其收录的文献类型和范围包括图书、连续出版物、地图、技术标准、博士论文、书刊索引、少数民族语言文献、盲文文献等。它是目前我国收录文献较全的书目，是图书馆必备的一种采选文献的参考工具。

该书目按年度全面揭示和报道我国的所有出版物，年报道量约三万种。该书目体例分正文和索引两个部分。正文按《中国图书馆分类法》分类编排，每种书按国家标准《普通图书著录规则》（GB/T 3792.2–2006）著录，主要项目有书名、作者、出版发行地、出版发行者、出版时间、页数、开本、定价、附注、顺序号等，部分书还附有内容简介。索引分题名（书名）索引和著者索引两部分，均按现代汉语拼音编排，使用方便。目前，该书目的出版已实现印刷版与光盘版并行，现行书目数据与回溯书目数据衔接，成为检索中华人民共和国成立以来图书（包括重新出版的古籍）出版情况的权威性书目。

二、图书馆联机公共目录检索系统

联机公共目录检索系统（Online Public Access Catalog，OPAC）是指以计算机编码形式存贮在计算机系统内，供读者通过终端设备进行联机检索的图书馆目录。

OPAC 包括两种形式：一种是馆藏目录，反映一个图书馆文献收藏情况的目录。例如，中国国家图书馆目录（http://opac.nlc.cn）、湖北中医药大学图书馆目录（http://125.221.83.230:8080/opac/）。另一种是联合目录，反映一个地区或一个系统甚至全国或世界范围的图书馆、信息服务机构文献收藏情况的一种统一目录。例如，CALIS公共目录检索系统（http://opac.calis.edu.cn）、OCLC–WorkdCat（世界范围图书馆的图书和其他资料的联合目录数据库 http://firstsearch.oclc.org/fsip）。

OPAC 提供的可检索字段一般包括题名（书名或刊名）、责任者、ISBN 号、ISSN 号、主题词、分类号、索取号、馆藏地点等。

OPAC 具有以下特点：反映全部馆藏书目；收藏各种类型文献；显示馆藏地点；更新及时。

以湖北中医药大学图书馆 OPAC 为例，介绍图书馆联机公共目录检索系统的使用方法。

（一）简介

湖北中医药大学图书馆 OPAC 系统的基本功能有馆藏书目检索，包括简单检索、全文检索和多字段检索；个性化服务有热门推荐、分类浏览、新书通报、期刊导航、读者荐购、学科参考、信息发布、我的图书馆（图 2–1）。

图 2–1　湖北中医药大学 OPAC 界面

（二）检索方式

1. 简单检索　简单检索是本系统默认的检索方式，读者根据需要选择检索字段，提供的可检索字段包括：题名、责任者、主题词、ISBN/ISSN、订购号、分类号、索书号、出版社、丛书名、题名拼音、责任者拼音。匹配方式可以选择前方一致、完全匹配、任意匹配。读者可以根据需要选择查找书刊的类型，包括：所有图书、中文图书、西文图书、中文期刊、西文期刊以及是否显示电子期刊。对检索结果的显示和排列方式、馆藏范围也可以根据个人需要进行选择。

简单检索步骤：

第一步：选择检索字段，在检索框中输入检索词。

第二步：单击"检索"按钮，得到初步检索结果。

第三步：得到初步检索结果后，可根据需要选择在结果中检索或重新检索，还可以根据检索需求对图书的类别、文献类型、馆藏地、主题等进行限定检索。

第四步：可根据需要选择按题名、责任者、索书号、出版社、出版日期、入藏日期等升序或降序排列，也可以选择显示所有图书和可借图书排列。

第五步：找到需要的馆藏图书。

2. 全文检索　全文检索最多支持五个检索字段同时组配，提供的可检索字段包括：任意词、题名、责任者、主题词、索书号、出版社、丛书名。检索字段之间可以选择并且（逻辑"与"）、或者（逻辑"或"）、不含（逻辑"非"）进行组配，检索词之间的空格默认为逻辑"与"运算。完全匹配需要在检索词前后加双引号，例如："oracle 数据库"。系统支持通配符的使用，一个任意字符用"？"，多个任意字符用"*"（图2-2）。

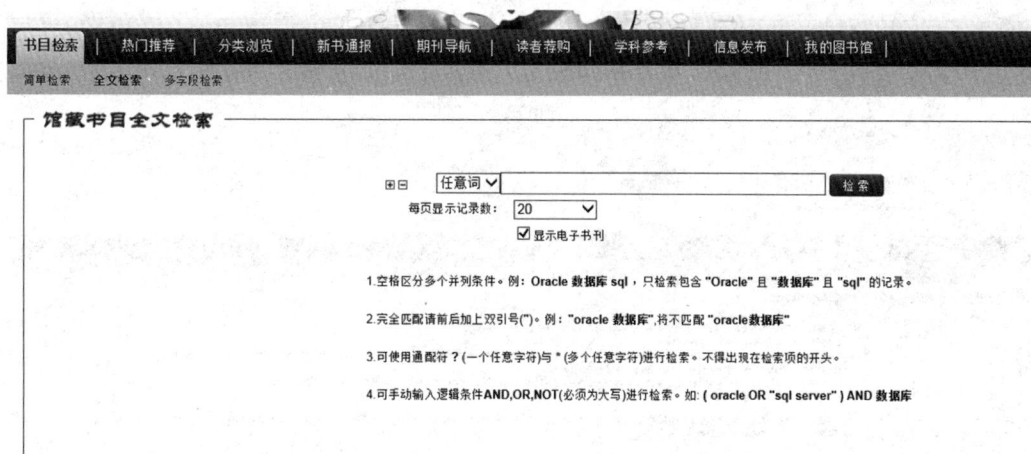

图 2-2　湖北中医药大学 OPAC 全文检索界面

全文检索步骤

第一步：选择检索字段，在检索框中输入检索词。

第二步：选择检索词之间的逻辑关系。

第三步：单击"检索"按钮，得到初步检索结果。

后续检索操作同简单检索第三、四、五步。

3. 多字段检索　多字段检索可供检索的字段包括：题名、责任者、丛书名、主题词、出版社、ISBN/ISSN、索书号、起始年代、文献类型、语种类别、结果显示、结果排序、馆藏地。每个检索字段默认逻辑"与"的关系（图2-3）。检索步骤与简单检索步骤相同。

4. 分类浏览　湖北中医药大学图书馆 OPAC 系统支持分类浏览，所有馆藏图书根据中图法分类号分类。分类浏览栏目下提供中图法分类导航，用户可以点击分类导航中的类目浏览馆藏图书的基本信息，包括图书的书名、索书号、责任者、出版社、出版年、馆藏 / 可借信息（图2-4）。

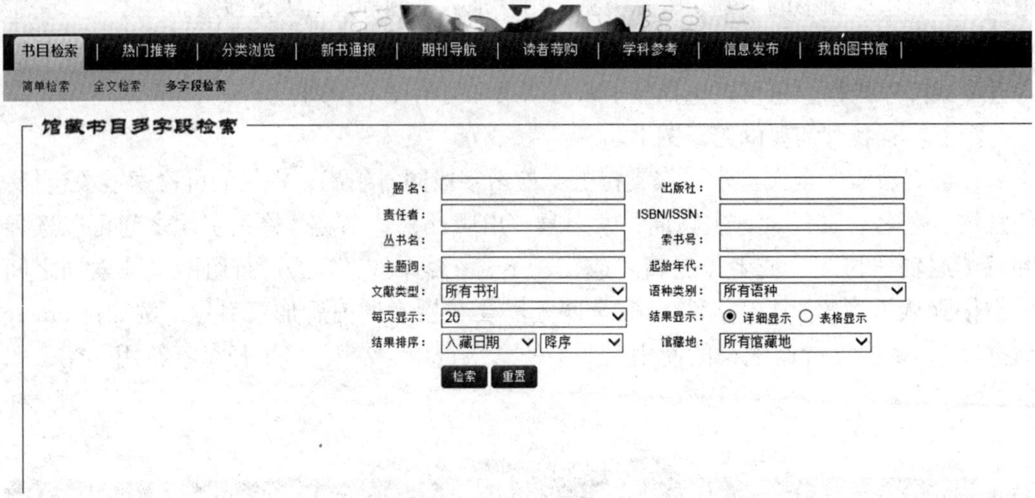

图 2-3　湖北中医药大学 OPAC 多字段检索界面

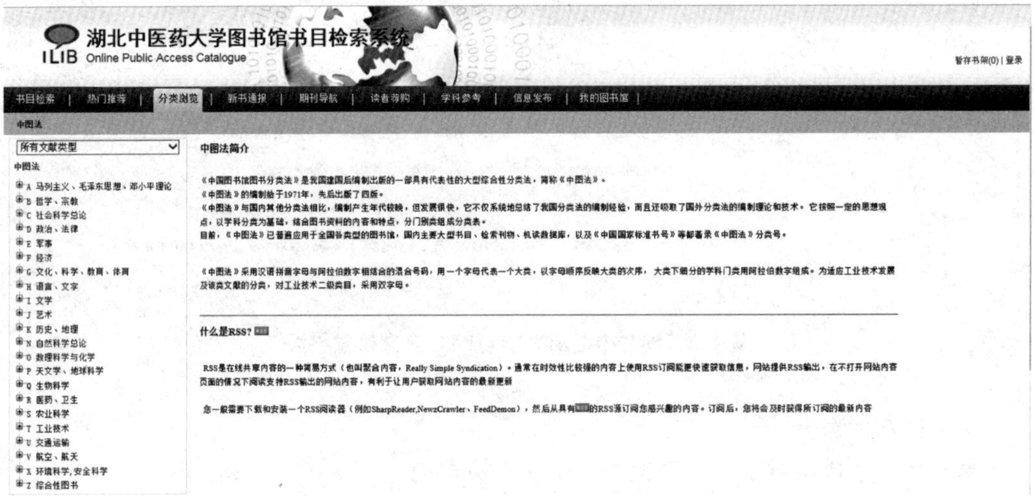

图 2-4　湖北中医药大学 OPAC 分类浏览界面

(三) 检索示例

【检索示例】查找桑建利主编的《细胞生物学》书目信息和馆藏信息。

检索步骤:

第一步:分析课题。本课题可以利用简单检索、全文检索、多字段检索这三种方式进行检索。简单检索需要在一次检索的基础上利用"在结果中检索"进行二次检索。本题以多字段检索方式为例。

第二步:在 OPAC 书目检索下选择多字段检索,在"题名"字段输入"细胞生物学",在"责任者"字段输入"桑建利"(图 2-5)。

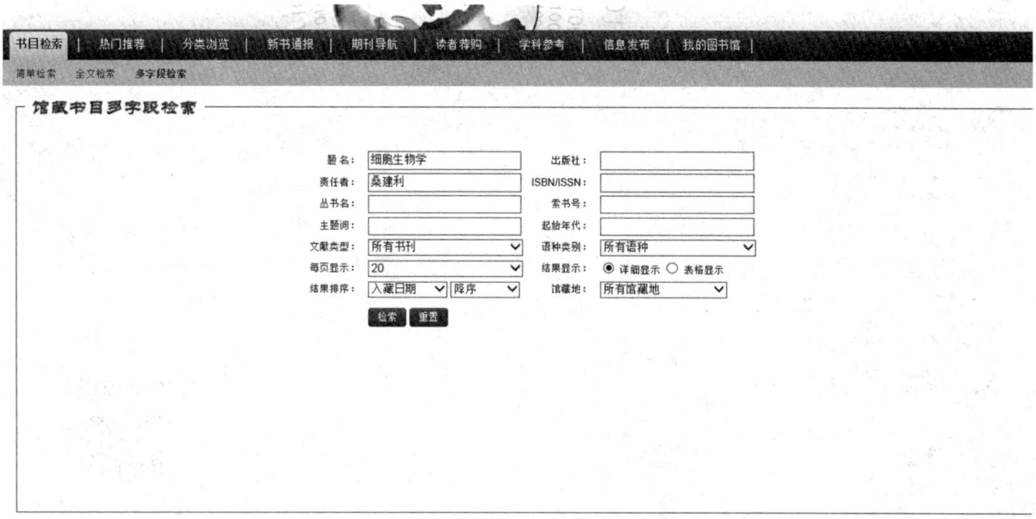

图 2-5　湖北中医药大学 OPAC 检索示例界面（一）

第三步：执行检索命令，得到初步检索结果。本馆馆藏中桑建利主编的含有"细胞生物学"字段的图书有两种，《细胞生物学》和《细胞生物学实验指导》（图 2-6）。

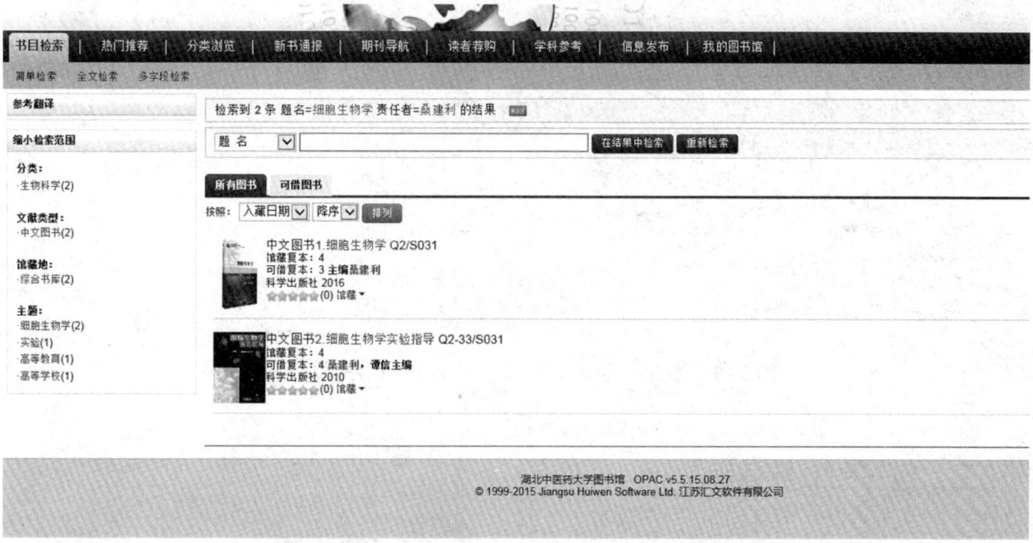

图 2-6　湖北中医药大学 OPAC 检索示例界面（二）

第四步：点击题目中要求检索的《细胞生物学》，得到这本书的书目信息和馆藏信息，通过馆藏信息可以看到本书的索书号、条码号、馆藏地、书刊状态以及定位信息（图 2-7、图 2-8）。

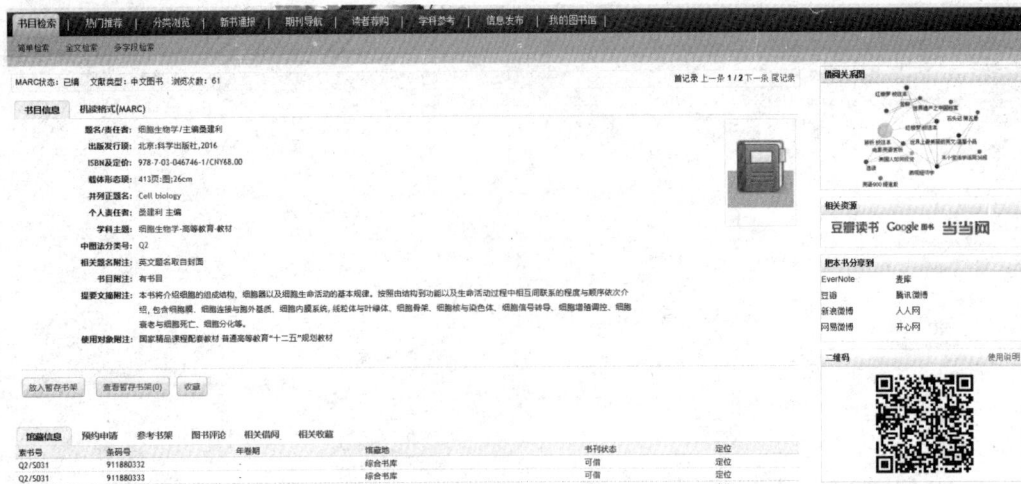

图 2-7　湖北中医药大学 OPAC 检索结果界面

图书位置信息非实时更新！您要找的图书可能已被其他读者借阅，不在应有位置！如有不便，敬请谅解！条码为911880332的图书层标为：H03FN064A0503，所在位置为：湖北中医药大学-黄家湖校区图书馆-三楼北区综合阅览室-第064排A面第5列第3层（导航提示：从大门进入，参照路线图提示方位。）

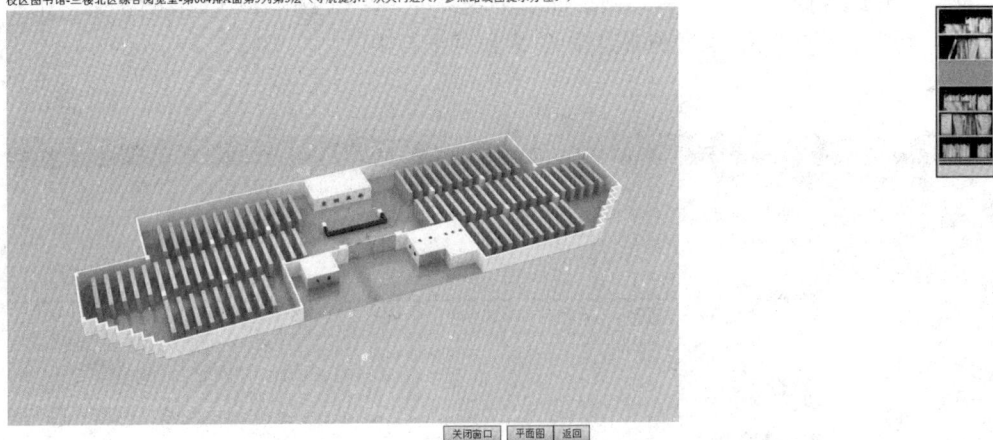

图 2-8　湖北中医药大学 OPAC 系统图书定位界面

三、电子图书数据库

（一）超星电子图书数据库

　　超星电子图书馆是由北京超星公司建立和维护的大型电子图书全文数据库。超星数字图书馆收录的电子图书涵盖了中图分类法中的 22 大类，包括经济、法律、语言与文学、艺术、历史、地理、自然科学、工业技术、医药卫生、天文和地学、环境与安全等方面的图书（图 2-9）。超星电子图书数据库一共有三种检索方式：分类浏览、简单检索、高级检索。

图 2-9　超星电子图书首页

1.检索方式

（1）分类浏览：超星电子图书数据库按照中图法 22 个大类对图书进行分类，用户可以通过超星电子图书首页中的图书分类浏览图书。

图 2-10　超星电子图书分类浏览示意图

检索步骤：

第一步：点击类目名称，跳转到图书分类浏览的页面。

第二步：点击类目名称前面的"+"，展开详细类名，选择需要的图书类别，即可浏览当前类目下所有图书。

第三步：检索结果可以按出版日期升序/降序排列，或者按书名升序/降序排列。

（2）简单检索：超星电子图书数据库主页有一框式检索框，可检索的字段有：书名、作者、目录、全文检索（图2-11）。

图2-11　超星电子图书简单检索界面

检索步骤：

第一步：用户根据需要选择检索字段，输入检索词，执行检索命令。

第二步：得到初步检索结果之后，根据需要在检索结果页面选择检索字段，输入检索词，执行二次检索，得到检索结果。

第三步：检索结果的处理见分类浏览第三步。

（3）高级检索：超星电子图书的高级检索功能可检索字段包括：书名、作者、主题词、分类、中图法分类号，限定条件可以选择年代和搜索结果显示条数（图2-12）。检索字段之间执行逻辑与运算。检索结果的处理见分类浏览第三步。

图2-12　超星电子图书高级检索界面

2. 检索结果处理　超星电子图书支持超星阅读器和 PDF 格式阅读，下载图书只能通过超星阅读器下载。用户可根据需要对自己所检索到的图书或所检索到的内容进行在线阅读、文本复制、打印、批注操作等（图 2-13）。

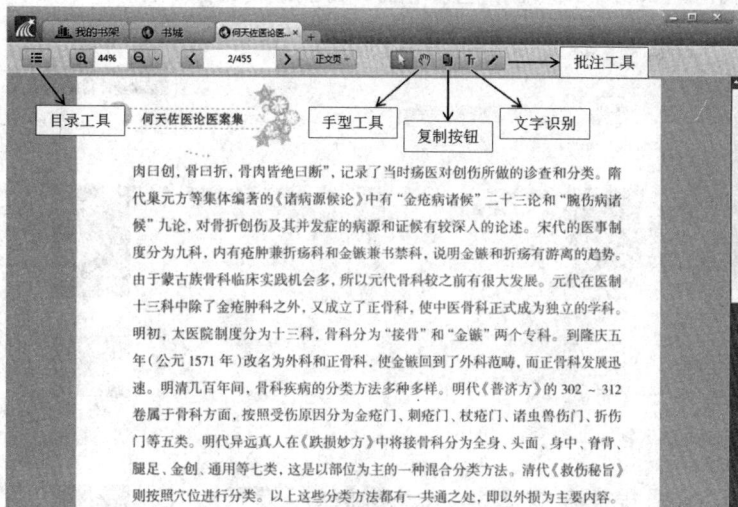

图 2-13　超星阅读器结果处理界面

（二）读秀图书搜索

读秀知识库是由海量中文图书资源组成的庞大知识库系统，其以 228 万种中文图书资源为基础，为用户提供深入图书内容的章节和全文检索、部分文献的全文试读，以及通过 E-mail 获取文献资源，是一个真正意义上的知识搜索及文献服务平台。读秀图书搜索是读秀学术搜索中的一个子频道，读秀学术搜索默认的是知识搜索，在进行图书检索时，点击"图书"，切换到图书搜索频道。

1. 检索方式　读秀图书搜索有 4 种检索方式：分类浏览、简单检索、高级检索、专业检索。

（1）分类浏览：在读秀学术搜索的图书频道，点击分类导航，页面自动跳转到读秀图书导航。读秀图书按照中图法把所有图书分为 22 个大类，古籍单列一个大类，共 23 个大类。图书导航页面的左侧为 23 个大类，中间为每个大类下面的小类，用户可以根据需要点击具体类目，浏览图书。医药卫生大类下，一般理论类目中所有图书信息（图 2-14）。

（2）简单检索：读秀图书搜索提供一框式检索栏，支持的检索字段有全部字段、书名、作者、主题词、丛书名、目次。

检索步骤：

第一步：选择检索字段，如全部字段、书名、作者、主题词、丛书名、目次，输入检索词，执行检索命令，得到初步检索结果。

第二步：在检索结果页面的检索框继续输入检索词，点击在结果中检索，进行二次检索。

第三步：检索结果的左侧有分面聚类栏目，可以根据需求选择文献的类型、出版时间、所属学科和作者，进一步缩小检索范围，得到最终检索结果。

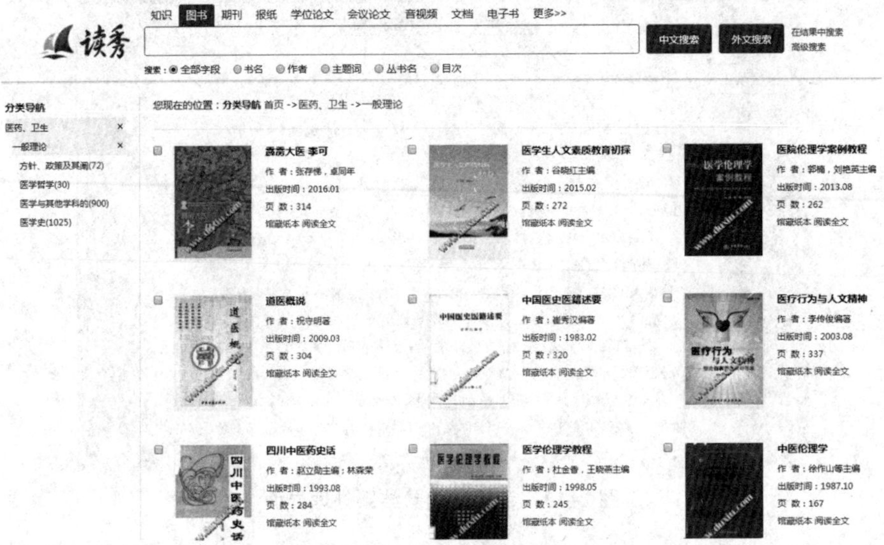

图 2-14 读秀图书搜索分类检索结果界面

（3）高级检索：高级检索支持的检索字段包括：书名、作者、主题词、出版社、ISBN、分类、中图分类号、年代、搜索结果显示条数，检索词字段之间执行逻辑"与"运算。用户选择需要检索的字段，输入检索词，执行检索命令，得到检索结果（图2-15）。

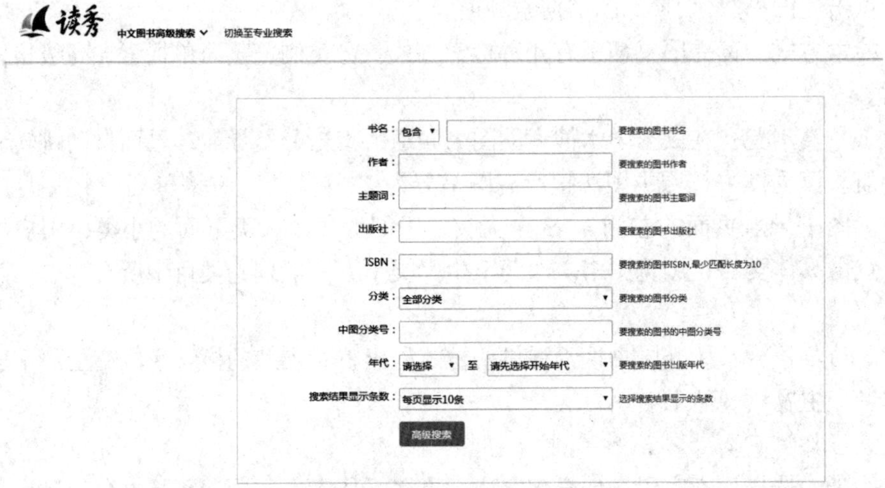

图 2-15 读秀图书搜索高级检索界面

（4）专业检索：读秀图书搜索支持专业检索，图书专业检索的字段标识符有：T=书名，A=作者，K=关键词，S=摘要，Y=年，BKs=丛书名，BKc=目录。检索规则：逻辑符号："*"代表并且，"|"代表或者，"-"代表不包含；其他符号：( ) 括号内的逻辑优先运算，= 后面为字段所包含的值，> 代表大于，< 代表小于，>= 代表大于等于，<= 代表小于等于；大于、小于符号仅适用于年代 Y，如果只有单边范围，字段名称必须写在前边，如 Y<2013，不允许写出 2013>Y；年代不允许单独检索。

2. 检索结果处理　在检索结果页面，可通过检索框后的"在结果中搜索"进行二次检索来缩小检索范围。在检索结果的上方显示本次检索到的相关中文图书种数和用时，除默认方式排序外，还可按时间升序、降序、访问量、个人收藏量、单位收藏量、引用量、电子馆藏和本馆馆藏选择排序方式，同时提供查找相关的外文关键词、近义词和共现词的扩展。页面中间为检索到的图书信息，可以快速浏览图书的封面、作者、简介、ISBN、主题词、分类、目录、收藏馆、总被引次数和被图书引次数。在书名前的方框内点击选中可收藏该条结果，另外还可以"导出"到本地电脑，选择以引文、EndNote、NoteExpress、查新、自定义或 excel 格式保存。页面左侧为图书导航、类型、年代、学科、作者的聚类情况，可点击进行限定或查阅。页面右侧为各频道的相关检索结果，方便对图书进行扩展。页面下方提供可进行相关搜索的多个关键词以供参考。

点击检索结果中的书名或封面可查阅图书的详细信息，关于本书的封面、书名、作者、出版发行、ISBN、页数、原书定价、主题词、中图法分类号、内容提要、参考文献格式、被引用指数、被图书引用册数等详细信息将一一罗列。另外，还提供在线阅读、图书评论、引用图书和类似图书推荐等功能。详细信息页面右侧提供多种获取此书的方式，如本馆电子全文（包库）、图书馆文献传递、相似文档、文献互助、网络书店、本省市馆藏借阅、推荐图书馆购买等。如标有"馆藏纸本"的图书，点击按钮可以跳转到所在馆的 OPAC 书目信息页面；如标有"包库全文"的图书，点击按钮可以直接阅读电子版全文；两种标识都没有的图书，点击图书信息，可以在图书详细信息的页面右侧选择"图书馆文献传递"。读秀图书搜索的文献传递是以邮箱的方式为用户提供服务，每本书文献传递不超过 50 页，传递内容的有效期为 20 天（图 2-16）。图书阅读页面可通过功能按钮选择或输入页数进行跳转，也支持放大缩小、文字提取、打印、纠错、下载和在书内搜索功能，还可以选择阅读模式和通过"目录"按钮快速浏览目录并实现点击阅读。

（三）书生之家

书生之家数字图书馆由北京书生数字技术有限公司于 2000 年创办。书生之家是一个全球性的中文书报刊网上开架交易平台，下设中华图书网、中华期刊网、中华报纸网、中华 CD 网等子网，集成了图书、期刊、报纸、论文、CD 等各种出版物的（在版）书（篇）目信息、内容提要、精彩章节、全部全文，是著书、出书、售书、购书、读书、评书的网上交流园地，可提供几十万种电子图书全文在线阅读服务（图 2-17）。

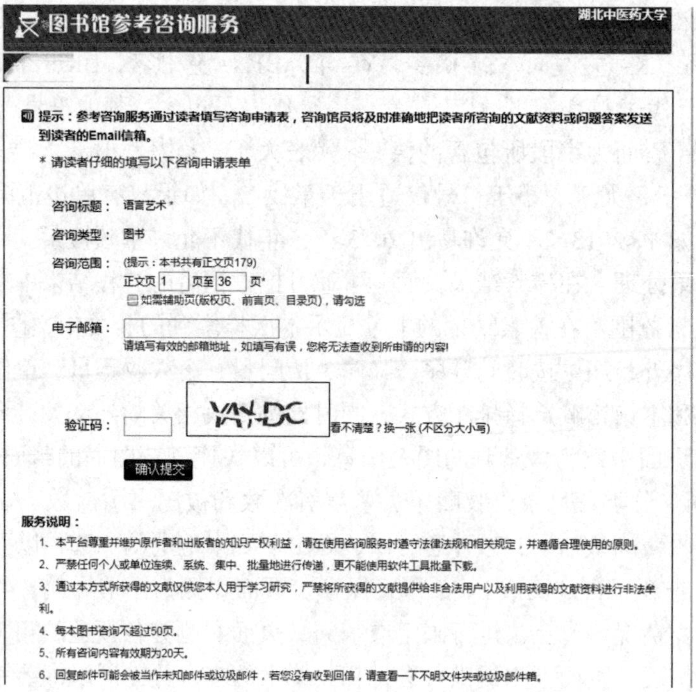

图 2-16 读秀图书搜索文献传递服务界面

图 2-17 书生之家数字图书馆主界面

1. 检索方式

（1）直接检索：书生之家数字图书馆主页设有直接检索的检索框，用户可以选择图书名称、作者、丛书名称、主题、摘要字段，在检索框中输入检索词，点击检索就可以得到检索结果。

（2）全文检索：图书全文检索支持按图书内容进行查找和按图书目录进行查找，字段后面附带下拉式的分类选项。

检索步骤：

第一步：在导航栏上，点击"图书"选项，显示图书的其他检索方式（图2-17）。

第二步：在按图书内容查找／按图书目录查找相应检索项上，在分类下拉式菜单中选择检索类目，输入检索词，点击"提交"按钮，系统进行检索并显示检索结果列表（图2-18）。

第三步：点击某一本图书"命中页"项中的某一具体页码，可直接阅读到此书此页所载内容。

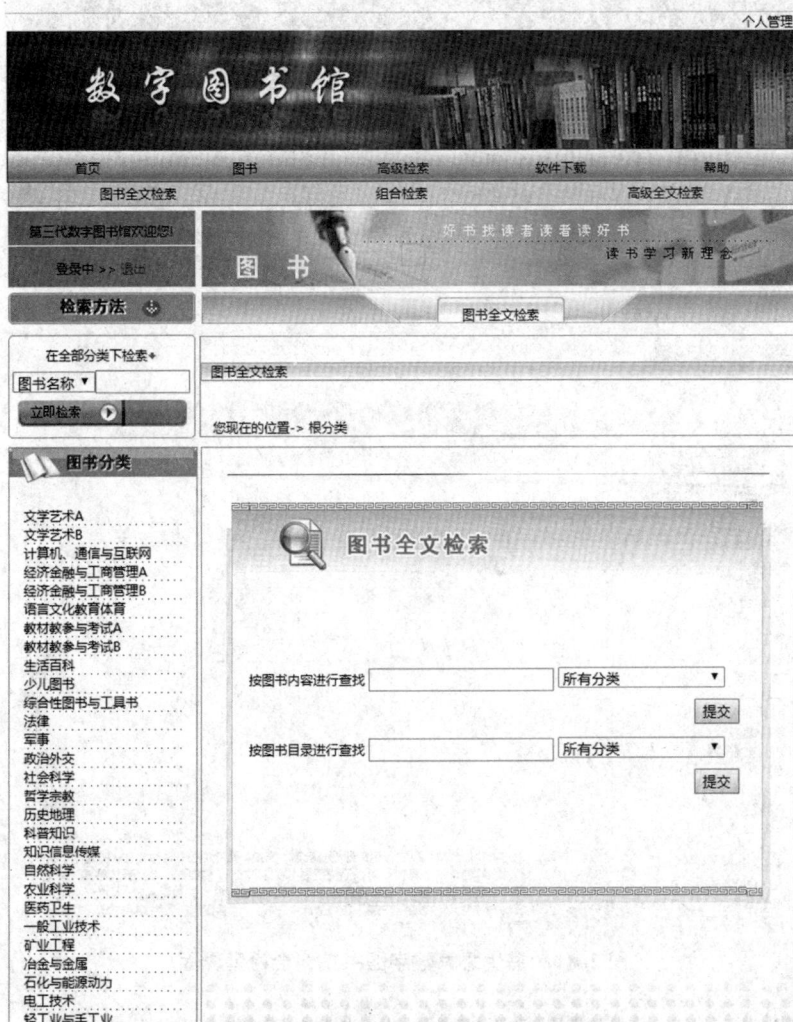

图2-18　书生之家数字图书馆图书全文检索界面

（3）组合检索：组合检索最多支持四个检索字段的逻辑组配检索，支持的检索字段包括：图书名称、作者、丛书名称、主题、摘要。每个字段后面附带有逻辑关系"与、或"的选择，选择两个及其以上检索项时，确定检索项之间的逻辑关系。

检索步骤：

第一步：点击"组合检索"选项，显示组合检索功能表单（图2-19）。

第二步：选择检索字段，输入检索词。

第三步：单选"与"或者"或"。

第四步：点击"查询"按钮，系统进行组合检索，并显示检索结果图书列表。

第五步：点击对应于某一本图书的"阅读器阅读"，可在线阅读这本书全文。

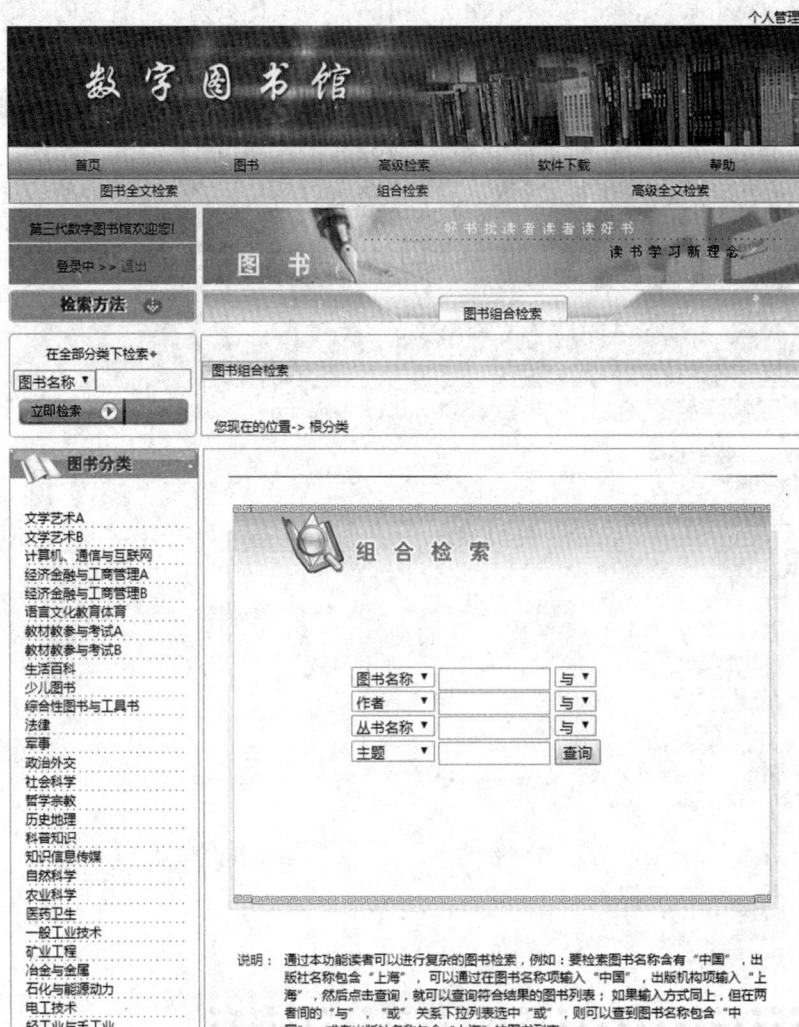

图2-19　书生之家数字图书馆组合检索界面

（4）高级全文检索：高级全文检索支持的检索字段有：图书分类、全文/目录、单词检索、多词检索、位置检索、范围检索，还可以对输入主题词中的字母、数字进行转换。单词检索中，可以选择对检索词自身、上位词、下位词、等同词、同义词、反义词、替代词、外文等同词进行 / 不进行分词处理。多次检索可以对两个检索词之间的逻辑关系进行选择，支持与、或、非、异或的逻辑关系。位置检索可以确定两个检索词之间的前后关系。范围检索支持的关系词有：大于、小于、等于、不大于、不小于、不等于。

检索步骤：

第一步：点击"高级全文检索"选项，显示高级检索功能表单（图2-20）。

第二步：在专题下拉式菜单中，选择检索类目。

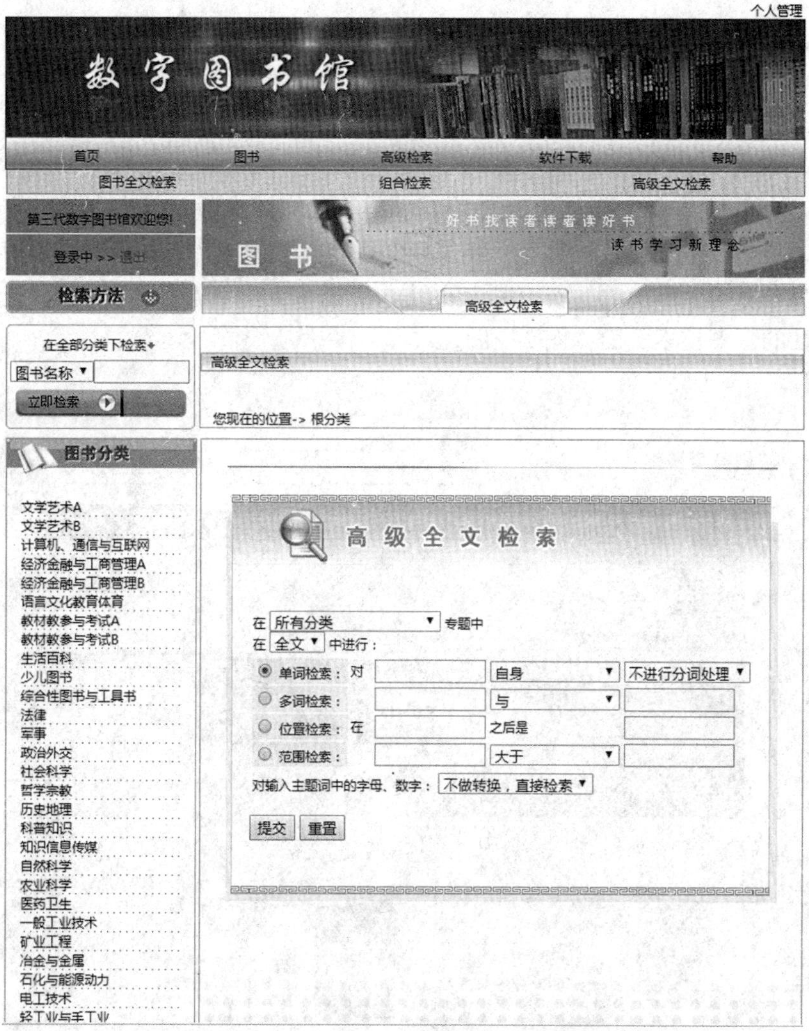

图 2-20 书生之家数字图书馆高级全文检索界面

第三步：在检索范围下拉框中，选择检索范围："全文"或"目录"。

第四步：单击相应单选钮，选择检索方式，包括单词检索、多词检索、位置检索和范围检索四种。

第五步：输入检索词，选定相应的选项。

第六步：点击"提交"按钮，系统进行检索，并显示检索结果图书列表。

第七步：点击某一本图书"命中页"项中的某一具体页码，可直接阅读到此书此页所载内容。

2.检索结果处理　用户可根据需要对自己所检索到的图书或所检索到的内容进行在线阅读、文本复制、打印、批注操作等。

四、出版社网站

（一）人民卫生出版社

人民卫生出版社是中华人民共和国国家卫生和健康委员会直属的中央级医药卫生专业出版社，成立于 1953 年 6 月 1 日，是中国规模大、实力强、出版品种多的医学出版机构。1993 年被中宣部、新闻出版署评为中国首批优秀出版社。出书品种主要包括医学教材、参考书和医学科普读物等，涉及现代医药学和中国传统医药学的所有领域，体系完整，品种齐全。在人民卫生出版社的主页点击"人卫智慧服务商城"，进入到人民卫生出版社的图书检索页面（图 2-21）。

图 2-21　人卫智慧服务商城主页

检索方式包括分类浏览、简单检索、高级检索三种。

1.分类浏览　人民卫生出版社将所有图书分为参考书、教材、考试用书、科普书、音像制品、数字产品、案头书和口袋书。用户可以根据自身需求，按需选择图书类别，点击浏览该类目下所有图书。

2. 简单检索 在人卫智慧服务商城的检索框输入检索词，执行检索命令，即可得到检索结果（图 2-22）。

检索步骤：

第一步：在检索框输入检索词，执行检索命令。

第二步：得到初步检索结果后，可以选择商品价格区间，选择检索结果的排列方式（按销量/价格/时间的升序/降序排列），选择检索结果在平台上的分类（纸质书/数字产品），进一步缩小检索范围。

第三步：选择在结果中进行二次检索，最终得到检索结果，购买图书。

图 2-22 人卫智慧服务商城简单检索界面

3. 高级检索 高级检索支持三种用书的检索（图 2-23），一种是纸质图书，一种是电子书/数字教材，一种是考试培训，默认的是纸质图书检索。纸质图书检索的基本检索条件包括名称、作者、ISBN、关键字。其他限定条件包括装帧形式（精装、平装、线装、盒装）、出版时间、分类（提供分类导航）、价格区间、库存状态。电子书/数字教材检索的基本条件与纸质图书相同，其他限定条件中不包括装帧形式和库存状态。考试培训图书检索的基本条件包括名称和关键字。其他限定条件包括出版时间、分类和价格区间。检索结果的页面与简单检索结果页面相同。

网址：https://www.pmphmall.com/

图 2-23　人卫智慧服务商城高级检索界面

（二）中国中医药出版社

中国中医药出版社是直属于国家中医药管理局的唯一国家级中医药专业出版社，全国百佳图书出版单位，成立于 1989 年。出书范围包括中医药政策法规汇编、年鉴、专刊、专辑；各级各类中医药教材和教学参考书；中医药理论、临床著作、科普读物；中医药古籍点校、注释、语译、影印、复制本；中医药译著和少数民族文本；中医药各种丛书、类书及工具书；各种医药电子出版物等。用户可以在中国中医药出版社主页的检索框直接输入检索词进行检索，也可以进入中国中医药出版社的网上商城进行检索。

检索方式包括分类浏览和简单检索。

1. 分类浏览　中国中医药出版社网上商城的页面左侧有"全部图书分类详情"（图 2-24），图书分类包括教材、教辅、考试用书、科普生活、学术著作、中医古籍、年鉴、法规、标准、工具书。用户可以根据自身需求，按需选择图书类别，点击浏览该类目下所有图书。检索结果的排序方式有：综合排序、销量、出版时间、定价。在分类检索的检索结果下，支持二次检索。二次检索的字段包括：名称、作者、全文、关键字、ISBN。

2. 简单检索　在中国中医药出版社网上商城检索框直接输入检索词，执行检索命令即可得到检索结果。检索结果的处理与分类浏览结果处理方式相同。

网址：http://www.cptcm.com/page/BookStore.aspx

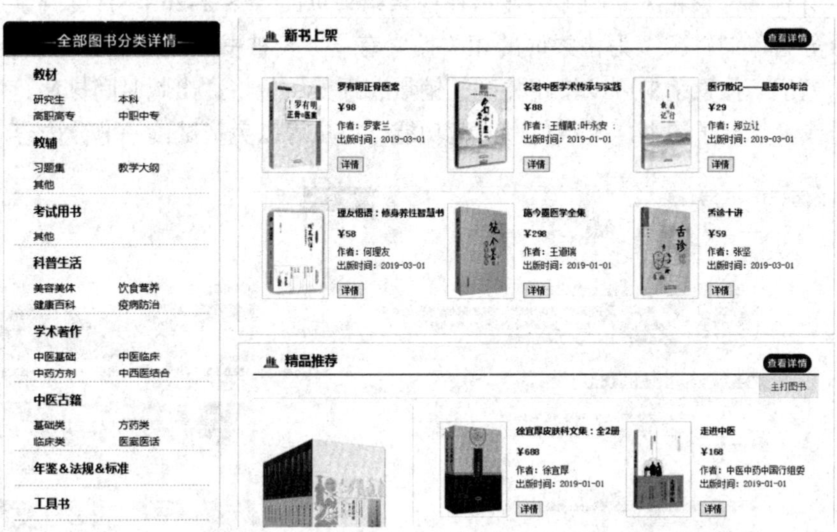

图 2-24　中国中医药出版社网上商城全部图书分类详情界面

五、网络图书获取方法

随着笔记本电脑、手机及其他掌上阅读工具的普及，越来越多的用户选择利用电子设备阅读图书。如何快速便捷地获取如 HTML、XML、DOC、TXT、CHM、HLP、EXE 等格式的图书是当前读者们必不可少的一项技能。

（一）搜索引擎

搜索引擎（Search Engine）是 Internet 上帮助用户查询信息的搜索工具，是查询信息最实用、最方便、最快捷的工具（详见第五章第二节）。网上搜索引擎很多，每个搜索引擎均有其一定的收录范围和规模，索引方式也不同。

以百度为例，百度支持书名号的限定检索。书名号是百度独有的一个特殊查询语法。在其他搜索引擎中，书名号会被忽略，而在百度，中文书名号是可被查询的。加上书名号的查询词，有两层特殊功能，一是书名号会出现在搜索结果中；二是被书名号括起来的内容不会被拆分。在百度搜索框直接输入书名号及书名，执行检索命令即可得到检索结果。如果对图书的格式有要求，可以在书名号后加上 PDF、TXT 等格式限定词。如输入"《中医养生学》pdf"，检索结果将显示所有《中医养生学》PDF 格式的文档链接（图 2-25）。

（二）百度阅读／百度阅读 APP

百度阅读提供丰富的电子图书、畅销书排行榜，种类包括小说、文学、传记、艺术、少儿、经济、管理、生活等电子书的网上销售。百度阅读并没有专门的医学图书分类，但在百度阅读上也可以搜索相关的医学类的电子图书。例如，在检索框直接输入

"针灸"，所有与针灸相关的图书会显示在检索结果页面（图 2-26）。百度阅读还提供相关搜索服务，以"针灸"为检索词的相关搜索有：针灸神书、针灸节要、针灸与养生、针灸临床笔记。检索结果可以按相关度、销量、评分、价格、出版时间排序；可以选择全部种类或者仅电子图书；提供免费试读功能，用户可以免费试读一部分内容。

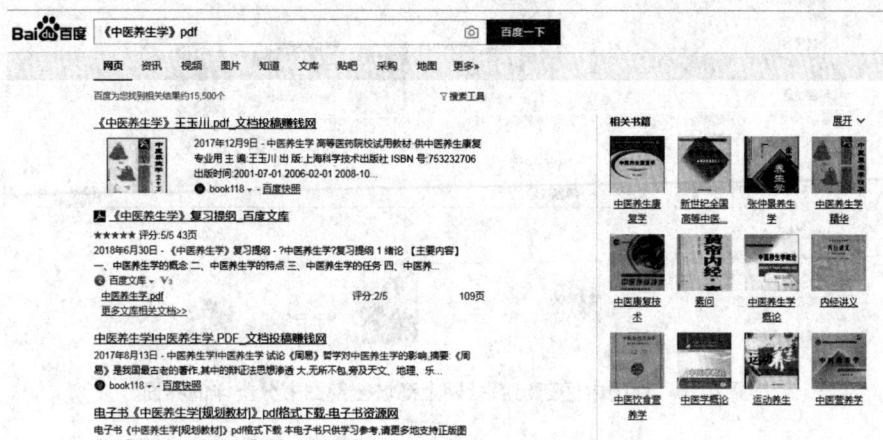

图 2-25　百度搜索引擎图书检索结果界面

图 2-26　百度阅读图书检索结果界面

在百度阅读主页，点击"客户端"，用户可以选择下载安装百度阅读手机 APP。百度阅读提供 IOS 系统和安卓系统两种操作系统的客户端下载。百度阅读书店，不定期的有免费图书供用户阅读和下载。

网址：https://yuedu.baidu.com/

（三）豆瓣阅读／豆瓣阅读 APP

豆瓣阅读是豆瓣读书中的一个子栏目。豆瓣阅读中的图书分类包括小说、文学、人文社科、经济管理、科技科普、计算机与互联网、教育考试等。与百度阅读一样，豆瓣阅读也没有专门的医学图书分类，用户可以通过输入检索词在豆瓣阅读进行检索。例如，在检索框直接输入"针灸"，所有与针灸相关的图书会显示在检索结果页面（图2-27），豆瓣阅读无法实现对检索结果的排序。为适应用户的阅读方式和阅读习惯的改变，豆瓣阅读也有手机 APP 供用户下载使用。

网址：https://read.douban.com

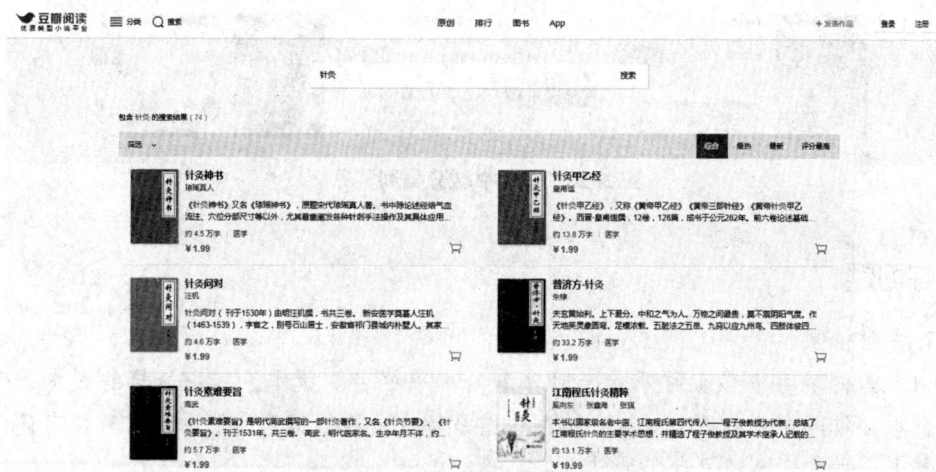

图 2-27　豆瓣阅读图书检索结果界面

（四）掌阅书城／掌阅 iReader

掌阅书城有三百多家版权合作方，二十多万册书籍。掌阅书城的图书分类非常详细，有专门的医学图书分类。掌阅书城中的医学图书涉及中医、内科、外科、儿科、妇产科、护理学、临床医学、基础医学、药学等。掌阅书城定期有免费的图书供读者阅读和使用，web 版的掌阅书城和 iReader 手机 App 同步更新。掌阅书城有两种检索方式，一种是简单检索，用户在检索框输入书名或作者名进行检索；另一种是分类浏览的方式，点击分类，在图书类型中选择图书分类，即可浏览该类目下的所有图书。以医学图书为例，在分类检索中点击类型，选择"医学"，即可浏览掌阅书城中所有医学相关的图书（图 2-28）。

网址：http://www.ireader.com

图 2-28 掌阅书城分类浏览界面

练习题

1.古籍检索

（1）国内现存有多少种明代李时珍著《本草纲目》版本，其中最早的版本是哪个朝代刻本，收藏在哪些图书馆，本校图书馆是否有收藏？请写出版本的名称（可使用分类、著者、书名三个检索途径的其中一个途径）。

（2）查国内现存有多少种古代医家李言闻的著作（李言闻为李时珍之父）。

（3）唐代孙思邈《备急千金要方》国内有多少种版本？最早的版本是哪个朝代的？收藏在国内哪个图书馆？

2.现代图书检索

（1）利用本馆 OPAC 检索《黄帝内经》相关的图书一共有多少种？分布在哪几个馆藏地？

（2）检索李江主编的《中药新药开发学》一共有几本副本并写出索书号。

（3）在超星数字图书馆中，书名中含有"临床肿瘤学"的图书一共有多少种？

（4）在超星数字图书馆中，书名中含有"中医"、主题词是"内科"的图书一共有多少种？

（5）利用读秀图书搜索，检索"中医基础理论"相关的图书一共有多少种？本馆馆藏纸书有多少本？本馆电子全文有多少种？

（6）利用读秀图书搜索，检索中国中医药出版社出版的书名中包含"诊断"的图书一共有多少种？

第三章　中文医药论文检索 ▷▷▷

中文文献数据库数量繁多，内容覆盖自然科学、人文、医药与社会科学各个领域，是查找医药学及其相关文献的最重要工具，也是医学院校学生获取信息和知识最常用的检索工具。我们不仅要掌握其使用方法和检索技巧，还要了解其资源特点和检索范围，从而达到准确选择数据库、熟练使用数据库的目的。本章重点阐述几个常用的中文检索系统，分别介绍《中国生物医学文献服务系统》《中国知网》《维普信息资源系统》《万方数据资源》和读秀学术搜索、超星发现系统的资源概况、使用方法以及检索技巧，对其他相关数据库进行简要介绍。

第一节　中国生物医学文献服务系统

一、概述

中国生物医学文献服务系统（SinoMed）由中国医学科学院医学信息研究所（图书馆）开发研制。

（一）系统资源简介

中国生物医学文献服务系统分中文和英文两大类，共八个文献数据库，其中三个中文库，五个外文库。其涵盖资源丰富，中西兼有，年代跨度大，能全面、快速反映国内外生物医学领域研究的新进展，是集检索、统计分析、免费获取、全文传递服务于一体的生物医学中外文整合文献服务系统。

1. 中国生物医学文献数据库（CBM）　收录 1978 年以来一千八百余种中国生物医学期刊以及汇编、会议论文的文献题录一千余万篇，全部题录均进行主题标引和分类标引等规范化加工处理。年增长五十余万篇，每月更新。学科范围涉及基础医学、临床医学、预防医学、药学、口腔医学、中医学及中药学等生物医学的各个领域。

2. 中国医学科普文献数据库　收录 2000 年以来国内出版的医学科普期刊近百种，文献总量 38 万余篇，重点突显养生保健、心理健康、生殖健康、运动健身、医学美容、婚姻家庭、食品营养等与医学健康有关的内容，每月更新。

3. 北京协和医学院博硕学位论文库　收录 1981 年以来协和医学院培养的博士、硕士研究生学位论文，学科范围涉及医学、药学各专业领域及其他相关专业，内容前沿、丰富，可在线浏览全文，每季更新。

4. 西文生物医学文献数据库（WBM） 收录七千二百余种世界各国出版的重要生物医学期刊文献题录两千六百余万篇，其中馆藏期刊四千八百余种，免费期刊二千四百余种；年代跨度大，部分期刊可回溯至创刊年。年增文献一百余万篇，每月更新。

5. 英文文集汇编文摘数据库 收录馆藏生物医学文集、汇编，以及能够从中析出单篇文献的各种参考工具书等 240 余种（册）。报道内容以最新出版的文献为主，部分文献可回溯至 2000 年，每月更新。

6. 英文会议文摘数据库 收录 2000 年以来世界各主要学协会、出版机构出版的六十余种生物医学学术会议文献，部分文献有少量回溯，每月更新。

7. 俄文生物医学文献数据库 收录 1995 年以来俄国出版的俄文重要生物医学学术期刊三十余种，部分期刊有少量回溯，每月更新。

8. 日文生物医学文献数据库 收录 1995 年以来日本出版的日文重要生物医学学术期刊九十余种，部分期刊有少量回溯，每月更新。

（二）系统特色

1. 数据深度加工，准确规范 SinoMed 根据美国国立医学图书馆《医学主题词表（MeSH）》（中译本）、中国中医科学院中医药信息研究所《中国中医药学主题词表》以及《中国图书馆分类法·医学专业分类表》对收录文献进行主题标引和分类标引，对文献内容进行更加全面、准确地揭示。同时，CBM 库还对作者机构、发表期刊、所涉基金等进行规范化加工，以逐步提升机构、期刊及基金查询分析的准确性与全面性。

2. 检索功能强大，方便易用 系统在继续支持快速检索、高级检索、多内容限定检索、主题词表辅助检索、主题与副主题扩展检索、分类表辅助检索、作者机构限定、定题检索、多知识点链接等检索功能的基础上，优化智能检索，新增机构检索（含第一机构检索）、基金检索、引文检索三大功能，使检索过程更快、更高效，检索结果更细化、更精确。

3. 学术分析内容丰富、准确客观 在原有检索结果聚类分析的基础上，重点围绕CBM 库新增了多项学术分析功能：引文分析、机构（和第一机构）、基金分析、第一作者分析以及期刊分析功能。除统计各检索结果的发表文献和被引情况外，各分析功能提供第一作者 / 机构主要研究领域、主要合作作者、主要合作机构、期刊发文机构、引用期刊、机构高产作者的深度分析。

4. 全文服务方式多样、快捷高效 在整合各类原文链接信息的基础上，借助协和医学院图书馆丰富的馆藏资源和与维普等数据服务商的合作，同时依托国家科技图书文献中心（NSTL），建立起强大全文传递服务系统，继续拓宽全文获取路径。通过SinoMed，用户能阅读协和医学院硕博士学位论文、直接获取免费期刊文献原文、获得外文非免费原文链接及申请付费式原文索取等全文服务。

5. 个性化服务 个性化服务是 SinoMed 为用户提供的一项非常重要功能。用户注册个人账号后便能拥有 SinoMed 的"我的空间"权限，享有检索策略定制、检索结果保存和订阅、检索内容主动推送及邮件提醒、写作助手、引文追踪、使用统计等个性化服务。通过"我的空间",用户还能为 SinoMed 提供宝贵的反馈意见和建议。

二、检索途径与方法

(一)跨库检索

SinoMed 检索时,可以根据需要进行若干个子数据库之间的跨库检索。进入 SinoMed,首先呈现的是跨库检索。跨库检索能同时在 SinoMed 平台集成的多个数据库进行检索。默认状态是选中三个中文数据库。SinoMed 首页的检索输入框即是跨库检索的快速检索框,输入框右侧的高级检索为跨库检索的高级检索(图 3-1),点击后可进入跨库检索的四种检索方式:快速检索、高级检索、主题检索、分类检索。另外,还能从 SinoMed 首页右上角的选择数据库下拉菜单里进入跨库检索。最后查看检索结果时,可浏览几个库的合并检索结果,也可以只选择某个感兴趣的数据库的检索结果进行浏览。

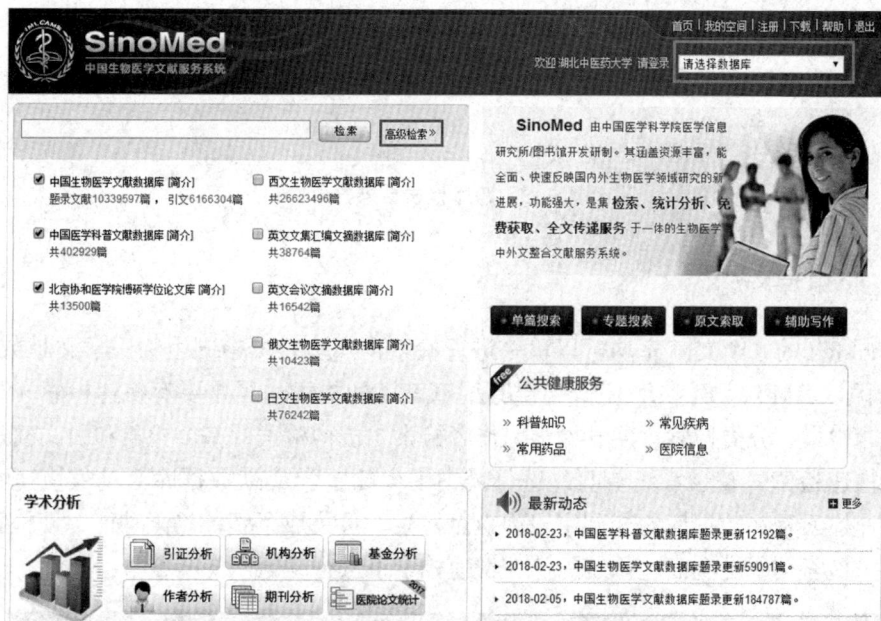

图 3-1 SinoMed 主页和跨库检索界面

【检索示例】在 SinoMed 的"中国生物医学文献数据库""中国医学科普文献数据库"中利用高级检索 2012 ~ 2017 年标题包含"中风"的文献。

检索步骤:

第一步:打开 SinoMed 主页,选择"中国生物医学文献数据库""中国医学科普文献数据库",表示同时在这两个数据库中进行检索。

第二步:点击"高级检索"按钮,进入高级检索的跨库检索页面,在构建检索表达式中选择"标题"字段,在检索框中输入"中风",点击"发送到检索框"。

第三步：在"年代"中输入 2012 ～ 2017，点击"检索"按钮即可得到检索结果（图 3-2）。

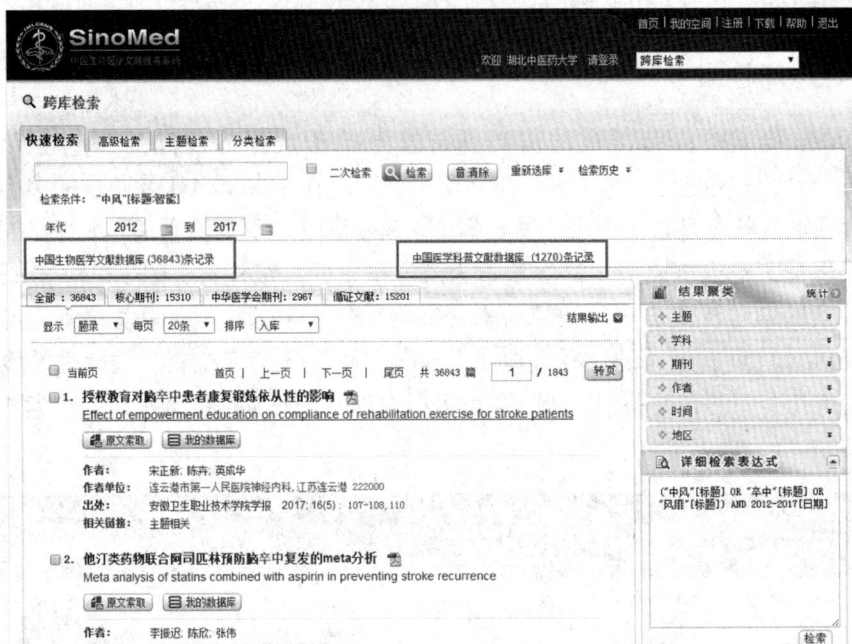

图 3-2　跨库检索结果界面

（二）单库检索

SinoMed 的 8 个文献库均可以单一进行检索，这里以《中国生物医学文献数据库》（以下简称 CBM）为例，介绍其使用方法。CBM 的检索途径主要有快速检索、高级检索、主题检索、分类检索、期刊检索、作者检索、机构检索、基金检索和引文检索。

1. 快速检索　登录系统首页，选择《中国生物医学文献数据库》进入快速检索页面。快速检索是在数据库的全部字段内执行检索，且集成了智能检索功能，使检索过程更简单，检索结果更全面。系统默认在快速检索下进行检索（图 3-3）。

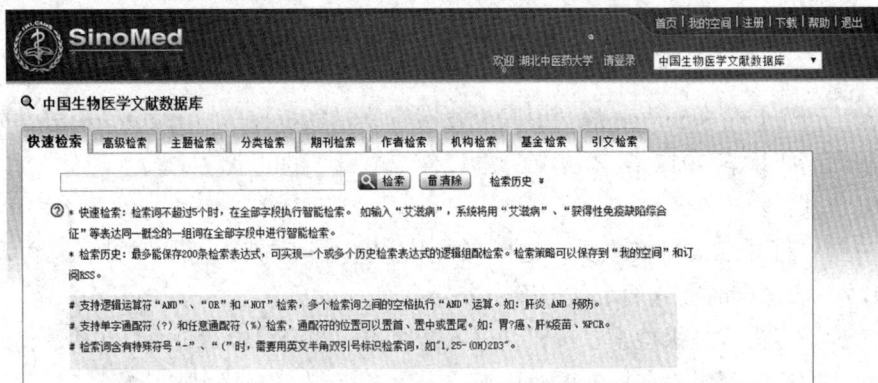

图 3-3　快速检索界面

（1）智能检索：基于自由词－主题词转换表，能将输入的检索词转换成表达同一概念的一组词的一种检索方式，即自动实现检索词、同义词、检索词对应主题词及该主题词所含下位词的同步检索。智能检索不支持逻辑组配检索。

如输入"艾滋病"，系统将用"艾滋病""获得性免疫缺陷综合征""后天性免疫缺陷综合征""AIDS"等表达同一概念的一组词在全部字段或主题词字段中进行智能检索（图3-4）。

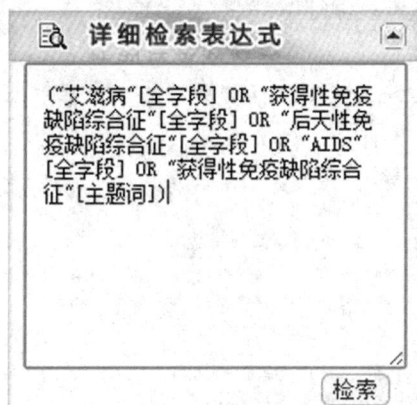

图3-4 智能检索界面

（2）检索规则：支持逻辑运算符"AND""OR""NOT"检索，多个检索词之间的空格默认为"AND"逻辑组配关系。如：肝炎　预防。

支持单字通配符（？）和任意通配符（％）检索，通配符的位置可以置首、置中或置尾。如：胃？癌、肝％疫苗、％PCR。

检索词含有特殊符号"-""（"时，需要用英文半角双引号标识检索词，如："hepatitis B virus ""1，25-（OH）2D3"。

（3）检索步骤

第一步：在检索框中输入检索词，多个检索词可以用逻辑运算符连接，空格默认为"逻辑与"。

第二步：点击"检索"按钮，即可初步检索结果。

第三步：可根据需要进行二次检索，并可根据检索要求对年代范围、文献类型、年龄组、性别、对象类型等进行限定检索，从而得到满意的检索结果。

2. 高级检索　高级检索支持多个检索入口、多个检索词之间的逻辑组配检索，方便用户构建复杂检索表达式。检索入口包括常用字段、全部字段、中文标题、英文标题、摘要、关键词、主题词、特征词、分类号、作者、第一作者、作者单位、国省市名、刊名、出版年、期、ISSN、基金（图3-5）。

（1）选择检索入口：检索入口为系统默认的"常用字段"状态，常用字段由中文标题、摘要、关键词、主题词四个检索项组成。全部字段检索表示在所有可检索的字段检索，也可根据实际情况选择单一字段进行检索。单一字段检索指仅在某一指定字段内检索。选择常用字段、全部字段、中文标题、英文标题、摘要、关键词字段时，系统默认进行智能检索。选择特征词、分类号、作者、第一作者、刊名、期、ISSN 字段时，可以选择精确检索（检索结果与检索词完全匹配的一种检索方式），如不选择，系统默认模糊检索（指检索词包含于命中文献的检索字符串中），所有字段均可进行模糊检索。模糊检索能够扩大检索范围，提高查全率。

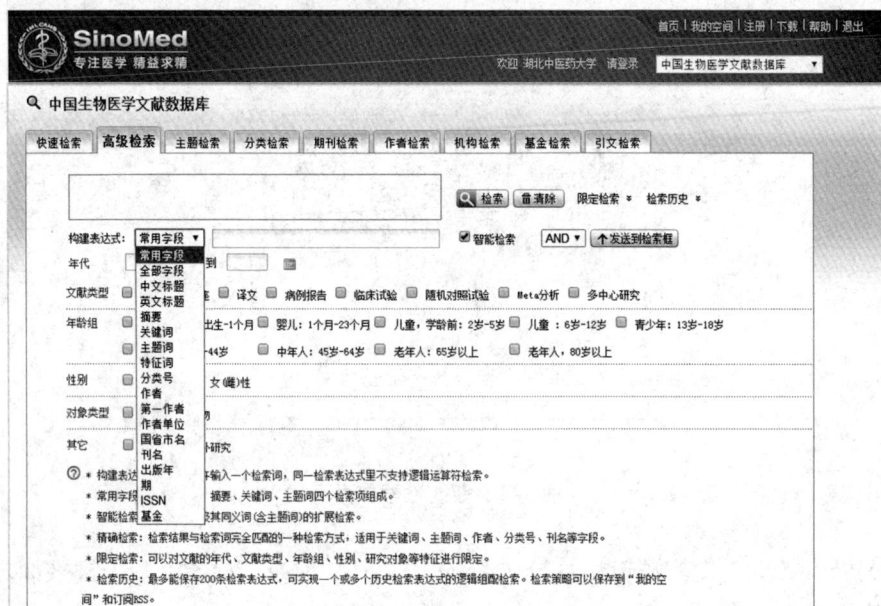

图 3–5　高级检索界面

（2）限定检索：限定检索把年代、来源语种、文献类型、年龄组、性别、对象类型、其他等常用限定条件整合到一个表单中以供选择，用于对检索结果的进一步限定，可减少二次检索操作，提高检索效率。

（3）选择逻辑关系：逻辑运算符有"AND"（逻辑与）、"OR"（逻辑或）和"NOT"（逻辑非）三种，三者间的优先级顺序为：NOT > AND > OR，可以通过两种方法进行逻辑组配检索。

（4）二次检索：是在上一个检索结果范围内进一步检索，逐步缩小检索范围。与上一个检索词之间的关系为逻辑与。

【检索示例】利用高级检索查找"湖北中医药大学"2012 ~ 2017 年发表的关键词含有"类风湿性关节炎"或"痛风"的实验研究文献。

检索步骤：

第一步：进入 CBM 数据库，点击"高级检索"按钮，进入高级检索页面。

第二步：在"构建检索表达式"中选择"关键词"，输入"类风湿性关节炎"，点击"发送到检索框"。

第三步：在"构建表达式"中再次选择"关键词"，输入"痛风"，在逻辑组配选择框中选择"OR"，点击"发送到检索框"。

第四步：在"构建检索表达式"中选择"作者单位"，输入"湖北中医药大学"，在逻辑组配选择框中选择"AND"，点击"发送到检索框"。

第五步：在年代中选择 2012 ~ 2017，点击"限定检索"，在出现的限定条件中对象类型选择"动物"，最后点击"检索"按钮，即可检索到所需文献（图 3-6）。

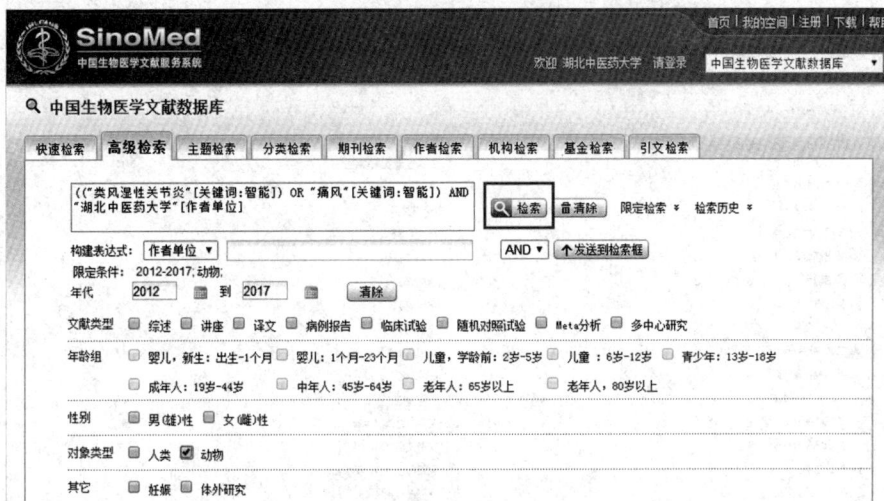

图 3-6　CBM 高级检索示例界面

3. 主题检索　所谓主题检索，指采取规范化的主题词基于主题概念进行检索。与关键词检索相比，主题检索能够提高查全率和查准率。CBM 采用美国国立医学图书馆《医学主题词表（MeSH）》中译本、《中国中医药学主题词表》作为主题标引和主题检索的依据。

CBM 的主题检索，可用中文主题词或英文主题词及同义词查找对应主题词，也可以通过主题导航逐级展开查找，浏览主题词注释信息和树形结构，可帮助确定恰当的主题词。

具体检索步骤：

第一步：选择"中文主题词"或"英文主题词"。

第二步：输入检索词，点击"查找"命令，进入主题词轮排表选词（图 3-7）。

第三步：选择所需主题词，进入主题词显示状态。此页面包括检索选项、副主题词选择；以及主题词的中文名称、英文名称、款目词、树状结构号、相关参见、标引注释、标引回溯注释、历史注释、树状结构。

第四步：选择副主题词。

第五步：点击"主题检索"按钮，得到检索结果，完成检索。

（1）**主题词轮排表**：系统默认检索入口为中文主题词。输入完整的主题词或主题词片段，点击"浏览"按钮，系统显示含有该检索词的中文主题词轮排表。

轮排表将款目词（入口词）指引至主题词。如"艾滋病 见 获得性免疫缺陷综合征"，即"艾滋病"是款目词，"获得性免疫缺陷综合征"是主题词，系统用"获得性免疫缺陷综合征"作为主题词。

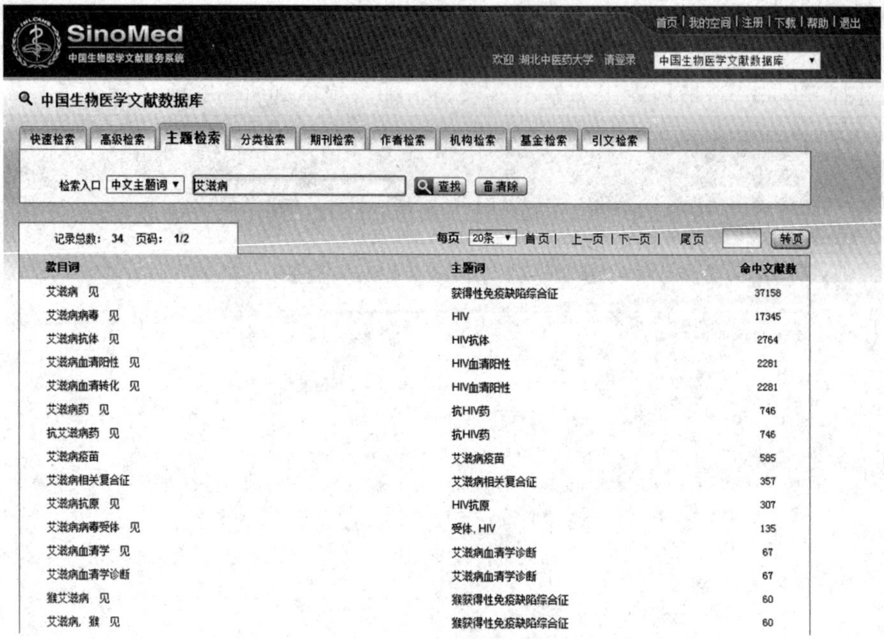

图 3-7　主题词轮排表界面

（2）检索选项：有加权、扩展检索两个选项，系统默认状态为非加权、扩展检索。加权检索表示仅对加星号（*）主题词（主要概念主题词）检索，可提高检索结果的相关性；扩展检索表示对当前主题词及其下位主题词进行检索。非扩展检索则仅限于对当前主题词进行检索。

（3）选择副主题词：副主题词一共有 94 个，表明主题的不同方面。"选择副主题词"列表列出可与当前主题词组配的所有副主题词。点击选择副主题词，系统会对其解释，并列出有"（+）"副主题词的下位词副主题词。如针灸疗法（ZHEN JIU LIAO FA）：与疾病、症状、证候主题词组配，指按中医理论及经络学说用针刺、灸法（包括电针、耳针、头针、艾卷灸、艾炷灸等）治疗疾病，但不包括穴位埋藏、激光、微波、穴位按压等非针刺的穴位疗法及药物穴位贴敷、穴位注射等，此时用"穴位疗法"。除体针疗法外，其他需组配专指的针灸疗法主题词。

可选择一个或多个甚至全部的副主题词，或不选副主题词进行检索。如选择副主题词"扩展"检索则表示对当前副主题词及其下位副主题词进行检索（图 3-8）。

【检索示例】利用主题检索查找艾滋病针灸治疗方面的文献。

检索步骤：

第一步：在"主题检索"状态，选择中文主题词入口，在检索式输入框中输入"艾滋病"后点击旁边的"查找"按钮。

第二步：系统进入主题词轮排索引浏览状态，查看后发现"艾滋病"规范的主题词是"获得性免疫缺陷综合征"。

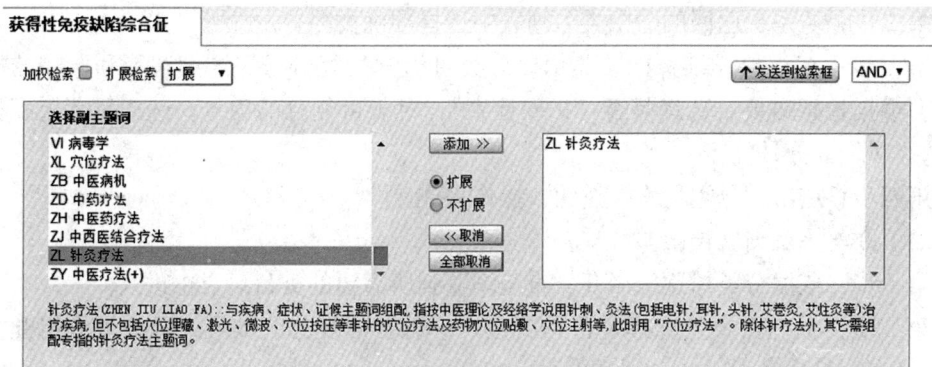

图 3-8　选择副主题词界面

第三步：点击"获得性免疫缺陷综合征"后，系统弹出主题词显示列表，在"选择副主题词"中选择"针灸疗法"，点"添加"按钮或双击添加至选定副主题词框中。

第四步：点击"发送到检索框"，然后点击"主题检索"按钮，之后系统开始检索，得到结果。

4. 分类检索　分类检索，即从文献所属的学科角度进行查找，能提高检索效果。《中国图书馆分类法·医学专业分类表》是 CBM 分类标引和检索的依据。分类检索单独使用或与其他检索方式组合使用并且通过类号或类名进行检索，通过选择是否扩展、是否复分会使检索结果更为准确。

欲查找某学科文献时，可以通过两种方式实现：一是在类名、类号输入框中输入学科类名或类号实现；二是通过分类导航逐级展开实现（图 3-9）。

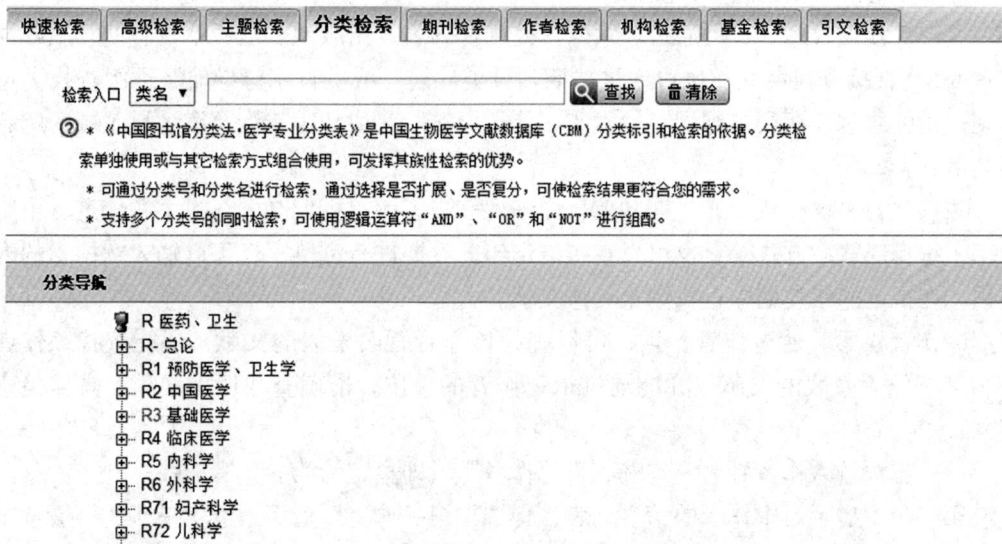

图 3-9　分类检索界面

（1）类名或类号检索

第一步：进入分类检索页面，选择"类名"检索字段并输入检索词。

第二步：从系统返回的命中类名列表中选择准确类名。

第三步：在注释详细页面，显示该分类可组配的复分号、详细解释和所在的树形结构。根据检索需要，选择是否"扩展检索"；对于可复分的类号，选择复分组配检索（可选择多个复分号）。

第四步：点击"分类检索"按钮，操作完成。

（2）分类导航浏览检索

第一步：依据分类树逐级展开，直至浏览到所需要的类目后点击进入。

第二步：根据需要，选择是否扩展检索；对于可复分的类号，选择复分组配检索（可选择多个复分号）。

第三步：点击"分类检索"按钮，完成检索。

"扩展检索"表示对该类号及其下位类号进行查找。系统默认"扩展检索"。

【检索示例】查找"获得性免疫缺陷综合征并发其他疾病"的文献。

检索步骤：

第一步：在"检索入口"选择"类名"，在检索式输入框中输入"获得性免疫缺陷综合征"，点击"查找"。

第二步：在类名列表中选择准确类名"获得性免疫缺陷综合征"，点击"获得性免疫缺陷综合征"。

第三步：选择"扩展检索"，选择并添加复分号"并发症"。

第四步：点击"分类检索"按钮，完成检索。

5. 期刊检索　期刊检索提供从期刊途径获取文献的方法，并能对期刊的发文情况进行统计与分析。一般经过两个步骤。

（1）目标期刊定位：可通过检索入口处选择刊名、出版地、出版单位、期刊主题词或者 ISSN 直接查找期刊；也可通过"期刊分类导航"或"首字母导航"逐级查找浏览期刊；还可通过"期刊主题词"检索或"分类导航"获取涵盖或涉及该学科领域的所有期刊信息。

（2）期刊文献查找：通过期刊信息详细列表，了解目标期刊的学科主题信息、出版频率、编辑部联系方式等；也可以直接指定年、卷期进行浏览；还可以输入欲检索的内容后，在指定的年卷期中查找浏览具体文献。

6. 作者检索　通过作者检索，可以查找该作者署名发表的文献，还能查找该作者作为第一作者发表的文献，亦能通过指定作者的单位，准确查找所需文献。具体检索步骤：

第一步：输入作者姓名，勾选"第一作者"后即指定为第一作者查找。

第二步：显示命中作者的信息列表，勾选"第一作者"后可继续第三步，查看选中作者在系统中的单位分布。

第三步：显示选中作者在系统中的单位分布。

第四步：根据实际需求对作者单位进行选择，可多选。

【检索示例】查找"湖北中医药大学王平教授"以第一作者身份发表的论文情况。

检索步骤：

第一步：进入"作者检索"页面，输入"王平"，勾选"第一作者"，点击"下一步"按钮。

第二步：从系统返回的命中作者列表中选择作者"王平"，点击"下一步"按钮。

第三步：从系统显示的作者机构列表中选择该作者所在机构，点击"查找"按钮即可（图3-10）。

选择	第一作者机构分布	命中资源情况
☑	湖北中医学院（湖北）	14
☑	湖北中医学院老年医学研究所（湖北）	16
☑	湖北中医药大学（湖北）	7
☑	湖北中医药大学老年病研究所（湖北）	2
☐	湖南环境生物职业技术学院（湖南）	1
☐	湖南省长沙儿童医院（湖南）	1
☐	湖南长沙儿童医院（湖南）	33

图3-10　作者检索机构选择界面

也可以在"高级检索"中，通过"第一作者"和"作者单位"字段限定检索结合来实现。例如，同样查询"湖北中医药大学王平教授"以第一作者身份发表的论文情况。检索步骤：在"高级检索"页面，选择"第一作者"检索入口，输入"王平"，再选择"作者单位"检索入口，输入机构名称"湖北中医药大学"，点击"检索"按钮即可得到相应的检索结果。

作者检索的机构限定检索功能优势在于：支持作者精确定位，比较有效地解决同名作者、同构异名问题，提高查准率与查全率。

7. 机构检索　机构检索可以了解指定机构及作为第一机构时论文发表情况和被引用情况。可通过输入机构名称、分类导航逐级查找、机构名首字母导航三种方式查找所需机构。机构名支持单字通配符（？）和任意通配符（％）检索，通配符的位置可以置首、置中或置尾。如：北？大学、解放军％医院、％人民医院。

【检索示例】查找湖北省中医院的发文情况。

检索步骤：

第一步：在机构检索页面的机构名称处输入"湖北省中医院"，点击"查找"。

第二步：浏览查找结果，在列出的所有机构名称中查找"湖北省中医院"，了解该机构命中文献数和作为第一机构的命中文献数。

第三步：点击"湖北省中医院"或选中机构名称前面的方框后再点击"检索"，均可查看该机构的发文情况，点击"第一机构命中文献数"则可查看该机构作为第一作者机构的发文情况（图3-11）。

8. 基金检索　基金检索可查找特定基金项目成果发表情况，可通过输入基金名称或者基金项目（"项目名称"或"项目编号"）直接查找基金，也可通过基金分类导航逐级查找浏览。基金名支持单字通配符（？）和任意通配符（％）检索，通配符的位置可以置首、置中或置尾。如：教育？基金、国家％基金、％大学基金。

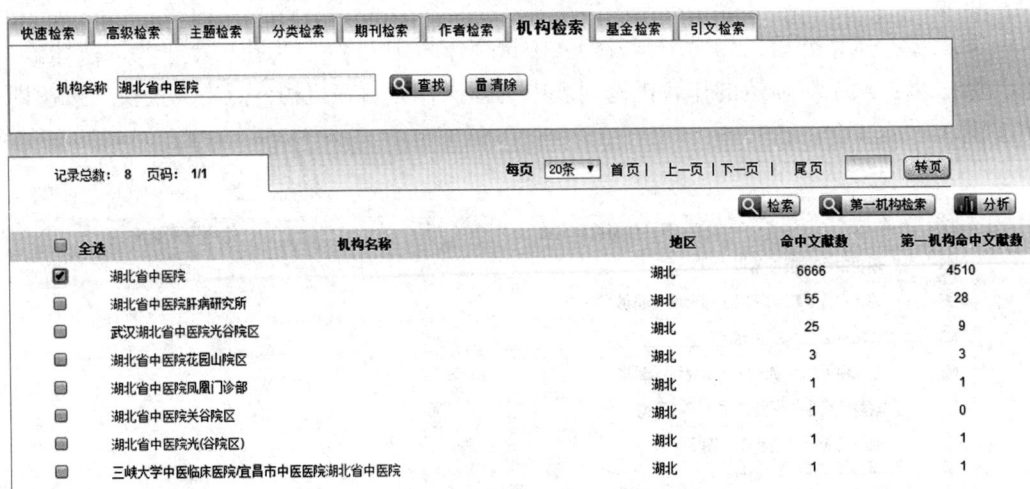

图 3-11　机构检索示例界面

【检索示例】查找教育部资助的"长江学者奖励计划"基金的发文情况。

检索步骤：

第一步：在 CBM 基金检索页面输入"长江学者奖励计划"，点击"查找"。

第二步：浏览基金查找结果，在列出的所有基金名称中选择"长江学者奖励计划"。先点击基金名称或勾选基金前面的方框，再点击"检索"即可查看该基金资助项目的成果发表情况（图 3-12）。

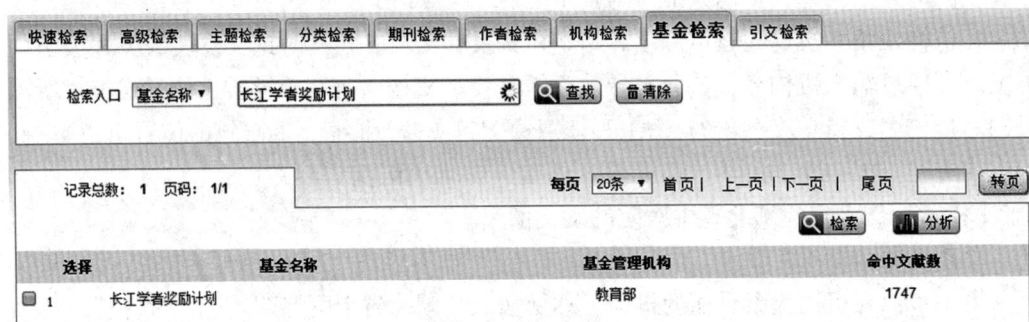

图 3-12　基金检索示例界面

9. 引文检索　引文检索支持从被引文献题名、主题、作者 / 第一作者、出处、机构 / 第一机构、资助基金等途径查找引文，了解文献在生物医学领域的引用情况。在引文检索结果页面，还能对检索结果做进一步限定，包括限定被引频次、被引年代、引文发表年代等。

【检索示例】检索 2015 ~ 2018 年间被引文献主题包含"胃肿瘤"的引文。

检索步骤：

第一步：进入 CBM 的引文检索页面，在被引年代处选择"2015"和"2018"。

第二步：在检索入口选择"被引文献主题"，输入"胃肿瘤"。

第三步：点击"检索"，即可查看到所需结果（图 3-13）。

图 3-13 引文检索示例界面

10. 链接检索 在检索结果中，自动实现关键词、主题词、特征词、作者、导师、期刊出处、主题相关、参考文献等知识点的快速检索，可全方位满足检索过程中的新发现、新需求，并可以链接到维普全文数据库获取原文。

11. 检索历史 CBM 最多允许保存 100 条检索表达式。检索历史的功能主要有逻辑组配和保存检索策略。

（1）逻辑组配：可从中选择一个或多个检索表达式并用逻辑运算符 AND、OR、NOT 组成更恰当的检索策略，如 #1 and #2 或选择相应的逻辑运算符按钮（图 3-14）。

（2）保存检索策略：根据需求选择一个或多个检索表达式保存成特定的"检索策略"。在"我的空间"中可定期调用该检索策略，及时获取最新信息。另外，要保存检索策略，必须登录后才能使用此功能。

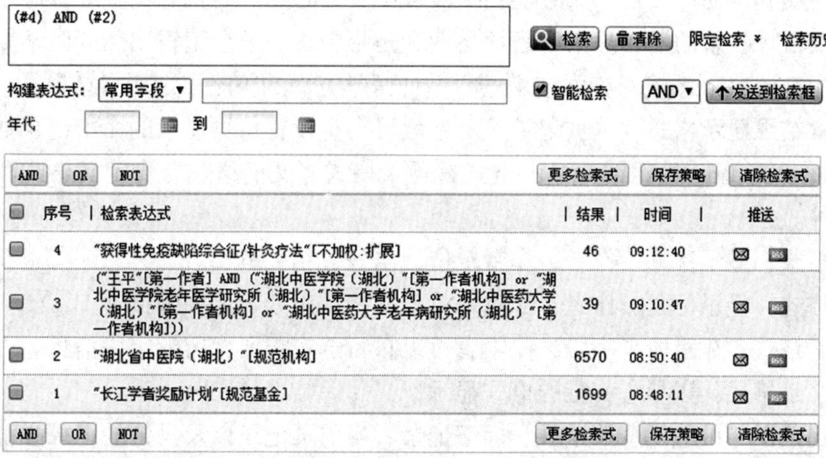

图 3-14 检索历史界面

三、检索结果的处理

SinoMed 平台支持多种个性化检索结果浏览和输出设置，在检索结果页面用户可根据需要，点击结果输出，选择输出方式、输出范围、保存格式（图 3-15）。

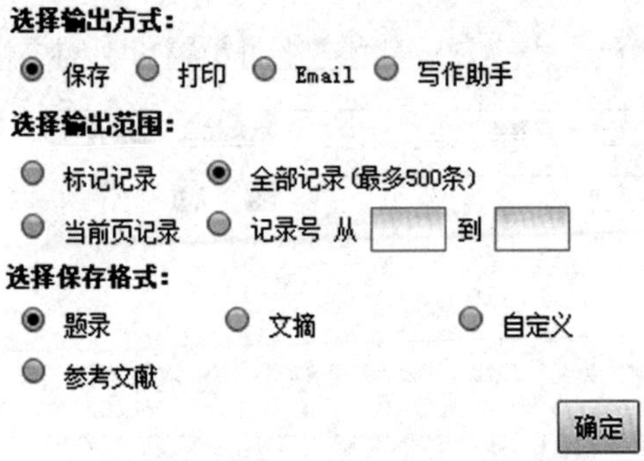

选择输出方式：
○ 保存 ○ 打印 ○ Email ○ 写作助手

选择输出范围：
○ 标记记录 ● 全部记录（最多500条）
○ 当前页记录 ○ 记录号 从 ☐ 到 ☐

选择保存格式：
● 题录 ○ 文摘 ○ 自定义
○ 参考文献

[确定]

图 3-15　检索结果浏览和输出设置界面

1. 检索结果分析　检索结果页面右侧，按照主题、学科、期刊、作者、时间和地区 6 个维度对检索结果进行统计，以了解该领域的主要研究人员、领域研究热点、领域学科发展轨迹和趋势、领域核心期刊等信息。其中主题统计按照美国国立医学图书馆《医学主题词表（MeSH）》中译本进行展示，最多可以展示到第 6 级内容；学科统计按照《中国图书馆分类法·医学专业分类表》进行展示。期刊、作者和地区的统计是按照由多到少的数量进行排序；时间统计按照年代进行排序。点击右侧"统计"按钮，可查看统计结果。系统还通过统计图展示详细的统计内容，并提供保存或打印功能。

2. 排序方式　支持入库、年代、作者、期刊、相关度、被引频次五种排序方式。系统支持的最大排序记录数为 6.5 万条。

3. 检索结果分类　CBM 对检索结果从三个方面进行详细分类，分别为核心期刊、中华医学会期刊、循证文献。核心期刊指被《中文核心期刊要目总览》或者《中国科技期刊引证报告》收录的期刊。中华医学会期刊是指中华医学会编辑出版的医学期刊。循证文献是指 SinoMed 系统对检索结果进行循证医学方面的策略限定所得结果。

4. 检索结果显示格式　单页记录显示条数可自主设置每页显示的命中记录数，系统默认每页显示 20 条。检索结果显示格式有题录格式、文摘格式、自定义格式和参考文献格式四种。

题录格式：显示标题、作者、作者单位、出处、相关链接。

文摘格式：显示标题、作者、作者单位、文摘、出处、相关链接。

自定义格式：显示所有字段，检索者可以自行选定想要保留的字段信息。

参考文献格式：以参考文献的格式显示。

5. 输出范围　可选择全部记录、标记记录、当前页记录以及具体的记录号范围。

6. 输出方式　支持打印、保存、E-mail、写作助手四种检索结果输出方式。单次打印、保存的最大记录数为 500 条，单次 E-mail 发送的最大记录数为 50 条。写作助手需先登录。

四、学术分析

CBM 库从引证角度开展期刊、第一作者、机构、基金和引文五个方面的学术分析，帮助用户从中洞察隐含的学科领域发展趋势。

1. 期刊分析　期刊分析能提供全面翔实的期刊内容和被引情况统计，用于医学核心期刊的筛选与评价。查找到所需期刊进入期刊注释详细页面后，点击页面中部的"分析"按钮，即可生成期刊分析报告。期刊分析报告由历年发文和被引情况柱状统计图、分析文献综合统计信息、近 10 年发文被引情况、近 5 年发文地区、引用期刊和发文机构分布几大部分组成。

2. 第一作者分析　第一作者分析能分析某机构作者以第一作者身份发表的论文情况。查找到同名第一作者机构分布列表后，点击页面中部的"分析"按钮，即可生成第一作者分析报告。第一作者分析报告由历年发文和被引情况柱状统计图、分析文献综合统计信息、主要研究领域和主要合作作者几大部分组成。

3. 机构分析　机构（和第一机构）分析能对各个机构发文及被引情况进行统计分析，可用于机构科研成果的综合评价。查找到机构列表并勾选所需机构后，点击页面中部的"分析"按钮，即可生成机构（和第一机构）分析报告。机构（和第一机构）分析报告由历年发文和被引情况柱状统计图、分析文献综合统计信息、机构主要研究领域、主要合作机构和机构内主要作者几部分组成。

4. 基金分析　基金分析能对各项基金的发文情况和资助研究概况进行统计分析。查找到所需基金并勾选后，点击页面中部的"分析"按钮，即可生成基金分析报告。基金分析报告由历年发文和被引情况柱状统计图、分析文献综合统计信息、该基金资助的项目、主要资助机构和资助成果的主要学科领域几部分组成。

5. 引文分析　在引文检索结果页面的右上角点击"创建引文报告"，即可对检索结果的所有引文结果进行分析，生成引文分析报告。引文分析报告由检索结果及历年发文和被引情况柱状统计图、分析文献综合统计信息、论文近 5 年被引用情况统计三部分组成。需要注意的是，当引文检索结果超过 1 万条时，引文分析报告只分析排序在前 1 万的记录。

五、我的空间

系统提供独立个人空间，用户注册个人账号后便能拥有 SinoMed 的"我的空间"权限，享有检索策略定制、检索结果保存和订阅、检索内容主动推送及短信、邮件提醒等个性化服务。保存有价值的检索策略，跟踪领域最新发展；保存感兴趣的检索结果，按个人习惯进行组织和再利用。

1. 我的检索策略　用于定期跟踪某一课题的最新文献。从检索历史页面，勾选一个或者多个记录保存为一个检索策略，可以为这个检索策略赋予贴切的名称。保存成功后，可以在"我的空间"里对检索策略进行导出和删除操作。点击策略名称进入策略详细页面，可对策略内的检索表达式进行"重新检索""删除""推送到邮箱"和"RSS 订阅"。通过策略详细页面的"重新检索"，可以查看不同检索时间之间新增的数据文献。

2. 我的订阅　从检索历史页面，可以对历史检索表达式进行邮箱订阅或者 RSS 订阅。邮箱订阅是指将更新的检索结果定期推送到用户指定邮箱，可以设置每条检索表达式的推送频率，并可浏览和删除任意记录的邮箱推送服务。

3. 我的数据库　用于在检索过程中随时保存检索结果，从检索结果页面，可以把感兴趣的检索结果添加到"我的数据库"，供再次查阅或索取原文。可通过标题、作者、标签三个字段查找有关文献，并可对每条记录添加标签和备注信息。

4. 引文追踪器　引文追踪器用于对关注的论文被引情况进行追踪。当有新的论文引用此论文时，用户将收到登录提示和邮件提示。对于单篇文献，在登录"我的空间"的前提下，可以创建"引文追踪器"，并发送到"我的空间"，追踪该引文的最新被引情况。在"我的引文追踪"页面，可以对创建的引文追踪进行"重新检索"和"删除"操作。

5. 我的写作助手　医学写作助手（MWA：Medical Writing Assistant）是一款文献管理与辅助写作的个性化软件工具，依托 SinoMed 医学文献资源，能提供专业、全面的医学类文献收集、管理、写作、投稿的一条龙式服务。可以从 SinoMed 的主页上的"辅助写作"链接进入，也可以直接输入网址登录。个人用户的用户名和密码与在 SinoMed 中的一样，集团用户可以免费自行注册自己的用户名和密码。

医学写作助手具有个性化文献管理、文献收集、参考文献管理和辅助投稿四大功能。①个性化文献管理（"我的文献"）提供建立个人文献管理体系，能分类管理收集到的文献题录与全文资料。②文献收集提供对 SinoMed 及 PubMed 资源的一站式检索，将检索结果保存到个性化文献管理体系中。③用户能将在 CNKI、维普、万方、Google scholar 等系统中检索出的文献题录信息导入到文献管理体系中。④论文投稿提供按学科领域将相关的核心期刊进行分类查询，并提供该期刊的基本信息和征稿信息，能通过邮件和在线投稿的网络链接。除了这四大功能外，还能将医学写作助手嵌入到 Word 里作为插件使用，帮助对参考文献进行更好的管理。

网址：http://mwa.sinomed.ac.cn

第二节　CNKI 中国知网

中国知识基础设施工程（China National Knowledge Infrastructure，CNKI），是以实现全社会知识信息资源共享为目标的信息化重点工程，由清华大学、清华同方发起，始建于 1999 年 6 月。采用自主开发并具有国际领先水平的数字图书馆技术，建成的世界上全文信息量规模最大的 CNKI 数字图书馆，并正式启动建设《中国知识资源总库》及 CNKI 网络资源共享平台，通过产业化运作，为全社会知识资源高效共享提供最丰富的知识信息资源和最有效的知识传播与数字化学习平台。

一、概述

（一）首页模块

中国知网于 2017 年 10 月 27 日，正式推出新首页。新首页内容分为智能新检索、行业知识服务与知识管理平台、研究学习平台、专题知识库、CAJ–N 网络首发平台、出版平台＆评价、知网动态、教育服务平台、众知·众创、软件产品 10 个模块。相比旧版检索，新检索增添了知识元（通过碎片化处理和数据挖掘技术，提供精准的知识元检索）和引文检索（从参考文献检索出发，完整展现学术论文的引证关系）。

（二）资源总库

资源总库是 CNKI 的核心资源，包括学术期刊、学位论文、会议论文、报纸、图书、年鉴、统计数据、工具书、指数、专利、标准等。其中常用的数据库包括以下几类。

1. 学术期刊　中国学术期刊（网络版）（China Academic Journal Network Publishing Database，CAJD），是世界上最大的连续动态更新的中国学术期刊全文数据库，收录国内学术期刊八千种，全文文献总量五千万篇。产品分为十大专辑：基础科学、工程科技Ⅰ、工程科技Ⅱ、农业科技、医药卫生科技、哲学与人文科学、社会科学Ⅰ、社会科学Ⅱ、信息科技、经济与管理科学，收录自 1915 年至今出版的期刊，部分期刊回溯至创刊。

2. 学位论文　包括《中国优秀硕士学位论文全文数据库》（China Master's Theses Full–text Database，CMFD）《中国博士学位论文全文数据库》（China Doctoral Dissertations Full–text Database，CDFD），收录了从 1984 年至今的全国 451 家培养单位的博士学位论文和 744 家硕士培养单位的优秀硕士学位论文，分为基础科学、工程科技Ⅰ、工程科技Ⅱ、农业科技、医药卫生科技、哲学与人文科学、社会科学Ⅰ、社会科学Ⅱ、信息科技、经济与管理科学十大专辑。

3. 会议论文　包括中国重要会议论文全文数据库、国际会议论文全文数据库，收录由国内外会议主办单位或论文汇编单位书面授权并推荐出版的重要会议论文。重点收录 1999 年以来，中国科协系统及国家二级以上的学会、协会、高校、科研院所、政府机关举办的重要会议以及在国内召开的国际会议上发表的文献。其中，国际会议文献占全部文献的 20% 以上，全国性会议文献超过总量的 70%，部分重点会议文献回溯至 1953 年，分为基础科学、工程科技Ⅰ、工程科技Ⅱ、农业科技、医药卫生科技、哲学与人文科学、社会科学Ⅰ、社会科学Ⅱ、信息科技、经济与管理科学十大专辑。

4. 报纸　中国重要报纸全文数据库，收录 2000 年以来中国国内重要报纸刊载的学术性、资料性文献的连续动态更新的数据库，分为基础科学、工程科技Ⅰ、工程科技Ⅱ、农业科技、医药卫生科技、哲学与人文科学、社会科学Ⅰ、社会科学Ⅱ、信息科技、经济与管理科学十大专辑。

此外，中国知识资源总库还有图书、年鉴、统计数据、工具书、指数、专利、标准、成果、法律法规、古籍、学术辑刊、特色期刊、Frontiers 期刊等多个专题数据库。

二、检索途径与方法

（一）快速检索

进入 CNKI 首页（图 3-16）即可在页面上方进行快速检索。只需在文本框中直接输入自然语言（或多个检索短语）即可完成检索，简单方便。快速检索默认为检索"文献"，属跨库检索，检索时直接点击下方的"学术期刊""博硕""会议""报纸"等数据库进行勾选，勾选后数据库会检索出所得到的内容。快速检索的优点在于简单易用，风格统一。

图 3-16　CNKI 首页

1. 选择数据库　可以选择想要的数据库进行组合检索，可跨库检索的数据库文献类型有学术期刊、博硕学位论文、会议论文、报纸、年鉴、专利、标准、成果，可单库检索的文献类型有图书、古籍、法律法规、政府文件、企业标准、科技报告、政府采购。点击数据库名称，可以进行跨库或单库的一框式检索，也可点击名称后的 🔗 直接进入该数据库。选择检索字段，在检索框中直接输入检索词，系统的检索都有智能提示，根据输入的检索词，系统能够提示与之相关的检索热词，使用户快速定位检索词。点击检索按钮进行检索（图 3-17）。

2. 中外文混检　文献检索按照文献类型组织中外文资源，实现了中外文文献的合并检索和统一排序。检索者可根据其需求，在检索结果中切换显示"中文文献"或"外文文献"。文献检索既可跨库检索，也可单库检索。

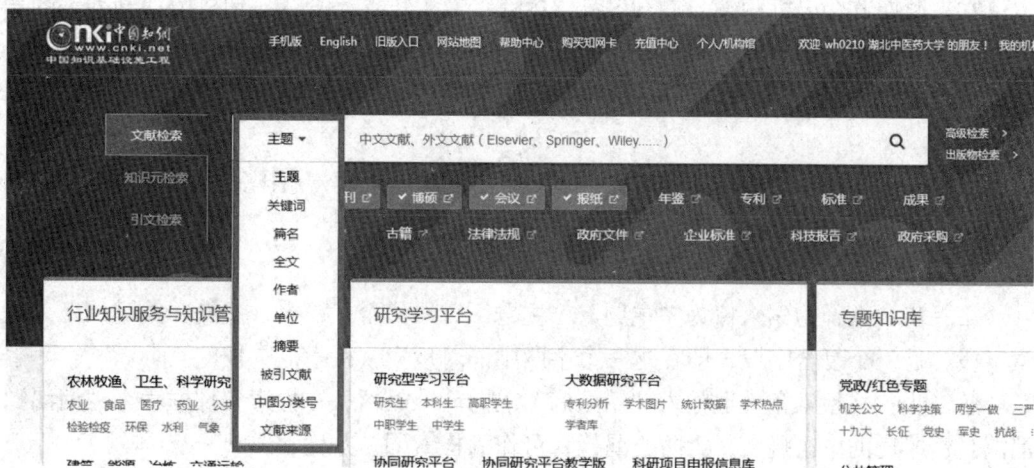

图 3-17　CNKI 首页一框式检索界面

（二）单库检索

以中国学术期刊（网络版）为例，重点介绍 CNKI 单库检索。中国学术期刊（网络版）提供了分类检索、高级检索、专业检索、作者发文检索、句子检索、一框式检索六种检索方式（图 3-18）。

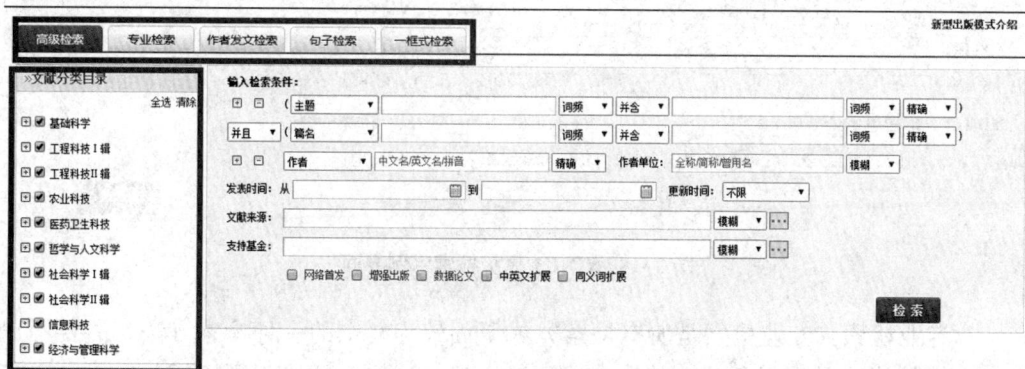

图 3-18　中国学术期刊检索方式界面

1. 分类检索　分类检索提供以鼠标滑动显示的方式进行展开，包括基础科学、工程科技、农业科技等十个专辑。每个专辑又进行了细分，前面有 ⊞ 说明该类还有下位类，根据需要点击某一个分类，即可得到该学科分类的文献。也可选择一个或多个类目，在指定的类目下进行检索。

2. 高级检索　点击 ⊞ 和 ⊟ 按钮，用来添加或者减少检索条件。"词频"表示该检索词在文中出现的频次。可以选择年限和期刊的来源类别进行组合检索。高级检索还提供更多的组合条件，来源、基金、作者以及作者单位等。来源期刊通过期刊来源检索文献，如收录的某种或某类期刊所发表的文献等，可以通过来源类别选择某类来源期刊，也可在来源期刊输入框中输入期刊名称、ISSN、CN 号或点击 … 按钮进入期刊列表的选择；支持基金检索用于检索某基金支持下所发表的文献，可以直接在输入框中输入基金名称或点击 … 按钮进入基金列表的选择。高级检索还提供精确和模糊的选项，以满足用户需求。

【检索示例】检索 2015 ~ 2018 年针灸疗法治疗糖尿病，由国家自然科学基金资助的研究文献。

检索步骤：

第一步：选择检索入口为"主题"，"主题"字段集合了篇名、文摘、关键词三个检索字段，是一个复合字段，即在这三个字段中同时检索，检索范围较广。

第二步：在检索条件框输入"糖尿病"，选择"或含"，在检索条件框输入"消渴"。消渴是糖尿病的中医病名，为防止漏检，可作为检索词一并检索。

第三步：选择逻辑关系"并且"，在检索条件框输入"针灸"。

第四步：发表时间输入 2015 ~ 2018。

第五步：支持基金输入"国家自然科学基金"，点击检索，即可得到所需文献（图 3-19）。

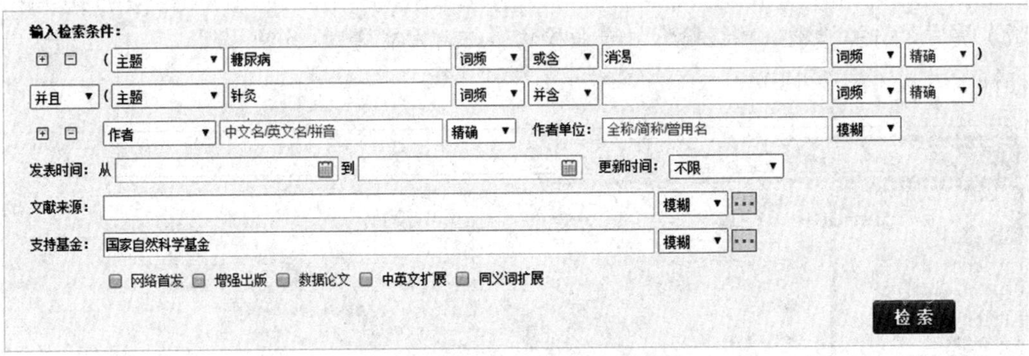

图 3-19　CNKI 高级检索示例界面

3. 专业检索　专业检索是所有检索方式里面较为复杂的一种检索方法。需要用户自己输入检索式并确保所输入的检索式语法正确，这样才能检索到想要的结果。所有符号和英文字母都必须使用英文半角字符；"AND""OR""NOT"三种逻辑运算符的优先级相同；如要改变组合的顺序，请使用英文半角圆括号"（　）"将条件括起；逻辑关系符号"与（AND）""或（OR）""非（NOT）"前后要空一个字节；使用"同句""同段""词频"时，需用一组西文单引号将多个检索词及其运算符括起，如：'流体 # 力学'；可检索字段：SU= 主题, TI= 题名, KY= 关键词, AB= 摘要, FT= 全文, AU= 作者, FI= 第一作者, AF= 作者单位, JN= 期刊名称, RF= 参考文献, RT= 更新时间, YE= 期刊年, FU= 基金, CLC= 中图分类号, SN=ISSN, CN=CN 号, CF= 被引频次, SI=SCI 收录刊, EI=EI 收录刊, HX= 核心期刊。如要求检索钱伟长在清华大学期间发表的题名或摘要中都包含"物理"的文章。检索式：AU = 钱伟长 and AF= 清华大学 and（TI= 物理 or AB＝物理），可以点击页面中"检索表达式语法"进行参照学习。

4. 作者发文检索 用于检索某作者的发表文献，只要输入相应的作者姓名、单位即可。针对性强，简单快捷。

5. 句子检索 用来检索文献正文中所包含的某一句话，或者某一个词组等文献，点击⊞或⊟按钮，在同一句或者同一段中检索。

6. 一框式检索 类似于搜索引擎的风格，在输入框中直接输入检索词即可。

三、检索结果的处理

1. 检索结果分组与排序 如果有分组，则在检索结果中显示相关的分组详细情况，默认展开发表年度分组，且每个分组都显示该组的数量。在分组浏览的下方是排序，检索结果提供"主题排序""发表时间""被引""下载"四种排序方法，默认为"主题排序"降序，再次点击之后则按照升序排列。主题排序是综合了时间、被引、下载及影响因子等多个维度而确定的一种最优排序方式（图 3-20）。

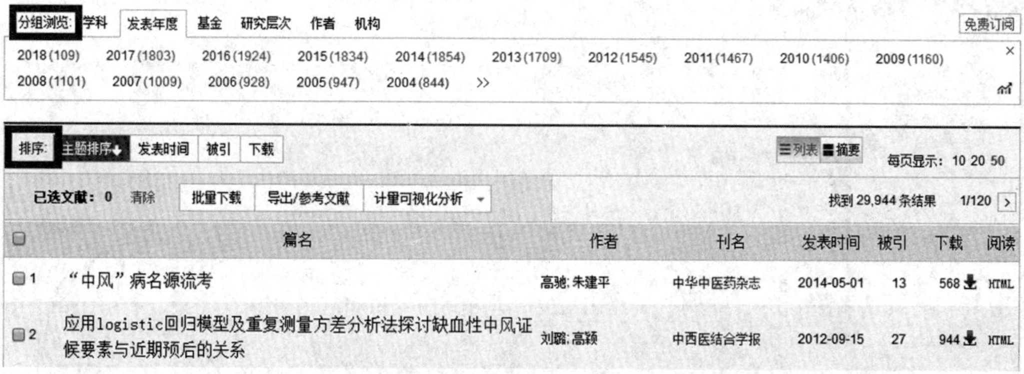

图 3-20 检索结果分组与排序界面

2. 切换显示模式 检索结果默认的是列表模式，点击 ☰列表 ▌摘要 ，即可将检索结果中的列表与摘要模式间进行转换。

3. 在线预览 在检索结果页面中，📖图标表示预览全文，点击之后进入了预览页面。下载之前可以预览文献全文，预览后可直接在预览页面下载 CAJ 和 PDF 格式的全文。

4. HTML 阅读 以 HTML 标准，通过网页形式呈现文章内容，并在文章原文（与印刷版内容一致的电子版本）基础上，进行内容分析、知识标引，以达到媒体出版的目的。阅读时，为读者提供各种便利和附加信息。

5. 下载与分享 在检索结果页面，点击⬇，可以下载该篇文献。黄色箭头表示未登录，提示登录后方可下载全文。🔒灰锁表示并发数已满或本校没有购买该文献，暂时无法下载该文献。CNKI 提供 CAJ 和 PDF 两种下载模式。在检索结果详细页面，鼠标滑过 ＜分享▾图标，可以实现对该篇文献在新浪、腾讯、人人网、开心网、豆瓣和网易微博中的分享。

6. 相关搜索 在检索结果页面的下方，提供输入检索词的相关词和该领域的知名专家，点击相关词即可进行检索。

7. 检索历史 检索历史位于检索结果显示页面的左侧，是记录用户之前的检索项。点击任意一个历史检索项，可直接检索。点击"检索痕迹"，进入检索痕迹页面，显示每次检索的条件、检索方式和数据库。点击任一检索条件则进入相应的历史检索结果页面。如果要清除检索历史，点击"清空"即可。

8. 左侧分组 不同的数据库检索之后，检索结果页面右侧会出现不同的分组，包括"来源类别""期刊""关键词"。如在期刊列表中，选中一个点击之后，检索结果全部来自选中的期刊。点击 ❤，则展开其他期刊。其他分组，用法相同。

9. 计量可视化分析 可对选中的检索结果或全部检索结果进行计量可视化分析，图形包括总体趋势图、关键词共现网络图、研究层次分布图、作者分布图、机构分布图、基金分布图、学科分布图、文献来源分布图、关键词分布图（图 3-21）。

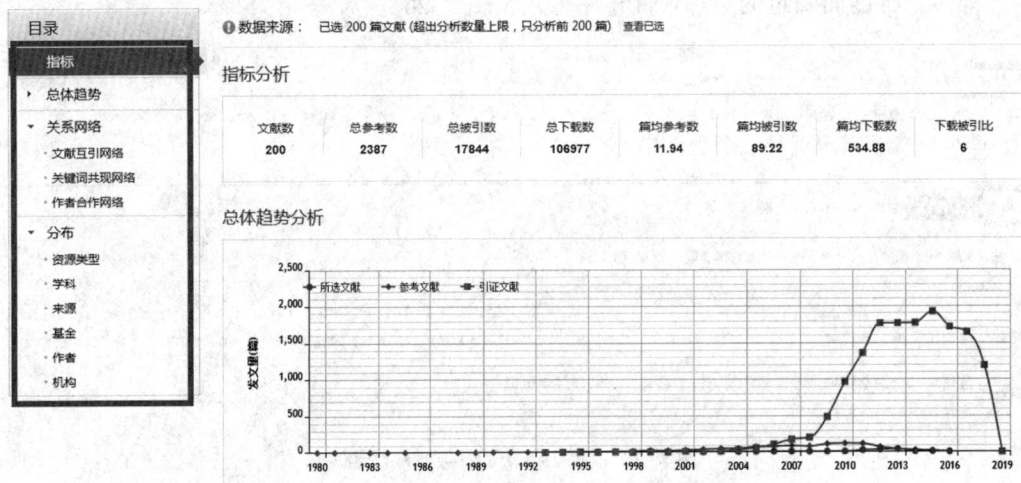

图 3-21　CNKI 计量可视化分析总体趋势分析界面

四、出版物检索

出版物检索是针对期刊、报纸、会议论文及年鉴等出版物提供整本或整刊检索下载的入口。许多用户都有自己比较关注的期刊或报纸，如果逐篇检索下载则十分麻烦，整刊浏览和下载会十分方便。在 CNKI 首页，点击"出版物检索"，进入导航首页。有直接输入检索词和学科导航两种方式（图 3-22）。全部来源分类目录可以帮助快速定位导航的分类，内容基本覆盖自然科学、工程技术、农业、哲学、医学、人文社会科学等各个领域。出版来源导航主要包括期刊、学位授予单位、会议、报纸、年鉴和工具书的导航系统。每个产品的导航体系根据各产品独有的特色设置不同的导航系统。导航首页还有推荐的期刊、会议、年鉴、工具书、报纸、博士学位授予单位、硕士学位授予单位。

图 3-22　出版来源导航首页

【检索示例】检索《时珍国医国药》，了解其 2018 年 11 期刊登的所有论文，以及判断是否为核心期刊。

检索步骤：

第一步：从中国知网首页进入出版物检索。

第二步：在出版来源导航下选择来源名称，在检索输入框输入"时珍国医国药"，点击"出版来源检索"即可找到。

第三步：点击刊名，即进入该刊的详细内容。在"刊期浏览"中点击 2018 No11，即可浏览该期的所有论文。期刊详细页面的评价信息可以看到《时珍国医国药》为 CSCD 中国科学引文数据库来源期刊（2017—2018 年度）（含扩展版）和北京大学《中文核心期刊要目总览》来源期刊（2004 年版，2008 年版，2011 年版，2014 年版，2017 年版）。

五、文献知网节

提供单篇文献的详细信息和扩展信息，浏览的页面被称为"知网节"。它不仅包含单篇文献的详细信息，还是各种扩展信息的入口汇集点。这些扩展信息通过概念相关、事实相关等方法提示知识之间的关联关系，将整个 CNKI 检索平台上的文献资源编织成纵横交错的文献网络和知识网络，达到知识扩展的目的，有助于新知识的学习和发现。在检索结果页面，点击文献的题名，即可进入"知网节"页面。

1. 知识节点　以期刊为例，节点文献信息包括篇名、下载阅读方式、作者、机构、摘要、关键词、文内图片、分类号、下载频次等基本信息。不同类型的"知网节"包含的信息不同。

2. 知识网络图示　"知识网络"中包含本文的引文网络和本文的其他相关文献两部分，并以图形形式显示出来（图 3-23）。

引文网络　　参考引证图谱

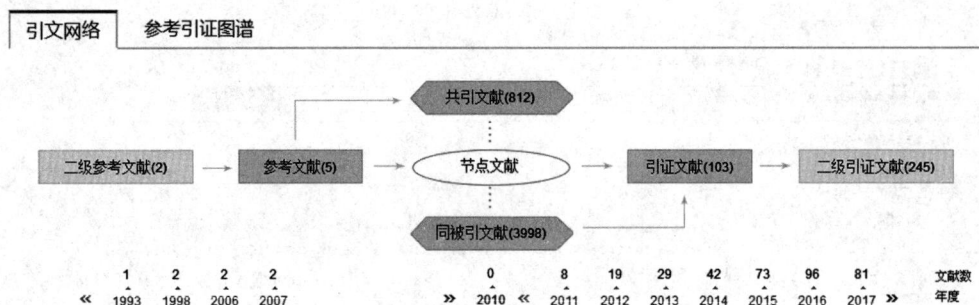

图3-23　本文的引文网络界面

3. 各类文献的含义　本文的知识网络部分包括引文网络、关联作者、相似文献、读者推荐、相关基金文献。

（1）引文网络：每种文献的数量标示在名称后面，用括号括起来，如：参考文献（21）。点击任意类型文献的题名，该类文献将在图表下面显示出来。涉及的数据库有中国学术期刊网络出版总库、中国优秀硕士学位论文全库、Springer 期刊数据库和外文题录数据库等数据库的文献。每个数据库中的文献在首页显示 10 条。

参考文献：反映本文研究工作的背景和依据。

二级参考文献：本文参考文献的参考文献。进一步反映本文研究工作的背景和依据。

引证文献：引用本文的文献。本文研究工作的继续、应用、发展或评价。

二级引证文献：本文引证文献的引证文献。更进一步反映本研究的继续、发展或评价。

共引文献：与本文有相同参考文献的文献，与本文有共同研究背景或依据。

同被引文献：与本文同时被作为参考文献引用的文献。

（2）关联作者：本文引用了谁的文献，谁引用了本文。

（3）相似文献：与本文内容上较为接近的文献。

（4）读者推荐：喜欢本文的读者同时还下载了哪些文献。

（5）相关基金文献：本文相关基金还支持哪些相关课题研究论文。

网址：http://www.cnki.net/

第三节　维普信息资源系统

重庆维普资讯有限公司成立于 1995 年，其前身为中国科技情报研究所重庆分所数据库研究中心，是中国第一家进行中文期刊数据库研究的机构。其主导产品《中文科技期刊数据库》是经国家新闻出版总署批准的大型连续电子出版物。公司 2000 年建立营运网站——"维普资讯网"。

一、概述

《中文期刊服务平台》是维普资讯最新推出的期刊资源型产品。它在《中文科技期刊数据库》的基础上，对数据进行整理、信息挖掘、情报分析和数据对象化，充分发挥数据价值，完成了从"期刊文献库"到"期刊大数据平台"的升级。《中文期刊服务平台8.0》于2018年10月31日正式上线。

1. 数据优势

（1）收录期刊累计1.4万余种，收录年限从1989年开始（部分期刊可回溯至创刊年）。

（2）收录现刊数量为9400余种，学科门类覆盖齐全，包括医药卫生、农业科学、机械工程、自动化与计算机技术、化学工程、经济管理、政治法律、哲学宗教、文学艺术等35个学科大类，457个学科小类。

（3）文献总量达到6600余万条，年增长600余万条。

（4）唯一完整收录2011版和2014版核心期刊的产品。

（5）独家收录各个行业500多种高质量的内刊。

（6）数据厚度达到18个字段深度，参考文献达到10个字段深度。

（7）提供在线阅读、全文下载、文献传递、OA期刊、网络链接等多种渠道的原文保障服务。

2. 功能　《中文期刊服务平台》采用先进的大数据构架与云端服务模式，通过准确、完整的数据索引和知识本体分析，着力为读者及信息服务机构提供优质的知识服务解决方案和良好的使用体验。

（1）核心功能的升级改造：

对高级检索、聚类筛选、计量分析、期刊导航等重要业务模块的用户需求进行深度分析和功能重设计，功能更为强大和合理。

（2）高效的文献检索平台：检索排序优化和同义词扩展等大大提高了检索性能，提升了平台检索效果和用户体验。

（3）新增用户个人中心：用户可以查看自己的检索历史、浏览历史、下载历史等行为轨迹；可以根据自己的兴趣点和关注点，收藏文章、关注期刊、订阅检索主题；可以进行个人用户与机构用户的权限关联情况查询等操作。

（4）完善的全文保障服务：通过与刊社的OA开放获取合作，新增数百种期刊的全文下载服务，同时对文献预览、在线阅读、职称材料打包下载等功能进行优化。

（5）完整的移动解决方案：除APP之外，增加了H5移动版，以满足移动端用户的多场景使用需要。

二、检索途径与方法

（一）基本检索

进入首页，平台默认使用一框式检索（图3-24）。用户在首页检索框中输入检索词，点击"检索"按钮即可获得检索结果。用户可通过检索词智能提示选择最为合适的检索词进行检索，还可以通过设定检索命中字段，获取最佳检索结果。平台支持题名、关键词、文摘、作者、第一作者、作者简介、机构、基金、分类号、参考文献、栏目信息、刊名等十余个检索字段。

图 3-24　基本检索界面

（二）高级检索

高级检索提供向导式检索和检索式检索两种方式（图 3-25）。用户可以运用逻辑组配关系，进行多条件组配检索，一步获取最优检索结果。

图 3-25　高级检索的向导式检索界面

1. 向导式检索　亦称"组栏式检索"，是指用户可以运用"与""或""非"的布尔逻辑关系将多个检索词进行组配检索。向导式检索区包括三组菜单式检索字段和条件栏，以及每两组之间的布尔逻辑运算符，可以通过"+"和"−"的点击增加或减少检索输入框。用户可以对每个检索词分别设定检索命中字段，并且通过时间范围限定、期刊范围限定、学科范围限定来调整检索的数据范围；还可以选择"精确"和"模糊"两种匹配方式，选择是否进行"中英文扩展"和"同义词扩展"，通过更多的检索前条件限定，获得最佳的检索结果。选择"分类号"检索入口时，检索栏尾部有"查看分类表"按钮，点击按钮会弹出分类表页，可以选择一个或多个类目，在指定类目下进行检索。

此外，用户可以通过使用"时间限定""期刊范围""学科限定"，以时间条件、期刊范围、专业限制进一步缩小搜索范围，获得更符合需求的检索结果。

【检索示例】检索 2013 ~ 2018 年有关"痛风"方面，作者所属机构为"中国科学院"，由"国家自然科学基金"赞助的期刊文献。

检索步骤：

第一步：选择字段"题名或关键词"，输入"痛风"逻辑关系选择"与"。

第二步：选择字段"机构"，输入"中国科学院"，逻辑关系选择"与"。

第三步：选择字段"基金资助"，输入"国家自然科学基金"。

第四步：年份选择 2013 ~ 2018，点击检索按钮即可。

2. 检索式检索　用户可在检索框中直接输入一个完整的检索表达式，即在检索框中直接输入字段标识和逻辑运算符进行检索（图 3-26）。如系统显示未找到结果，则表示输入的检索式有错或者在该条件检索下无结果，此时需返回检索页面重新输入正确检索表达式或切换到其他方式获得检索内容。检索规则说明：AND 代表"并且"、OR 代表"或者"、NOT 代表"不包含"，运算符必须大写，两边需空一格。用户同样可以通过使用"时间限定""期刊范围""学科限定"进一步缩小搜索范围，获得更符合需求的检索结果；也可以通过点击"查看更多规则"了解布尔逻辑检索式的具体书写规则。

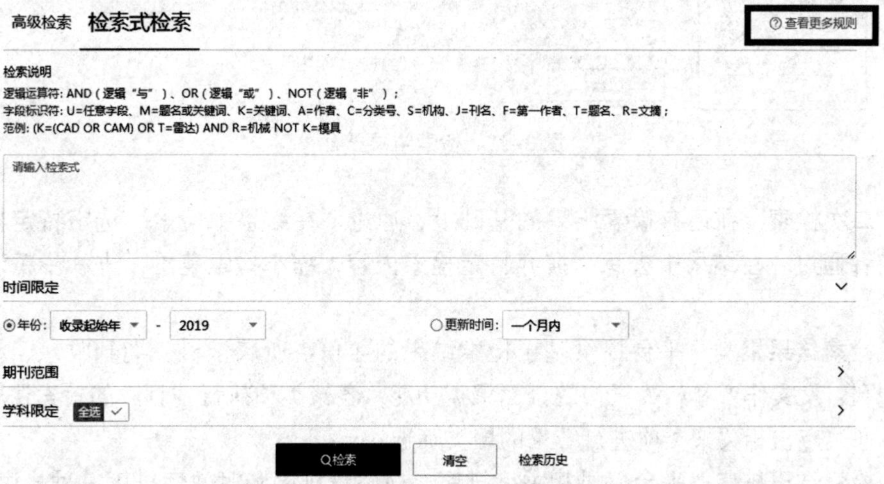

图 3-26　高级检索的检索式检索界面

三、检索结果的处理

中文期刊服务平台提供基于检索结果的二次检索、分面聚类筛选、多种排序方式等检索优化服务，方便用户快速找到目标文献。

（一）检索结果页

在检索结果页面可以对检索结果进行筛选和提炼等操作（图3-27）。

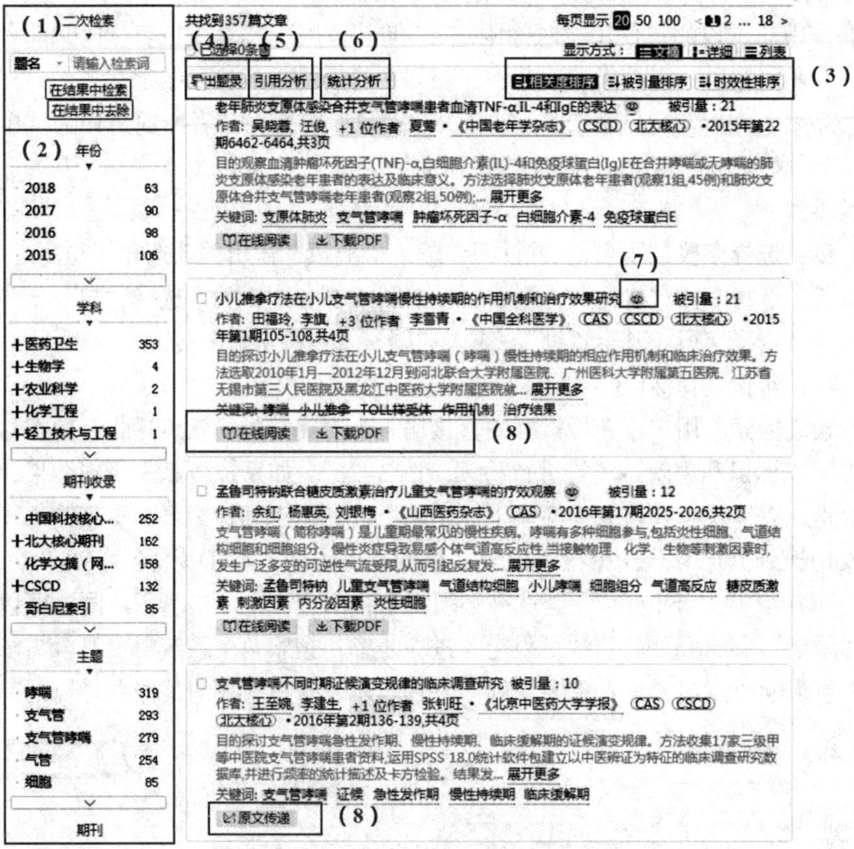

图3-27　检索结果界面

1. 二次检索　在已有检索结果的基础上，通过"在结果中检索"选定特定检索内容，或者通过"在结果中去除"摒弃特定检索内容，缩小检索范围，进一步精炼检索结果。

2. 检索结果聚类　平台提供基于检索结果的年份、所属学科、期刊收录、相关主题、期刊、发文作者和相关机构的分面聚类功能，各聚类项执行"且"的检索逻辑，用户可以通过点击相关聚类项进行结果的聚类筛选。

3. 检索结果排序　平台提供相关度排序、被引量排序和时效性排序三种排序方式，用户可以从不同维度对检索结果进行梳理。

4. 文献题录导出　平台支持文献题录信息的导出功能，支持的导出格式为文本、查新格式、参考文献、XML、NoteExpress、Refworks、EndNote、Note First、自定义导出、Excel 导出。用户可以勾选目标文献，点击"导出"按钮后选择适当的导出格式实现此功能。

5. 引用分析　可对单篇或多篇文献题录的参考文献和引证文献进行汇总分析，以查询结果的形式返回具体数据，帮助用户有效梳理研究主题的来龙去脉。

6. 统计分析　提供对"检索结果"和"已选文献集合"的统计分析功能，分析文献集合的年份、发文作者、发文机构、发文期刊、发文领域等多维度的分布情况。

7. 首页信息预览　平台支持文摘、详细和列表三种文献查看方式，在文摘和详细视图下，用户可以点击题名右侧的预览按钮，以实现文献首页的内容预览，快速判断文献参考价值。

8. 全文保障服务　平台提供在线阅读、下载 PDF、原文传递、OA 全文链接等多途径的全文保障模式。

（二）文献细览页

在检索结果页面，点击题名，即可查看当前文献的详细信息，并进一步实现与文献相关的多种操作。（图 3-28）

图 3-28　文献细览界面

1. 题录细览信息　可获取该篇文献的详细信息，包括题名、作者、机构地区、出处、基金、摘要、关键词、分类号、作者简介、参考文献、相似文献等，点击知识点链接即可查看相应对象内容。

2. 文章分享　用户可以将自己感觉有价值的文章快速分享到微信、微博、QQ 等社交平台。

3. 文章题录导出　文章详细页同样提供题录导出，提供文本、查新格式、参考文献等 10 种导出格式。

4. 相关文献　提供与本文献研究领域相关的文献推荐，用户可以点击相关文献题名，获取相关文献信息。

5. 引文脉络　可理清一篇文章从创作到利用的整个引用情况，全方位获取该篇文献的参考引用关系，包括参考文献、二级参考文献、引证文献、二级引证文献、共引文献、同被引文献，点击相关引文链接，即可定位到相关引文列表。

6. 期刊信息展示　展示该篇文章所属的期刊信息，包括刊名（封面）、该篇文章所在的期次。

7. 职称评审材料打包下载　点击该按钮，即可一键获得包含文章目录、封面、封底、题录和全文在内的全部职称评审所需文献材料。

8. 相关知识对象　可查看与该篇文献相关的主题、作者、机构等知识对象。

四、期刊导航

期刊导航分为期刊检索查找、期刊导航浏览两种方式。

1. 期刊检索查找　如果已经有明确的期刊查找对象，建议用期刊检索的方式快速定位到该刊；如果没有明确的期刊查找对象，建议用期刊导航的方式自由浏览期刊。在期刊检索面板，可以切换检索入口，实现期刊资源的检索。系统支持以下检索入口："刊名""ISSN""CN""主办单位""主编""邮发代号"，方便用户按需切换。

2. 期刊导航浏览　期刊导航浏览包括按首字母浏览查找和按类别浏览，按首字母浏览查找可以通过首字母的方式查找期刊；按类别浏览，可以通过学科类别的方式浏览期刊。

期刊导航浏览页面还包括聚类筛选面板，提供核心刊导航、国内外数据库收录导航、地区导航、主题导航多种期刊聚类方式，方便检索者按需进行切换。

期刊信息包括查看期刊封面、封底、目录信息及期刊基本信息；查看期刊最新发文信息；扫描二维码即可将期刊文献下载到移动设备；点击"评价报告"查看期刊计量分析，整合近十年来期刊学术评价指标的分析数据，引用期刊领域权威的学术分析指标；查看期刊获奖及被国内外数据库收录情况；点击链接，查看该期次期刊发表的文献信息。

【检索示例】使用检索查找方式找到期刊《时珍国医国药》，并了解其收录情况。

检索步骤：

第一步：点击"期刊导航"按钮，打开期刊导航页面。

第二步：在期刊检索面板"刊名"后的文本框内，输入"时珍国医国药"，点击"期刊检索"按钮（图 3-29）。

第三步：在期刊检索结果页面，点击刊名，即可进入详细信息页面；点击"期刊详情"，即可了解其获奖情况及收录情况（图 3-30）。

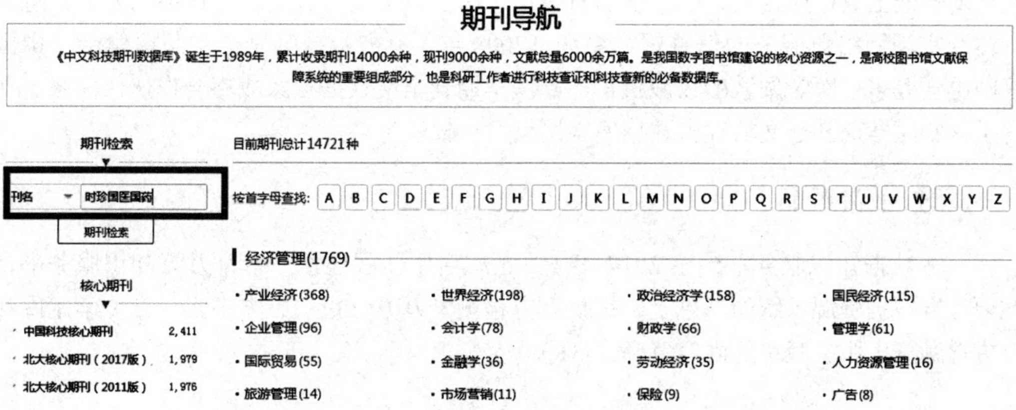

期刊导航

《中文科技期刊数据库》诞生于1989年，累计收录期刊14000余种，现刊9000余种，文献总量6000余万篇。是我国数字图书馆建设的核心资源之一，是高校图书馆文献保障系统的重要组成部分，也是科研工作者进行科技查证和科技查新的必备数据库。

期刊检索

目前期刊总计14721种

| 刊名 ▼ | 时珍国医国药 |

期刊检索

按首字母查找 A B C D E F G H I J K L M N O P Q R S T U V W X Y Z

核心期刊

中国科技核心期刊	2,411
北大核心期刊（2017版）	1,979
北大核心期刊（2011版）	1,976

经济管理(1769)

· 产业经济(368)	· 世界经济(198)	· 政治经济学(158)	· 国民经济(115)
· 企业管理(96)	· 会计学(78)	· 财政学(66)	· 管理学(61)
· 国际贸易(55)	· 金融学(36)	· 劳动经济(35)	· 人力资源管理(16)
· 旅游管理(14)	· 市场营销(11)	· 保险(9)	· 广告(8)

图 3-29 期刊导航检索示例界面

《时珍国医国药》 CAS CSCD 北大核心

作品数：25546 被引量：87355 H指数：57

本刊以弘扬和发展中国中医药事业为特色，以探讨研究中医药传统学术及中医药在现代医学领域的最新应用成果为重点，坚持"二为"方向、理论与实践并重，普及与提高相结合，讲求科学性与实用性。是从事中医药临床、教学… 查看详情>>

曾 用 名：时珍国药研究；
主办单位：时珍国医国药杂志社 黄石理工学院医学院
国际标准连续出版物 ISSN 号　　　　　　　　　 1008-0805
国内统一连续出版物 CN 号　　　　　　　　　　42-1436/R
出版周期：月刊

| 期刊详情 | 收录汇总 | 发表作品 | 发文分析 | 评价报告 |

期刊信息

曾 用 名：时珍国药研究
主管单位：湖北省黄石市卫生和计划生育委员会
主办单位：时珍国医国药杂志社 黄石理工学院医学院
地　　址：黄石市黄石大道874号
邮政编码：435000
电　　话：0714-6225102 6232246 6225102
电子邮件：shizhenchina@163.com
邮发代号：38-168
单　　价：15
定　　价：180

期刊简介

本刊以弘扬和发展中国中医药事业为特色，以探讨研究中医药传统学术及中医药在现代医学领域的最新应用成果为重点，坚持"二为"方向、理论与实践并重，普及与提高相结合，讲求科学性与实用性。是从事中医药临床、教学、科研和中医药生产专业人员及发表学术见解，报道科研成果、交流工作经验的园地，是广大中医药工作者及中医爱好者的良师益友。

获奖情况

· 1999年被评为《湖北省科技期刊五十佳重点创建期刊》　　· 1999年荣获湖北省科技期刊先进集体

收录情况

· 中国·北大核心期刊（2017版）	· 中国·北大核心期刊（2014版）
· 中国·北大核心期刊（2011版）	· 中国·北大核心期刊（2008版）
· 中国北大核心期刊（2004版）	· 中国·中国科学引文数据库（2017-2018）
· 中国·中国科学引文数据库（2015-2016）	· 中国·中国科学引文数据库（2013-2014）
· 中国·中国科学引文数据库（2011-2012）	· 美国·化学文摘（网络版）

图 3-30 期刊导航检索详细信息示例界面

网址：http://qikan.cqvip.com/

第四节　万方数据知识服务平台

一、概述

（一）资源概况

万方数据资源系统是中国科学技术信息研究所、北京万方数据股份有限公司联合研究开发的网上数据库检索系统，是以科技信息为主，集经济、金融、社会、人文信息为一体，实现网络化服务的信息资源系统。2008 年，万方数据分别与中华医学会、中国医师协会等多个医学领域的权威机构建立医学期刊全文数据独家战略合作伙伴关系，获得了这些医学期刊全文的独家数据库与网络发行权。

（二）平台产品

万方数据知识服务平台于 2017 年 4 月正式启用新版检索平台，万方知识服务平台在原万方数据资源系统的基础上，提供万方检测、万方分析、万方书案、万方学术圈和万方选题五大服务版块的内容（图 3-31）。

图 3-31　万方数据知识服务平台首页

1. 万方检测（**WF Similarity Detection**）　该系统采用先进的检测技术，实现海量数据全文比对，秉持客观、公正、精准、全面的原则，提供多版本、多维度的检测报告，为科研管理机构、教育领域、出版发行领域、学术个体等提供各类学术科研成果的相似性检测服务。

2. 万方分析（**WFStats**）　针对科研人员、科研管理人员、科研决策人员等不同用户群体，提供主题研究现状分析、学科发展动态跟踪、分析学者 / 机构的学术能力监测、期刊学术影响力评价、地区科研水平定位等服务，为科学研究、科研决策、学科建设等提供数据支持和科学解决方案。

3. 万方书案（**WFDesk**）　满足用户文献管理、知识组织、知识重组等需求的在线个人管理。万方云章紧密嵌接资源检索和利用过程，提供高效的管理、组织、阅读、引用等辅助功能，帮助用户建立并不断完善个人知识体系与学习框架，从而增进知识理解，促进知识决策，推进知识创新。

4. 万方学术圈（WFLink）　基于优质学术内容的轻社交平台，提供学术文献分享、科研档案展示、学术认知交流等功能，营造轻松、友好、专业的学术氛围，帮助学者进行学术探讨与交流互动。

5. 万方选题（WFTopic）　利用数据挖掘算法、知识关联技术深度挖掘中外文海量学术资源，揭示学科研究热点与新兴研究前沿，帮助科研人员快速把握选题方向、客观评估选题价值，为科研立项、论文选题等科研过程提供专业化支撑服务。

（三）资源简介

万方数据知识服务平台是一个综合性信息服务系统，收录中外期刊论文、学位论文、中外学术会议论文、法律法规、标准、专利、科技成果、新方志、专家博文等各类信息资源，内容涉及自然科学和社会科学各个专业领域（图 3-31）。其中中文期刊共八千余种，核心期刊三千两百种左右，涵盖了自然科学、工程技术、医药卫生、农业科学、哲学政法、社会科学等各个学科；外文期刊收录了 1995 年以来世界各国出版的两万余种重要学术期刊。中文学位论文收录始于 1980 年，年增 30 万篇；外文学位论文收录始于 1983 年，累计收藏 11.4 万余册，年增量一万余册。平台还提供 OA 论文，包括 DOAJ、arXiv、PubMed 的开放存取期刊论文。其中，DOAJ 是由瑞典的隆德大学图书馆 Lund University Libraries 做的一个目录系统。arXiv 是一个收集物理学、数学、计算机科学与生物学论文预印本的网站。PubMed 是美国国家医学图书馆（NLM）下属的国家生物技术信息中心（NCBI）开发的、基于 www 的查询系统（详见第四章第一节）。

（四）平台服务

1. 增值服务

（1）万方指数（WFMetrics）：作为传统评价指标的补充，增加了使用率、关注度、社交媒体计量等测度类别，以反映科研成果的社会影响力与学术影响力。

（2）检索结果分析：基于万方智搜的检索结果，提供文献计量分析，为科研提供客观数据。

（3）研究趋势：根据用户检索的关键词，统计不同年份的中英文文献的发文量，为用户呈现该领域的发文趋势。

（4）热门文献：根据文献的下载量和被引量，提供不同学科、不同类型文献的月、季、年排行，满足用户对高价值文献的需求。

2. 编辑部专用服务

（1）中文 DOI：DOI 是 Digital Object Identifier 的缩写，是国际通用、全球唯一、终身不变的数字资源标识符。万方数据公司免费为合作的数字资源编辑出版单位提供以下

DOI 服务：DOI 数据加工与注册、DOI 的标引、DOI 全文链接、DOI 引文链接、DOI 多重解析、DOI 统计报告、DOI 检索服务及其他 DOI 增值服务。

（2）优先出版：优先出版是指在符合国家出版政策法规的前提下，将编辑部录用并定稿的稿件，于正式印刷之前，在具备网络出版资质的数字出版平台上提前发布。只有满足了这三点要求的数字出版业务，才称之为"优先出版"。万方数据为编辑部提供优先出版服务。

3. 个人专用服务——引用通知　引用通知是一款新的信息服务，当所订阅的论文被其他论文引用时，会得到即时通知。万方数据提供引证文献和指定论文的引用通知两种服务。此处提供的是第二种服务。这种服务的独到之处在于可以指定一组文献，了解它们被引用的情况以及引用变更情况；及时了解指定论文的权威性、受欢迎程度。目前，该服务仅面向个人注册用户。

4. 万方快看　万方快看包括专题聚集、基金会议、科技动态、万方资讯等栏目。

二、检索途径与方法

万方数据知识服务平台的万方智搜寻可以实现跨库检索、单库检索，检索途径支持快速检索、高级检索和专业检索。

（一）快速检索

这是默认的检索方式，可以在输入框中直接输入要查询的检索词，也可通过字段选择限定检索词出现的字段，不同的文献类型会出现相应的检索字段，默认全部文献类型检索的字段有"题名、关键词、摘要、作者、作者单位"；也可直接输入一个检索表达式，表达式可由多个空格分隔的部分组成，左侧为限定的检索字段，右侧为要检索的词或短语。

【检索示例】查找"中国中医科学院发表的有关痛风的所有文献"。

检索步骤：

第一步：在快速检索框中输入关键词"痛风"，单位输入"中国中医科学院"。

第二步：系统默认的是跨库检索，即在万方所收录的所有文献类型中进行检索（图3-32）。

快速检索后可根据需要再进行二次检索。

图 3-32　万方智搜的快速检索示例界面

（二）高级检索

高级检索支持跨库检索和单库检索。首先选择要检索的文献类型，选择不同的文献类型，系统的字段选择下拉菜单会相应变化。使用"主题"字段检索，其包含标题、关键词、摘要三个字段。可以通过点击"+""-"增加或减少输入框，选择"与""或""非"对检索词进行逻辑关系的组配，并可对检索时间进行限定。

【检索示例】查找"2010年至今中国中医科学院发表的有关类风湿性关节炎的期刊论文、学位论文和会议论文"。

检索步骤：

第一步：在万方数据知识服务平台首页点击"高级检索"按钮，进入高级检索页面。

第二步：在文献类型中选择期刊论文、学位论文、会议论文，在前面的方框点击打√即可。

第三步：选择字段"主题"，输入"类风湿性关节炎"，逻辑关系选择"与"，选择字段"作者单位"，输入"中国中医科学院"。

第四步：发表时间中输入2010至今，点击"检索"（图3-33）。

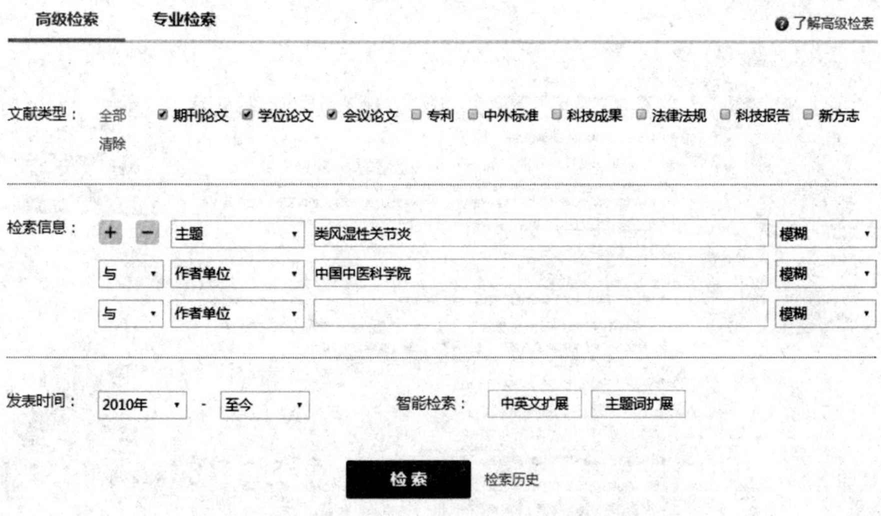

图3-33 万方智搜的高级检索示例界面

（三）专业检索

专业检索通过在检索框中输入表达式实现更强大的检索功能。检索表达式支持布尔逻辑运算进行较复杂的一次性检索操作。在检索表达式输入框的右侧有"可检索字段""推荐检索词""检索历史"等指引功能（图3-34）。

高级检索　　专业检索　　　　　　　　　　　　　　　　　　　　　　　　　　　　　⑦ 了解专业检索

文献类型： 全部 ☑期刊论文 ☑学位论文 ☑会议论文 □专利 □中外标准 □科技成果 □法律法规 □科技报告 □新方志
清除

教你如何正确编写表达式

可检索字段

推荐检索词

检索历史

发表时间： 不限 ▼ - 至今 ▼

检索

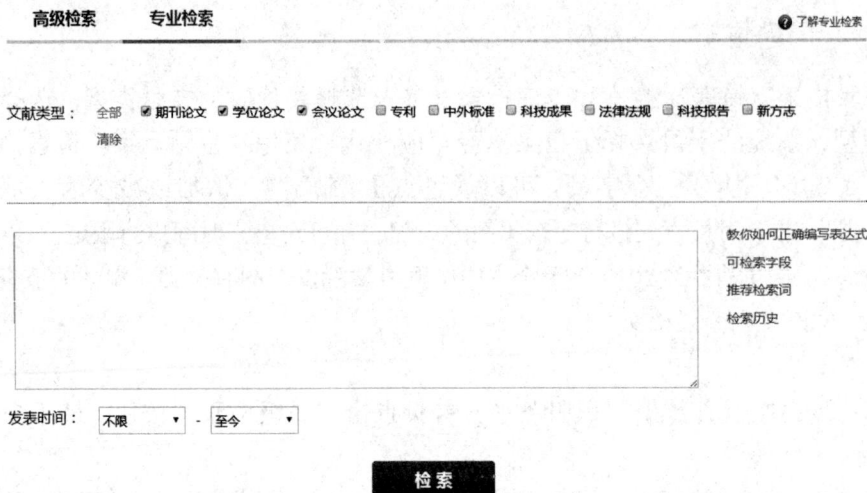

图 3-34　万方智搜的专业检索界面

三、检索结果的处理

对于检索结果可以进行原文下载、题录导出、二次检索、结果聚类、排序、智能扩展、研究趋势、相关热词推荐等操作（图 3-35）。

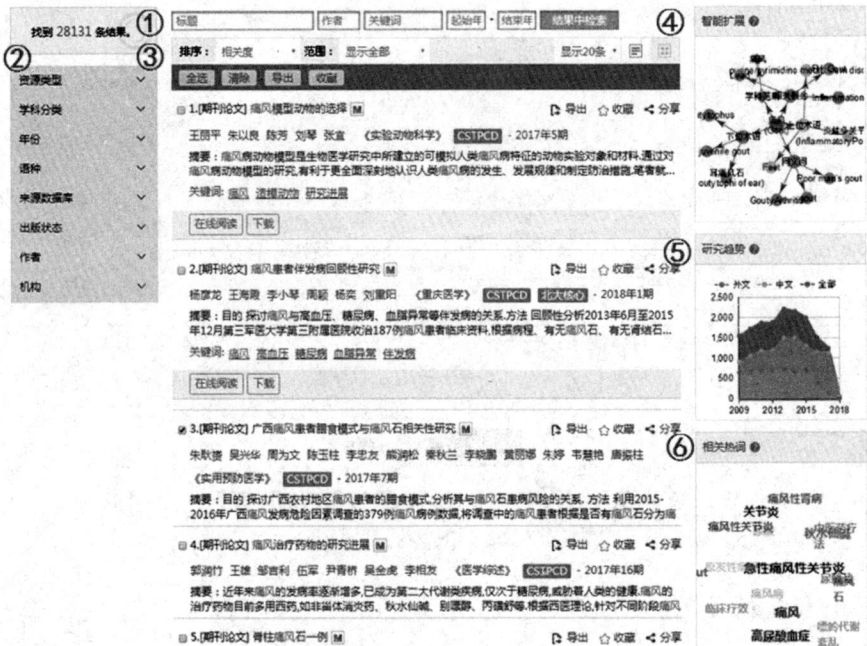

图 3-35　万方智搜检索结果处理界面

1. 二次检索　如果对检索结果不满意，可以通过对"标题""作者""关键词"、检索起始时间的再次限定进行二次检索。

2. 结果聚类　对检索结果按照资源类型、学科分类、年份、语种、来源数据库、出版状态、作者、机构等方面进行聚类。

3. 排序　检索结果可以选择按相关度、出版时间、被引频次进行排序，默认是按相关度排。

4. 智能扩展　如想进行更深层次的检索，可在智能扩展词表中查看相关检索词。范畴指检索词所属的学科或领域，同义词指与检索词意义相同的一组词语，上位术语指概念上外延更广的词，下位术语指概念上内涵更窄的词，优选术语指概念优先选择的术语。通过知识关系的可视化展示，检索者可通过上位词、下位词、相关词的点击扩大或缩小检索范围。

5. 研究趋势　按时间顺序显示发文量，了解相应检索内容的研究趋势，包括中文文献、外文文献以及全部文献类型（包括期刊论文、学位论文、会议论文、专利）的研究趋势。

6. 相关热词　推荐与当前检索词相关的热搜词，点击即可检索。

四、万方医学网

（一）概述

万方医学网收录有海量、高品质中外文医学文献资源，内容涵盖医学领域各个分支，并且独家收录中华医学会系列期刊 133 种和"中国医师协会"系列期刊 23 种全文资源。此外，万方医学网还收录有医学专利、法规、成果资源、医学视频、医学图书、临床诊疗知识库、中医药系统、临床百家、专家库、机构库、医学题库等资源。该网已经成为国内医生查阅文献资料的必查和首选网站，也是制药企业和医院进行品牌展示和学术推广的主要网络媒体新平台。

（二）检索方法

1. 快速检索　进入万方医学网，即可看到快速检索区，默认在中外文期刊论文、学位论文与会议论文中进行检索，也可切换至期刊、图书、视频、作者、机构、DOI 检索入口（图 3-36）。用户在检索框中输入检索词时，自动提示相关的关键词、主题词、作者、期刊和机构名称，让检索操作更简单。

图 3-36　万方医学网快速检索界面

2. 高级检索　通过检索字段的选择，在输入框中输入检索词，进行逻辑关系的组配，同时可以对出版时间、是否提供全文、资源类型、资源分类、主题选择进行限定。其中主题选择可以进行主题词检索及逻辑组配（图3-37）。

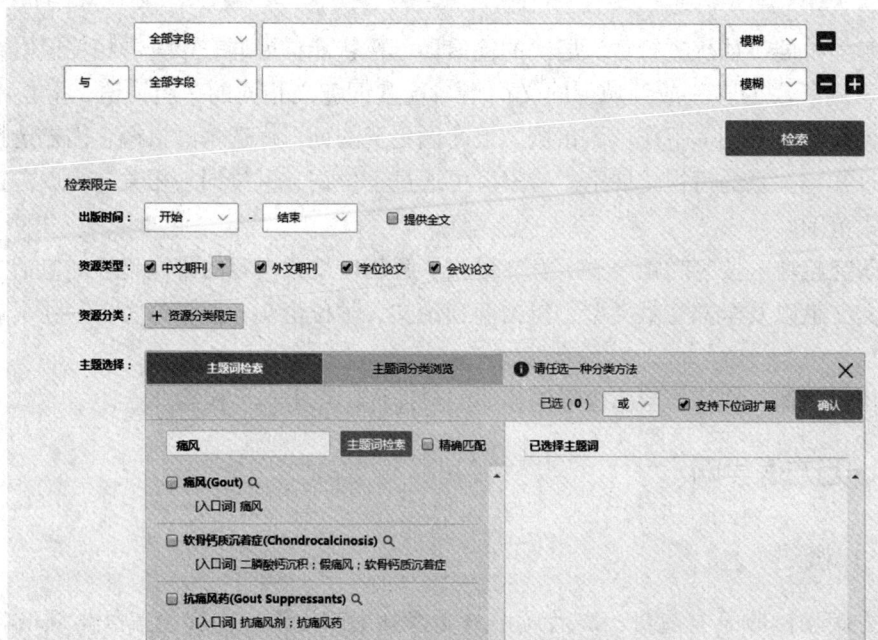

图3-37　万方医学网高级检索界面

3. 专业检索　用户可以通过相应的检索语法编辑复杂的检索式，让检索操作更专业。点击"编辑"按钮，打开检索式编辑器，通过检索完成检索表达式的输入。同时对检索文献的时间等进行限定，点击"检索"即可（图3-38）。

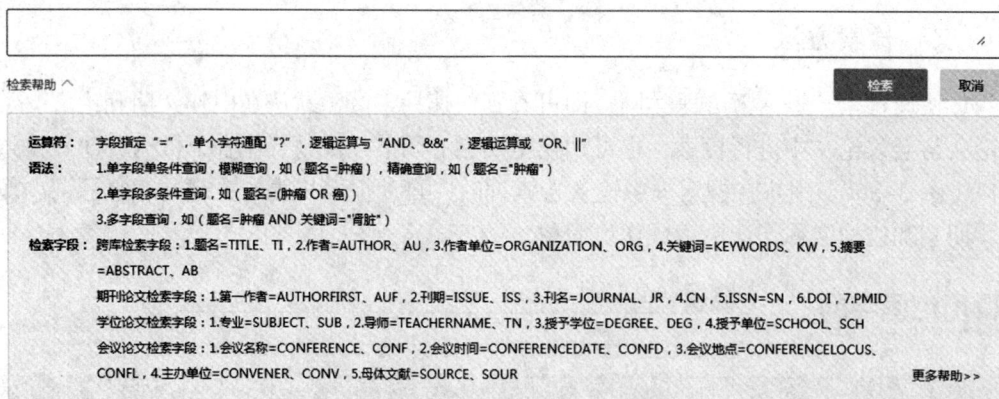

图3-38　万方医学网专业检索界面

（三）检索结果

在检索结果区，点击"检索论文"按钮，可打开二次检索界面，之后可重新进行检索或增加限定条件来调整检索策略。检索结果可根据"相关度""时间""被引用次数"等排序，导出题录、在线阅读、全文定位及下载全文。其中，全文定位通过"LinkOut"链接直达文献收录源。中文期刊资源包括万方医学网自有资源、OA 资源及第三方文献资源。外文期刊资源包括 NSTL、LIB 原文传递、OA 期刊、国外主要数据库。万方医学网的独家期刊有"独家"标识。不同期刊根据其收录情况亦有标识，如"PKU"表示该期刊被《中文核心期刊要目总览》（北大核心期刊）收录，"ISTIC"表示该期刊被中国科技论文统计源期刊（中国科技核心期刊）收录，"MEDLINE"表示该期刊被美国国立医学图书馆 Medline 数据库收录等。左侧为结果聚类，提供资源类型、中图法学科分类、出版时间、期刊聚类等内容。

网址：http://g.wanfangdata.com.cn/

第五节　知识服务平台

一、概述

知识服务是以信息知识的搜索、组织、分析、重组为基础，根据用户的问题和环境，融入用户解决问题的过程之中，提供能够有效支持知识应用和知识创新的服务。知识服务平台具有信息资源集成、知识集成、技术集成及服务集成的特点，能最大限度地实现知识服务系统的资源共享，为用户提供一步到位的面向主题的知识服务。构建基于知识发现（Knowledge Discovery，KD）的知识服务平台，不仅可以充分开发数字资源中的显性及隐性知识，从中挖掘出潜在的、对用户有用的新知识和规律性知识，为用户提供全面的、专业化和个性化的知识服务，而且对优化资源配置，实现数字资源的一体化、共享化、个体化，提高数字图书馆的知识服务能力和知识服务水平具有积极的意义。

知识服务平台除万方数据外，知识服务还有读秀学术搜索和超星发现系统两大知识服务平台。这两个平台都是超星集团旗下的产品，都可以无缝对接本图书馆的 OPAC 系统和购买过的电子资源，但在检索方式、检索结果和特色功能等方面有所不同。

二、读秀学术搜索

（一）概述

读秀学术搜索构建在海量全文数据及超大型数据库基础之上，是由海量图书、期刊、报纸、会议论文、学位论文等文献资源组成的庞大的知识系统，是文献搜索引擎和知识服务平台，可以对文献资源及其全文内容进行深度检索，并且提供原文传送服务的平台。读秀现收录 590 万种中文图书题录信息，310 万种中文图书原文，可搜索的信息量超过 16.5 亿页。其主要特色功能体现在以下几个方面。

1. 整合资源　整合各种文献资源于同一平台，实现统一检索管理（图 3-39）。知识、图书、期刊、报纸、学位论文、会议论文、文档、电子书以及点击"更多"后的词典、专利、标准等各种文献资源皆整合在这一个平台中。读秀学术搜索除了可以进行中外文文献的查询，还可以将检索框嵌入到图书馆等文献服务单位门户首页，为读者提供整合多渠道文献资源后的统一检索。

图 3-39　读秀学术搜索主页

2. 检索资源　突破以往传统的检索模式，让检索深入到内容的章节和全文。利用读秀的深度检索，读者能快速获得深入、准确、全面的文献信息。此外，独有的一站式检索功能，能够帮助读者搜索到文献服务单位内所有学术文献资源。

3. 获取资源　为读者提供多种获取学术资源的捷径，满足读者快速获取知识的需求。如获取图书的途径有阅读本馆电子书全文、借阅馆内纸质图书、网上全文链接、文献传递、其他图书馆借阅、网上购买等。

4. 传递资源　为读者提供即时的参考咨询、文献传递服务。通过 E-mail 快速高效地为读者提供最全面、最专业的文献资料。

（二）检索方法

读秀学术搜索提供的是一站式检索模式，因此在选择文献资源类型后可直接在检索框中输入关键词，点击搜索按钮获取检索结果。

1. 知识检索　读秀默认的检索就是知识检索。

知识检索是在海量的图书数据资源中，围绕该关键词深入到图书的每一页资料中进行信息深度查找。读秀是把所有图书打碎，以章节为基础重新整合在一起的海量数据库。任何一段内容都可以在读秀中找到出自哪本书的哪一页。读秀尚未开通专门针对知识点的高级检索功能，知识专业检索也未开通。在检索结果页面，可通过检索框后的"在结果中搜索"进行二次检索来缩小检索范围。点击"展开"按钮可快速阅读知识点所有段落；点击标题或"阅读"按钮，即可阅读知识点所在的文献；点击"PDF 下载"，可直接下载 PDF 格式的文件。页面右侧为各频道的相关检索结果，方便对知识进行扩展。

2. 图书检索　详见第二章现代图书检索中的读秀图书搜索。

3. 期刊检索　在读秀首页检索框上方选择"期刊"，在检索框中输入关键词，可以限定关键词出现在全部字段、标题、作者、刊名、关键词或作者单位中，还可选择精确或模糊匹配，然后点击"中文搜索"按钮即可实现期刊文献的检索。如输入"支气管哮喘"，即可得相应检索结果，页面左侧为类型、年代、学科和期刊刊种等聚类信息，可点击进行限定或查阅。页面右侧为各频道的相关检索结果，同时得到相关的人物、工具书、图书、期刊、报纸、会议论文、学位论文、网页、图片、视频、专利、标准等，方便对结果进行扩展（图3-40）。

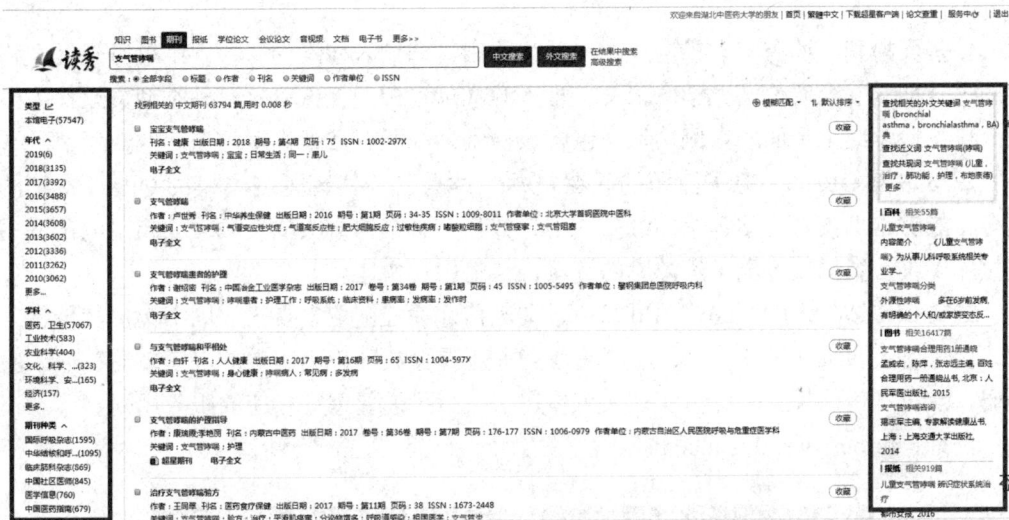

图3-40　读秀期刊检索界面

点击期刊频道的"高级搜索"，进入"中文期刊高级搜索"页面（图3-41），各检索框之间可以选择逻辑"与"、逻辑"或"、逻辑"非"进行组配，可将检索词限定为全部字段、标题、作者、刊名、关键词、作者单位或内容摘要字段中，还可限定检索的年度范围、期号和搜索结果显示条数，点击"高级搜索"按钮即可实现检索。点击"切换至专业检索"按钮，可编辑检索表达式实现更精确的检索，右上角还可点击"详细说明"查阅详细的专业检索规则。

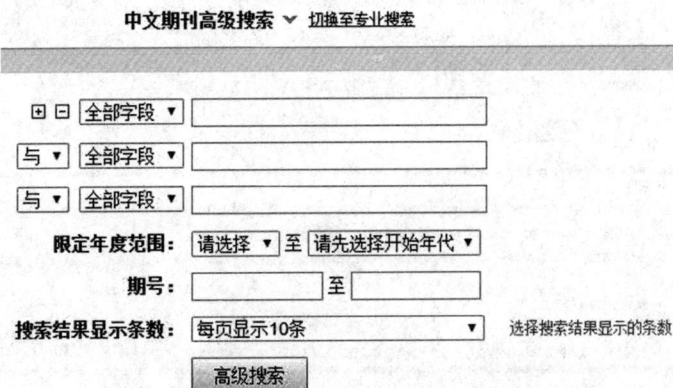

图3-41　读秀中文期刊高级搜索界面

4. 外文文献检索 利用读秀学术搜索可以方便地进行外文文献的查询，输入框中输入要查询的中文检索词，点击"外文搜索"按钮，数据库会自动跳转到读秀的外文查询"百链云图书馆"页面，显示的页面同上述的期刊检索，良好的检索界面大大提高了用户的体验。可以对检索结果进行二次检索、排序、结果聚类及获得多面检索结果，并可通过文献传递的方式便捷地获取外文文献全文。

（三）检索结果的处理

1. 多面检索 读秀实现了资源的一站式检索，即输入检索词，检索结果可延展到相关图书、期刊、会议论文、学位论文、报纸等文献资源。无论以哪一种类型文献作为检索入口，检索结果页面的右侧均呈现包含该检索词的所有文献类型信息。

2. 与本馆 OPAC、电子资源的无缝链接 读秀已经实现了与本馆的 OPAC 系统的整合，能够帮助读者借阅本馆的纸质图书，并且整合本馆购买的资源，如超星电子图书数据库、维普数据库等电子资源库的链接，帮助用户快速获取全文。

3. 文献传递 未购买的资源可以通过文献传递途径获取，点击"图书馆文献传递"，进入参考咨询页面（图 3-42），用户填写需求范围页数和正确有效的电子邮箱，输入验证码，点击"确认提交"即可实现文献传递。文献传递要遵守相应的服务规则。

网址：http://www.duxiu.com/

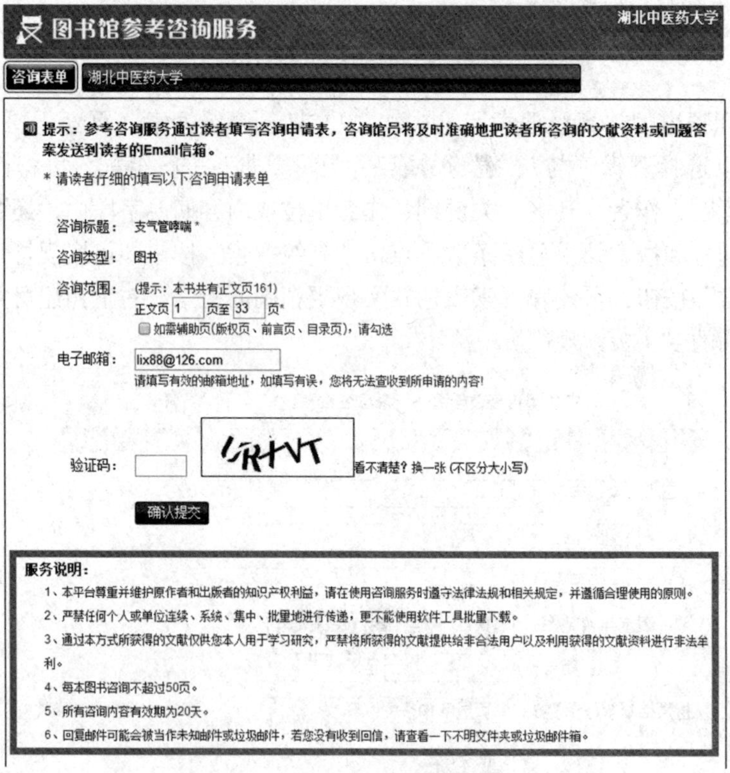

图 3-42 读秀文献传递界面

三、超星发现系统

（一）概述

超星发现系统充分利用数据仓储、资源整合、知识关联、文献统计模型等相关技术，解决复杂异构数据库群的集成整合，完成高效、精准、统一的学术资源搜索，通过引文分析、分面筛选、可视化图谱等手段，为读者从整体上掌握学术发展趋势，揭示知识之间错综复杂的交叉、支撑关系，发现高价值学术文献提供便捷、高效而权威的学习、研究工具。检索的文献类型包括图书、期刊、报纸、学位论文、会议论文、标准、专利、视频、科技成果、法律法规、信息资讯和特色库。超星发现系统也可将检索框嵌入到文献服务单位门户首页，具有一般搜索引擎的信息检索功能，还能提供深达知识内在关系的强大知识挖掘和情报分析功能。

（二）检索途径与方法

1. 基本检索　在超星发现主页（图 3-43）的检索框中输入检索词，点击"检索"按钮就可以在海量资源中查找相关的各种类型文献，支持题名、作者、摘要、关键词、出版社、出版物名称、期号、ISBN、标准号和专利申请号等字段。多个检索词中间用空格默认为逻辑"与"的组配。支持 google like 的检索体验方式，如 date、author、title 等检索方式。例如，title（白血病），即可检索出相应的结果。

图 3-43　超星发现主页

2. 高级检索　点击检索框后的"高级检索"按钮，通过各检索框的勾选限定和逻辑组配能更加快速、精确地检索出所需资源（图 3-44）。

高级检索可以进行语种、文献类型选择，默认全部语种检索和全部类型检索。字段选择是默认全部字段检索，勾选和不勾选文献类型的情况下，字段下拉框提供的选项不同。可对检索框进行逻辑"与""或""非"的组配。多个检索框按照从上到下顺序进行运算。可通过"+""−"按钮添加或减少检索框。可选择"精确"或"模糊"、ISBN、ISSN 限定年份选择每页显示的条数等选项进行限制，可只显示馆藏目录中的条目或馆藏电子资源。

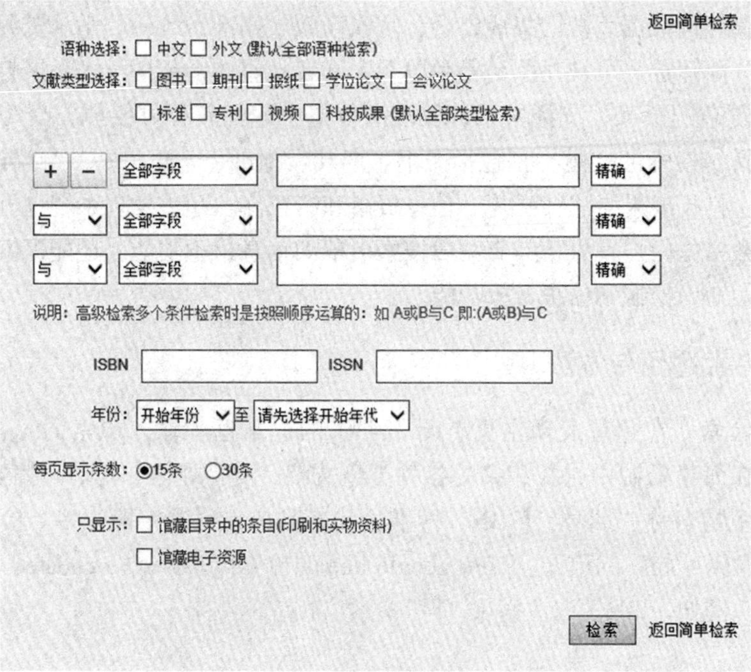

图 3-44　超星发现高级检索界面

3. 专业检索　在高级检索页面点击"高级检索"旁的"专业检索"按钮，可在检索框内编辑检索表达式实现更精确的检索，检索表达式的输写可以参照使用说明中的规则（图 3-45）。

4. 二次检索　在检索结果页面可以进行"在结果中检索"。如果不勾选此项，系统默认"重新检索"，此外还可以"在限定条件下重新检索"。

（三）检索结果的处理

1. 检索结果的限定　超星发现通过分面分析法，在检索结果页面的左侧可以选择精炼检索、语言、内容类型、关键词、年份、作者、作者机构、地区、刊种、学科分类、重要期刊、基金等聚类，点击"确定"后可以对检索结果进行限定，缩小检索范围。

2. 检索结果的排序　检索结果可按"默认排序"，也可按照馆藏优先、出版日期升序、出版日期降序、学术性、相关性和引文量进行排序。

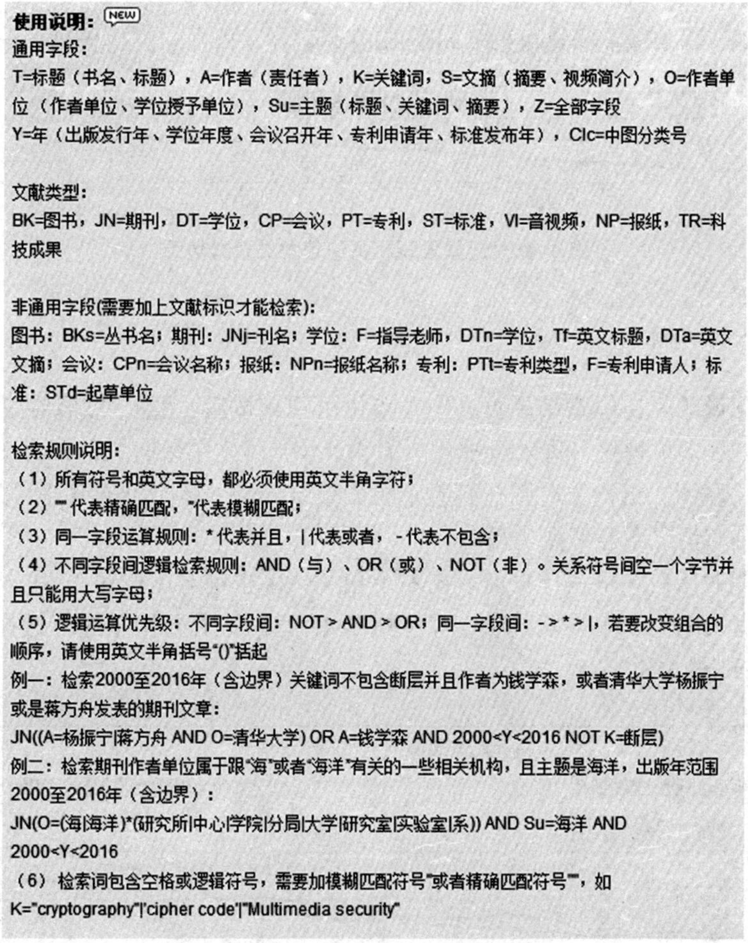

使用说明：[NEW]

通用字段：
T=标题（书名、标题），A=作者（责任者），K=关键词，S=文摘（摘要、视频简介），O=作者单位（作者单位、学位授予单位），Su=主题（标题、关键词、摘要），Z=全部字段
Y=年（出版发行年、学位年度、会议召开年、专利申请年、标准发布年），Clc=中图分类号

文献类型：
BK=图书，JN=期刊，DT=学位，CP=会议，PT=专利，ST=标准，VI=音视频，NP=报纸，TR=科技成果

非通用字段(需要加上文献标识才能检索)：
图书：BKs=丛书名；期刊：JNj=刊名；学位：F=指导老师，DTn=学位，Tf=英文标题，DTa=英文文摘；会议：CPn=会议名称；报纸：NPn=报纸名称；专利：PTt=专利类型，F=专利申请人；标准：STd=起草单位

检索规则说明：
（1）所有符号和英文字母，都必须使用英文半角字符；
（2）""代表精确匹配，''代表模糊匹配；
（3）同一字段运算规则：*代表并且，|代表或者，-代表不包含；
（4）不同字段间逻辑检索规则：AND（与）、OR（或）、NOT（非）。关系符号间空一个字节并且只能用大写字母；
（5）逻辑运算优先级：不同字段间：NOT＞AND＞OR；同一字段间：-＞*＞|，若要改变组合的顺序，请使用英文半角括号"()"括起
例一：检索2000至2016年（含边界）关键词不包含断层并且作者为钱学森，或者清华大学杨振宁或是蒋方舟发表的期刊文章：
JN((A=杨振宁|蒋方舟 AND O=清华大学) OR A=钱学森 AND 2000<Y<2016 NOT K=断层)
例二：检索期刊作者单位属于跟"海"或者"海洋"有关的一些相关机构，且主题是海洋，出版年范围2000至2016年（含边界）：
JN(O=(海|海洋)*(研究所|中心|学院|分局|大学|研究室|实验室|系)) AND Su=海洋 AND 2000<Y<2016
（6）检索词包含空格或逻辑符号，需要加上模糊匹配符号''或者精确匹配符号""，如
K="cryptography"|'cipher code'|"Multimedia security"

图 3-45　超星发现专业检索使用说明界面

3. 检索结果的查看　在检索结果页面的上方会显示系统生成的检索式、被检条数、总被引频次和学术发展趋势图（图 3-46）。在该页面可快速浏览到检索结果的基本信息以及获得途径。期刊论文还可直接在题名后显示是否被重要期刊如 SCI、CSCD、CSSCI、EI、CA、北大中文核心所收录，点击结果列表中某条记录的题名，即跳转至详细信息页面，包括参考文献与引证文献、引证趋势图、全国范围内收藏有该结果的图书馆、相关文章等。

4. 检索结果的输出　检索结果提供图书试读、本馆馆藏纸本、保存题录、电子全文、邮箱接收全文、收藏、分享、打印等输出方式。图书试读可以在线阅读部分内容，对了解全文内容有一定帮助。本馆馆藏纸本可跳转至所在图书馆的 OPAC 系统，提供馆藏借阅系统内的信息，方便读者借阅纸本。点击"保存题录"按钮，可以选择多种输出方式保存题录信息，还支持选择需输出的字段，输出格式可选择文本、参考文献、Excel、EndNote、NoteExpress、RefWorks、NoteFirst 等。

检索 **高血压** ∨　返回 **620,391** 结果。总被引频次：**1540176次** 📁 **下位词**　　　　　　排序：默认排序 ▼　📊 可视化

图 3-46　超星发现相关论著发文量趋势图

（四）特色功能

1.可视化说明　在检索结果页右上角点击可视化按钮"📊可视化"或者在学术发展趋势图右侧点击"更多可视化"进入可视化页面，展示与检索结果有关的词谱图、知识点关联图、作者关联图、机构关联图、各频道检索量统计图、各类型文献学术发展趋势图、各类型文献分布情况图等可视化图谱。

2.多主题对比　在可视化页面点击右上角的"多主题对比按钮"，可以进行单位学术产出、作者影响力、相关领域对比等（图3-47）。可以在年限上进行选择，还可以对数据进行 excel 格式的导出。

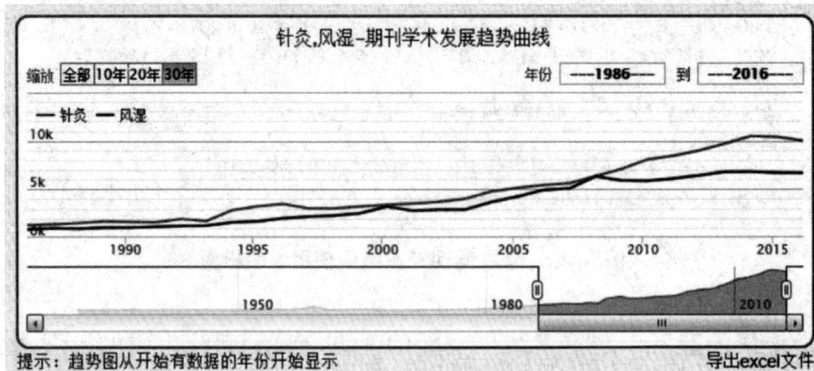

图 3-47　超星发现多主题对比界面

3.智能检索　在执行基本检索时，系统会自动匹配学名与俗称（如输入"白果"同时可检索"银杏"）、简称与全称（如输入"乙肝"同时可检索"乙型肝炎"和"HBV"）、人名与机构（如输入"湖北中医药大学　张三"意味着检索"单位＝湖北中医药大学 AND 作者＝张三"）、期刊名称（如输入"中草药"可在检索结果上方显示《中草药》期刊导航）。

4.下位词检索　某些检索词可以进行下位词的扩展，在检索结果页面中结果条数的后面提示有"下位词检索"按钮，通过勾选，可以使下位词参与检索，从而轻松获得更全面的检索结果。如：输入"中药"，点击"检索"按钮后，即可得到检索结果；点击"下位词检索"按钮，可弹出对话框对系统提示的下位词，如冲剂、膏剂、热药、凉药、阿胶、巴戟天等词汇进行勾选，再点击"检索"按钮即可。

5. 学术产出　可以通过作者检索得知该作者在超星发现里被收录的数据总量、总被引频次和单被引频次，以统计其学术产出。

6. 个性化学习空间　可以对检索式进行保存并定期推送检索结果到个性化学习空间，还可以通过日志写下自己的学习感悟，留下学习记录，能收藏感兴趣的文献或者制定学习计划、组建学习小组、共享资料等。

网址：http://ss.zhizhen.com/

第六节　其他中文数据库

一、中国中医药数据库检索系统

中国中医药数据库检索系统是中国中医科学院中医药信息研究所建设的多类型的中医药学大型数据库，创建于 1984 年。目前，该系统内数据库总数为 48 个，包括中医药期刊文献数据库、疾病诊疗数据库、中药数据库、方剂数据库、民族医药数据库、药品企业数据库、各类国家标准数据库（中医证候治则疾病、药物、方剂）等相关数据库。系统提供中文（简体、繁体）版联网使用，部分数据库提供英文版，可以实现单库与多库选择查询。单库检索可选择专指的一个数据库进行相应字段的检索，支持多种检索方式。多库可以进行跨库及多类型检索。

中国中医药期刊文献数据库是系统中最大最重要数据库之一。该数据库收录了1949 年至今的有关中医药学内容的期刊文献信息，涵盖了千余种中国国内出版的生物医学及其他相关期刊，包含中医药学、针灸、气功、按摩、保健等方面的内容，其中超过半数附有文摘。主题词标引采用美国国立医学图书馆的《医学主题词注释表》（MeSH）及中国中医研究院的《中国中医药学主题词表》。该数据库提供有 18 个专题数据库，数据库实行每季度更新，每年约增加文献 6 万篇。

网址：http://www.cintcm.com/opencms/opencms/index.html

二、中文生物医学期刊文献数据库（CMCC）

中文生物医学期刊文献数据库（Chinese Medical Current Contents，CMCC）是解放军医学图书馆研制开发的中文生物医学文献书目型数据库，也是目前检索国内生物医学文献最常用的学术数据库之一。CMCC 数据库收录了 1994 年以来国内正式出版发行的生物医学期刊和一些自办发行的生物医学刊物一千余种的文献题录和文摘，涵盖中国内地全部重要刊和核心刊，并以每年二十余万篇的速度递增，30% 以上的文献有中文摘要。涉及的学科领域主要有基础医学、临床医学、预防医学、药学、医学生物学、中医学、中药学、医院管理及医学信息等生物医学的各个领域。

CMCC 数据库的数据与 CBM 的数据从 1994 年后大部分是相同的，因此检索 1994年后的中文医学文献选用其中之一即可。但 CMCC 的数据更新周期为两周，更新比较及时，几乎与到馆期刊同步，因此，检索最新报道的生物医学文献应用 CMCC 数据库。

CMCC 目前提供单机版和网络版等检索形式，检索字段包括中文题名、英文题名、全部作者、第一作者地址、关键词、文摘、文献类型、出处、参考文献数、资助项目。

网址：http://cdserver1.mlpla.org.cn:1011/cmcc/leadpage.HTM

三、中国药学文摘数据库（CPA）

中国药学文摘数据库（China Pharmaceutical Abstracts，CPA）由国家食品药品监督管理总局信息中心编辑出版，是国内唯一的大型药学文献数据库，内容涵盖了《中国药学文摘》印刷版的全部文献题录和文摘，收集了 1982 年以来国内公开发行的七百余种药学杂志、医学杂志、医药院校学报，以及植物学和微生物学等边缘学科杂志的文献题录和文摘，并以每年三万篇的速度递增。其中中药文献占一半左右，是世界上拥有中药文献最多的数据库。该库涉及的主要学科领域是药学及其相关学科。数据达到每月更新一次。

CPA 提供光盘版和网络版的检索方式。光盘版提供四种检索途径：全文检索（正文字词检索）、字段检索、检索历史（表达式检索）和二次检索（逻辑组合检索）。

CPA 网络版数据库内容与光盘版相同。打开中国医药信息网主页，在"文献信息"中选择"药学文摘"，会出现该数据库检索界面。该数据库提供注册用户检索和免费检索两种形式。

该库可根据系统设置的全文、主标题、主题词、作者名、外文药名等检索途径进行检索。注册用户可获得详细的检索结果，免费用户只能看到检索结果的片名列表。

网址：http://www.cpi.gov.cn/publish/default/

四、中国疾病知识总库

中国疾病知识总库（China Disease Knowledge Total Database），简称疾病库（China Disease Database，CDD），是由解放军医学图书馆与重庆维普资讯有限公司合作研发的一个面向临床医药学专业人员，同时兼顾大众的专业图书、期刊型知识服务系统。该系统包括目前国内所有的疾病种类，主要通过国内三十多位具有 30 年以上临床经验的专家，对医学图书、期刊文献知识进行挖掘并结合专家自身隐性经验知识整合而成。作为临床教学及应用的专业工具，重点解决疾病从诊断到治疗中的所有问题。

中国疾病知识总库是一个将期刊文献和图书知识结合在一起的图书知识型数据库。该数据库不仅收录了高达七千种的疾病，更是国内权威专家和临床医务工作者临床经验的集锦。在循证证据选择方面，中国疾病知识总库选择了 2000 年以来的优秀医学核心期刊上的循证证据以及国外的循证证据，是一个针对性强，集系统性、完整性于一体的权威、专业的循证医学全文数据库。

中国疾病知识总库将人体疾病、药物、病征和体征、各类诊断检查、治疗手段以及循证医学证据进行有效的相互参照，形成深层次的跨库应用，达到对知识的精化。将静态的、独立的知识因子动态地、多维地组织在一起，形象而直观地揭示各语义间的网状关系。因此，该库是将数字化过程与发掘和增值图书的知识资本结合起来，将各类不同教科书、专著合为一体，实现纸质书本无法实现的知识体内容的有效链接，使其产生一种新的服务模式，以利于各类医学专业人员方便、快捷地查找有关医药学知识，从而提升图书馆的服务层次和地位。

中国疾病知识总库（CDD）目前包括疾病数据库、药品数据库、辅助检查数据库、循证医学数据库、医保用药数据库、疾病研究进展数据库和医学视频数据库共七个数据库。其中，疾病数据库收录的疾病涉及 30 个专科系统、七千多种疾病信息；药品数据库包括五千五百多种药品信息；辅助检查数据库包括辅助检查两千多项；循证医学数据库包括十万条中文循证证据和五万条外文循证证据；医保用药模块是根据国家食品药品监督管理总局提供的用药类别和用药范围确定内容，以便让医生和患者了解国家医保用药的范围和限药范围；医学视频模块包含手术视频、知识教程、讲座课程等。

网址：http://www.illku.com/

五、中国科学院科学数据库

中国科学院作为中国自然科学的研究中心，在长期的科学研究实践中，通过观测、考察、试验、计算等多种途径产生和积累了大量具有重要科学价值和实用意义的科学数据和资料。为了促进更多的研究所以数据库技术更有效地管理和开发应用积累的科学数据，中国科学院于 1982 年将科学数据库建设列入"七五"和后十年重大基本建设项目，并于 1984 年成立了"科学数据库工程筹备处"（设在中国科学院计算中心），提出了"科学数据库及其信息系统工程"可行性研究报告。1987 年，第一批 19 个专业库鉴定了建库项目协议书，正式启动科学数据资源建设。1988 年，中国科学院批准"科学数据库及其应用系统"在对外活动中使用"中国科学院科学数据库"的名称。

中国科学院科学数据库内容丰富，覆盖物理、化学、天文与空间、材料、生物、地学、资源、环境、能源、海洋等众多学科领域，数据库种类包括数值库、事实库和多媒体库。

网址：http://www.cas.cn/ky/kycc/kxsjk/

六、中国生命科学文献数据库（CBA）

中国生命科学文献数据库（Chinese Biological Abstract，CBA）是由中国科学院上海生命科学信息中心于 1987 年研制的综合性生物学专业文献数据库，收录了 1985 年以来的八百余种源期刊（部分期刊回溯至创刊号），全面覆盖生物科学、基础医学、基础农学、基础药学与生物交叉学科等，尤其注重全面体现现代生物科学的新进展，全面收录国内生物科学研究机构在国外所发表的研究成果，包括期刊文献与会议论文文献。目前，该数据库每年更新三万余条记录。

数据库文献以期刊文献（包括研究论文、综述或述评、简报）为主，同时也包含一定比例的专利、硕/博士学位论文以及重要学术会议论文等文献。文献内容包含中文与英文两种语言。目前已具备分类标引——中图分类与 CBA 分类和主题标引，其中主题标引依据国内唯一的、较权威的《生物学主题词表》进行加工。同时，在建设中国生物学文献的知识化加工规范的基础上，逐步开始实施具有知识化服务功能的特色标引与深度加工。

　　数据库既能通过任意词等六个常见字段以及主题词表等辅助工具等，满足生物学领域入门者快速获取文献信息，同时又可以丰富的字段逻辑组合满足专家级的准确检索需求。对于分类号、作者、主题词、关键词、期刊等均具备无限链接功能。

　　网络版数据库每两周更新一次，并将加工中的数据作出标记后进行发布，极大地缩短了数据库文献收录的时滞，最短时差仅两周。光盘版每季度更新。

　　CBA 的收录范围包括：普通生物学、细胞学、遗传学、生理学、生物化学、生物物理学、分子生物学、生态学、古生物学、病毒学、微生物学、免疫学、植物学、动物学、昆虫学、人类学、生物工程学、药理学以及生物学交叉学科与相关科学技术领域。

　　网址：http://www.cba.ac.cn/

七、全国报刊索引数据库

　　《全国报刊索引》创刊于 1955 年，是国内最早的中文报刊文献检索工具。近六十年来，它已由最初的《全国报刊索引》月刊发展成集印刷版、电子版以及网站为一体的综合信息服务产品，建成了时间跨度从 1833 年至今的一个半世纪、收录数据量超过三千万条、揭示报刊数量两万余种的特大型文献数据库，年更新数据超过 350 万条。

　　《全国报刊索引》编辑部已拥有全文数据库、索引数据库、专题数据库和特色资源数据库四种类型数据库，有《晚清期刊全文数据库（1833—1911）》《民国时期期刊全文数据库（1911—1949）》《全国报刊索引数据库——目次库》《全国报刊索引数据库——篇名库》《近代民国中医药专题库》《音乐戏剧戏曲专题库》等十几种专题数据库；有《全国报刊索引数据库——会议库》《家谱数据库》等特色库。

　　网址：http://www.cnbksy.net/home 或 http://www.cnbksy.com.cn/home

八、人民大学"复印报刊资料"系列数据库

　　"复印报刊资料"系列数据库由中国人民大学书报资料中心编辑出版。该系列数据库选辑公开发表的人文科学和社会科学中各学科、专业的重要论文和重要动态资料，目前主要有"复印报刊资料"全文数据库、"复印报刊资料"专题目录索引数据库、中文报刊资料摘要数据库、报刊资料索引数据库、专题研究数据库和数字期刊库六大系列子库。

　　"复印报刊资料"全文数据库囊括人文社会科学领域的各个学科，"复印报刊资料"所收文献分为九大类，包括政治学与社会学类、哲学类、法律类、经济学与经济管理类、教育类、文学与艺术类、历史学类、文化信息传播类以及其他类。每类分别涵盖相关主题的期刊文章。收录年限从 1995 年至今，部分专题已回溯到创刊年。

　　数字期刊库依据"复印报刊资料"系列刊的类别和刊号分类，以年份为序进行排列，并以整刊形式展现，其中的数据为"复印报刊资料"系列期刊的文献，报刊资料索引和中文报刊资料摘要除外。收录年限从 1995 年至今。

报刊摘要库是人文社科文献要点摘编形式的数据库，收集了哲学、政治、法律、经济、教育、语言、文艺、历史、财会等方面的 14 种专题文摘。文摘内容都是经过高等院校和研究单位的专业人员提炼和浓缩的学术资料。

报刊索引库是题录型数据库，是将"复印报刊资料"系列刊每年选登的目录和未选印的文献题录按专题和学科体系分类编排而成，汇集了自 1978 年至今的百余个专题刊物上的全部题录，数据量为四百三十多万条。

专题研究库即精神文明数据库，收录了从 1995 ～ 2008 年的《精神文明导刊》《马克思主义、列宁主义研究》《伦理学》《社会学》《中国共产党》《中国政治》《青少年导刊》《思想政治教育》八种期刊中涉及精神文明建设方面的全部数据，涵盖精神文明建设、社会主义核心价值体系、未成年人思想道德建设、思想政治教育、基层党建等。

网址：http://ipub.exuezhe.com/index.html

练习题

1. 中国生物医学期刊文献数据库（CBM）

（1）检索血液透析治疗慢性肾功能衰竭的文献，写出检索式和检索结果。

（2）检索放射治疗肝癌的相关文献，并写出该方面研究的前三位高产作者和地区。

（3）检索中医疗法治疗中年女性高血压的临床相关文献。

（4）检索有关中医疗法治疗白血病方面的论文，比较主题词加权与不加权、扩展与不扩展以及副主题词的扩展与不扩展的检索结果。

2. 中国知网

（1）检索 2015 年以来国家自然科学基金资助、作者单位为湖北中医药大学的论文。

（2）查找论文"胰岛素抵抗模型大鼠的中医证候研究"的参考文献和引证文献有哪些。

（3）检索近 3 年来观察 FSH 指标的临床应用研究文献。

3. 维普信息资源系统

（1）查找 2010 ～ 2018 年发表的有关龙胆泻肝汤治疗带状疱疹的文献。

（2）检索属于内科学领域，受国家自然科学基金资助的 2015 年以来发表在 CSCD 核心期刊上的论文，以摘要方式显示结果。

（3）检索《湖北中医杂志》综述栏目 2015 年以来发表的论文。

4. 万方数据知识服务平台

（1）检索论述施杞教授有关颈椎病方面的文献

（2）查找题名中含有"黄芪"的专利，按相关度排序。

（3）利用万方医学网查找中华医学会独家期刊有哪些？

5. 读秀学术搜索、超星发现

（1）利用"读秀学术搜索"查找本专业或自己感兴趣的图书，并针对以下情况做练习：

①有本馆纸本图书，列出索书号、收藏地及借阅状态。

②有本馆电子书全文，在阅读器模式下，练习文字摘录、截取图像功能。

③下载一本电子书。

④既无馆藏纸书也无电子书，通过文献传递获取部分图书全文。

（2）利用读秀百链外文检索题名中包含 Liver Cancer，发表在期刊《Cancer Research》的外文文献的条数，并记录其中一条检索结果的详细信息。

（3）利用超星发现系统进行一篇关于"大数据"的外文期刊论文的文献传递。

第四章 外文医药论文检索 ▷▷▷

外文医药论文检索在文献检索中占有重要地位。检索外文医药论文主要利用外文期刊文献数据库和开放存取资源。比较常用的外文文摘索引数据库有 PubMed、Web of Science 核心合集（WoS）等。其中，PubMed 可免费使用，是检索外文医药论文使用频率最高的数据库。外文全文数据库常用的有 ScienceDirect、SpringerLink、OVID、EBSCOhost、Wiley Online Library、ProQuest 检索平台等。

第一节 PubMed

一、概述

PubMed 是美国国家医学图书馆（National Library of Medical，NLM）下属的国家生物技术信息中心（NCBI）研发的一个基于互联网的生物医学文摘型数据库，是生物医学领域最重要也是最权威的数据库之一。从 1997 年 6 月开始，对全球用户开放，免费使用。

1. 溯源 PubMed 的前身最早可追溯到 1879 年 NLM 出版的医学文献检索工具 Index Medicus（IM）。为了实现 IM 的自动化编辑，1964 年 NLM 开发了医学文献分析与检索系统（Medical Literature Analysis and Retrieval System，MEDLARS），1971 年正式建成该系统的联机数据库 MEDLINE（MEDLARS online），并投入联机检索服务。自此，MEDLINE 一直成为 MEDLARS 四十余个数据库中数据量最大、使用频率最高的数据库。20 世纪 80 年代，MEDLINE 光盘数据库问世。90 年代中期，出现了基于因特网的 MEDLINE 网络检索系统 PubMed。

2. 收录范围及更新 收录从 1947 年以来八十多个国家 39 种语言的近四万种期刊（包括所有更名和停刊后的刊物）。PubMed 收录范围广泛，包括临床医学、护理学、神经病学、内科学、卫生保健、家庭医学、微生物、营养学、药理学及环境卫生等。期刊两万余种，约 47% 的文献来自美国，约 92% 是英文刊物，约 82% 有英文摘要。部分可直接获取全文，包括来自 NLM 开发的免费生物医学数字化全文期刊数据库 PubMed Central（PMC，收录期刊 780 余种）的原文，开放获取（Open Access，OA）期刊的原文，以及部分出版商提供的免费原文。

文献更新速度快，数据每周更新。由于近年来许多出版商通过电子期刊平台发布预出版的论文（记录标记为 Epub ahead of print），因此，PubMed 收录的文献甚至要早于最新出版的印刷型期刊。

3. 文献记录标签　PubMed 中每条记录都有一个唯一的识别号，即 PMID（PubMed Unique Identifier）号，用 PMID 号可快速检出该 ID 号对应的文献。PubMed 文献记录有四种标签，表明记录的数据加工处理状态。

（1）PubMed - indexed for MEDLINE：是 PubMed 的主体文献记录，占记录总量的 90%。这些完整的记录（包含所有字段信息）已标引《医学主题词表》（MeSH）、文献类型、物质名词，同时也增加了资助基金信息和在其他数据库（如 Europe PubMed Central、PubMed Central 和 PubMed Central Canada 等）中的访问链接。

（2）PubMed-in process：表明记录正在等待标引，收入这部分记录，作用在于缩短文献报道时差。此类记录每天（周二至周六）有进有出，新进的记录标引好主题词和文献类型等字段后，记录标签改为 PubMed - indexed for MEDLINE。

（3）PubMed - as supplied by publisher：此类记录未经质量控制，也没有验证文献记录书目信息的准确性。

（4）PubMed：此类记录超出 MEDLINE 收录范围，PubMed 中包含此类记录是因为这些论文研究由美国国立卫生研究院（NIH）的基金资助。

需要注意，以上四种类型的文献记录，只有第一种类型的记录标引了 MeSH 词，第二至第四种类型的记录则未做 MeSH 词标引，代表最新和最近发表的文献，用主题词的检索方法无法检索到这些文献。

（一）主页介绍

PubMed 主页面分为检索区、主要功能区和辅助功能区三个部分（图 4-1）。

1. 检索区　位于主页上方，点击数据库列表中 PubMed 旁边的下拉菜单，根据实际检索需要可以更改数据库。在检索区可进行基本检索和高级检索（Advanced）。高级检索可对各检索字段进行限定，点击 Help 可查看检索帮助。在检索式输入框中输入检索式，点击"Search"按钮，可执行检索操作。

2. 主要功能区　包括 Using PubMed、PubMed Tools、More Resources、Latest Literature 和 Trending Articles 五部分。

（1）Using PubMed：主要介绍如何使用 PubMed，分为五个部分：① PubMed Quick Start Guide：介绍如何快速地掌握使用 PubMed。② Full Text Articles：介绍如何获得电子版全文。③ PubMed FAQs：介绍在使用 PubMed 中的一些常见问题和注意事项。④ PubMed Tutorials：详细介绍 PubMed 使用指南。⑤ New and Noteworthy：是 PubMed 未来更新告示。

（2）PubMed Tools：包括五部分：① PubMed Mobile：是 PubMed 手机版。② Single Citation Matcher：为单一引文匹配检索工具。③ Batch Citation Matcher：为批量引文匹配检索工具，都是用不完整的文献信息为线索查特定文献的工具。④ Clinical Queries：可实现将检索范围限定为与临床相关的诊断、治疗、病因、预后四个方面。⑤ Topic-Specific Queries：是指按某一特殊主题检索文献。

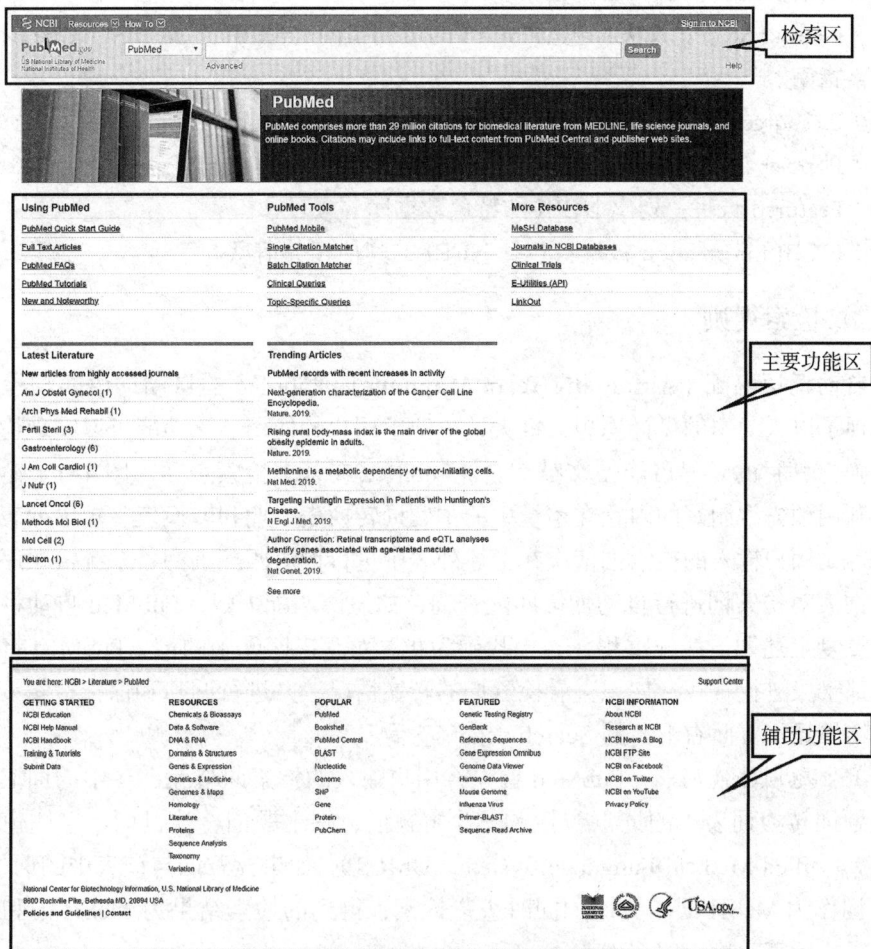

图 4-1　PubMed 主页及基本检索界面

（3）More Resources：包括五部分：① MeSH Database：是具有检索功能的 MeSH 词表，可实现主题词检索方式，即通过主题词组配副主题词来检索文献；通过 MeSH Database，可以从款目词引见到 MeSH 词，可以看到 MeSH 词的定义和历史注释。进入主题词细节页面，可进行副主题词限定检索，可选择下位词或上位词检索，可对主题词进行加权检索（Restrict Search to Major Topic headings only），还可阻止下位词自动扩展检索（Do Not Explode this term）。② Journals in NCBI Databases：供查询 PubMed 和 Entrez 其他数据库收录期刊的信息。③ Clinical Trials：可浏览定期更新的有关政府和私人资助的临床研究项目信息。④ E-Utilities（API）：可实现自动化大批量地从 Entrez 数据库下载数据，并且提供了几种常用的程序语言以供选择，如 Perl、Python、Java 和 C++ 等。⑤ LinkOut：是指外部资源链接。

（4）Latest Literature：来自高访问期刊的最新文章。

（5）Trending Articles：热门文章。

3. 辅助功能区 辅助功能区包括五部分。

（1）Getting Started 板块：包括 NCBI 的帮助指南、NCBI 工具书和 NCBI 的检索练习及检索指南。

（2）Resources 板块：列出除 PubMed 之外的 NCBI 其他类数据库资源。

（3）Popular 板块：列出比较常用的一些数据库。

（4）Featured 板块：列出 NCBI 的特色数据库。

（5）NCBI Information 板块：包含 NCBI 的其他相关信息。

（二）检索规则

1. 自动词语匹配（Automatic Term Mapping） PubMed 的自动词语匹配检索模式充分体现了以人为本的设计思想，极大地方便了用户的使用。该功能可以实现检索词的自动转换，其目的是尽可能使文献查全。PubMed 在基本检索页面（图 4-1）输入检索词时，利用预先编制好的内置在系统中的主题词转换表、期刊转换表、短语列表、作者索引表等对用户输入的检索词依次在上述列表中进行词语匹配查询，系统按顺序采用以下四个词表对检索词进行自动词语匹配查询，如短语匹配失败，PubMed 自动将短语拆分，并重复上述词语匹配过程，直至找到为止。对于未匹配到的词，PubMed 将其定义为在全部字段进行查找。如想查看检索词的转换情况，并进行调整和保存检索策略，可在检索结果显示页面右下角的 Search details 查看。

（1）主题词转换词表：PubMed 首先将用户输入的检索词与 MeSH 中的词汇对照匹配。主题词转换词表中的词汇包括 MeSH 主题词、副主题词、款目词、一体化医学语言系统（Unified Medical Language System，UMLS）。如果检索词与该表中的词相匹配，则检索词作为 MeSH 词和关键词同时进行检索，得到的检索结果为 MeSH 词和关键词进行逻辑或运算后检出的文献。

主题词自动匹配转换对实际操作的意义在于：在基本检索页面输入检索词时，可以不用考虑检索词是否为主题词表述形式。如果检索词不是主题词，系统会自动匹配转换成主题词进行检索，以提高查准率。

例如，在基本检索页面输入检索词 lung cancer（肺癌）。lung cancer 是主题词 lung neoplasms 的款目词，实际执行检索时将其转换为"lung neoplasms"［MeSH Terms］OR（"lung"［All Fields］AND "neoplasms"［All Fields］）OR "lung neoplasms"［All Fields］OR（"lung"［All Fields］AND "cancer"［All Fields］）OR "lung cancer"［All Fields］进行检索（图 4-2）。

（2）期刊转换词表：期刊转换词表收录每种期刊的刊名全称、MEDLINE 刊名缩写以及国际标准刊号 ISSN 等三种不同表达形式，使用任何一种表达形式，系统将自动对应至刊名检索。

期刊自动匹配转换对实际操作的意义在于：在 PubMed 中执行期刊检索时，如检索词是期刊名称，系统会自动将其匹配转换成刊名进行检索，无需将检索字段选择为刊名字段或做其他设置，可以直接在基本检索页面输入刊名执行检索操作，与其他数据库相比更方便快捷。

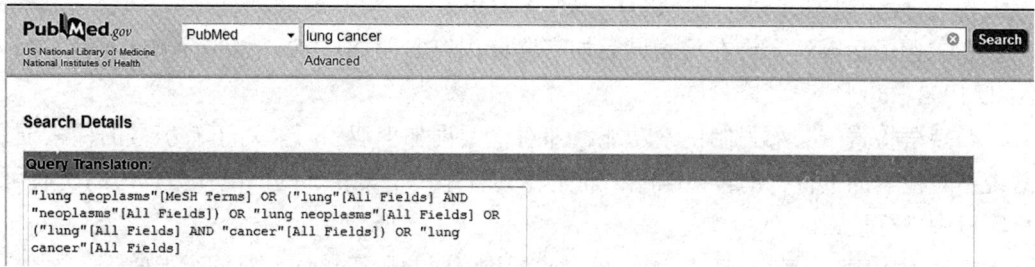

图 4-2 PubMed 检索转换界面

例如，在基本检索页面输入 Journal of Pharmacy and Pharmacology，将被转换成"J Pharm Pharmacol"［Journal］OR "journal of pharmacy and pharmacology"［All Fields］，其中包含了将检索词转换为期刊名执行检索。

如果一个期刊名称恰好也是一个主题词，如 science，PubMed 则会将其转换成主题词和关键词，如"science"［MeSH Terms］OR "science"［All Fields］进行检索，而不将其视为期刊名称进行检索。

（3）短语词表：短语词表由来自 MeSH、一体化医学语言系统（UMLS）和物质名称的短语所构成，如果一个字符串短语未被主题词转换表和期刊转换表匹配，PubMed 便开始查找短语列表。

例如，检索词 stomachache（胃痛）在主题词转换表和期刊转换表均未被匹配上，但在短语列表中被命中，PubMed 便将其转换为如下检索式——stomachache［All Fields］。

（4）著者索引：如果输入的检索词在上述三个词表中均未找到匹配词，PubMed 便会到 Author Index 中查找，将检索词转换为著者进行检索。著者索引表的格式是：姓在前，空格；名在后且缩写，如 smith jm。PubMed 自动将著者名缩写后截断，得到不同的缩写名形式，如在检索输入框中键入 smith j，可检出 smith jm、smith jd、smith je 等作者的文献。

著者自动匹配转换对实际操作的意义在于：在 PubMed 中执行著者检索时，如检索词是著者名称，系统会自动将其匹配转换成著者进行检索，无需将检索字段更改为作者字段，可以直接在基本检索页面输入作者名称执行检索，与其他数据库相比更方便快捷。

2. 字段限定检索 可以在检索词后加字段标识符限定检索词在指定的字段内检索，检索形式为：检索词［字段标识符］，字段标识符必须用中括号括起来。

例如：cell［ta］，表示将 cell 指定在刊名字段内检索。由于刊名只有一个单词，不能自动匹配转换为刊名进行检索，因此需在检索词后加上刊名字段标识符［ta］。

常用的字段限定符号：①文摘［AB］。②第一作者工作单位、地址［AD］。③所有字段［ALL］。④作者名［AU］。⑤数字对象标识符［Doi］。⑥国际标准刊号［IS］。⑦主要主题词，用 * 号表示［MAJR］。⑧主题词［MH］。⑨杂志名缩写［TA］。

3. 布尔逻辑运算符　PubMed 布尔逻辑与、或、非符号分别为 AND、OR、NOT（必须大写）。运算优先级为：（）> NOT > AND > OR。

布尔逻辑运算符允许在检索词后加字段标识符。例如："dna［mh］AND crick［au］AND 1993［dp］"。

4. 短语检索　又称强制检索功能，即对检索词加上双引号。对于有引号的检索词，系统不对检索词进行自动转换匹配，而是将其看作一个紧相邻的词组在数据库的所有可检字段中进行检索。

5. 截词检索　用截词符"*"表示。截词检索时只限于单词，对词组无效。

二、检索途径与方法

PubMed 提供基本检索、高级检索、限定检索、主题词检索、期刊检索、引文匹配检索、临床文献检索和专题检索。

（一）基本检索

PubMed 的基本检索包括自动词语匹配检索、著者检索、期刊检索、短语检索、截词检索、字段限定检索、布尔逻辑检索等。默认为检索 PubMed，也可更改为 NCBI 的其他数据库进行检索（图 4-1）。在检索框中直接输入检索词、关键词、著者、刊名，单击"search"按钮，之后单击每篇文章的标题即可看到该文章的详细信息。

（二）高级检索

在 PubMed 主页检索区点击 Advanced，进入高级检索页面（图 4-3）。高级检索页面分检索式输入框、检索式构建器和检索历史三个部分。

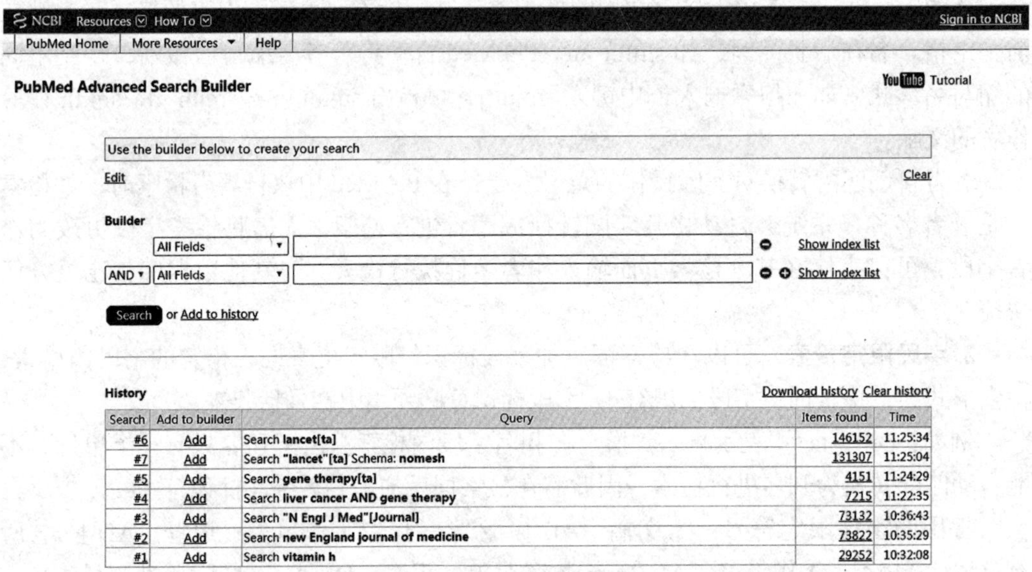

图 4-3　PubMed 高级检索界面

1. 检索式输入框 需激活方可使用，有三种方式可激活检索式输入框。

第一种为点击"Edit"激活，然后可编辑检索式，编辑好后点击"Search"完成检索并进入检索结果显示页面。点击"Add to history"将当前的检索式加入到检索历史中，但仍然停留在高级检索页面，点击"Cancel"返回高级检索初始页面，点击"Clear"可清除检索框内的检索式和检索词。

第二种为通过检索式构建器（Builder）激活，在 Builder 构建的检索式，均会自动在检索式输入框中显示出来。

第三种为利用检索历史（history）区的序号来构建检索式激活，在检索历史中通过序号进行逻辑组配构建的检索式，都会出现在检索式输入框中。

2. 检索式构建器 在检索式构建器可构建检索式，并将构建好的检索添加到检索式输入框中执行检索操作。检索时先在下拉菜单中选择合适的字段（默认 All Fields），在检索框中输入检索词，然后选择布尔逻辑运算符（AND、OR、NOT）。重复上述步骤，即可完成检索构建，点击"Search"按钮，返回检索结果。

3. 检索历史 检索历史中包括检索式序号、检索表达式、检索时间和检索结果数量。单击检索序号会显示 Options 选项，可以执行布尔逻辑运算，用检索式序号进行逻辑组配检索。也可进行 Delete from history（删除检索历史）、Show search results（显示检索结果）、Show search details（显示检索表达式）以及 Save in my NCBI 等不同操作，检索历史最多保留 8 小时。

（三）限定检索

限定检索用于限制文献检出数量，提高文献查准率（图 4-4）。限定检索需要有初始的检索结果才能激活，激活后位于检索结果页面左侧区域，共有 4 个默认限定检索选项：Article types（文献类型）、Text availability（文本可用性，即设定检出的记录是带有全文下载链接、免费全文下载链接及文摘）、Publication dates（出版时间）、Species（研究对象种类）。点击"Show additional filters"可以增加以下选项：Languages（语种）、Sex（性别）、Subjects（学科分类）、Journal categories（学科期刊分类）、Search fields（选择某一检索字段）。

在检索结果显示页面上方会显示有哪些限定选项处于激活状态，限定选项设置好后，对以后的检索持续起作用，点击"Clear all"可去除检索限定。

【检索示例】检索"2010 ~ 2016 年成人维生素 B 缺乏"方面的综述文献。

检索步骤：

第一步：在检索提问框输入 Vitamin B deficiency。

第二步：进行条件的限制，在 Article types 中选 Reviews，在 Publication dates 下点击 Custom range，输入相应的年份"2010 ~ 2016"，在 Species 中选择 Humans，Ages 中选 Adult: 19+years，就可以检索到相关文献记录。

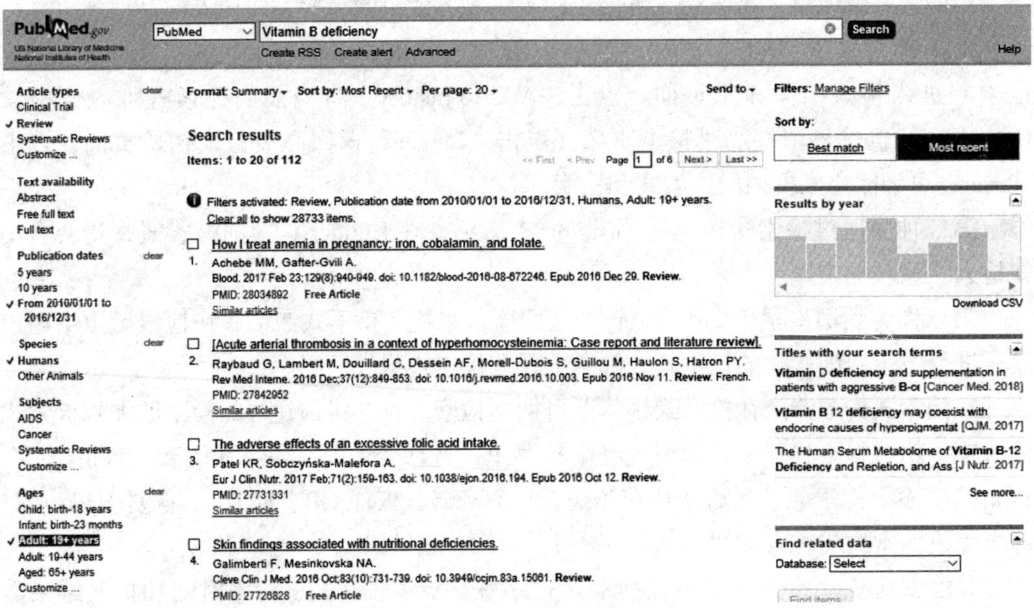

图 4-4 Limits 限定检索界面

（四）主题词检索

在 PubMed 主页上将检索的数据库由 PubMed 改为 MeSH，然后输入检索词，点击 "Search" 按钮，可实现主题词组配副主题词的检索方式。也可点击主页 More Resource 下的 MeSH Database 进入主题词检索页面（图 4-5）。此处通过实例介绍如何利用 MeSH Database 实现主题词检索。

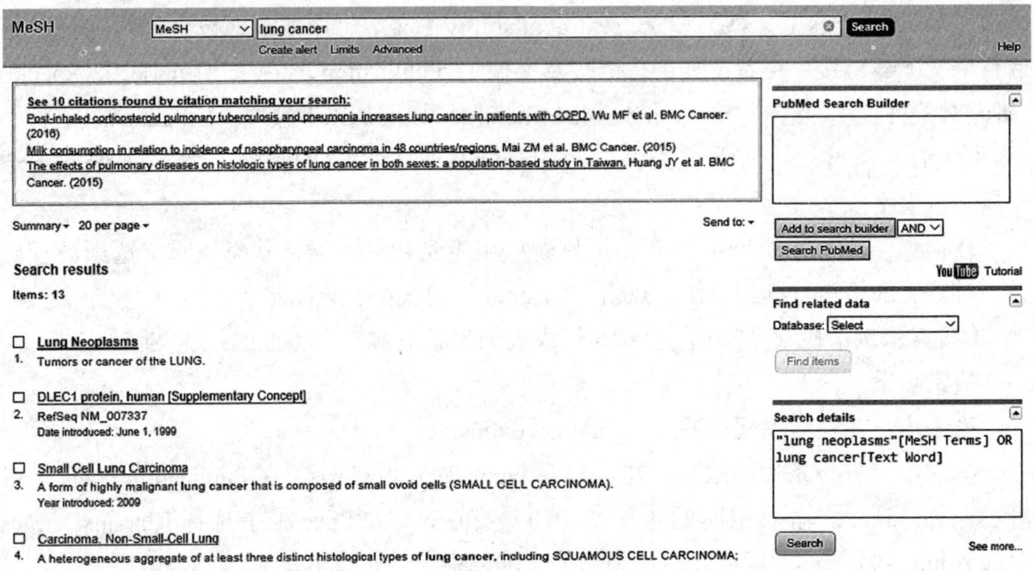

图 4-5 主题词检索界面

【检索示例】检索有关"肺癌的药物治疗"方面的文献（要求加权）。

检索步骤：

第一步：查找并选择主题词，先进入 MeSH Database，在检索式输入框中输入 lung cancer（此处输入的检索词为 Entry Terms，即款目词），点击"Search"，系统会显示所有与 lung cancer 相关的主题词及其含义（相关度最高的主题词排在最前面）（图4-5），浏览选词，确定 lung cancer 的主题词为 Lung Neoplasms，点击该主题词，显示主题词的详细信息，包括定义、可以组配的副主题词（Subheadings）、款目词（Entry Terms）、相关参照（See Also）、树状结构等信息（图4-6）。

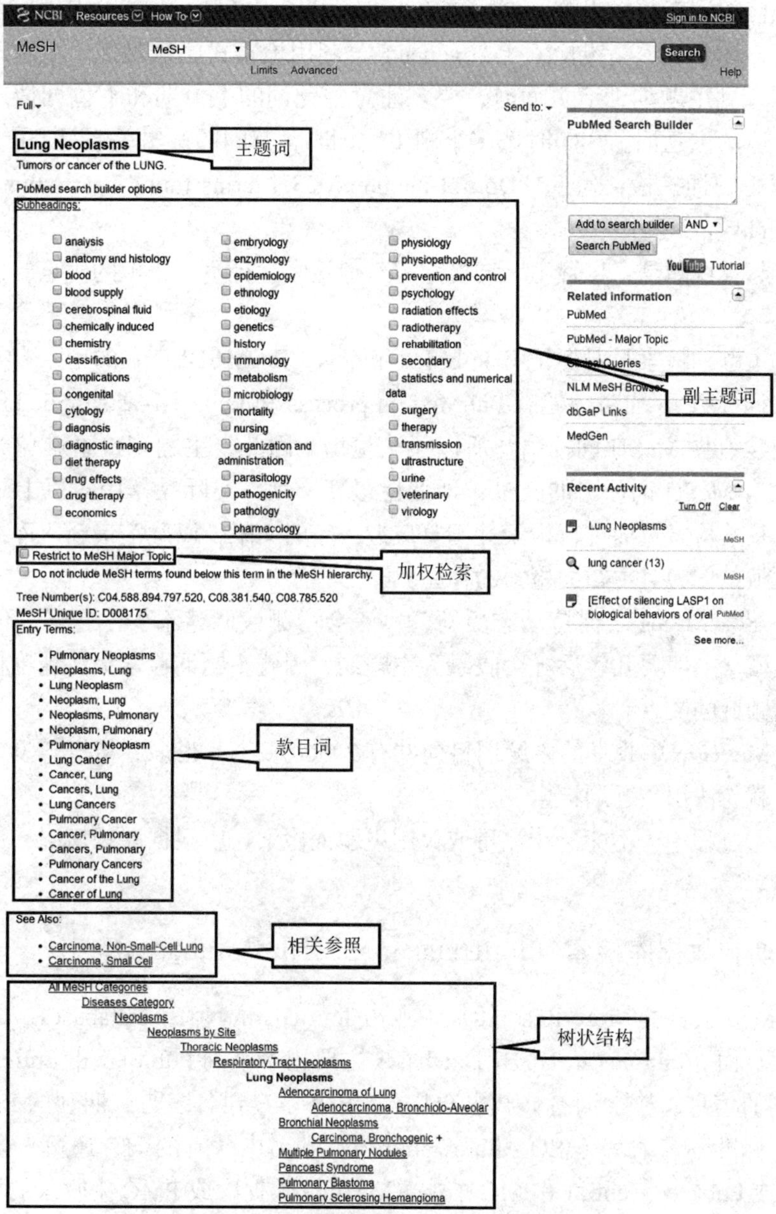

图 4-6　选择副主题词及主题词相关信息界面

　　第二步：选择副主题词及设置相关参数，在副主题词列表中勾选"drug therapy"（药物治疗），然后勾选"Restrict to MeSH Major Topic"选项（加权检索）。

　　第三步：执行检索，点击页面右上方的"Add to search builder"（图4-6），检索框中出现检索式"Lung Neoplasms/drug therapy"［Majr］。点击"Search PubMed"，执行检索并返回检索结果。

　　采用主题词检索，要注意几点：①当一个课题含有多个主题词时，在MeSH Database中的检索往往需要重复多次。在添加主题词到Search Builder中时，根据需要选择"Add to search builder"旁边AND下拉菜单中的AND、OR、NOT，以便与下一次的主题词进行相应的逻辑关系组配，然后再点击Search PubMed。也可以先用一个一个主题词单独检索，然后进入高级检索（Advanced），利用检索式序号对多个主题词进行逻辑组配。②进入到主题词细节页面时，要多注意主题词的上位词和下位词情况，看看是否有更加合适的主题词。③同时选多个副主题词时，其间的逻辑关系是OR。④若不需要进行下位主题词扩检，勾选"Do not include MeSH terms found below this term in the MeSH hierarchy"项。

　　需要引起重视的是，尽管主题词检索有其他检索途径不可比拟的优点，但也存在三个固有缺陷。

　　第一，主题词检索只对标记有PubMed-indexed for MEDLINE的记录有效（因其做好了MeSH词标引），而对标记有PubMed-in process和PubMed-as supplied by publisher的记录，因没有做MeSH词标引，所以无法检出。因此，主题词检索难免会漏掉那些已入库但没有MeSH词标引的文献，即漏检最新文献。实际操作中对以上缺陷的解决方法是：在基本检索页面进行检索并浏览最近一年的文献，以确定最新入库的文献中是否有切题文献，作为对主题词检索的补充。

　　第二，尽管MeSH表保持动态更新，每年会增删或调整不少主题词，但新出现的名词术语及概念一般要几年后才会收录为主题词，因此主题词检索无法精确检索出新学科、新研究领域的文献。

　　第三，MeSH表中收录的主题词目前共有29300多个，很多专指概念没有相对应的主题词，也就无法用主题词检索。

　　实际检索过程中，不能一味注重或仅用主题词检索，应根据课题情况，灵活应用各种检索途径。

（五）期刊数据库检索（Journals in NCBI Databases）

　　在PubMed主页的More Resources中点击Journals in NCBI Databases，即可进入期刊信息检索页面。Journals in NCBI Databases主要用于查询PubMed和Entrez其他数据库收录期刊的信息，检索词有：刊名全称、MEDLINE刊名缩写、期刊的ISSN、NLM刊号、国际标准刊名缩写（ISO Abbreviation）和刊名中含有的词。还可点击页面上的MEDLINE或PubMed Central（PMC）浏览Medline数据库或PMC中收录的期刊。

（六）引文匹配检索

在 PubMed 主页的 PubMed Tools 栏点击 Single Citation Matcher（单一引文匹配）和 Batch Citation Matcher（批量引文匹配）均可进入引文匹配检索页面。Single Citation Matcher 为单篇引文的检索，Batch Citation Matcher 为多篇引文的检索。引文匹配检索是用残缺不全的题录信息为线索来查特定记录的工具，当论文中的参考文献信息不完整时，可利用引文匹配器来核对补充信息。

1. 单一引文匹配　适用于精确检索某一篇文献。在检索页面，根据提示输入刊名、出版日期、卷、期、起始页、作者名、文献篇名，对作者名出现的位置进行限定。检索时，可以只填写其中一项或几项。刊名输入用全称或缩写均可，出版时间的输入格式是：年/月/日，作者名输入为姓前名后，名为缩写。利用单一引文匹配还可以浏览到最新期刊的题录和摘要，例如，输入 Nature（刊名）、556（卷）、7700（期），就可以查到最新一期的《Nature》上的文章。

2. 批量引文匹配器　在 PubMed 主页的 PubMed Tools 栏点击 Batch Citation Matcher，进入检索页面，可一次输入多行检索提问。批量引文匹配的检索输入格式为：刊名|年|卷|起始页|著者|检索用户对文献的标识|，返回的检索结果是 PMID 号（PubMed 的记录顺序号）。每次检索提问的信息单独成行，其中刊名和著者姓名必须是 MEDLINE 标准缩写形式；对文献的标识可以是任意字符串；某项信息如缺失可不填写，但"|"不能省略；最后填写好邮箱地址，系统会将检索结果发送到邮箱或直接存入文件中。

例如，输入以下两条提问：

VIRUS GENES|1992|6|393| |P27423-1|（著者不明确，可省略）

res microbiol|1992|143|467|ivey dm|P25966-1|

点击 GO 按钮，屏幕返回如下信息：Your request has been successfully submitted. You will receive an email shortly（意为你的检索要求已提交成功，你将收到一封邮件短信）。进入邮箱，将检索结果行末的 PMID 粘贴到 PubMed 的检索提问框去检索，得到记录的详细信息。

（七）临床文献检索

在 PubMed 主页的 PubMed Tools 栏点击 Clinical Queries，进入临床文献检索的页面（图 4-7）。Clinical Queries 是一个专门为临床医生和临床试验工作者设计的检索服务，有三个方面的检索。

1. Clinical Study Categories　供查询疾病的 therapy（治疗）、diagnosis（诊断）、etiology（病因）、prognosis（预后）和 clinical prediction guides（预防）五个方面的文献。选项"Broad"和"Narrow"为检索过滤器（Search Filter），用来表示倾向查全还是查准。

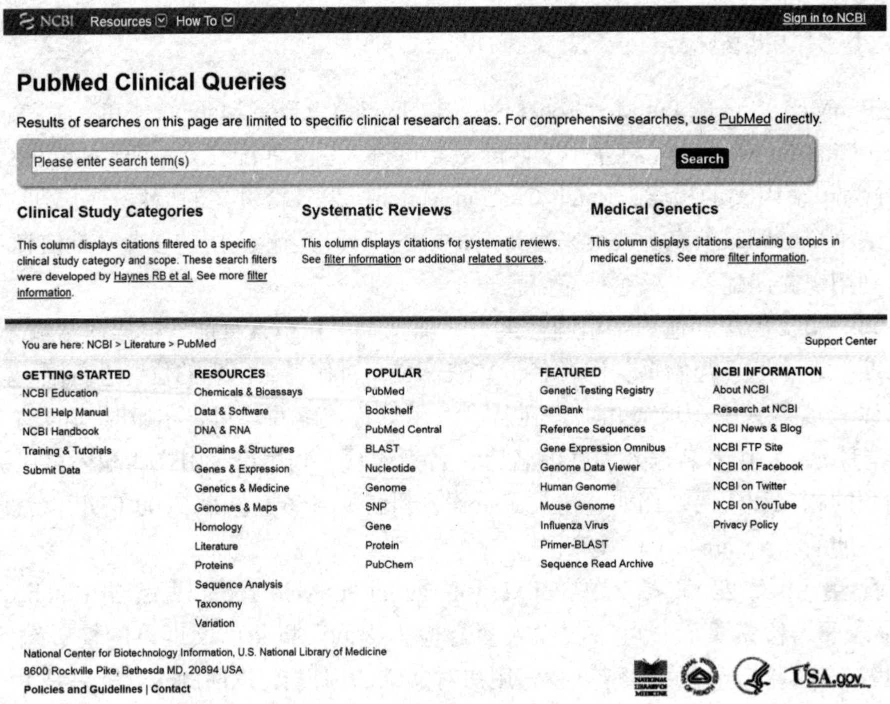

图 4-7　临床文献检索界面

例如，输入检索词疾病名"hepatitis（肝炎）"，点击 Search，Category 选择 Diagnosis，并同时选倾向于查准的"Narrow"，系统配以如下检索式去检索：

Diagnosis/Narrow［filter］AND（"hepatitis"［MeSH Terms］OR "hepatitis"［All Fields］OR "hepatitis a"［MeSH Terms］OR "hepatitis a"［All Fields］）

2. Systematic Reviews　供检索疾病的 systematic reviews（系统评论）、meta-analysis（meta 分析）、reviews of clinical trials（临床试验评论）、evidence-based medicine（循证医学）、consensus development conferences（共识发展会议）、guidelines（指南）等方面的文献。

3. Medical Genetics　供检索疾病的遗传学方面的文献，有 All、Diagnosis（诊断）、Differential Diagnosis（鉴别诊断）、Clinical Description（临床描述）、Management（处理）、Genetics Counseling（遗传咨询）、Molecular Genetics（分子遗传学）、Genetics Testing（遗传测试）等多个选项。

（八）专题检索（Topic-Specific Queries）

在 PubMed 主页 PubMed Tools 下方点击 Topic-Specific Queries，进入专题检索页面，其汇总了 PubMed 提供的专题检索目录（Directory of Topic-Specific PubMed Queries），分为四个部分。第一部分是为临床医生和卫生服务研究人员提供的专题查询（Clinicians and Health Services Researchers Queries），包括 Clinical Queries、Electronic Health Records 等；第二部分为针对不同学科专题（Subjects）设立的子数据库，如

AIDS、bioethics、Cancer、Toxicology、Complementary Medicine、History of Medicine 等；第三部分为其他专题查询（Additional Search Queries / Interfaces），包括 ALTBIB（生物医学研究和试验中使用活脊椎动物替代资源相关文献）、CAM on PubMed（提供在 PubMed 中搜索补充和替代医学引文的信息）等；第四部分为期刊专题（Journal Collections）。

（九）My NCBI 更新检索

在 PubMed 主页右上方点击 Sign in to NCBI，进入 My NCBI 登录页面。My NCBI 更新检索是用已保存的检索式进行更新检索，使用须先注册。登录之后就可以保存检索式。登录后进入 My NCBI，分为 7 个模块：Search NCBI databases（数据库文献检索）、My Bibliography（个人参考文献目录）、Recent Activity（最近检索历史）、Saved Searches（已保存的检索式）、Collections（个人设置及收藏信息汇总）、Filters（个性化设置检索过滤器）、SciENCV（创建、管理及分享个人科学履历）。在 PubMed 数据库基本检索页面点击 Create alert 可保存检索操作到 Saved Searches，点击保存的检索式，即可显示检索式最近一次的检索结果，点击 What's New 下对应的结果数字链接，会出现新增检索结果的文献列表，同时更新已保存的检索。

三、检索结果的处理

对 PubMed 检索结果的处理包括检索结果的显示、保存和打印。在检索结果显示页面的左侧，可对检出文献进一步细化区分。

（一）检索结果的显示设置

在检索结果显示页面，系统默认的显示格式是 Summary（题录格式），可点击 Format 对检索结果的显示进行设置和修改。Summary 格式显示记录中的篇名、著者、出处、PMID 号、记录标记和相似文献链接（Similar article），点击 Similar article 链接可检索出与当前文献相关的文献信息，并按相关度从高到低排列，这对于检出文献量很少的情况非常有用。常用的显示格式有三种。

1. Summary（text） 以纯文本格式显示检索结果，显示记录中的著者、篇名、出处、DOI 号、PMID 号。此格式适合在网速过慢时使用。

2. Abstract Summary 格式中的所有字段加上摘要、著者单位和地址、人名主题、全文链接、出版类型（Publication Types）、MeSH 词（MeSH Terms）、化学物质（Substances）等。如果某篇文献全文来自用户所在机构订购的全文数据库，或来自 PMC 以及开放获取期刊，点击全文链接即可获取全文。此格式是查看文献和保存检索结果最常用的格式。

3. MEDLINE 可将 MEDLINE 格式的检索结果输出到 EndNote、Reference Manager 等参考文献管理软件中。

检索结果的排序可按 Link、Relevance、Publication Date、First Author、Last Author、Journal 和 Title 这六种方式排序。

（二）检索结果的保存

在检索结果显示页面，点击 Send to，会出现七种保存方式。

1. 选 File　系统以纯文本文件形式保存检索结果，可对输出结果的显示格式（Format）和排序方式（Sort by）进行选择。

2. 选 Clipboard　可将记录添加到临时的粘贴板中。

3. 选 Collections　将检索结果保存在 My NCBI 中的 Collection 中，并可对结果进行编辑。

4. 选 E-mail　可将结果发送到指定邮箱中。

5. 选 Order　系统将保存的文献提交全文订购，这项服务需支付一定的费用。

6. 选 My Bibliography　系统以目录形式将文献添加到 My NCBI 的 My Bibliography 板块。

7. 选 Citation manager　以文献管理软件（如 EndNote）格式保存检索结果。

（三）检索结果的二次处理

在检索结果显示页面右侧，提供九个选择对检索结果进行二次细分。

1. Filters Manage Filters　对检索结果按设定要求过滤，选择不同的设定条件，系统会在检索页面显示该条件下的文献数量。

2. Sort by　将检索结果按相关度或时效性排序。

3. Results by year　按年度对检索结果进行细分。

4. Related searches　推荐与搜索内容相关联的搜索。

5. PMC Images search　列出图片标题与搜索主题相关的图片。

6. Titles with your search terms　列出检索词出现在题目中的文献。

7. Find related data　可在 NCBI 的其他数据库中检索文献。

8. Search details　显示系统使用的检索式。

9. Recent activity　显示近期还进行过哪些检索操作。

第二节　Web of Science 核心合集

一、概述

Web of Science 核心合集（WoS）可以追溯到早期的科学引文索引（Science Citation Index，SCI）。1961 年，美国科学情报研究（Institute for Scientific Information，ISI）编辑出版印刷型 SCI。1988 年 ISI 推出 SCI 光盘版，收录期刊 3800 余种（即 SCI 期刊核心版）。1997 年，Thomson Scientific 将 SCI、SSCI、AHCI 进行整合，利用互联网的开放环境，创建了网络版的多学科文摘数据库，收录期刊增加了两千余种，取名 SCI Expanded（SCI 扩展版），并将网络版检索系统命名为 Web of Science。2015 年检索系统改版，命名为 Web of Science 核心合集。

ISI Web of Science 是全球最大、覆盖学科最多的综合性学术信息资源，收录了自然科学、工程技术、生物医学等各个研究领域最具影响力的一万多种核心学术期刊。其严格的选刊标准，确保了收录信息的质量，是目前国际上最具权威性的、用于基础研究和应用基础研究成果的重要评价体系。

（一）数据库构成

Web of Science 包含三大引文索引数据库（Science Citation Index Expanded、Social Science Citation Index、Arts & Humanities Citation Index）、两个会议记录文献引文数据库（Conference Proceedings Citation Index-Science 、Conference Proceedings Citation Index-Social Science & Humanities）和两个化学数据库（Index Chemicus 和 Current Chemical Reactions）。

1. Science Citation Index Expanded（科学引文索引扩展版，SCIE） SCI 的网络版或扩展版，收录了一百七十多个学科领域内八千七百多种最具影响力的学术刊物，数据可回溯至 1900 年。

2. Social Science Citation Index（社会科学引文索引，SSCI） 收录了社会科学领域五十多个学科的三千三百多种最具影响力的学术刊物，数据可回溯至 1956 年。

3. Arts & Humanities Citation Index（艺术与人文引文索引，A&HCI） 收录了艺术与人文领域二十多个学科的一千五百多种学术期刊，数据可回溯至 1975 年。

4. Conference Proceedings Citation Index-Science（科技会议录索引，CPCI-S） CPCI-S 为原来的 ISTP，收录生命科学、物理与化学科学、农业、生物和环境科学、工程技术和应用科学等学科的会议文献，包括一般性会议、座谈会、研究会、讨论会、发表会等。其中工程技术与应用科学类文献约占 35%，数据可回溯至 1990 年。

5. Conference Proceedings Citation Index – Social Science & Humanities（社会科学与人文会议录索引，CPCI-SSH） CPCI-SSH 为原来的 ISSHP，提供 1990 年以来以专著、丛书、预印本、期刊、报告等形式出版的国际会议论文文摘及参考文献索引信息，涉及社会科学、艺术及人文科学的所有领域。数据库每周更新。

6. Index Chemicus（IC） 收录世界上有影响的期刊报道的新颖有机化合物，可以用结构式、化合物和反应的详情及书目信息进行检索。

7. Current Chemical Reactions（CCR） 提供 1986 年以来的超过 74 万条新的化学反应的信息，以及 1840 ~ 1985 年的 INPI 文档信息。CCR 支持反应结构和条件检索。

（二）特点

1. 收录文献要求严格 SCI 收编文献的选择要求相当严格，在选择过程中对文献的出版时间、编辑规范、论文要求、审稿标准、内容设置、引证分析和国际化程度等均做出了统一明确的规定。更重要的是，为确保选择高质量的文献，它运用了引文数据分析与同行评估相结合的方法，把文献的学术价值放在首位。

2. 揭示科学之间的引证关系 它不仅可以从文献引证的角度去评估文章的学术价

值，而且还能迅速方便地组建研究课题的参考文献网络。SCI 与其他文献检索工具的主要不同之处在于：它把人们所发表论文后面列出的参考文献，按照科学方法编排成具有逻辑关系的索引工具。一个作者无论在过去什么时候发表的文章，只要被他人在现期刊物中发表的一篇文章中引用，这位作者的名字就会出现在引证索引中，该作者的文章被现期刊物发表的文章引用数次，在引文索引中就表现为数个引证款目。因此，利用引文索引只要通过一个作者的名字，就有可能找到与这一主题密切相关的许多文献。SCI 的这种引证方法，有力地揭示了学科之间的引证关系。

3. 评价科研成果的重要标准　SCI 是当今国际公认的进行科研成果评价的标准和依据。

（1）引文索引是揭示学科之间引证关系的工具：它能全面反映出作者与作者之间、论文与论文之间的学术影响关系。任何一篇论文被引用的次数越多，说明该论文的学术价值越高。这种根据引文方法评价学术研究成果的水平是比较公正和客观的。

（2）被 SCI 选用的文献和引用的论文具有较高的学术水平及较高的学术影响力：SCI 收录的文献，基本上都是全世界各学科领域最具权威的核心期刊，在核心期刊上发表论文要比普通期刊要求更高、难度更大。

（3）SCI 提供的引文分析数据评价方法比较客观、公正和定量：运用 SCI 作为评价科研成果的标准，对科学研究工作有积极的推动作用。它有利于用户通过作者发表论文的情况，了解其科学研究成果和科学研究实力，从而掌握世界某一专业学科领域的最新研究水平和发展动态。

4. 与 EndNote Web 整合　自动格式化文后参考文献，提高写作效率。

（三）基本检索规则

1. 无需区分大小写　检索 Vitamin A 或 vitamin a 的检索结果是相同的。

2. 逻辑算符　Web of Science 核心合集支持逻辑运算符的检索操作，运算符有 AND、OR、NOT 三个，使用检索运算符时无需区分大小写。如 stem and cell 为查找同时包含这两个词语的记录；stem or cell 为查找包含 stem 或 cell（或同时包含二者）的记录；stem not cell 为查找包含 stem 不包含 cell 的记录。

3. 通配符　Web of Science 核心合集支持的通配符有 *、? 和 $ 三个。"*"代表 0 到多个任意字符，"?"代表 1 个任意字符，"$"表示 0 或 1 个任意字符。如 enzym* 可查找：enzyme、enzymes、enzymatic；wom?n 可查找：woman、women；colo$r 可查找：color、colour。

4. 邻近算符　用 SAME 表示。表示它所链接的检索词必须出现在同一个句子或者一个关键词短语里或同一行地址内。如 Mineral Resources SAME Beijing 为查找记录的"地址"字段中某作者的地址同时包含检索词 Mineral Resources 和 Beijing 的记录。

5. 位置算符　用 NEAR/x 表示。查找由该运算符连接的检索词之间相隔指定数量的单词的记录。如 cell NEAR/5 tumor 表示查找同时包含 cell 和 tumor，但两个单词间间隔必须在五个单词内的记录。在一个检索式中出现多个算符时，运算次序如下，NEAR/

x>SAME>NOT>AND>OR，可利用圆括号来改变运算优先级。

6. 词组检索　短语默认为词组，自动在词间用 AND 组配检索。如果要进行准确的词组检索，需在词组的两边加双引号""表示。如：输入 energy conservation（节能），可找到 energy conservation 同时也可找到 conservation of energy。输入 "energy conservation" 只能检索到 energy conservation。

二、检索途径与方法

进入 Web of Science 后，点击"选择数据库"旁边下拉菜单选择"Web of Science 核心合集"进入检索页面（图4-8）。检索页面右上方可进行页面语言切换，有中文、英文、日语等8种版本供用户选择，国内默认简体中文，但检索词必须为英文。Web of Science 核心合集提供基本检索、作者检索、被引参考文献检索、化学结构式检索和高级检索五种方式。

（一）基本检索

进入 Web of Science 核心合集检索页面默认的检索方式即为基本检索（图4-8），提供主题、标题、作者、出版物名称（包括刊名等）、文献类型等18个字段供用户检索时选择，可以选择"添加另一字段"对多个字段进行限定检索，字段间用 AND、OR、NOT 进行自由组配，还可以对时间及检索的核心合集数据库进行限定。

图4-8　Web of Science 核心合集主页及常规检索界面

1. 主题（Topic）　主题检索是表示在文献标题、关键词、摘要、增补关键词四个字段中查询。由于 Web of Science 核心合集不设主题词，在检索时要考虑检索词有无同义词，以防止漏检。

2. 作者（Author）　进行作者检索时，姓在前名在后，名字用首字母表示，姓和名之间用空格隔开。只输入一个名字的首字母时，系统将自动添加星号"*"通配符。因此，输入 Smith M 可搜到 Smith M、Smith ML、Smith MC 等。对于比较复杂的姓名或者姓名中含有特殊符号的情况，应检索该姓名可能的各种写法。

3. 团体作者（Group Author） 应输入团体作者可能的各种写法。例如，应包括作者名的全拼方式和可能的缩写形式。可点击"从索引中选择"使用"浏览"和"查找"功能查找要添加到检索式中的团体作者。

4. 出版物名称（Source Title） 用期刊的全称检索，或用期刊刊名的起始部分加上星号"*"通配符检索，可在索引中浏览各首字母开头的期刊名，在输入刊名时检索框下方会自动出现能够匹配的刊名。

5. 地址（Address） 按作者所在机构或地理位置检索，包括大学、机构、公司、国家、城市等的名称和邮政编码等。

当通过著者机构进行地址检索时，可以输入机构名称中的单词或短语（经常采用缩写形式，如 University 缩写为 Univ）；从机构名称检索时，可输入公司或大学的名字；检索某一地点的机构时，可用"SAME"连接机构及地点；检索某一机构中的某个系或部门时，可用"SAME"连接机构、系或部门名称，如：Yale Univ SAME Hosp。

【检索示例】查找有关中国作者发表的 Alzheimer's disease（阿尔兹海默病）相关的研究论文，数据库限定为 Science Citation Index Expanded。

检索步骤：

第一步：在第一个字段选择"主题"，在检索框输入 Alzheimer's disease。

第二步：在第二个检索字段中选择"地址"，在检索框输入"China"，两字段间选择 AND 连接。

第三步：在第三个检索字段选择文献类型，选择"Article"文献类型，逻辑关系运算符选择 AND，在"更多设置"中勾选数据库 Science Citation Index Expanded（SCI-EXPANDED）。

第四步：点击"检索"（图 4-9）。

图 4-9　基本检索示例界面

对检出的文献，可以选择出版年、Web of Science 类别、文献类型、机构扩展、基金资助机构、作者、开放获取、来源出版物名称等限定条件精炼检索结果（图 4-10），此功能是对检索到的结果进行统计分析。通过分析，用户可以直观地了解到，研究该检索主题最多的作者是谁；该主题的各年度研究趋势变化；该主题的文章主要发表在哪些杂志上等。

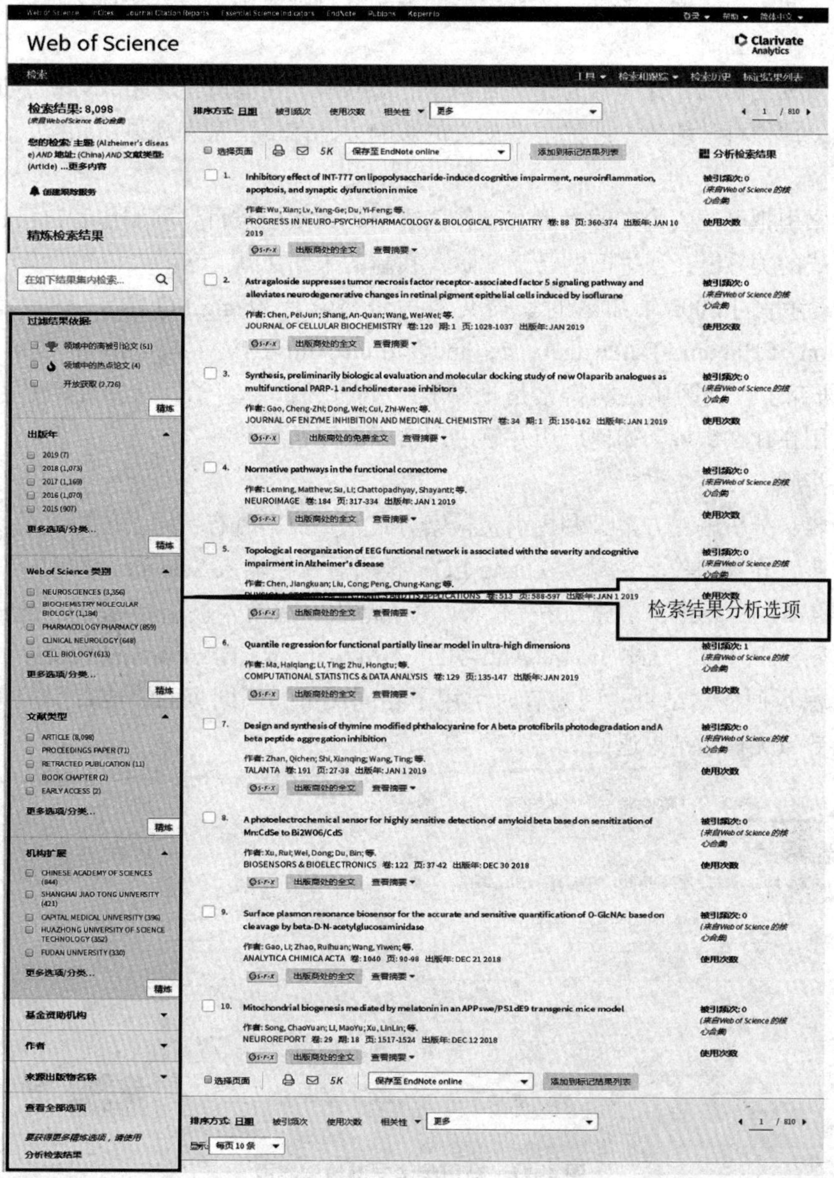

图 4-10　基本检索结果分析界面

（二）引文检索（Cited Reference Search）

在 Web of Science 核心合集检索页面选择"被引参考文献检索"，进入引文检索页面。引文检索提供被引作者、被引著作、引用的 DOI、被引年份、被引卷、被引期、被引页、被引标题多字段限定检索。"被引著作"为输入被引用的研究工作出处：期刊名、专利号、书名等。

引文检索是 ISI Web of Science 核心合集最具特色的检索途径，特点是以一篇文章、一个作者、一种期刊、一篇会议文献或者一本书作为检索词，直接检索引用该文献的文献，不受时间、主题词、学科、文献类型的限制，特别适用于检索一篇文献或一个课题的发展，并了解其研究思路。

引文数据的作用：探究研究论文之间的隐藏联系，厘清研究脉络，分析、追踪热点研究领域，评估科学绩效（评估学术论文的影响力、评估国家宏观科研状况、学术期刊的评价）。

引文索引把已发表论文的参考文献作为索引词或索引条目，利用作者自己建立的文章之间正式的关系链，通过旧的已知文献查找新的未知文献。

【检索示例】2002 年知名的华裔艾滋病研究学者 Zhang LQ 在 Science 发表论文 Contribution of Human –Defensin 1，2，and 3 to the Anti–HIV–1 Activity of CD8 Antiviral Factor，研究了人类阿尔法防御素是抵御 HIV 病毒的重要因子。这种理论是否是可行的？可以用在什么领域？如何应用并解决现实中的问题？

检索步骤：

第一步：分析解决方案，利用引文检索方式，查找出所有引用了该论文的文献。

第二步：在被引作者栏输入 Zhang LQ，被引著作栏输入 Science，被引年份栏输入 2002（图 4-11），点击"检索"按钮。注意：此处不能输入被引标题"Contribution of Human–Defensin 1，2，and 3to the Anti–HIV–1 Activity of CD8 Antiviral Factor"，一旦输入系统无法返回检索结果，因为有时引用了相同文章的不同页面，或者引用论文不正确，都会导致无检索结果返回。

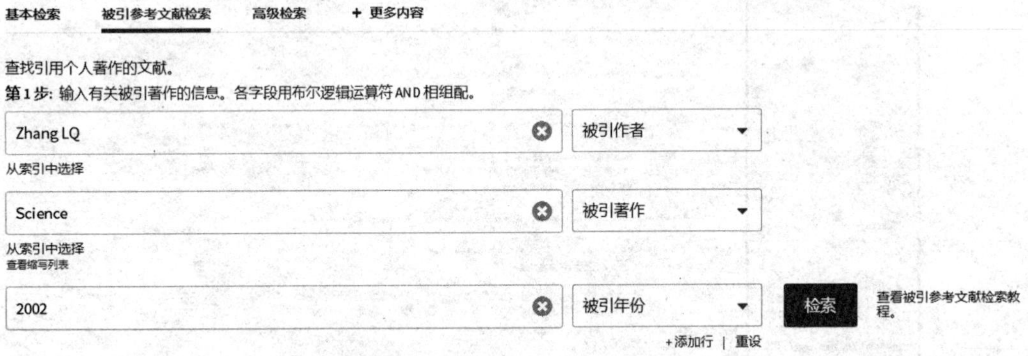

图 4-11　被引参考文献检索界面

第三步：执行检索后，系统返回该作者所有 2002 年发表在 Science 期刊论文被引情况，找到该篇论文并在方框内勾选，点击"完成检索"（图 4-12），系统返回相应的检索结果。

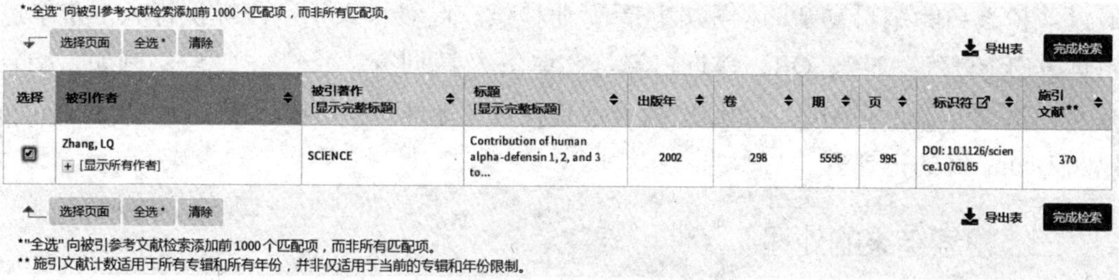

"全选"向被引参考文献检索添加前 1000 个匹配项，而非所有匹配项。

选择页面　全选*　清除　　　　　　　　　　　　　　　　　　　　　　　　　　　　　　　↓ 导出表　完成检索

选择	被引作者	被引著作 [显示完整标题]	标题 [显示完整标题]	出版年	卷	期	页	标识符	施引 文献**
☑	Zhang, LQ + [显示所有作者]	SCIENCE	Contribution of human alpha-defensin 1, 2, and 3 to...	2002	298	5595	995	DOI: 10.1126/scien ce.1076185	370

选择页面　全选*　清除　　　　　　　　　　　　　　　　　　　　　　　　　　　　　　　↓ 导出表　完成检索

"全选"向被引参考文献检索添加前 1000 个匹配项，而非所有匹配项。
** 施引文献计数适用于所有专辑和所有年份，并非仅适用于当前的专辑和年份限制。

图 4-12　被引参考文献检索索引界面

在检索结果页面点击"分析检索结果"，可以对检索结果从研究方向、出版年、文献类型、机构等方面进行统计分析。

（三）化学结构检索

自 2003 年升级到 6.0 版起，ISI Web of Science 核心合集将 ISI Chemistry 与 SCIE 完全整合到一起，从而为 ISI Web of Science 核心合集提供了化学结构信息的检索和更为丰富的化学内容。化学结构检索包括 Current Chemical Reactions（CCR）和 Index Chemicus（IC）两个数据库的化学信息。

1. CCR 和 IC 的主要用途　涵盖单步和多步化学合成方法，每一种方法配有完整的反应流程图。

（1）取得分子合成反应的信息，检查某类分子是否已被分离、合成的有关文献资料。

（2）了解最新的催化剂、各类分子的生物活性、天然来源等信息资料。

（3）新的有机金属化合物设计、合成与应用。

（4）各种单体分子的合成，催化剂的利用，材料的各种合成途径。

（5）了解化合物、药物分子的生物活性，迅速发现潜在的药物母体及其合成，"组合化学"所必需的固相合成反应。

（6）缩短项目的研究周期，减少不必要的重复开发，提高工作效率。

（7）信息来源主要有期刊、专利、会议录文献。

2. 化学结构检索的方法　进入化学结构式检索页面，下载并安装 ISI 免费提供的化学插件。安装好化学插件后，单击"Draw Query"化学结构绘图模块，创建化学结构并将其插入到下面的"检索式"框中。然后选择检索模式是"子结构"还是"精确匹配"，再设置化合物数据和化学反应数据。其中，化合物数据包括化合物名称、生物活性、分子量、限制化合物在反应中的角色；化学反应数据包括化学反应的气体环境、时间、产率、压力、温度、反应关键词、化学反应备注。以上均输入好后点击"检索"执行检索操作，系统返回检索结果完成检索。

（四）高级检索

在 Web of Science 核心合集检索页面，选择"高级检索"进入检索页面。用户可以通过该检索功能编辑复杂的检索式进行专业检索。高级检索中字段标识符为，布尔逻辑运算符 NOT、AND、OR，邻近运算符 SAME 及截词符 "*" "？" "$"。例如：AD=（Univ Copenhagen SAME Denmark），表示查找在"地址"字段中出现 Univ Copenhagen 以及 Denmark 的记录。

三、检索结果的处理

1. 检索结果的精炼　在 Web of Science 核心合集的检索结果显示页面左侧为结果精炼区，用户可以通过文献类型、作者、来源出版物名称、出版年、会议名称、基金资助机构、语种、国家/地区等对所得结果进行精炼。该区上方还设有二次检索框，以便进一步检索。对检索结果还能通过点击页面上方的排序方式，按照日期、被引频次、使用次数、相关性等选项对结果进行精炼。

2. 检索结果的保存　可将检索结果保存至 EndNote online、EndNote desktop、ResearchID、InCites 或保存为其他文件格式（图 4–13）。在操作时可对记录数、记录内容、文件格式进行选择，也可点击"添加到标记结果列表"保存检索结果或对选择的检索结果条目进行分析。

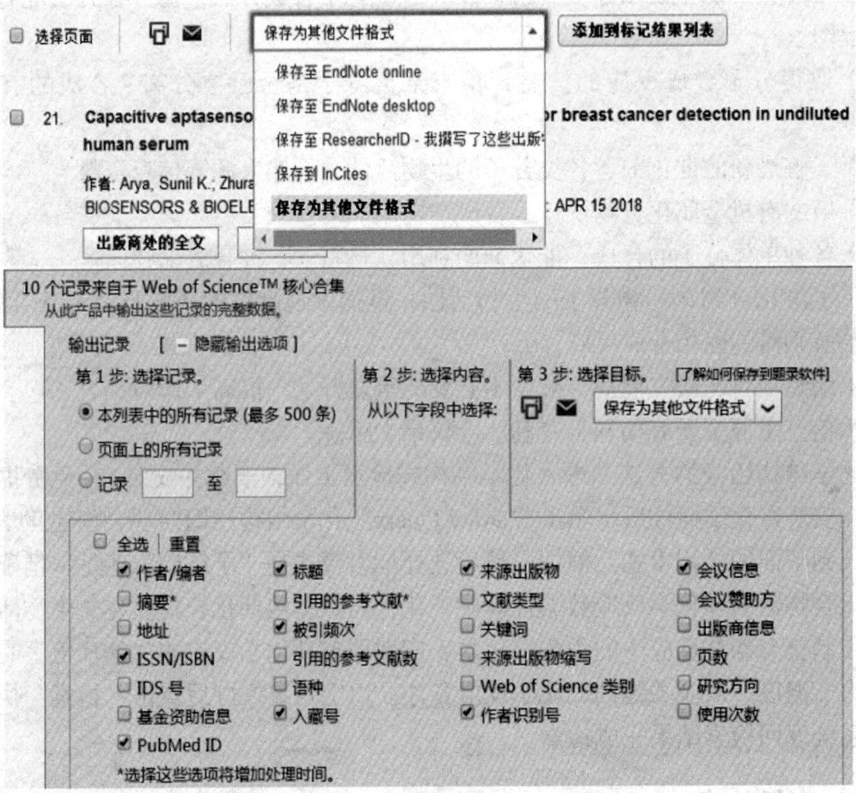

图 4–13　检索结果保存界面

3. Web of Science 核心合集 ® 记录中的字段及含义

标题（Title）：是论文的完整标题。

作者（Author）：包含作者的姓和不超过五位的名字的首字母。所有的作者姓名都被索引并可检索。作者超链接连接到相同作者名发表的其他文献记录上。

文献标题（Source Title）：是论文发表的期刊的名称，同时含有卷、期和页码信息。

参考文献（Cited References）：包含作者在其发表论文的参考文献列表中列出的文献目录。在某种程度上正是这些文献对作者的论文产生了某些影响。

被引次数（Times Cited）：指该论文自发表以来被数据库收录的其他论文的引用次数。

相关记录（Related Records）：指数据库中与用户正在浏览的记录共同引用了一篇或多篇相同参考文献的文章。

摘要（Abstracts）：如果文章存在作者提供的英文摘要，则摘要被数据库索引。

作者关键词（Author Keywords）：指由作者提供的关键词。

扩展关键词（Keywords Plus）：指从文章的参考文献的标题中提取的关键词。

作者地址（Address）：所有的作者地址都被索引。文章责任人地址被列在最前面，随后是研究人员地址。注意：除文章责任人以外，其他作者姓名顺序与作者地址不一一对应。

学科分类（Subject Category）：指的是期刊的学科分类而不是文章的学科分类。这里所提供的学科分类与 Journal Citation Reports 的分类完全相同。

四、期刊引证报告

期刊引证报告（Journal Citation Reports®，JCR）创建于 1975 年，由 ISI 编辑出版，是一个独特的多学科期刊评价工具，也是唯一提供基于引文数据的统计信息的期刊评价资源。通过对参考文献的标引和统计，JCR 可以在期刊层面衡量某项研究的影响力，显示出引用和被引期刊之间的相互关系。JCR 包括自然科学（Science Edition）和社会科学（Social Sciences Edition）两个版本。其中，JCR-Science 涵盖来自 83 个国家或地区，约两千家出版机构的 8500 多种期刊，覆盖 176 个学科领域。JCR-Social Sciences 涵盖来自 52 个国家或地区 713 家出版机构三千多种期刊，覆盖 56 个学科领域。新平台上的 JCR 在旧版的基础上开发并加强了数据及其呈现方式，使其更加全面易用。JCR 与 Web of Science 核心合集的数据无缝链接、自由切换，并采用更加清晰、准确的可视化方式来呈现数据，用户可以更加轻松地创建、存储并导出报告。

（一）概述

JCR 对包括 SCI 收录的 3800 种核心期刊（光盘版）在内的八千多种期刊（网络版）之间的引用和被引用数据进行统计、运算，并针对每种期刊定义的影响因子（Impact Factor，IF）等指数加以报道。一种期刊的影响因子，指的是该刊前两年发表的文献在当前年的平均被引用次数。一种刊物的影响因子越高，即其刊载的文献被引用率越高，一方面说明这些文献报道的研究成果影响力大，另一方面也反映出该刊物的学术水平高。因此，JCR 以其大量的期刊统计数据及计算的影响因子等指数，而成为一种期刊评价工具。图书馆可根据 JCR 提供的数据制定期刊引进政策；论文作者可根据期刊的影响因子排名决定投稿方向。

JCR 的网络检索平台主要整合在 Web of Science（WOS）平台上，访问方法为：在 WOS 主页上方点击 Journal Citation Reports 进入检索页面（图 4-14）。JCR 不提供免费检索，需单位订购或通过用户名及密码方可使用。

JCR 一般每年 6 月发布上一年（统计年）的数据，因此，最新版 JCR 要滞后半年时间。需要注意的是：有些引文数据由于在计算时需要使用几年累积的文献数据，因此，必须在期刊被 SCI 收录若干年后才能在 JCR 中查到。例如，期刊影响因子必须在期刊被 SCI 收录三年后方可查到。SCI 严格按收录标准评判期刊，每年总的期刊数量及品种呈现动态变化。

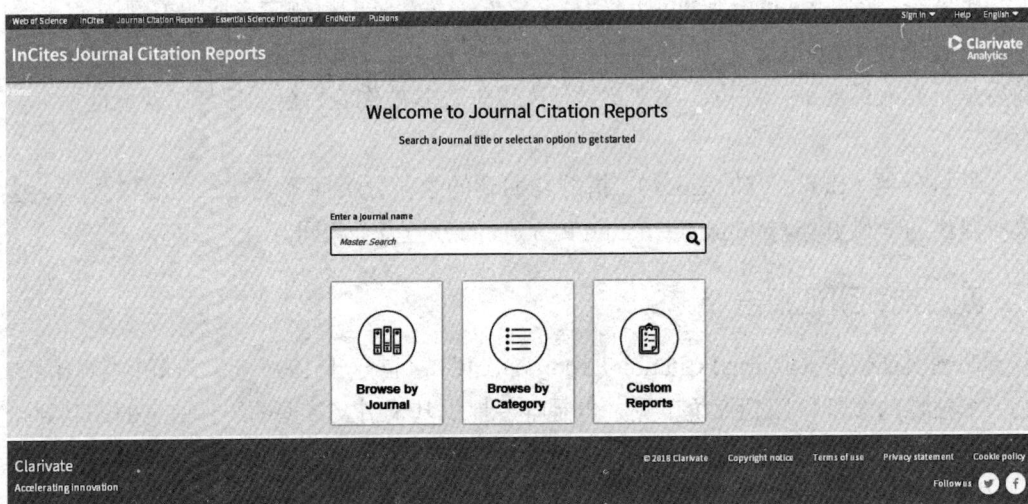

图 4-14　JCR 检索主界面

（二）JCR 期刊分区

分区（Percentile）是根据学科内部杂志的真实水平对杂志分档次，避免学科横向比较时受影响因子的不客观影响。一般来说，期刊影响因子越高，表明其刊载的文献被引用率越高、该研究成果的影响力大，也反映出该刊物的学术水平高。但是不同学科的引用率有着较大的差异，单凭 IF 值横向比较不同领域、不同学科的期刊有失公平。为了兼顾学科自身引用的特性，较为客观地反映期刊的真实价值，其引进了期刊 IF 分区，使不同学科之间可以根据期刊所处分区进行横向比较。

目前，JCR 期刊分区影响较为广泛的有两种：一是 Clarivate 公司自身制定的分区；

二是中国科学院国家科学图书馆制定的分区（简称"中科院分区"）。它们均基于 SCI 收录期刊的影响因子基础之上。

1. Clarivate 期刊分区 Clarivate 期刊分区将收录期刊分为 176 个不同学科类别，把某一个学科的所有期刊按照上一年的影响因子降序排列，然后平均四等分（各 25%），依次排列为四个区：Q1、Q2、Q3、Q4，可在 JCR 平台中检索。

特殊情况：①新收录期刊。由于还没有建立收录期刊之间被引数据，而无法计算 JCR 所需的 IF。没有 IF 大小也就无法决定其分区的位置，于是暂时无法建立分区信息，一般要 2～3 年才有分区记录。②自引率居高不下的期刊。由于某些期刊自引率过高等问题被暂停公布影响因子而无法分区。此类期刊会比较危险，如果短期内不能有所改进，可能会被剔除出数据库收录范围。

2. 中科院分区 中科院分区是根据每年的 JCR 数据，将学科分为 14 个大类和 174 个小类。每个学科分类按照期刊的影响因子高低，分为四个区：各学科分类中影响因子排名前 5%（含 5%）的期刊划分为一区，排名在 6%～20%（含 20%）的期刊为二区，排名在 21%～50%（含 50%）的为三区，排名在 50% 以后的为四区。

按 SCI 期刊分区表对 SCI 论文进行评价已被国内大部分高校采纳，它有利于鼓励科技工作者向本学科的高级区域投稿，尤其是发表在一、二区的论文，通常被认为是该学科的标志性成果。

（三）JCR 指标

JCR 中反映学术期刊质量与影响力的指标主要包括：

1. 影响因子（Impact Factor，IF） 是统计和评价期刊的一个重要指标，指期刊前两年（相对于统计年）发表的论文在统计当年被引用的总次数除以该刊在前两年内发表的论文总数。

2. 5 年影响因子（5-Year Impact Factor） 是 JCR 统计年的前 5 年（相对于统计年）发表的论文在统计当年被引次数总和除以该刊前 5 年的发表论文总量。如果 5 年影响因子小于统计当年的影响因子（两年期），表明该刊受关注程度增加，反之亦然。

3. 即年指数（Immediacy Index） 又称快引指数，是根据某种期刊当年发表的论文在当年的被引比率来反映期刊的影响程度，也是 JCR 统计和评价期刊的重要参数。快引指数比较高的期刊一般以刊载跨学科且在某方面具有突破性和开创性的热门研究文章为主，这些文章一旦发表很快就会被引用。

4. 发文量（Articles） JCR 统计年某期刊的发文量，只有那些可以作为有效引文的论文才进入统计数据，不包括 Editorials、Letters、Meeting Abstracts 等类型。

5. 期刊被引半衰期（Cited Half Year） 是以"被引期刊"（Cited Journal）的数据为依据，半衰期一般只统计 10 年的数据，如 JCR2010 版只统计 2001～2010 年，半衰期是一个介于 1 与 10 之间的数字。半衰期如果大于 10，系统将不再进行统计。一般来说，半衰期统计至小数点后第一位，整数部分以被引累积百分比小于或等于 50% 的年代数为准。被引累积百分比是根据 2001 ~ 2010 年的某一年度到 2010 年的被引数之和与总被引数之比得出的。

6. 特征因子分值（Eigenfactor Score） 是指某刊在过去 5 年刊载的论文在 JCR 统计年被引用的情况，是测定科学研究的学术影响力指标。与影响因子相比，期刊特征因子分值的特点有：①特征因子考虑了期刊论文发表后 5 年的引用时段，比影响因子的两年引文时段更能客观地反映期刊论文的引用高峰年份。②特征因子对期刊引证的统计包括自然科学和社会科学，更为全面、完整。③特征因子的计算扣除了期刊的自引。④特征因子的计算基于随机的引文链接，通过特征因子分值可以较为合理地测度科研人员用于阅读不同期刊的时间。

7. 论文影响力指数（Article Influence Score） 旨在基于每篇论文学术影响力来测度期刊的相对重要性。论文影响分值的平均值为 1，大于 1 表明期刊中每篇论文的影响力高于平均水平，小于 1 则表明低于平均水平。

8. Total Cites 某学科期刊的文献被引用的总次数。

9. 中值影响因子（Median Impact Factor） 取自于一个学科期刊影响因子排序居中的那个期刊的影响因子。若某一学科的期刊为双数时，取影响因子居中的两种期刊影响因子的平均值为该学科的中值影响因子。

10. 学科集合影响因子（Aggregate Impact Factor） 指前两年本学科期刊上的文献在 JCR 统计当年被平均引用的次数，即分子是该学科期刊前两年发表的文献在统计当年被引用的次数，分母是该学科期刊前两年刊载文献的总数。

（四）JCR 的查询

在 JCR 查询期刊引文数据时，可以在主页（图 4-14）Enter a journal name 的输入框中直接输入要查询的期刊名称，也可通过点击 Brower by Journal 进入按期刊浏览检索或点击 Browse by Category，进入按学科分科浏览检索。

以 Brower by Journal 检索方式为例，介绍 JCR 的使用方法。

点击 Brower by Journal 进入按期刊浏览检索页面（图 4-15），目前可查询年度为 1997 ~ 2017 年。JCR 主页面筛选区提供以下几种查询功能。

1. Go to Journal Profile 通过键入期刊全称、期刊缩写、刊名关键字或 ISSN 号检索期刊，具有自动提示刊名功能。

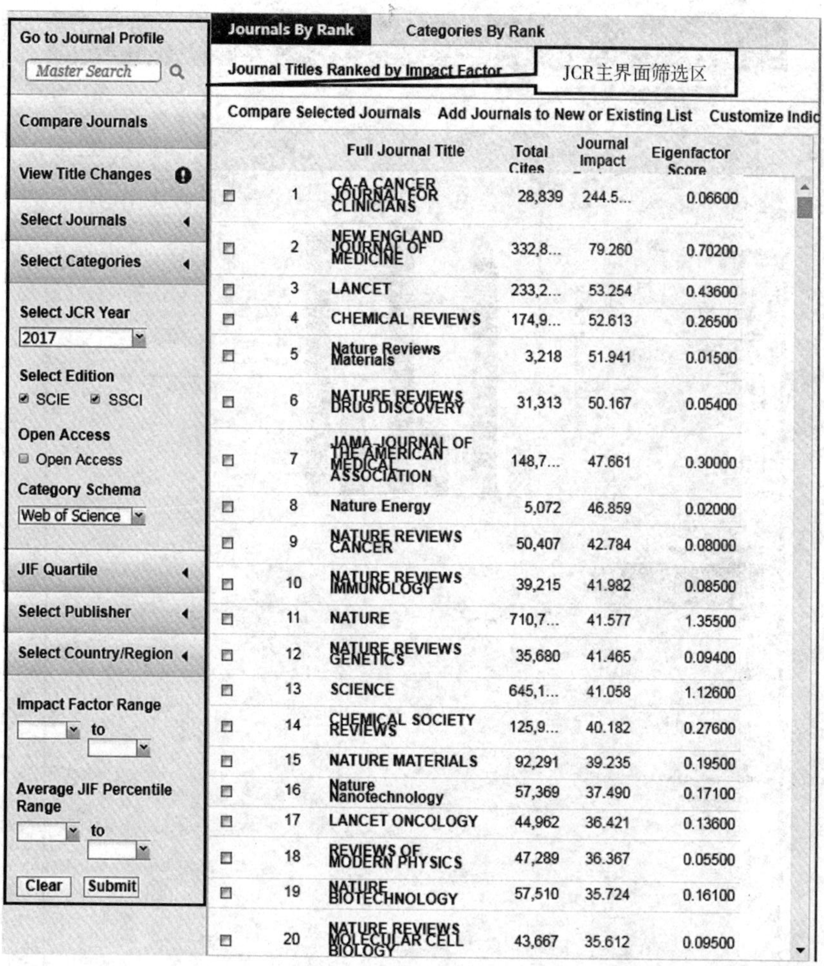

图 4-15 按期刊浏览检索界面

2. Compare Journals 对期刊进行多角度比较（图 4-16）。如比较 European Journal of Inflammation 和 INFLAMMATION 两种期刊 2015 ~ 2017 年影响因子的变化趋势，Select Comparison 选择 Trends，在 Select Journal 栏中输入两种期刊的名字，JCR Year 选择 2015 ~ 2017，Categories 选择 IMMUNOLOGY，Metrics 选择 Journal Impact Factor，提交后返回两种期刊影响因子的变化趋势图。

3. View Title Changes 查看过去两年中刊名发生变化的期刊列表。

4. Select Journals 选定多本需要查看的期刊。

5. Select Categories 限定 Web of Science 或 Essential Science Indicators 两种学科分类方式下的具体学科。

6. Select JCR Year / Select Edition 选择 JCR 年份和版本。

7. Select Edition 是根据期刊的学科属性选择 SCIE（自然科学期刊适用）还是选择 SSCI（社会科学期刊适用）。

8. Open Access 限定开放获取的期刊。

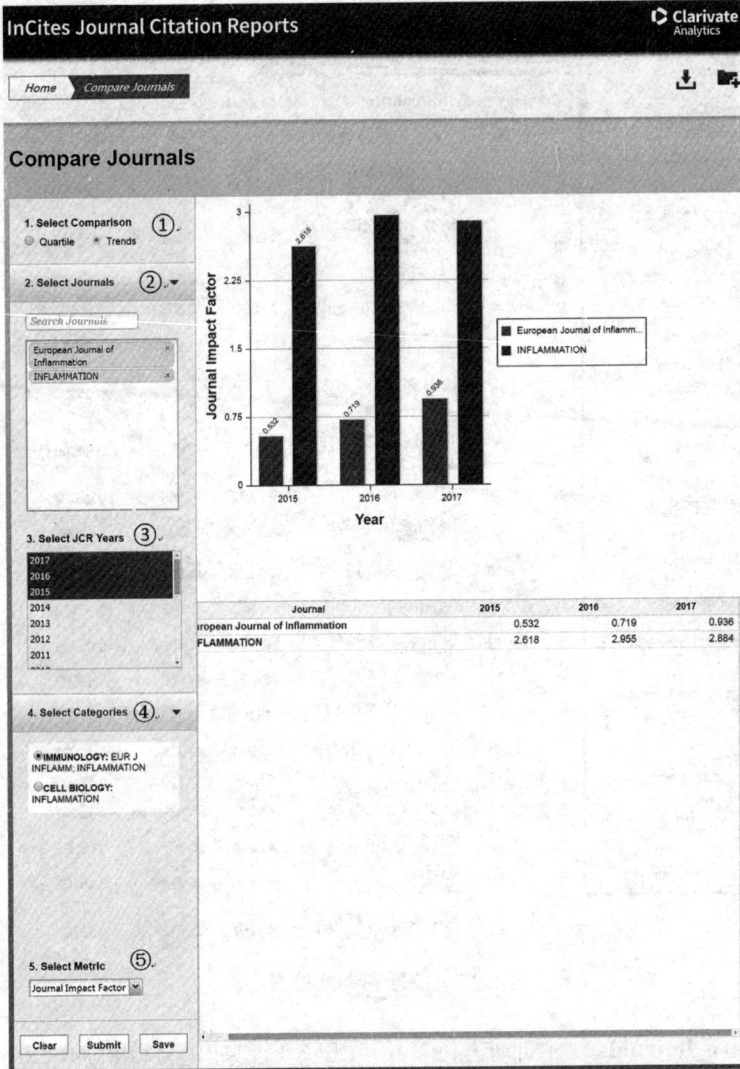

图 4-16　期刊对比检索界面

注释：①选择比较期刊的分区或发展趋势。②通过键入期刊名称，添加进行比较的
期刊（两种或多种）。③选择进行比较的 JCR 年份，通过 Shift 或 Ctrl 按键选择多个
年份进行比较。④选择进行比较的 Web of Science 学科。⑤选择进行比较的指标。

9. Category Schema　选定学科分类方式，Web of Science 或 Essential Science Indicators。

10. JIF Quartile　限定期刊影响因子分区。

11. Select Publisher　限定出版社，输入出版社名称关键字，具有名称自动提示功能。

12. Select Country/Territory　限定期刊所在的国家或地区。

13. Impact Factor Range　限定期刊影响因子范围。

14. Average JIF Percentile Range　限定平均影响因子百分位范围。

【检索示例】查询 2017 年中医药学科 SCI 的收录期刊，具体了解某种期刊的引文
数据。

检索步骤：

第一步：JCR 学科分类中并没有专门的中医药学科，中医药学方面的期刊主要收录在 INTEGRATIVE & COMPLEMENTARY MEDICINE（结合与补充医学）类中。选择 JCR 版本为 SCIE，年度选 2017。学科选择列表，在学科属性上选择 INTEGRATIVE & COMPLEMENTARY MEDICINE，然后点击 SUBMIT。

第二步：系统返回 INTEGRATIVE & COMPLEMENTARY MEDICINE 学科收录的 27 种期刊（图 4-17），每种期刊的查询结果提供刊名、该年总被引次数、影响因子、特征因子分数等期刊数据信息，也可根据需要在 Customize Indicators 中选择期刊数据信息指标。

第三步：点击 Journal Impact Factor 旁的▲健，即按影响因子从高到低进行排序，可知 INTEGRATIVE & COMPLEMENTARY MEDICINE 学科影响因子最高的期刊为 Journal of Ginseng Research，2017 年的影响因子为 4.053。

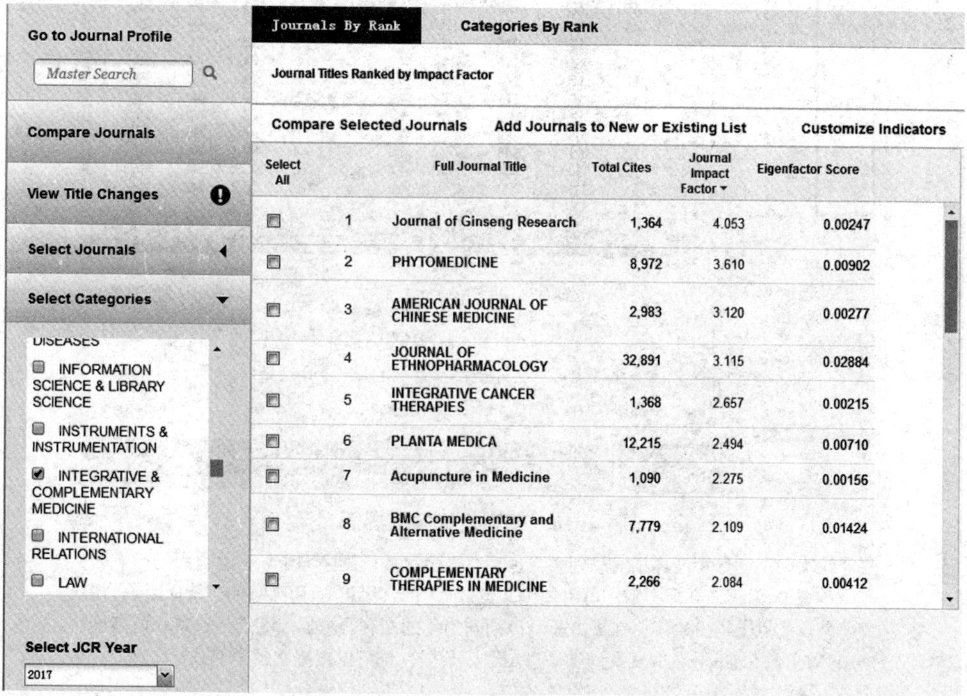

图 4-17　JCR 中的期刊概要一览

（五）期刊查询结果解读

点击刊名链接，进入期刊查询结果页面（图 4-18）。可点击 ⬇ 保存检索结果，下载生成的图表保存为 PDF 格式，下载具体的数据保存为 CSV、XLS 格式。

网址：https://jcr.incites.thomsonreuters.com/

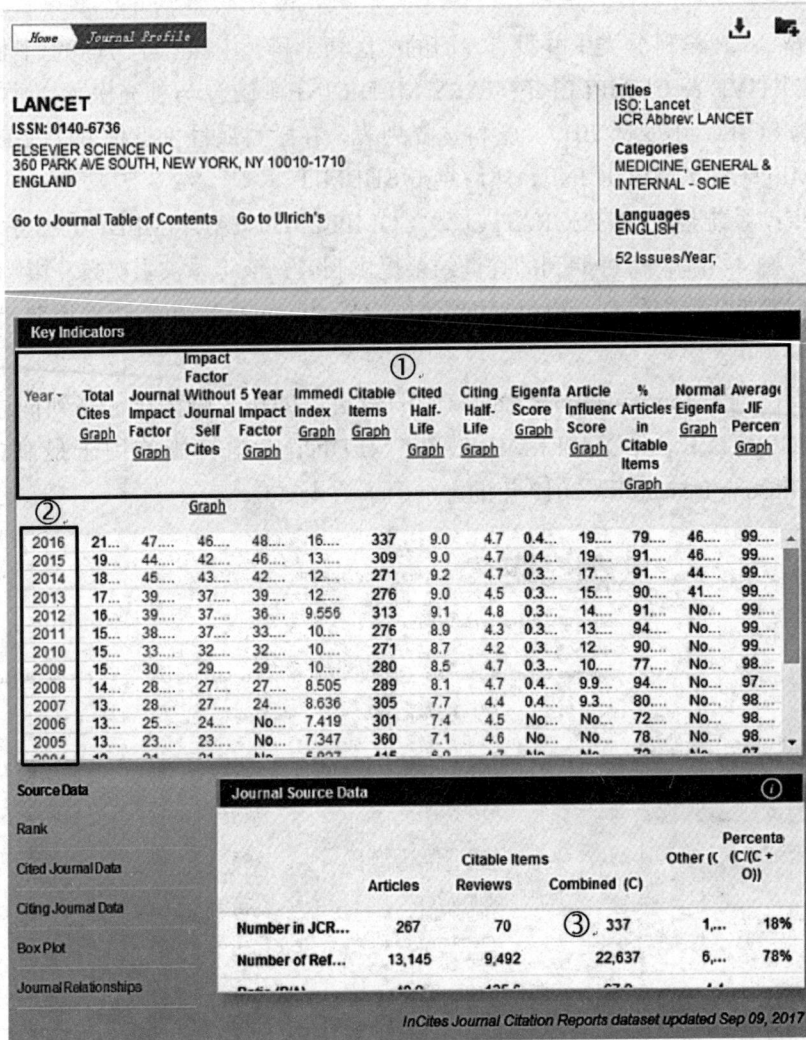

图 4-18　期刊查询结果界面

注释：①为期刊分年度详细信息列表，包括总被引次数、影响因子、去除自引的影响因子、5 年影响因子、立即指数、可引用论文量、被引半衰期、引用半衰期、特征因子分数等信息。②点击年份数字，在下方显示该期刊当年的期刊源数据。③点击数字，可链接至 Web of Science 获取文章详细信息及引用数据，且可以根据文献类型进行筛选。

第三节　其他文摘索引类数据库

一、Embase

Embase 数据库全称 Excerpta Medica Database，由荷兰爱思唯尔（Elsevier）公司出版，是印刷型检索工具 Excerpta Medica（荷兰《医学文摘》）的电子版，也是最重要的生命科学文献书目型数据库之一。它收录了 1947 年至今全球九十多个国家和地区的八千五百余种期刊（含 MEDLINE 收录期刊及两千余种 MEDLINE 未收录期刊），会议文献收录数量近 300 万篇。与同类生物医学文摘型数据库相比，Embase.com 突出药物文献及药物信息，对检索药学和神经精神卫生学科文献具有一定的优势，是检索医药学证据来源的必备检索工具。

（一）概述

Embase.com 整合 Embase 与 MEDLINE 的内容，去除重复记录，文献总量达到两千四百多万篇，形成全球最大、最具权威性的生物医学与药理学文献数据库，且 50% 以上的记录与 ScienceDirect、SpringerLink、Cell Press 以及 Karger 等电子期刊全文数据库实现了全文链接，方便用户获取文献原文。

Embase 数据库收录的文献涉及药物研究、药理学、制药学、药剂学、药物副作用、药物相互作用及毒性、临床及实验医学、基础生物医学和生物工程学、卫生政策和管理、药物经济学、公共 / 职业和环境卫生、污染、药物依赖和滥用、精神病学、传统医学、法医学、兽医学、口腔医学和护理学等学科。其中，收录药物学方面的文献量较大，占 40% 左右。

Embase 检索系统有较成熟的主题词表 Emtree。Emtree 是一个由 15 个分支组成的等级排列的受控词表，包括优先词（preferred term）、叙词（descriptor）和相当于副主题词的连接词（link term）。

（二）检索途径与方法

Embase 提供快速检索（Quick Search）、高级检索（Advanced Search）、药物检索（Drug Search）、疾病检索（Disease Search）、医疗器械检索（Device Search）、文献检索（Article Search）等检索途径。此外还可通过主题词表检索（Emtree）、期刊浏览（Journals）进行检索（图 4-19）。

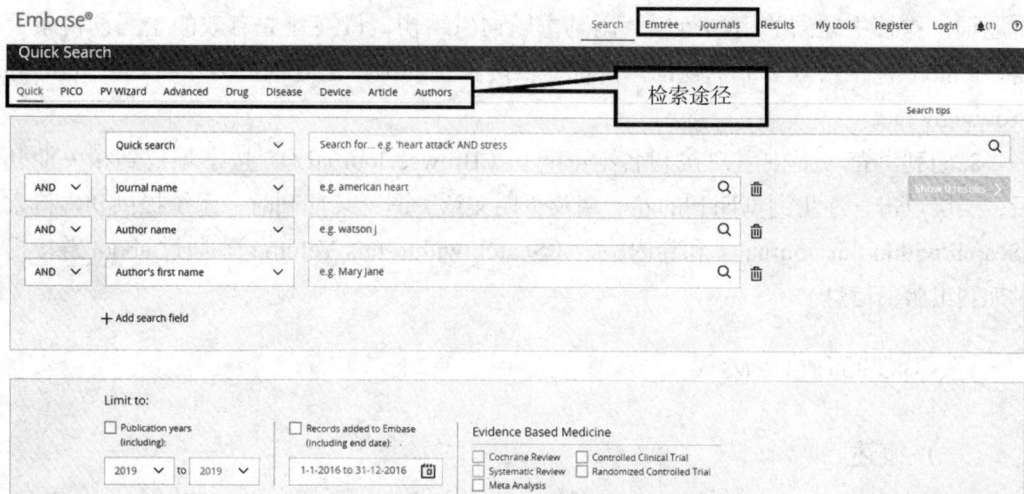

图 4-19 Embase 数据库检索主页面

网址：https://www.embase.com/login

1. 快速检索　使用自然语言检索，默认在所有字段中检索，可用单词、词组或检索式进行检索，检索词组时需加引号。

2. 高级检索　通过选择相关的扩展或限制选项可提高检索结果的查全率或查准率。高级检索还提供更多的限制选项，如文献类型、研究对象、专业领域、语种、是否含摘要、是否含分子序列号等。

3. 药物检索　通过药物名称字段进行检索，是 Embase 的特色检索途径之一。系统提供 17 个主药物词（Drug Subheadings）和 47 种投药方式（Routes of drug administration）检索，增加了检索的深度。

4. 疾病检索　用于疾病名称的检索，提供 14 种疾病的链接词（Disease Subheadings），如疾病并发症、诊断、预防、不良反应、治疗等，能更精确地检索疾病的某一类或几类分支的相关文献。

5. 医疗器械检索　医疗器械检索是 Embase 在 2014 年 7 月推出的检索方式，在主页面的 Search 下拉菜单选择"Device"链接进入医疗器械检索页面。该页面专门检索医疗器械信息，专门针对医疗器械检索设了四种医疗器械副主题词（Device subheadings）的限定选择，分别是 Adverse device effect、Device comparison、Device economics 和 Clinical trial，增强了检索医疗器械的深度，提高了查准率。

6. 文献检索　该检索提供文章题名、ISSN 号、作者、CODEN、期刊名称、刊名缩写、出版日期范围、期刊卷、期号及文章起始页等多个字段检索，可精确查找刊名和刊名缩写。输入著者姓名时，要求姓在前用全称，名在后用首字母；也可输入著者的姓或"姓 + 第一个名首字母"进行检索。输入时姓与名之间空一格，名与名之间用"·"或空格分隔。

7. 主题词表辅助检索　Emtree 是 Embase 数据库提供用户对生物医学文献进行主题分析、标引和检索时使用的权威性主题词表，用户可浏览该词表后，选择最合适的主题词，查核主题词的用词范围，浏览主题词树结构，最终建立有效的主题词检索策略。Emtree 包含六万多个主题词，系统提供两种查询浏览主题词的方法：Find Term 和 Browse by fact。

8. 期刊浏览　提供用户按刊名浏览期刊（Browse Journals），按字顺找到相关期刊后，层层点击，逐步浏览期刊的卷、期及每期文章。浏览某期刊时，系统提供刊内检索（Search within this Journal）和卷内检索（Search within this Volume）。通过 about 链接提供期刊出版商信息。

二、BIOSIS Previews

（一）概述

BIOSIS Previews（BP）是由美国生物科学情报服务社（BioSciences Information

Service, BIOSIS）编辑出版的生命科学文摘数据库。它由 Biological Abstracts（生物学文摘，BA）、Biological Abstracts/RRM（生物学文摘 – 综述、报告、会议）及 Bio-Research Index（生物研究索引）三部分组合而成。其特点是收录范围广，收录文献类型多，包括专利文献、会议论文、专著等。BP 约 90% 的记录含有摘要，部分可以链接到全文。BP 覆盖了所有生命科学相关学科领域，包括分子生物学、植物学、动物学、生态学、生物化学、医学、制药学、农业科学、兽医学、生物技术、实验仪器与方法等，目前收录了世界上 100 多个国家和地区的 6500 多种生命科学期刊文献和 1500 多种非期刊文献（包括会议文献、专利文献、图书章节、报告等），文献记录总数超过 1800 万条。数据每周更新，年新增数据量超过 56 万条。不提供免费检索，需要单位购买或自有账号方可使用。

BP 数据库有 CD、Web、Online 版本，全世界可以通过 Dialog、DataStar、DIMDI、Ovid、ScienceDirect、SilverPlatter、STN、Web of Knowledge 等不同的检索平台来检索该数据库。基于 ISI Web of Knowledge 检索平台的 BP 数据库，用户界面友好实用，检索途径丰富，方便快捷，具有多种超链接和跨库检索功能。特定的生命科学领域的专业检索字段，符合生命科学自身的特点，可获取高度相关和全面的检索结果。由于 BIOSIS 的深度标引，用户不用担心主题词选取的不全面或不准确，输入自己想到有关这一想法的自由词即可。此数据库不仅具有检索功能，还是有效的研究工具，提供全文链接、结果分析、信息管理、格式论文等。

BP 支持自然语言检索，用户可直接使用自然语言中的字、词或句子进行检索。如查找"儿童肥胖的治疗"，可在检索框中输入 treatment for childhood obesity，系统会自动提取实词 treatment、childhood 和 obesity，去除虚词 for 进行检索。检索式的构建变得简单而直接，但只能在简单检索（Basic Search）模式下执行。

（二）检索规则

1. 布尔逻辑运算 布尔逻辑运算"与""或""非"分别用"and""or""not"表示。

2. 字段限定检索 字段限定检索表示方法为检索词 + 英文状态下的句号（.）+ 字段标识符。例如，检索标题字段中出现 endocrinology 的文献记录，则表示为 endocrinology.ti，检索期刊名称中含有 blood 的文献记录，则表示为 blood.jn。

3. 截词检索 截词符"$"或"*"代表任何字符串或空格，为无限截词。例如：immun* 可检索到含有 immune、immunity、immunization、immunize 等的记录。通配符"？"代表 0 ~ 1 个字符。例如，colo？r 可检索到含有 colour 和 color 的记录。通配符"#"代表 1 个字符。例如，wom#n 可检索到含有 woman 和 women 的记录。

4. 位置算符 位置算符 ADJ（adjacency）表示两个检索词之间的间隔。ADJn 表示两个检索词之间最多允许插入 n ~ 1 个单词。例如："tongue ADJ3 base"可以检索到含有 tongue base、base of tongue、base of the tongue 等的记录。

（三）登录方法

在 Web of Science 平台，点开"所有数据库"选择 BIOSIS Previews，进入 BIOSIS Previews 主页面，提供基本检索和高级检索两种检索方式。

网址：https://www.isiknowledge.com/

三、SciFinder

（一）概述

美国化学文摘（Chemical Abstracts，CA）创刊于 1907 年，是世界上最全面地查找化学化工文献的重要检索工具。SciFinder 是由美国化学学会（ACS）的化学文摘服务社 CAS（Chemical Abstract Service）于 1997 年推出的网络版化学资料数据库，是全世界资料量最大、最具权威的化学数据库。

SciFinder Scholar 收录的文献资料来自两百多个国家和地区的 60 多种语言，整合了 Medline 医学数据库、欧洲和美国等 63 家专利机构的全文专利资料，以及化学文摘 1907 年至今的所有内容；收录的文献量占世界化学化工文献总量的 98%；收录的文献类型包括期刊、专利评论、会议录、论文、技术报告和图书中的各种化学研究成果；涵盖化学、化学工程、生物化学、药物化学，以及药理、临床医学、食品科学等其他相关学科，并且保持每天更新。

（二）SciFinder 的内容

SciFinder 中有 6 个数据库。

1. CAplus（化学文献数据库） 该数据库数据对应于印刷版检索工具《化学文摘》（CA），是世界上最大、最权威的化学化工文献数据库，收录 1907 年以来出版的五万多种期刊（包括现今仍活跃出版的期刊数千种）。数据覆盖专利、期刊、学位论文、摘要、评论、书籍等文献类型。每天新增信息 3000 条以上。

2. CAS REGISTRY（化学物质数据库） 该数据库是世界上最大、最具权威的化学物质数据库，收录了 19 世纪初以来的来源于期刊论文、专利、化学物质目录等中的物质。通过该数据库，可检索到物质的同义词、分子式、环分析数据、立体结构、实验物性数据以及计算物性数据、核酸、蛋白质序列等数据，给出几乎所有 CA 中引用的物质以及特定的注册（CAS 注册号），收录了超过 1.45 亿个独特物质，多于 6700 万个基因序列和 76 亿条物质属性值，数据库每日更新。

3. CASREACT（反应数据库） 该数据库收录了 1840 年以来 1.12 亿条单步及多步反应，包括有机反应、有机金属反应、无机反应、生化反应等。通过反应物、试剂、生成物等的检索，可获取反应条件、产率、催化物等信息。

4. CHEMLIST（管制化学品数据库） 该数据库收录了全世界 1979 年以来的 19 个

国家和国际组织的管制化学品法规信息，是查询备案/管控化学品信息的工具。用户可通过该数据库了解某化学品是否被管控，以及被哪个机构管制。数据库每周更新。

5. CHEMCATS（商业来源数据库）　该数据库收录了全世界约870个厂商及970余种化学品目录，内容包括目录名称、订购号、化学名称和商品名、化学物质登记号、结构式、质量等级等，可检索到物质的最新商业来源信息，包括供货商的联系信息、价格情况及运送方式。

6. MEDLINE（生物医学文献数据库）　这是美国国立医学图书馆所制作的世界上最具权威的生物医学数据库，收录了八十多个国家、五千二百多种期刊的生物医学文献，覆盖1964年至今的文献以及尚未完全编目收录的最新文献。

（三）检索途径与方法

SciFinder Scholar现提供两种访问方式：客户端版和Web版。客户端版要求每个检索终端预先安装客户端检索软件，Web版需要注册。

SciFinder Scholar提供文献检索、化学物质检索和化学反应检索三种检索方式（图4-20）。

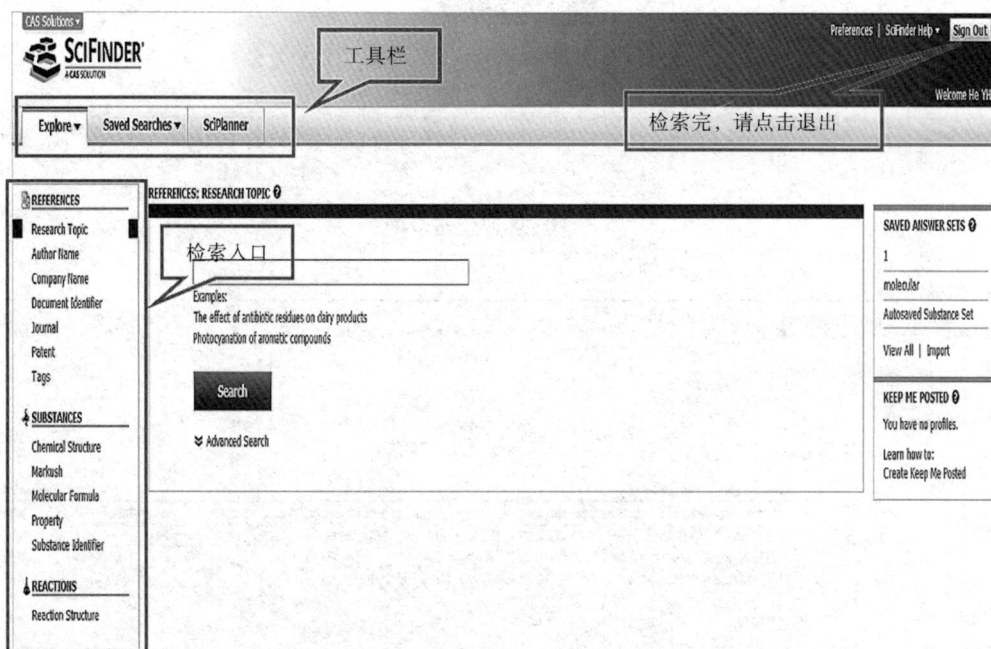

图 4-20　SciFinder Scholar 检索主页面

1. 文献检索

（1）检索方法：数据库提供主题检索（Research Topic）、作者名检索（Author Name）、机构名检索（Company Name）、文献标识符（Document Identifier）、期刊名称和专利信息（公开号，申请号等）等检索方式检索某一特定文献信息（图4-21）。主题检索时，关键词之间用介词 in、with、of······连接。

1）主题检索（Research Topic）：出现主题检索的对话框，在对话框中输入描述研究主题的单词或短语。如：主题检索针灸在抗肿瘤治疗中的应用，检索式为 acupuncture with anti tumor。检索结果为："Concepts" 表示对主题词做了同义词的扩展；"Closely associated with one another" 表示同时出现在一个句子中；"were present anywhere in the reference" 表示同时出现在一篇文献中（图 4-22）。

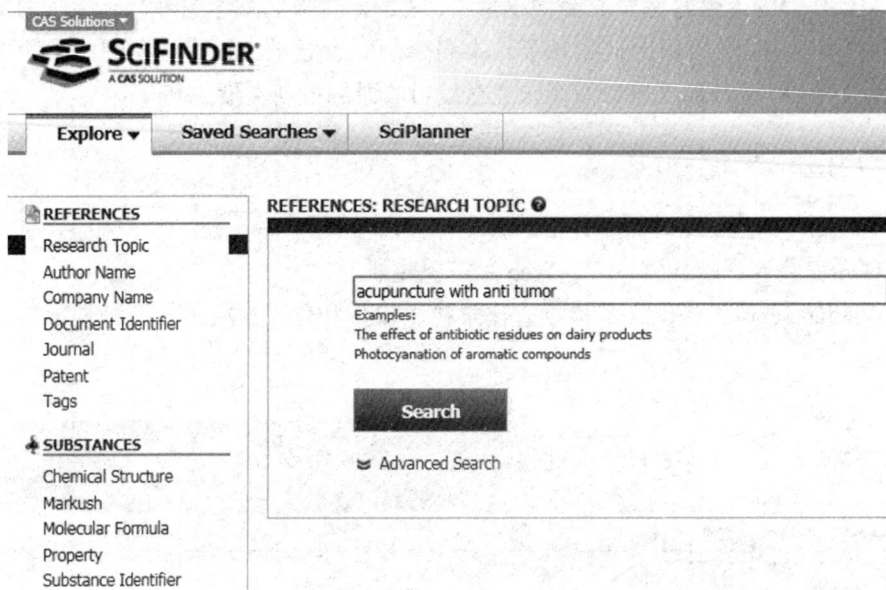

图 4-21 文献检索界面

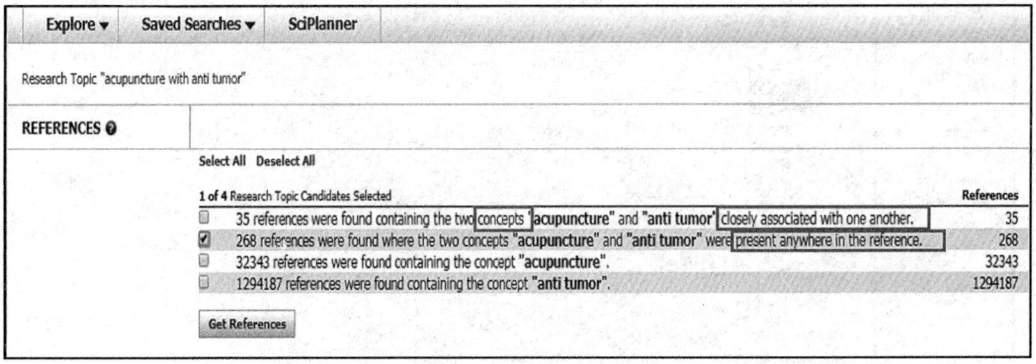

图 4-22 主题检索结果界面

2）作者检索（Author Name）：根据作者姓名（英文或拼音）可检索到该作者发表的所有文献。必须填入 Last name（姓），如果不能确认，则可勾选 Look for alternate spellings of the last name 选项；无需区分大小写；对于不确定的名，可以输入首字母。在对话框中输入作者的姓，可以选择性地在下面两个框中输入作者的名或名的缩写字母以及中间名或中间名的缩写字母，之后会出现包含满足检索需求的所有作者名单，单击OK 即可检索该作者发表的文献。

如检索作者姚新生发表的文章（图 4-23），点击 Search 按钮。选择欲检索作者姓名的可能拼写形式，点击 Get References 即可检索该作者发表的文献。为防止漏检，要勾选作者姓名的所有可能拼写形式，本例中可选择 YAO，XS；YAO，XINS；YAO，XIN SHENG；YAO，XINSHENG 等拼写形式。

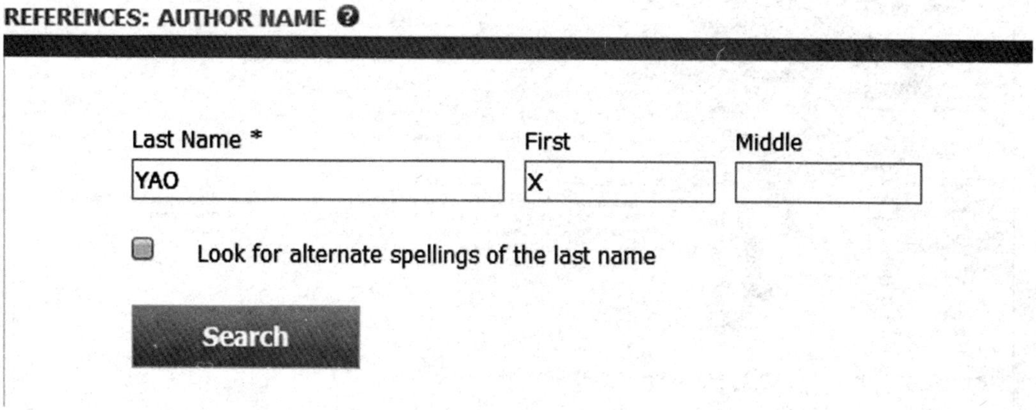

图 4-23　作者检索界面

3）机构检索（Company Name）：机构检索可用来检索特定机构发表的所有文献。在对话框中输入欲检索的机构名称，点击 OK，即可查得特定机构的所有文献。如检索湖北中医药大学的文献，输入 hubei university of chinese medicine，点击 Search 按钮进行检索即可。机构检索的技巧：①可以输入机构的全称或缩写。②不要使用布尔逻辑运算符。③ SciFinder Scholar 要查找包含所有输入词的文献，输入词越多，文献越少，因此要尽量减少词的输入数量。④ SciFinder Scholar 会使用内部的机构名称同义词典，以提高机构检索的查全率，但对合并的机构或机构名称的变更不能同时检索。

（2）文献检索结果分析：SciFinder Scholar 提供强大的文献处理工具帮助处理文献（图 4-24），可以利用文献检索结果的 analyze 功能，对本领域研究人员、本领域研究机构、期刊、涉及的学科领域进行分析。利用文献检索结果的 Refine 功能，可迅速获得需要的文献。利用文献检索结果的 Categorize 学科分类功能，可根据大学科方向对文献进行自动分类。

2. 化学物质检索　在 SciFinder Scholar 中，可通过化学结构式、Markush 检索、分子式、理化性质、物质标识符（化学名称和 CAS Registry Number）五种方式进行物质检索。

（1）通过化学结构式检索：采用化学结构式检索（图 4-25）时有三种方式可以选择，即精确结构检索、亚结构检索和相似结构检索。其中精确结构检索结果会包含以下各类型的化合物：①与已绘制的结构完全相同的物质。②同位素化合物。③配位化合物。④单体组成的聚合物。⑤混合物。⑥物质的盐。⑦异构体。亚结构检索可以得到物质的修饰信息。相似结构检索可以获得结构相似度在60分以上的物质。

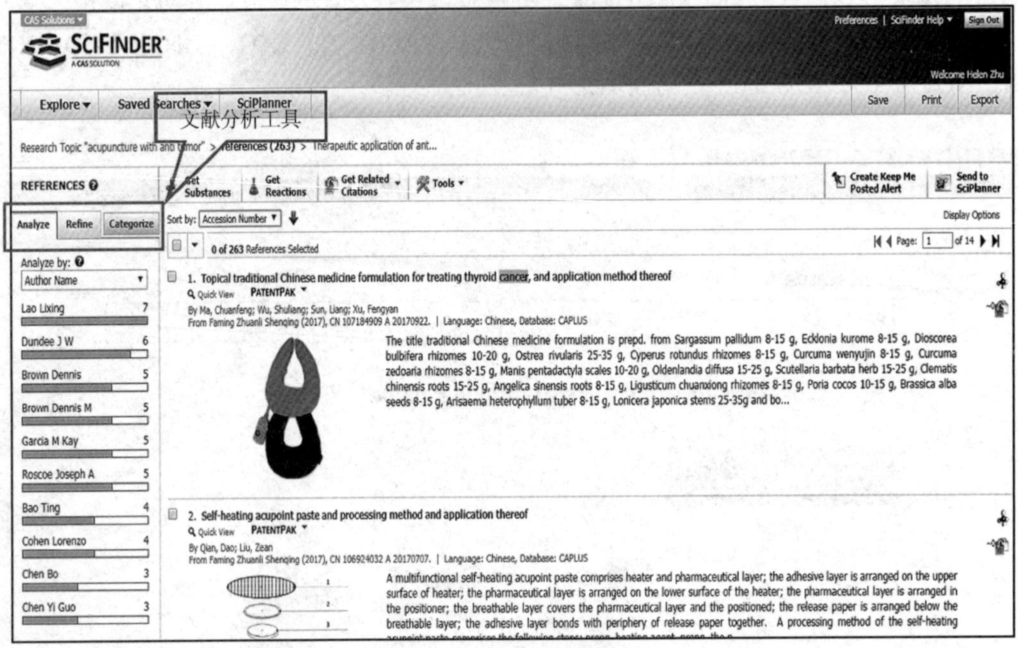

图 4-24　文献分析工具

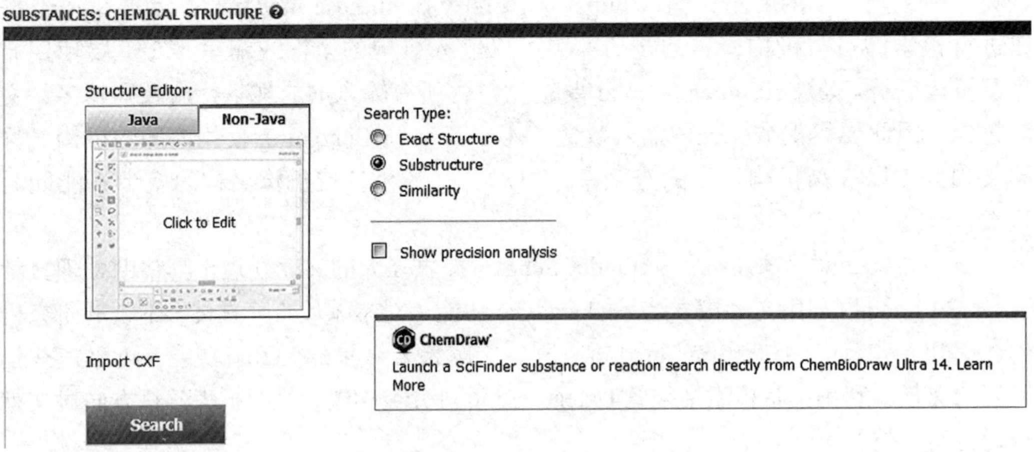

图 4-25　化学物质检索界面

如要检索阿司匹林（acetylsalicylic acid）为亚结构的物质，可选择"Chemical Structure"，然后用系统提供的工具画好阿司匹林的结构，也可通过"Import CXF"导入（图 4-26）。

（2）通过分子式检索：在"Enter the molecular formula of substance"对话框中输入

分子式，点击 OK 便可进行检索。分子式输入规则：①区分大小写。②分子式按 Hill 系统规则书写，即 CH 写在前面，其他按照字母顺序排列，输入时不同元素之间最好用空格隔开。③盐、酸成分写在前面，且写全。④聚合物用括号和 X 表示，如（C8H8.C4H6）X。

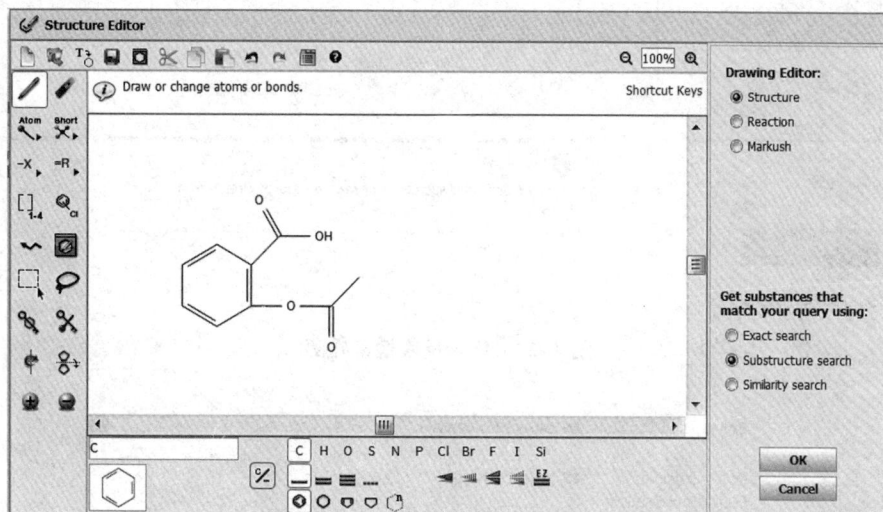

图 4-26　化学结构式编辑工具界面

（3）通过物质标识符检索（Locate Substances）：在 SciFinder Scholar 中，可通过物质标识符定位物质。标识符输入注意事项：①可输入物质的化学名、俗名、商品名、缩写、CAS 登记号等。②每行只能输入一个标识符。③不区分大小写。④可以包括空格和标点符号。⑤CAS 登记号包含连字符。

（4）物质检索的后处理功能：SciFinder Scholar 物质检索拥有强大的后处理功能，用来对检索结果进行精确和提炼。其功能为：①分析工具：可以更好地了解所检物质的结构，分析其环构造、原子取代和键等，有助于找出理想结构。SciFinder Scholar 提供 6 种物质分析功能：生物活性分析、能否商业获取、物质所含元素分析、能否通过反应获取、物质在文献中的角色分析、靶标分析。②限定工具：在物质检索时，如果检索到的物质太多，可以使用限定功能对检索结果进行精炼，SciFinder Scholar 提供 8 种物质限定手段：限定化学结构、限定含同位素的物质、限定含金属的物质、限定商业获取等。

3. 化学反应检索　反应可通过反应有关的结构进行检索，其结构可通过导入 CXF 文件或实时绘制获得，然后选择"Substructure"或"Allow variability only as specified"，点击"search"按钮进行检索（图 4-27）。

高级检索页面（图 4-28）可设置溶剂、不参与反应的官能团、反应步数、分类、文献来源、出版时间多重限制条件进行检索。反应检索的结果同样也可通过结果页面左侧的 Analyze 部分进行分析，然后利用 Refine 进行精炼。

REACTIONS: REACTION STRUCTURE ❓

Structure Editor:

Java	Non-Java

Click to Edit

Import CXF

Search

≫ Advanced Search

Search Type:
- ○ Allow variability only as specified
- ● Substructure

🅲🅳 ChemDraw®
Launch a SciFinder substance or reaction search directly from ChemBioDraw Ultra 14. Learn More

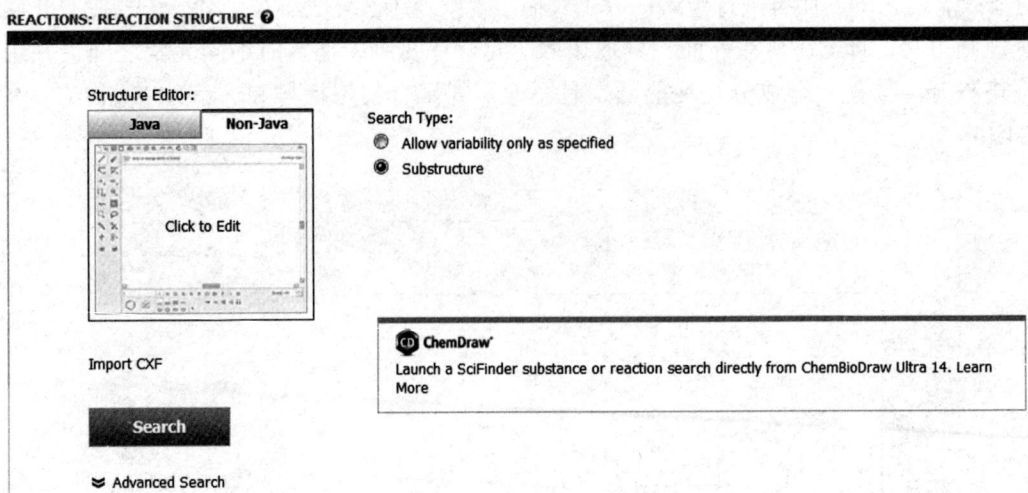

图 4-27　化学反应检索界面

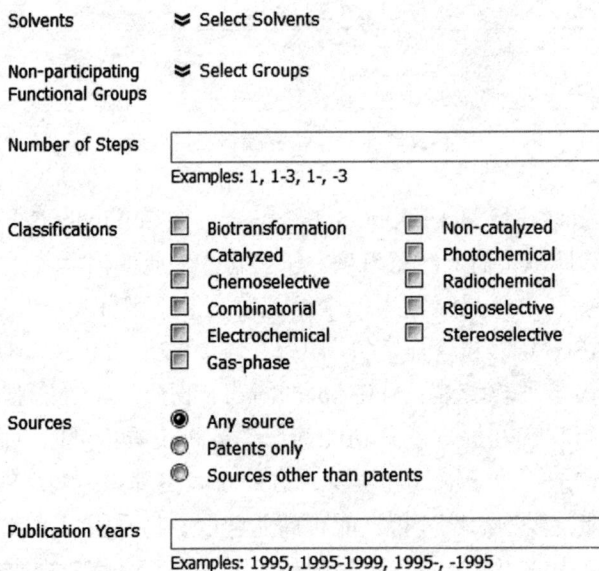

Solvents　　　　　　　　≫ Select Solvents

Non-participating　　　 ≫ Select Groups
Functional Groups

Number of Steps

Examples: 1, 1-3, 1-, -3

Classifications
- ☐ Biotransformation　　☐ Non-catalyzed
- ☐ Catalyzed　　　　　　☐ Photochemical
- ☐ Chemoselective　　　 ☐ Radiochemical
- ☐ Combinatorial　　　　☐ Regioselective
- ☐ Electrochemical　　　 ☐ Stereoselective
- ☐ Gas-phase

Sources
- ● Any source
- ○ Patents only
- ○ Sources other than patents

Publication Years

Examples: 1995, 1995-1999, 1995-, -1995

图 4-28　化学反应高级检索界面

（四）检索结果的处理

系统最多可显示检出一万条记录。SciFinder Scholar 检索结果默认题录格式，按入库时间由近及远顺序排列显示。如要改变检索结果的排列顺序，可在 Sort by 中选择。点击题录右侧的 ♣ 图标可链接到该篇文献中出现的物质，点击 🜍 图标可链接到该篇文章中出现的反应式。点击页面右上方的 Save 按钮，可将文献保存在 Scifinder 的服务器上，点击 Export 按钮可将检索结果以不同的输出形式下载。

（五）SciFinder Scholar 文献检索、物质检索与反应检索的关系

在 SciFinder Scholar 物质检索的检索结果窗口，可获得该物质的文献信息和反应信息；在文献检索结果窗口，可以得到文献中涉及的物质及反应信息；在反应检索结果窗口，可以得到该物质的文献和有关反应。由此可以看出，SciFinder Scholar 实现了 6 个数据库之间无缝链接的跨库检索，用户可以从文献、物质或反应三个入口进行检索，获得的检索结果也可以在文献数据库、物质数据库和反应数据库中相互链接。也就是说，SciFinder Scholar 能让用户从一点信息入手，获得与之相关的、最为全面的文献、物质和反应信息，这是其他单一的文献数据库所无法比拟的特点。

网址：https://scifinder.cas.org/

四、Scopus

Scopus 是 Elsevier 公司于 2004 年推出的多学科文摘索引型数据库，是现今规模最大的科研文摘和引文数据库。该数据库集信息检索、网页搜索、引文分析、资源整合及分析功能于一体，是为科研人员提供一站式获取科技文献的平台。

（一）收录内容与范围

Scopus 数据库收录了来自于全球五千余家出版机构超过两万余份同行评审书刊的五千万条摘要（包括 1200 种开放存取期刊）、七百五十余种会议录、六百余种商业出版物以及超过五百余种的丛书或系列图书，提供自 1847 年以来的超过三千余万篇文摘以及自 1996 年以后的所有文后参考文献信息。此外，Scopus 的检索结果全面集成了科研网络信息，包括超过四亿三千万个学术网页，来自五个专利组织的两千余万条专利信息。Scopus 内容涵盖数学、物理、化学、工程学、生物学、生命科学及医学、农业及环境科学、社会科学、心理学、经济学等 27 个学科领域，涵盖 2.19 万种期刊，其中同行评议期刊超两万种。

（二）主要特色

1. 收录范围广泛　收录核心期刊最多，具有宽泛的文摘和参考文献搜索。

2. 信息定位方便　简洁易用的用户界面，可精炼检索，并能快速链接到全文，即与图书馆订购的绝大部分电子全文期刊数据库进行有效链接。

3. 引文分析和追踪功能强　帮助用户敏锐地发现研究热点和动向。

4. 拥有作者身份识别系统　可以及时追踪著名学者的研究策略、提供信息推送。

5. 拥有个性化服务功能　如保存检索策略、提供信息推送、电子邮件提示、自动生成个人参考文献书目。

6. 机构库丰富　支持机构检索和分析功能（涵盖高校、政府机构、科研机构、企业 R&D 等，每个独立机构在 Scopus 中赋予了一个机构编码 Affiliation ID）；针对每个机构，统计了各机构的文献信息（总发文量，总被引次数）、主要作者、各领域发文占比、

期刊源、专利信息等。

7. 作者库全面　支持作者检索和分析功能（涵盖全球三千多万学者信息，每位作者在 Scopus 赋予了一个作者编码 Author ID）；针对每位作者，统计了其文献信息（总发文量、总被引次数）、h 指数、引文概览（可选择排自引或排共同作者引用）、作者的个人文献输出分析图表（一键生成）。

（三）主要功能

1. 提供多种检索方式　提供文献检索、作者检索、归属机构检索和高级检索等检索方式及多种检索结果精炼模式，可以同时检索网络和专利信息。

2. 提供标准的全文链接　除提供标准的全文链接外，还可以基于用户定购期刊列表定制全文链接。这两种方式都可以通过 Scopus 管理工具（Admin Tool）来设置。Scopus 还提供"View of Web"链接，让用户可以从参考文献页面直接链接到网络上的全文资源。这些全文资源包括学位论文、专利、标准和其他任何类型的信息。目前，Scopus 已经有超过 39 万条"View of Web"链接。

3. 提供引文分析　自 1996 年以来的 2.8 亿条参考文献都可以通过简单直观的方式进行评估，进而发现某一领域的研究热点和发展趋势，以寻找新的研究突破。

4. 具有作者身份识别系统　作者身份识别系统（AUTHOR IDENTIFIER）可以帮助用户排除容易混淆的作者和确定唯一作者。Scopus 为两千多万名作者分配了独有的唯一识别号，并可以识别出某一位作者最近的 150 位同著者。将作者身份识别与引文追踪结合运用，可以方便地对特定文献的影响、作者的影响和特定期刊的影响进行分析。

5. 与 Crossfire Beilstein 和 Refworks 整合　可以从 Scopus 文摘页面的化学式和反应式直接链接到 Crossfire Beilstein 数据库，支持将检索结果直接输出到 Refworks 及从 Refworks 链接回 Scopus。

网址：https://www.scopus.com/

第四节　外文全文数据库

外文全文数据库提供原始文献的下载，外文期刊全文、图书及学位论文等版权是独家授权给某一出版商，因此，某一出版商全文收录的期刊不可能在其他数据库出版商中找到全文。本节重点介绍 ScienceDirect、Ovid 和 Springerlink。

一、ScienceDirect

（一）概述

ScienceDirect 是由荷兰著名的 Elsevier（爱思唯尔）公司出版、基于 Web 的电子期刊全文数据库。该数据库目前主要提供 1995 年以来 2500 多种电子期刊的全文检索，此外还提供科技图书和参考书目等的检索。内容分为 Physical Sciences and Engineering（物理科学与工程）、Life Sciences（生命科学）、Health Sciences（健康科学）、Social Sciences and Humanities（人文与社会科学）四大主题模块。其中，生命科学和健康科学主题模块涉及的学科主要有生物科学、生物化学 / 遗传学 / 分子生物学、免疫学与微生物学、神经科学、医学与牙科学、护理与卫生保健、药理学 / 毒理学 / 药物科学等。

ScienceDirect 数据库的主要特点是收录期刊数量多，学科覆盖广，回溯时间长（如 Lancet 可回溯到 1823 年创刊号）。其中许多为核心期刊，是世界上公认的高质量学术期刊，而且数据实时更新。

（二）登录与访问

1. 单位用户　若单位购买了该数据库的使用权，用户可以通过该单位内网链接登录，或者直接登录 ScienceDirect 数据库主页（https://www.sciencedirect.com/），受 IP 控制，无并发用户限制，即可检索和下载数据库中的期刊全文。

2. 访客用户　登录 ScienceDirect 数据库主页后可实现免费题录和文摘检索，以及部分全文的下载。

（三）基本检索规则

1. 布尔逻辑检索　布尔逻辑运算符（AND、OR、NOT）和位置算符（ADJ、NEAR）不分大小写。ADJ 算符表示算符两侧的检索词必须紧密相邻，中间不可以插入任何字符，除空格外，相当于词组检索；NEAR 算符表示算符两侧的检索词邻近，中间可以插入其他词，前后顺序可以交换，系统默认词间间隔距离至多为 10 个单词。

2. 截词运算　在词干后可加 3，不区分半角、全角，表示无限截词。如 "micro3" 可以检索 "microscope" 或 "microcomputer" 等。

3. 改变运算顺序　优先算符 "（ ）"，半角、全角不区分。系统不承认默认的运算顺序，如输入 CAD OR computer ADJ aided ADJ design，理论上它会先查找 computer ADJ aided ADJ design，后查找 CAD，最后用 OR 组配起来，但结果只出现 computer aided design 词组形式。要想查找全称和缩写，必须表示为 CAD OR（computer ADJ aided ADJ design）。

4. 词组检索　用 "检索词" 形式表示，双引号的半角、全角不区分。如 "multimedia mail"，检索结果只包含这个词组；如果键入的是没有使用引号的 multimedia mail，则相当于 multimedia AND mail。

5. 名词的单复数　具有自动单复数检索功能。如无论输入 computer 或 computers 的任何一种形式，检索结果中会自动包含单复数。

6. 文本输入　自然语言输入，不区分大小写，并且词序不限。a、an、about 等冠词、介词和连词等虚词属于禁用词范围不可输入。

7.作者检索　先输入名的全称或缩写，然后输入姓，如 rj smith，默认为"前方一致"，忽略空格和逗号。

8.拼写方式　当英式与美式拼写方式不同时，可使用任何一种形式检索，例如：behaviour 与 behavior、psychoanalyse 与 psychoanalyze。

（四）检索途径与方法

ScienceDirect 主页面（图 4-29）提供浏览、快速检索、高级检索和专家检索四种浏览检索方式。在任何操作页面，只要点击左上角的 ScienceDirect 数据库标识，即可返回 ScienceDirect 主页面。

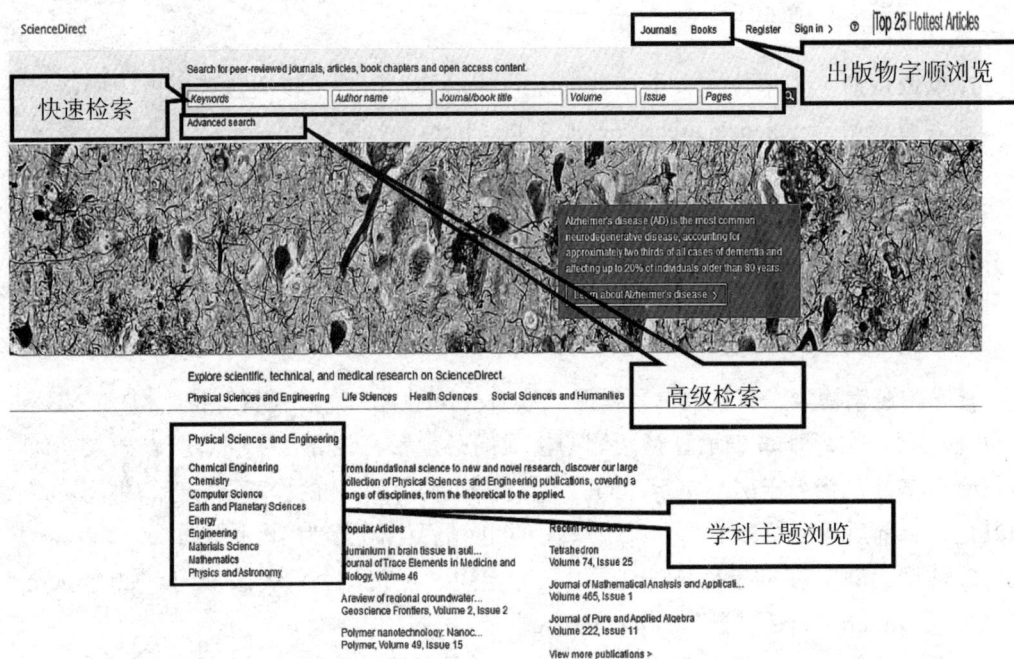

图 4-29　ScienceDirect 主页

1.浏览方式（Browse）　ScienceDirect 主页默认提供按出版物字顺浏览（Browse publications by title）和按出版物学科主题浏览（Browse publications by subject）两种浏览方式。

（1）根据出版物字顺浏览：列出所有期刊和图书（Browse all titles），可选择不同首字母进行浏览。点击主页面上方的"Journals"选项，则按刊名字顺浏览全部期刊（All journals）。若在浏览期刊页面左侧的"Filter by subject"栏，勾选相关学科，点击"Apply"按钮，则可限定在所选学科范围按字顺浏览期刊。

（2）根据出版物学科主题浏览：列出四大主题模块的 24 个学科目录，点击学科名称可直接查看该学科所包含的出版物。在接下来的页面，若点击学科前的"+"可逐级查看该学科所包含的子学科，相应地点击"−"可以将该层目录折叠起来。勾选相关学科，点击"Apply"按钮，就可按字顺浏览所选学科的出版物。在页面右上方点击"All publications"后的下拉菜单，选中"All journals"，则按刊名字顺浏览所选学科的全部期刊。用户可以同时勾选多个学科，进行跨学科浏览。

2. 快速检索（Quick Search） 快速检索区出现在 ScienceDirect 主页上方，并且在任何操作页面，该检索区的位置固定不变，方便用户随时进行较为常用的快速检索。只要在对应字段的检索框中输入检索词，即可检索文献。提供检索框的字段有所有字段（Search all fields）、著者姓名（Author name）、期刊/图书的题名（Journal or book title）及卷（Volume）、期（Issue）、页码（Page）。

3. 高级检索（Advanced Search） 在 ScienceDirect 主页，点击快速检索区右侧的"Advanced search"链接，进入高级检索和专家检索页面（图 4-30），默认的是高级检索页面。可对主题词、刊名或书名、年代、作者名、作者机构、题名/摘要/关键词、卷/期/页、文献类型等条件进行限定。

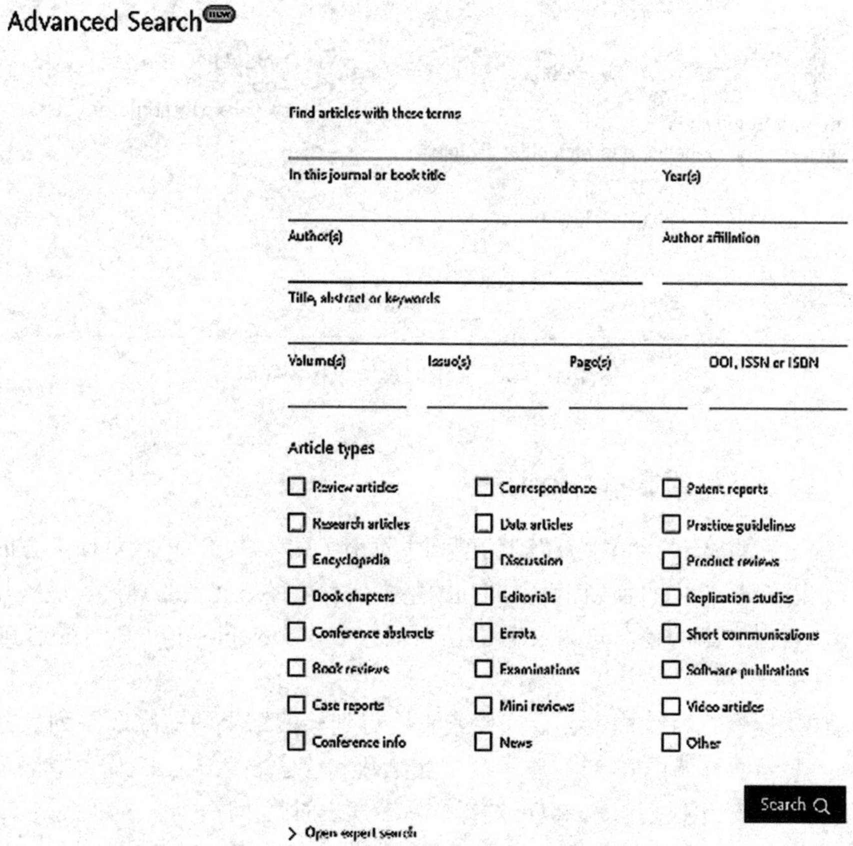

图 4-30 ScienceDirect 高级检索界面

4. 专家检索（Expert Search） 在高级检索页下方点击 Open Expert search 链接进入专家检索页面（图 4-31）。专家检索需要使用布尔检索语言自行构建检索式，可根据课题检索要求，对检索字段进行需求描述，对文献类型、学科范围和日期进行限定。

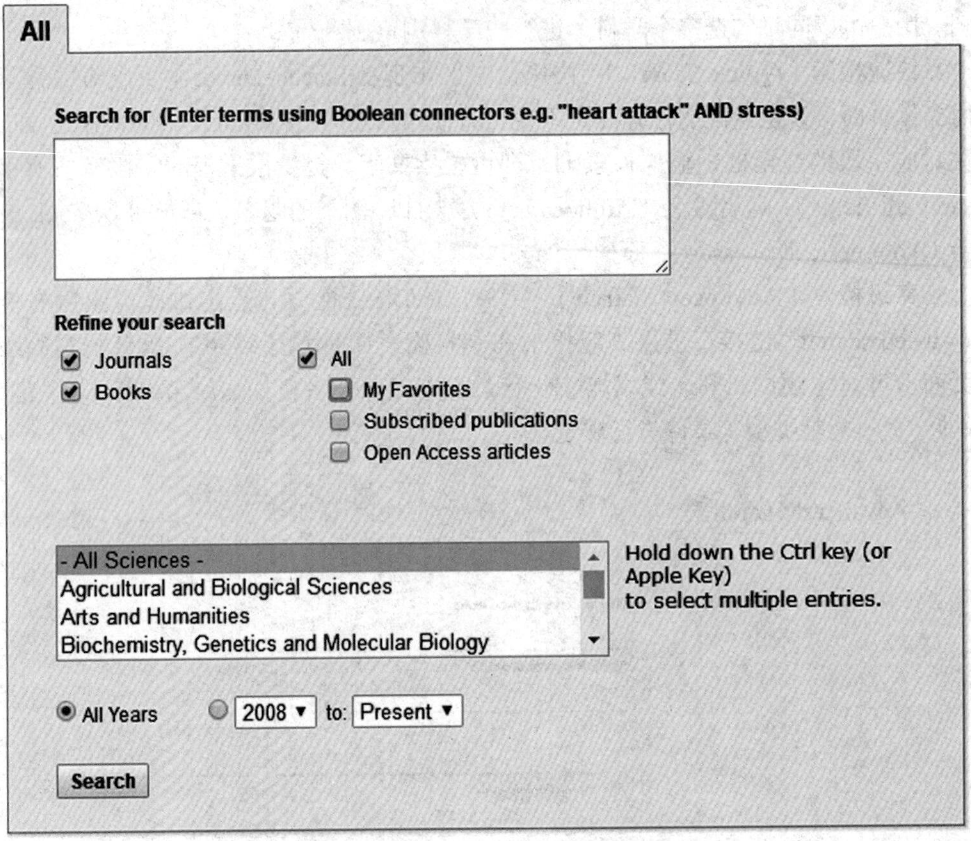

图 4-31 ScienceDirect 专家检索界面

（五）检索结果的显示与处理

1. 检索结果的显示 在浏览得到的期刊主页面（图 4-32），可在页面上方的快速检索区进行刊内检索，主页面还提供本期刊的基本信息、最新文章的链接、最新几期期刊的链接等。点击文章的题名进入文章详情页面，点击 Download PDF 则得到 PDF 格式全文。

通过快速检索、高级检索、专家检索直接得到检索结果的文献题录列表。检索结果题录列表显示页面（图 4-33）显示命中文献数和检索表达式，以及命中记录的题录列表，系统默认按相关度排序，也可选择按文献发表时间排序。每一条题录包括文章题名，文献类型，期刊名、卷、期、年月、页码和作者等信息。对于有权限获得的全文，文献提供 PDF 格式全文链接。

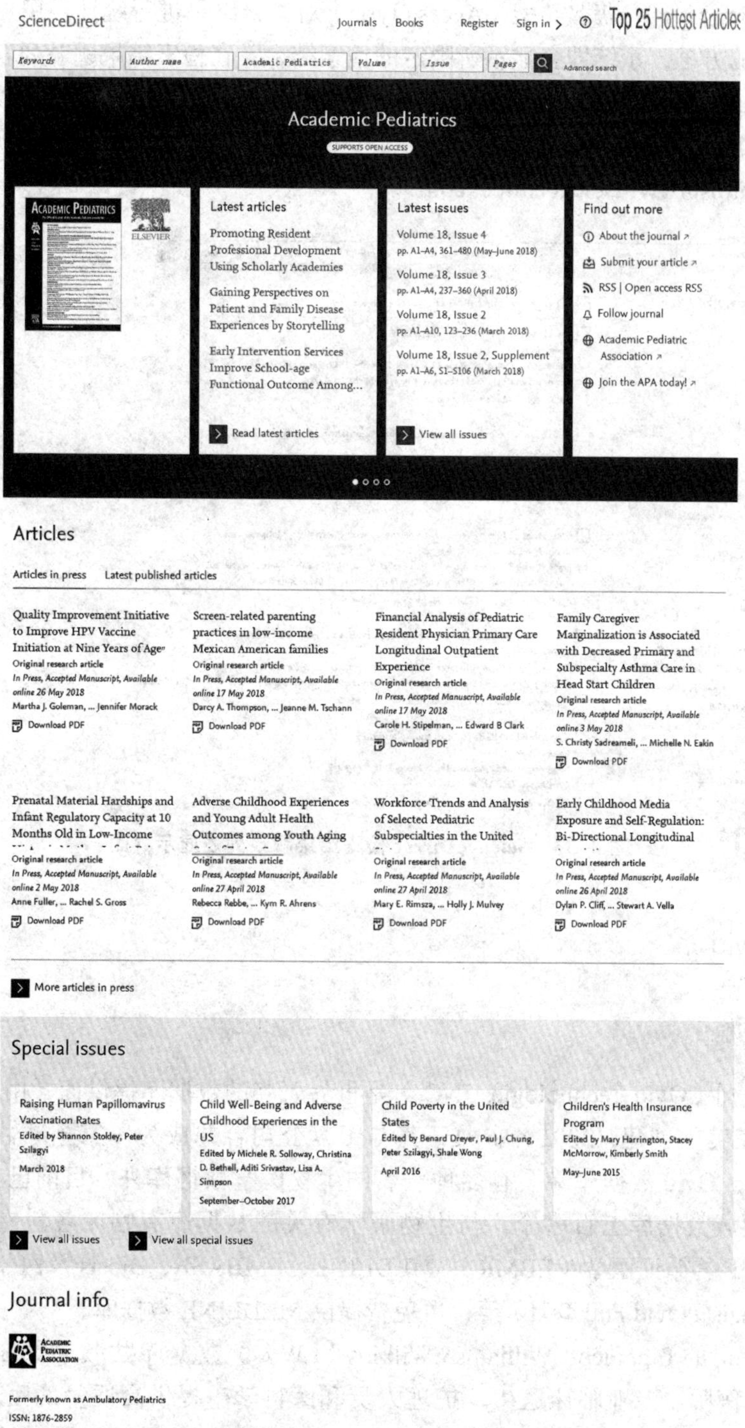

图 4-32　ScienceDirect 期刊主页

2. 检索结果的处理　在检索结果题录列表显示页面左侧（图 4-33），提供对检索结果精炼过滤（Refine）功能，即按出版年（Years）、文献类型（Article type）、出版物名称（Publication title）、获取类型（Access type）对检索结果进行统计。用户直接选定限定项目栏前的方框，系统即会显示所限定的检索结果。在检索结果题录列表显示页面上方，点击 Export 后的下拉菜单，提供题录和文摘的多种输出方式，可以根据需要选择不同的文献信息管理软件输出格式。

网址：https://www.sciencedirect.com/

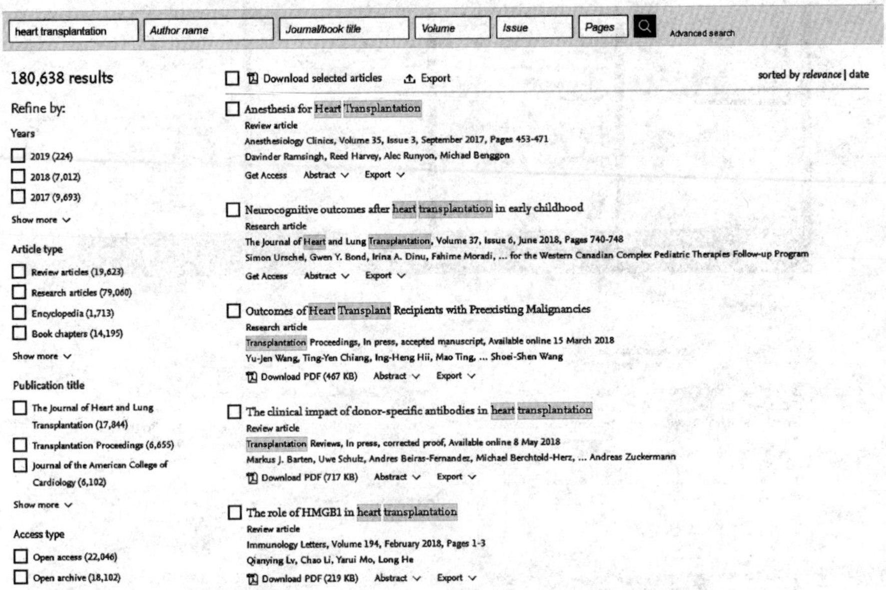

图 4-33　ScienceDirect 检索结果题录列表显示界面

二、Ovid

（一）概述

Ovid 公司（Ovid Technologies INC.）是世界著名的数据库提供商，由 Mark Nelson 于 1984 年在美国创建，2001 年 6 月，其与银盘公司合并成为一家全球性的电子数据库出版公司。Ovid 数据库除了有多种著名的生物医学数据库外，目前已有包含人文、科技等多领域数据库三百多个。与生物医学有关的数据库有临床各科专著及教科书（Book@Ovid）、循证医学（EBMR）、MEDLINE、EMBASE、Biosis 及医学期刊全文数据库（Journals@Ovid Full Text）等，可免费提供 MEDLINE 数据库。

Ovid 公司的 Lippincott Williams&Wilkins（LWW）数据库共收录了 385 种生物医学期刊，为医师、专业临床医生、护理人员和医科学生提供高质量的医学文献资源。LWW 数据库收录的期刊中有超过半数者被 SCI 收录，其中被 MEDLINE 收录的有 200 种。Ovid 公司向所有平台用户免费附赠其他 1500 多种医学期刊的文摘内容，可与全文内容统一进行检索。

下面以 Ovid LWW 电子期刊全文数据库为例，介绍 Ovid 数据库的使用方法。

（二）检索途径与方法

Ovid 平台能同时对不同类型的文献资源，包括电子期刊、电子图书、全文数据库及文摘数据库实现统一检索。已订购数据库的用户，访问权限通过 IP 地址控制，无需输入用户名和密码。选择需要检索的数据库，可以选择一个或多个数据库进行检索，若选择多个数据库查询，至多可勾选五个数据库。可供选择的语种包括英语、法语、德语、西班牙语、繁体中文及简体中文。Ovid LWW 数据库检索页面提供基本检索、常用字段检索、检索工具、字段检索、高级检索、多个字段检索等五种检索方式（图4-34）。

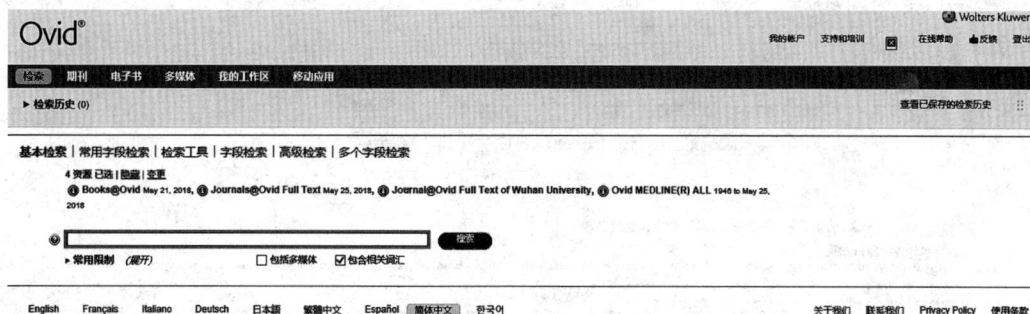

图 4-34　Ovid 检索界面

1. 基本检索　基本检索是系统默认的检索模式，仅能满足一些简单检索，采用自然语言检索，在基本检索页面（图 4-34）的检索框中输入检索词或短语即可进行检索。基本检索支持布尔逻辑运算符 AND、OR、NOT，可用符号"$"或"*"进行截词检索，用通配符"#"或"?"进行拓展检索。点击检索框下面的常用限制后的"展开"项可选择限定选项进行限制检索。点击"编辑常用限制"可加载更多限制选项。

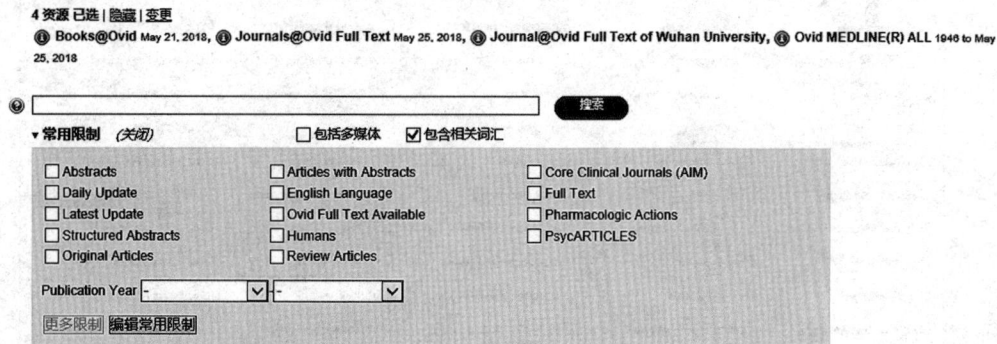

图 4-35　Ovid 基本检索界面

2. 常用字段检索　常用字段检索，列出常用字段，如文章标题、期刊名称、作者姓、出版年、发行者、唯一标识符、DOI 等字段，输入相应信息即可进行检索（图

4-36）。

3. 字段检索　字段检索可根据数据库字段项的内容进行有针对性的检索，可选择一项进行检索，也可选择多项进行组合检索。输入一个词或短语，选择一个或多个字段，然后点击检索按钮即可进行检索（图 4-37）。

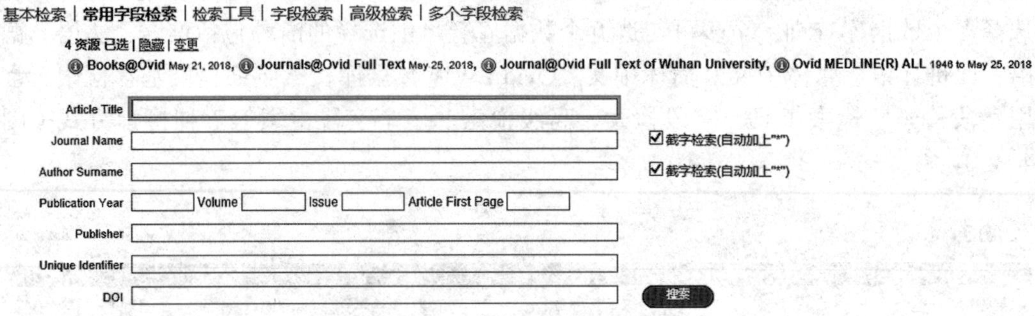

图 4-36　Ovid 常用字段检索界面

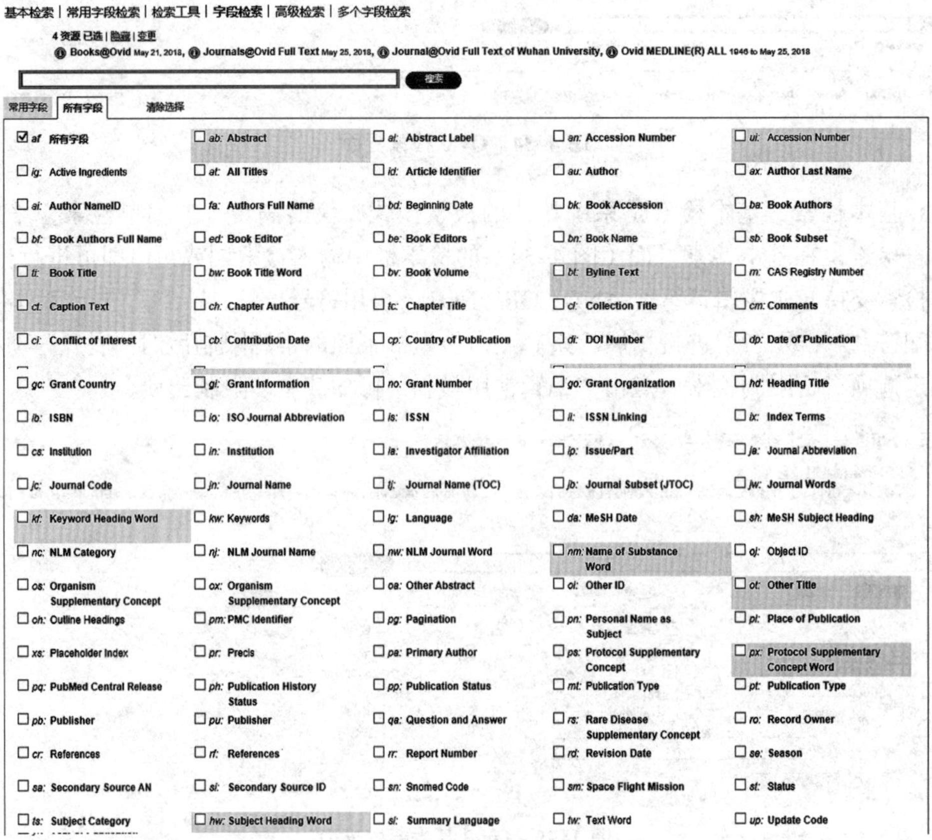

图 4-37　Ovid 字段检索界面

4. 高级检索　高级检索（advanced search）提供关键词检索、作者检索、标题检索、期刊检索、书名检索五种检索途径。这五种检索途径都可进行限制检索（图 4-38）。

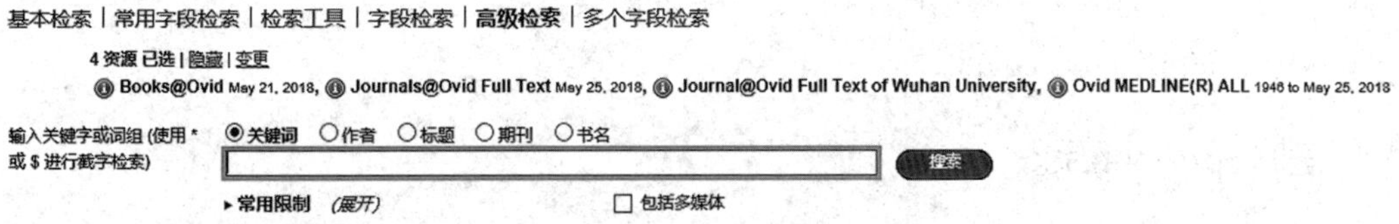

基本检索｜常用字段检索｜检索工具｜字段检索｜**高级检索**｜多个字段检索

4 资源 已选｜隐藏｜变更

ⓘ **Books@Ovid** May 21, 2018, ⓘ **Journals@Ovid Full Text** May 25, 2018, ⓘ **Journal@Ovid Full Text of Wuhan University**, ⓘ **Ovid MEDLINE(R) ALL** 1946 to May 25, 2018

输入关键字或词组（使用 *　○关键词　○作者　○标题　○期刊　○书名
或 $ 进行截字检索）

[　　　　　　　　　　　　　　　　　　　　　]　　搜索

▶ **常用限制** *(展开)*　　　　　　　□ 包括多媒体

图 4-38　Ovid 高级检索界面

（1）关键词检索：是指在篇名、文摘、物质名称及主题词等字段中查找文献，可用
"*" 或 "$" 符号进行截词检索。可以选择使用主题词匹配功能，以方便利用主题词检
索，输入含逻辑运算符的检索式，系统即直接检索。输入检索词（单词或词组），系统
默认在主题词表中匹配规范化的主题词。

（2）作者检索：输入完整的著者姓名，姓全称在前，名首字母在后。可只输入著者
的姓，点击 "Search"，执行检索。

（3）标题检索：将输入的词或词组限定在篇名中检索。例如，检索标题中含有
"lung cancer" 的文献，可在检索框中输入 "lung cancer"，即可得到文献标题中有该词
的全部文献。

（4）期刊检索：输入完整的期刊名称，可检出含有该期刊名称的全部文献。勿用缩
写，如果不知道全名，用 "*" 或 "$" 部分代替（如 diabetes*）。

（5）书名检索：输入图书完整名称。若不知道完整名称，可使用 "*" 或 "$" 做截
字检索（例如：Textbook*）。

5. 多个字段检索　在多个字段检索（multi-field search）模式下，可以输入多个检
索词，限制不同检索字段，并进行逻辑组配（图 4-39）。

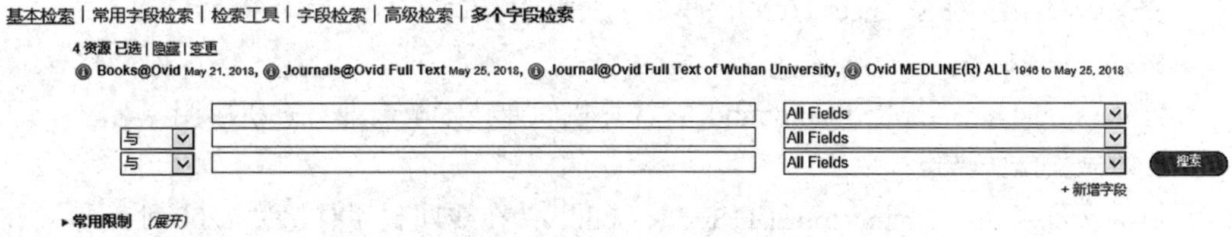

基本检索｜常用字段检索｜检索工具｜字段检索｜高级检索｜**多个字段检索**

4 资源 已选｜隐藏｜变更

ⓘ **Books@Ovid** May 21, 2018, ⓘ **Journals@Ovid Full Text** May 25, 2018, ⓘ **Journal@Ovid Full Text of Wuhan University**, ⓘ **Ovid MEDLINE(R) ALL** 1946 to May 25, 2018

与 ∨	[　　　　　　　　]	All Fields ∨	
与 ∨	[　　　　　　　　]	All Fields ∨	搜索
与 ∨	[　　　　　　　　]	All Fields ∨	

+ 新增字段

▶ **常用限制** *(展开)*

图 4-39　Ovid 多个字段检索界面

（三）检索结果的显示与输出

1. 检索结果显示　在检索结果的显示页面，会显示检出记录的题录默认显示格式：
标题、作者、文献出处等信息。点击题录后的查看摘要链接，则显示该记录的文摘，登
录后可将文章添加到 "我的课题" 和 "批注" 中。页面左侧列出了所有系统检索使用的
检索词和文献过滤方式，点击右侧的 Full Text 可以跳转到全文下载页面。用户可改变记
录显示的字段、版式和记录显示顺序。

2. 检索结果输出　检索输出形式有打印、发送 E-mail、下载题录和全文或导入到
个人书目文献管理系统等，可对选中的检索记录进行相应管理操作，点击页面上方的

"输出"按钮，可选择输出题录的格式、字段和题录格式。

网址：http://ovidsp.ovid.com/

三、SpringerLink

(一) 概述

德国施普林格（Springer–Verlag）是世界上著名的科技出版集团，通过 SpringerLink 系统提供学术期刊及电子图书的在线服务。2002 年 7 月开始，Springer 公司和 EBSCO Metapress 公司在国内开通了 SpringerLink 服务。

1. 学科范围　SpringerLink 把有助研究的期刊、系列丛书、电子书及多媒体材料组织起来，形成了以下 13 个学科的在线图书馆。

Architecture、Design&Arts　建筑、设计及艺术

Behavioral Science　行为科学

Business&Economics　商业及经济学

Humanities、Social Science & Law　人文、社会科学及法律

Chemistry&Material Science　化学及材料科学

Computer Science　计算机科学

Each&Environmental Science　地球及环境科学

Engineering　工程科学

Mathematics　数学

Physics&Astronomy　物理及天文科学

Biomedical&Life Science　生物医学及生命科学

Medicine　医学

Professional and Applied Computing　计算机职业技术与专业计算机应用

2. 收录文献的特点

（1）在线期刊（Online Journals SpringerLink）：在线期刊库有超过 1200 种经专家审稿的期刊，内容超过 60 万篇文章。大部分期刊可回溯至 1996 年。每种期刊均有独立首页，显示相关的资料概览、目标和范围、编辑和编辑委员会、目录、稿约范例和相关书目。根据不同的订阅权限，用户可以浏览目录，摘要或整篇文章。

（2）在线系列丛书（eBook Series SpringerLink）：现提供超过 30 种著名的系列丛书。全文及图表以 PDF 格式照实复制，并包括正文前后的资料。所有文章均提供全面检索及使用 PDF 工具。

（3）在线电子图书（eBooks）：在线电子图书库收录了科学、医学及科技领域数以千计的最新著作，供用户在线检索。SpringerLink 的在线图书均能进行全文检索，并免费提供编目格式（MARC）。用户可检索超过 22.5 万可搜索网页，且可整合至线上机读公用目录（OPAC），其为用户提供一个在线参照工具服务。

（4）Online First 以电子方式优先出版：SpringerLink 通过纯数字模式的专家评审编

辑程序，从以卷期为单位的传统印刷出版标准过渡到以单篇文章为单位的网络出版标准，2005 年已有超过 200 种期刊优先以电子方式出版（Online First）。其论文已通过专家评审，并经编辑加工（In Press，Corrected Proof），只是没有正式出版刊印。它大大提高了文献网上出版的速度和效率，并保持了文献的高质量要求。Springerlink 的发展目标是把 OnlineFirst 出版方式应用到所有 SpringerLink 提供全文服务的期刊上。

（二）检索途径与方法

SpringerLink 首页，主要有 Search（搜索）、Browse（浏览）和 Featured（推荐条目）三部分（图 4-40）。SpringerLink 提供浏览、简单检索、高级检索三种方式。

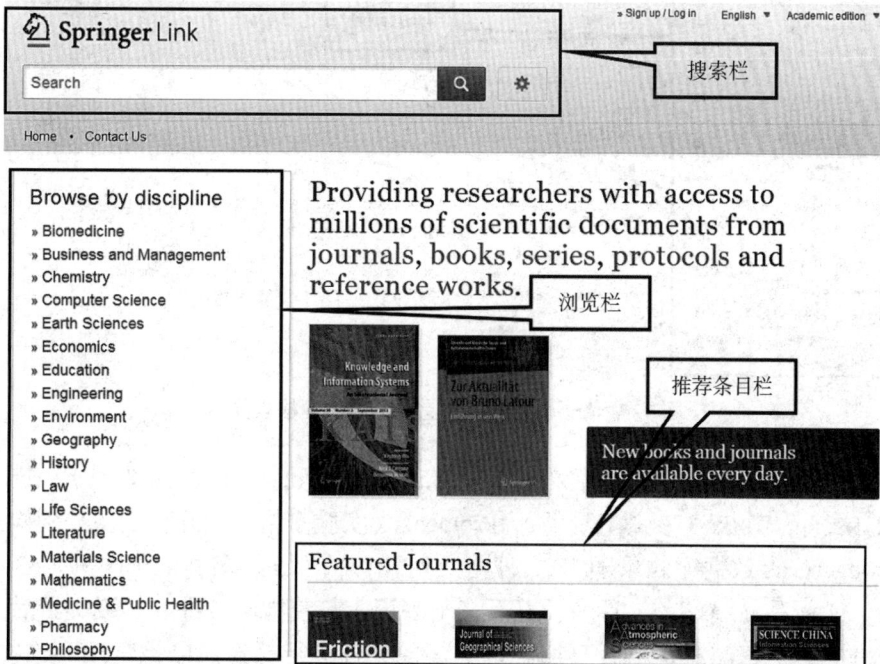

图 4-40 Springerlink 首页

1. 浏览检索 浏览分为学科分类（Browse by discipline）浏览和内容类型浏览。

（1）学科分类（Browse by discipline）浏览：是指按所收录的 24 个学科进行文献检索。SpringerLink 将收录的文献按学科分为 Biomedicine（生物医学）、Business and Management（工商管理）、Chemistry（化学）、Computer Science（计算机学）、Earth Sciences（地球科学）、Economics（经济学）等学科，涵盖了理、工、医、农、文等各个领域，最多的学科为生物医学和生命科学，社会科学相对较少。由于 Springerlink 将所有电子资源整合在一个平台上，所以每条检索结果均会显示其所属文献类型，如期刊、图书。如想查询生物医学相关的知识，可点击 biomedicine，跳转到该学科页面（图 4-41）。检索到的文献数量较多，可以通过 Refine Your Search 对文献类型、学科、子学科、语言类型对结果进行筛选，还可以通过搜索栏直接搜索相关知识的文献。点击

Download PDF 可以下载全文，点击 View Article 可以 HTML 格式浏览全文。

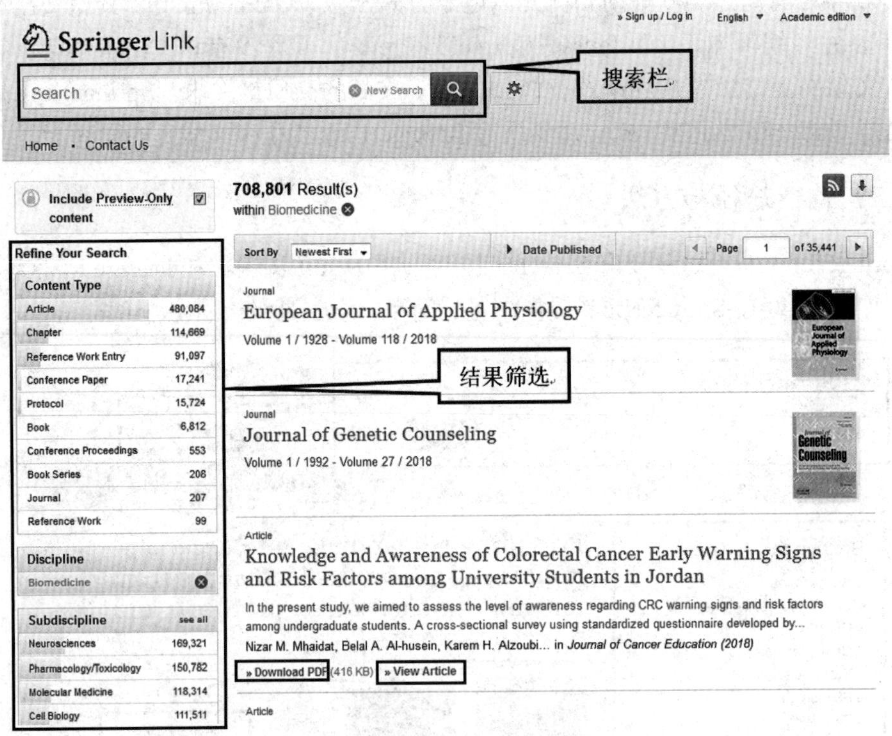

图 4-41　SpringerLink 具体学科类型检索界面

（2）内容类型浏览：是指将文献分为 Journals（期刊）、Books（图书）、Series（丛书）、Reference Works（参考工具书）、Protocols（实验室指南）几种类型分别检索。目前，SpringerLink 数据库收录了 3523 种全文期刊、二十五万多种电子图书、6369 种电子丛书、1124 种在线参考工具书，五万三千多篇实验室指南。进入二级类目后，还可按学科分类、语言类型、出版日期等进一步的条件进行筛选。以检索期刊论文为例，先点击期刊浏览，显示当前所有收录期刊名称，在检索框中输入关键词即可快速找到所需期刊。单击所需刊名可显示期刊的基本信息、最新文章，单击页面上的 Browse Volumes&Issues 按钮，可以浏览该刊各卷期的文章目录和全文，也可在右侧 Find 搜索框类直接输入卷、期数查找期刊文章。

2. 简单检索　这是 SpringerLink 数据库提供的检索文献最基本的方法（图 4-42），适用于初级检索用户。在 SpringerLink 数据库首页的简单检索输入框中输入检索词，可以是一个词或多个词或词组，词组之间默认为 AND 关系，也可输入复杂的检索式。

【检索示例】想了解抗生素头孢唑兰的相关知识。

检索步骤：

第一步：在 Search 中输入 cefozopran。

第二步：检索出的文献可根据需要按 Relevance（相关度）、Newest First（按时间顺序由新到旧排列）、Oldest First（按时间顺序由旧到新排列）三种方式排序。

SpringerLink

cefozopran

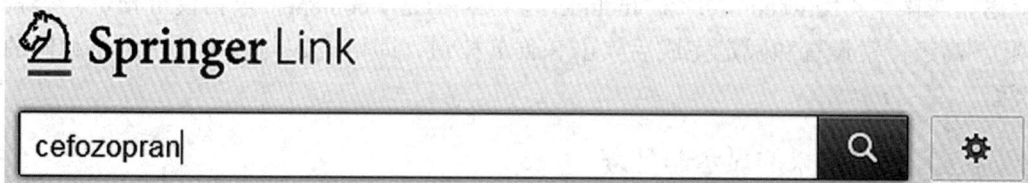

图 4-42　SpringerLink 简单检索界面

3. 高级检索　在首页，单击✿图标，选择 Advanced Search，即进入高级检索状态（图 4-43）。高级检索有四种题名匹配方式，用户可根据自己的需要在检索时选择任意一种匹配方式：① with all of the words 的含义是检索到的文章中包含所有输入的检索词，相当于布尔逻辑中的 AND。② with the exact phrase 的含义是检索到的文章中包含所有输入的检索词组且检索词组之间没有间隔，即没有插入其他的词，相当于精确匹配。③ with at least one of the words 的含义是检索到的文章中包含至少一个输入的检索词即可，相当于布尔逻辑中的 OR。④ without the words 的含义是检索到的文章中不包含输入的检索词，相当于布尔逻辑中的 NOT。

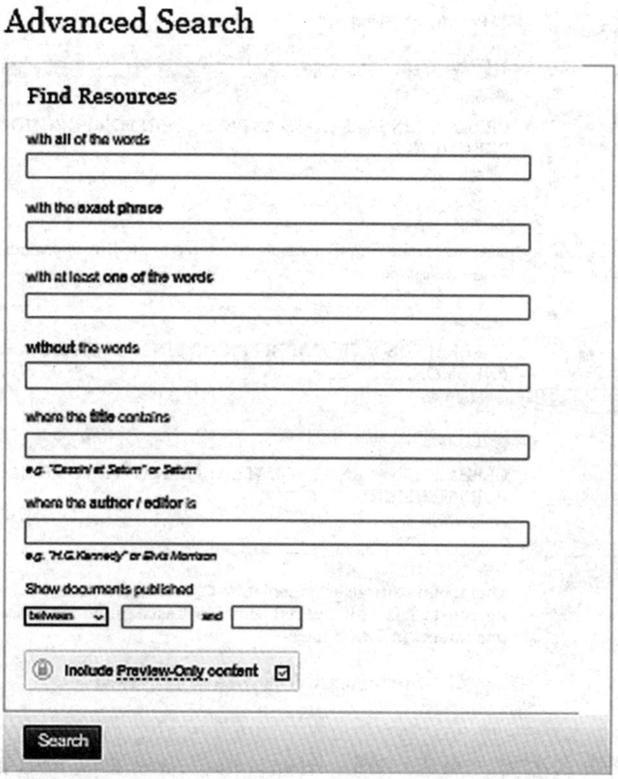

Advanced Search

Find Resources

with all of the words

with the exact phrase

with at least one of the words

without the words

where the title contains

e.g. "Cassini at Saturn" or Saturn

where the author / editor is

e.g. "H.G.Kennedy" or Elvis Morrison

Show documents published

between ▾ ＿＿ and ＿＿

ⓘ Include Preview-Only content ☑

Search

图 4-43　SpringerLink 高级检索界面

where the title contains（标题包含……，相当于题名字段检索）；where the author/editor is（作者 / 编者是……，相当于责任者字段检索）；Show documents published（文

献出版年限定：between/in）；⚫ Include Preview—Only content（包括仅可预览内容选项）。高级检索设置和限定完成后点击 Search 按钮，即可进入与基本检索结果相同的页面。

（三）检索结果的显示与处理

进入检索结果显示页面（图 4-44），按简单题录列表分别显示每条记录的文献类型、标题、作者、出处等信息。带有"⚫"图标的，表示该条记录为 Preview-Only Content（仅可预览内容），不提供全文下载权限。OA 资源的记录则在其右侧显示 Open Access 图标。在题录下方，点击 Download PDF 下载链接，则可下载 PDF 格式的全文，点击 View Article 或点击题录中的标题，均可进入文章的详细浏览页面，不仅提供该文的全文下载和在线浏览、题录和文摘信息，还有文章主题、关键词、机构等信息。

图 4-44　SpringerLink 检索结果显示界面

在检索结果列表右上方，点击"📶"图标，可将结果通过 RSS 推送；点击旁边的下载箭头📥，可以导出最多 1000 条检索结果的 CSV 格式的 EXCEI 文件。点击文章详细浏览页面右方的 Cite article 栏，可选择不同的文献引用格式，以适应不同的文献信息管理软件的需要。

（四）其他功能

1. 自动纠错功能 如果检索词输入出现拼写错误的单词，系统会自动进行纠错。例如，出现输入检索词 structnres，系统会自动检索 structures 检索词的文献。

2. 个人收藏夹的建立 可以在 Springerlink 中选择经常使用的出版物添加到个人收藏夹（Favorites），以方便浏览。方法是先把该期刊检索出来，标记感兴趣的刊物，点击"保存"图标，建立文件夹，记录保存至 Mark Items；再次浏览该期刊时，直接点击 Mark Items，就可以看到新的文章。

网址：https://link.springer.com/

四、Wiley Online Library

（一）概述

Wiley Online Library 是由 John Wiley&Sons Inc. 出版公司提供的检索系统。John Wiley&Sons Inc. 成立于 1807 年，是一家有两百多年历史的国际知名专业出版机构，在化学、生命科学、医学和工程技术等领域的学术文献出版方面颇具权威性。Wiley Online Library 提供全文电子期刊、电子图书和电子参考工具书的服务。

（二）检索规则

1. 自动词根检索 当在 Wiley Online Library 的检索框内输入检索同时，为避免用户输入检索词的多个变体，系统会自动执行词根检索功能。

（1）基本的词根检索：在检索框内输入检索词，系统会同时检索该检索词的不同语态。如输入检索词 clear，系统会同时检索 clears、cleared、clearing、clearer、clearest 等词。

（2）英美拼写方式的变异：当检索词的英式拼写与美式拼写不同时，可使用任意一种形式检索。如输入检索词 tumor，系统会同时检索 tumors、tumour、tumours 等词。

（3）非常规的复数形式：如输入检索词 mouse，系统会同时检索 mice。

（4）常见的不规则动词：如输入检索词 run，系统会同时检索 ran、runs、running 等词。

2. 短语检索 系统支持短语检索，短语检索的表示符号为英文半角状态下的双引号。

3. 检索算符

（1）截词检索：系统支持截词检索，截词符"*"代替单词中的任意一个字母。截词符可置于词首、词中或词尾。通配符"?"代替单词中的一个字母。

（2）布尔逻辑检索：系统支持布尔逻辑检索。

（三）检索途径与方法

Wiley Online Library 提供检索和浏览两种功能，检索又分简单检索和高级检索（图 4-45 ）。

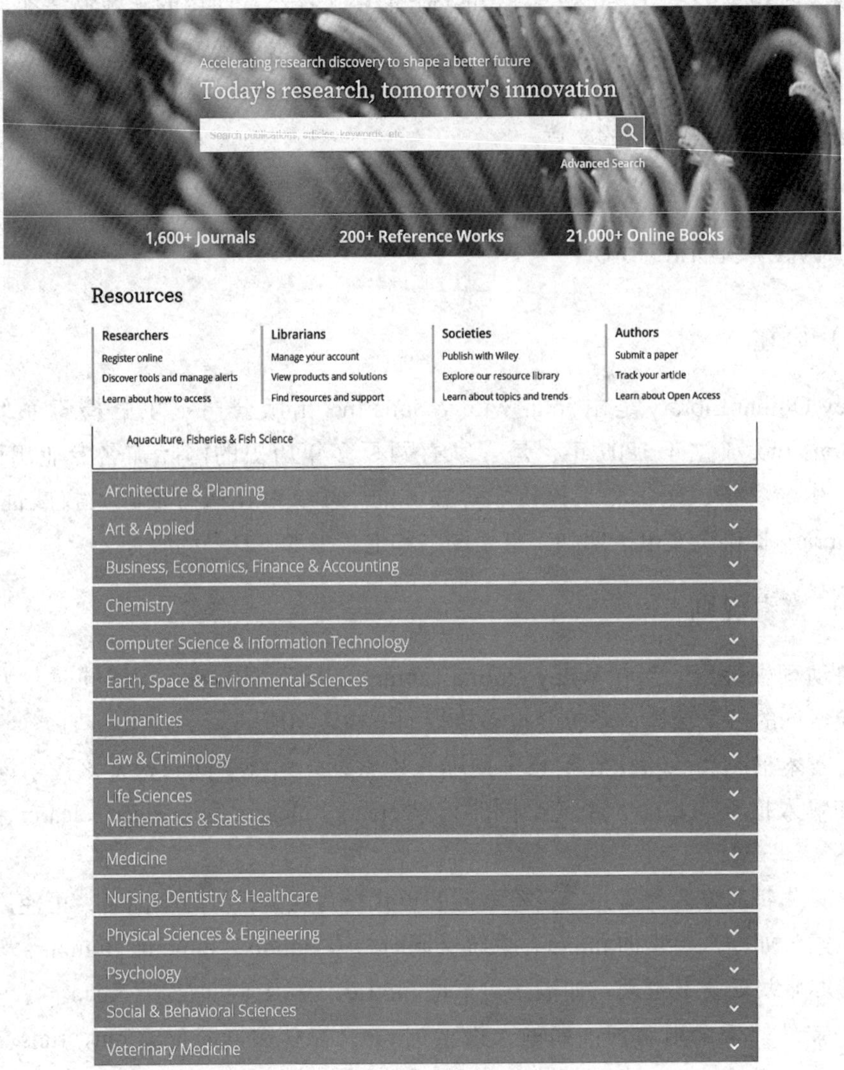

图 4-45　Wiley Online Library 主页

1. 根据学科浏览　主页 Subjects 标题下列出了 17 个大类学科，点击大类学科名称会出现若干小类学科。点击其中一个小类学科，会跳转到该学科的主页面，主页面上列出该学科的若干主题和该学科最新发表的文章与引用次数最多的文章。点击其中一个主题，系统会自动检索出该主题相关文章和出版物，检索结果可按日期、相关度和名称排序；还可使用 Refine Search 功能通过限定出版物类型、出版时间、学科、学科、期刊、作者精炼检索结果。

　　以检索 Medicine 学科为例，点击该学科名称，会出现细分的 32 个小类学科，选择 Pharmacology & Pharmaceutical Medicine（药理学与药学），进入该学科主页面。该页面由 Topics 和 Articles 两部分组成，Topics 列出了四个主题方向 Basic Pharmacology、Clinical Pharmacology & Therapeutics、Pharmacology & Pharmaceutical Medicine 和 Pharmacy。Articles 列出了该学科最新的文章和高被引文章。选择其中一个主题，如 Basic Pharmacology，可以检索到该主题相关的出版物和文章，还可以根据需要对检索结果进行精炼（图 4-46）。

图 4-46　学科浏览检索结果界面

2. 按字母排序浏览　在主页（图 4-45）中部有 Journals（期刊）、Reference Works（参考著作）、Online Books（电子书）三个按钮，点击其中任一按钮，可按字母（A ~ Z）顺序对该类型出版物进行浏览。

3. 简单检索　无论在主页还是高级检索或是浏览功能页面均提供简单检索输入框，用户输入关键词，系统会自动列出包含关键词的书籍、作者名等进行提示，用户可根据需要进行选择，如不需检索该关键词对应的某一类型的结果，可选择 everything 或直接点击 search 图标进行检索。

4. 高级检索　在主页上点击简单检索下侧的 Advanced search 按钮，进入高级检索页面。高级检索分为两部分：第一部分检索项，第二部分限定出版物时间。高级检索通过对检索范围进行限定，达到精确检索的目的（图 4-47）。

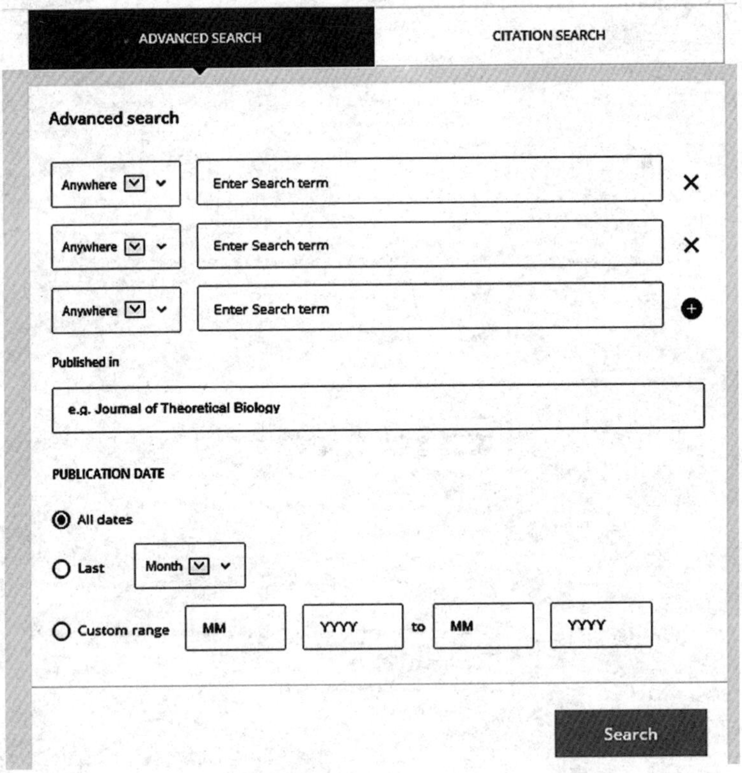

图 4-47　高级检索界面

第一部分检索项中提供全部字段（Anywhere）、题目（Title）、作者（Author）、关键词（Keywords）、摘要（Abstract）字段检索，系统默认几个限制字段之间是逻辑与 AND 的关系。

第二部分对出版物和出版时间进行限定。

【检索示例】查找近半年发表的有关胃溃疡治疗的文献。

检索步骤：

第一步：在 Title 部分输入 gastric ulcer，Abstract 部分输入 therapy。

第二步：publication date 选择 6 month。

第三步：点击 search 检索，即可得到相关文献。

网址：https://onlinelibrary.wiley.com/

五、ProQuest 系统全文数据库

ProQuest 是美国 ProQuest information and Learning 公司（原 UMI 公司）的全球性全文检索和传送系统，其数据库覆盖了商业、金融、新闻、科技、医学、综合参考信息以及人文社会科学等多个学科，内容包括期刊、报纸、参考书、参考文献、书目、索引、地图集、绝版书籍、记录档案和博士论文等各种类型的信息服务，有数字化、缩微型及印刷型三种文献类型产品。ProQuest 系统目前拥有 80 余个全文数据库，基本为期刊论文数据库，收录内容偏重学术性，全文所占比例较高。UMI 主要提供五种数据库。

1. 学术研究图书馆（Academic Research Library，ARL） 为综合参考及人文社会科学期刊论文数据库，涉及社会科学、人文科学、商业与经济、教育、历史、传播学、法律、军事、文化、科学、医学、艺术、心理学、宗教与神学、社会学等学科，收录 2400 多种期刊和报纸，其中全文占 2/3，收录时间为 1971 年以来的文摘和 1986 年以来的全文。

2. 商业信息数据库（ABI/INFORM） ABI 为 Abstracts of Business Information 的缩写，为世界著名商业及经济管理期刊论文数据库，收录有关财会、银行、商业、计算机、经济、能源、工程、环境、金融、国际贸易、保险、法律、管理、市场、税收、电信等主题的 1500 多种商业期刊，涉及这些行业的市场、企业文化、企业案例分析、公司新闻和分析、国际贸易与投资、经济状况和预测等方面，其中全文超过 50%。

3. 医学电子期刊全文数据库（ProQuest Medical Library，PML） 是针对医疗卫生和生命科学领域开发、编辑出版的医学期刊全文网络数据库。PML 数据库收录了三千多种医疗卫生及相关专业的医学出版物，其中 1080 种包含全文并被著名的 MEDLINE 数据库收录，内容涵盖儿科学、神经病学、药理学、心脏病学、牙科学、妇产科学、矫形外科学、肿瘤学、护理学、外科手术、物理治疗等专业。时间跨度从 1987 年至今。

4. ProQuest 博士论文全文数据库（ProQuest Digital Dissertations，PQDD） PQDD 是世界著名的学位论文数据库，是美国国家图书馆——国会图书馆指定的收藏全美国博硕士论文的机构，也是加拿大国家图书馆指定的收藏全加拿大博硕士论文的机构，收录从 1861 年至今的北美和国际博硕士论文。该数据库平台提供以下内容在线访问：两百五十多万篇论文题录信息全文（Full Text），两百多万篇缩微形式的全文，一百万篇电子版全文。每年出版八万篇新论文，每周更新。全球七百多所大学定期提交博士论文。订购该库的国内院校可以看到全部院校订购的全文，并可以浏览数据库全部论文的文摘和全文的前 24 页。

5. 生物学全文数据库（ProQuest Biology Journals） 该数据库收录了 430 多种出版物，包括学术期刊、行业杂志、会议论文，其中 325 种提供文本全文，学科覆盖生物化学、生物物理学、植物学、细胞学和组织学、环境研究、微生物学、显微镜学、动物学

等，对于国内用户，提供中文检索。

网址：https://search.proquest.com/

六、其他全文数据库

（一）EBSCOhost

EBSCOhost 数据库是美国 EBSCO 公司的三大数据系统之一（另外还有 EBSCOonline 和 EBSCOnet）是目前世界上比较成熟的全文数据库之一（图4-48）。EBSCOhost 为 EBSCO Publishing 公司于 1994 年所发展的线上数据库，是主要提供 EBSCO 综合学科、商管财经、生物医护、人文历史、法律等类型期刊的电子全文数据库，以及部分当今全球知名的索引摘要数据库。目前，EBSCOhost 已拥有六十多种数据库，涉及自然科学、社会科学、人文和艺术等多个领域，有近两千种全文期刊同时收录在 SCI/SSCI/AHCI，主要面向图书馆，为广大用户提供文献信息服务。主要有 9 大数据库。

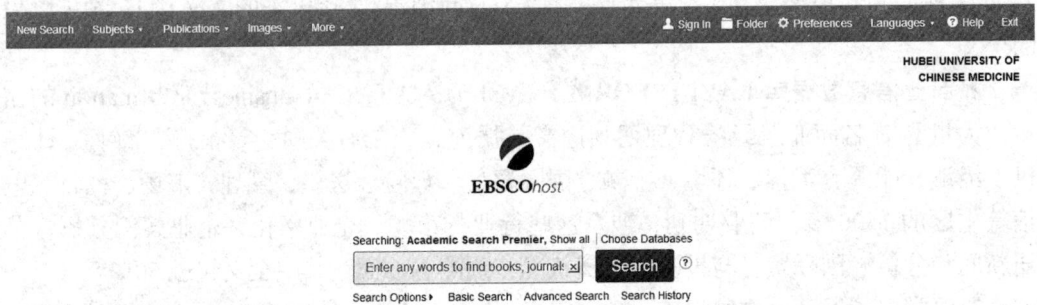

图 4-48　EBSCOhost 主页

1.学术期刊集成全文数据库（Academic Search Premier，ASP） 是世界最大的多学科数据库，提供 4700 余种学术性全文期刊，3600 余种同行评审期刊，覆盖 1975 年以来的各个学术研究领域。

2.美国人文学科索引（American Humanities Index，AHI） 由 Whitston 出版公司开发，是一个收录美国和加拿大文学、创造性期刊的参考书目数据库，收录了 1975 年以来的一千余种期刊。

3.商业资源数据库（Business Source Premier，BSP） 是世界最大的全文商业数据库，收录了两千三百余种商业期刊，一千一百余种同行评审标题的全文，与同等数据库相比，其优势在于它对所有商业学科（包括市场营销、管理、MIS、POM、会计、金融和经济）都进行全文收录。

4.通讯与大众传媒数据库（Communication& Mass Media Cornplete，CMMC） 由通讯与大众传媒研究领域中两个知名的数据库合并而成，即 CommSearch（以前由国立通讯学会 NCA 开发）和 Mass Media Articles Index（以前由宾夕法尼亚州州立大学开发），为对通讯与大众传媒领域感兴趣的学生、研究者和教育家提供了一个宝贵的资源。

5. 教育学摘要数据库（Educational Resource Information Center，ERIC） 是美国教育部的教育资源信息中心数据库，收录了两千二百余条摘要及书目，以及来源于九百八十余种教育类及教育类相关期刊。

6. 联机医学文献分析和检索数据库（MEDLINE） 该数据库提供药学、护理、牙科、兽医、卫生保健等权威医学信息，由美国国立医学图书馆创办。

7. 报纸资源数据库（Newspaper Source，NS） 提供精心挑选的四十多种美国国家和国际报纸的全文，也收录电视、广播新闻全文，提供近四百种美国地方报纸全文。该库通过 EBSCOhost 每日更新。

8. 教育类全文期刊数据库（Professional Development Collection，PDC） 数据库提供五百五十余种高质量的教育类期刊，包括三百五十余种期刊评论，还收录了二百余个教育类报告。该库是世界上收录教育类期刊全文最全的数据库，并有所收录的期刊列表。

9. 地区商业新闻数据库（Regional Business News，RSN） 覆盖了美国地方性商业出版物，合并了美国所有都市、乡村的七十五种商业期刊、报纸和新闻专线，每日更新。

目前，国内图书馆主要订购其中的 Academic Search Premier（ASP）和 Business Source Premier（BSP）数据库。

网址：http://search.ebscohost.com/

（二）Karger

Karger 出版社 1890 年创立于德国柏林，历经 120 多年，已经成为世界上为数不多的、完全关注于生物科学领域的出版社，也是医学和生物学界全球最著名的出版社之一，曾因出版众多诺贝尔奖获得者的专著而享有盛誉。Karger 出版物的学科领域涵盖了传统医学和现代医学的最新发展，每年出版约八十余种期刊和一百五十本左右新书，包括系列丛书（印刷版和电子版）和专著。大部分丛书被收录于 MEDLINE 文献库。其特点有 6 个。

（1）Karger 期刊都在线上优先发行：拥有医学电子期刊最重要的"即时性"与"无时滞"的优点。

（2）与 Google Scholar 合作：通过与 Google 合作，Karger 的图书和期刊都可以通过 Google 检索到，且都是全文索引。同时，可链接到本校图书馆对应馆藏，或其他收录对应资源的图书馆馆藏。

（3）提供 Information Push–Alert & RSS 服务：通过 RSS 阅读器和 E-mail 提供的新知主动推送服务。

（4）Karger 的出版物被许多世界著名的二次文献数据库收录：包括 Pubmed/Medline（NLM）、Current Contents、Reference Update、EBASE/Excerpta Medica、CrossRef/DOI、Chemical Abstracts Service（CAS）、Cambridge Scientific Abstracts（CSA）、ISI Web of

Science 等。

（5）参考文献链接：所有 Karger 期刊的文章参考文献（html Full text）都可链接到外部的资源。

（6）单一平台：电子期刊和电子书在同一平台，方便读者使用。

网址：https://www.karger.com/

（三）OCLC FirstSearch

OCLC（Online Computer Library Center，Inc，即联机计算机图书馆中心）是一个有国际影响的非营利性质的信息服务机构之一，总部在美国俄亥俄州。作为世界上著名的图书馆领域的研究机构与服务机构，OCLC 始终致力于促进世界各国图书馆的合作，实现世界范围内的资源共享。

OCLC 创建于 1967 年，目前在世界范围内的用户已达 86 个国家和地区的 4.3 万多个图书馆。OCLC 研究、开发了整套联机计算机系统，它的多项产品广泛用于世界各地的教育机构和图书馆。FirstSearch 是 Online Computer Library Center（OCLC）1991 年推出的一个联机检索服务。1999 年 8 月，OCLC 又推出了新的 New FirstSeareh 检索系统。该系统在原来的基础上增加了许多新的功能。当前，利用该系统可检索到 75 个数据库，其中 30 多个数据库可检索到全文。这些数据库大多数由美国的一些国家机构、联合会、研究院、图书馆和大公司提供。数据库的内容包括文献信息、馆藏信息、索引、名录、文摘和全文。文献类型包括图书、期刊、报纸、胶片、计算机软件、音频资料、乐谱等。目前可以免费检索的有 13 个数据库。

网址：https://firstsearch.oclc.org/

练习题

1. PubMed

（1）查找有关针灸对脑梗死患者神经肽影响方面的研究文献。回答第一篇文献的出处及著者单位。

（2）检索肝炎和肝癌（hepatitis、liver cancer）的关系的文献。回答查到文献的篇数和查到综述文的篇数。并说明用检索词 liver cancer 和检索词 liver cancer 的区别。

（3）统计出 MEDLINE 数据库收录《细胞分子生物学》杂志（《mol biol cell》）或者《科学》杂志（《science》）文献的数量，并写明《Chinese medical journal》杂志的简称，以及《细胞分子生物学》杂志的全称。

（4）查找近五年来有关药物治疗 2～5 岁幼儿哮喘的英文综述文献，要求哮喘病名必须出现在文献的题目和主题词中，且能免费获取全文。

（5）利用主题词数据库（MeSH Database）检索并回答下列问题：

1）确定肾衰 renal failure 的 MeSH 词是什么？同义词有哪些？下位词有几个？

2）确定出血性休克（hemorrhagic shock）规范化主题词是什么？查找 2015 年以来出血性休克并发症（complication）的英文文献有多少篇？

2. SCI

（1）查看发表在 NEW ENGLAND JOURNAL OF MEDICINE 杂志上的文章"Osimertinib in Untreated EGFR-Mutated Advanced Non-Small-Cell Lung Cancer"的被引频次和施引文献。

（2）在数据库中搜索清华大学丁胜教授发表的文章，并运用系统提供的分析检索结果功能对他的研究方向进行分析。

（3）查看 2014～2018 年发表在 EUROPEAN JOURNAL OF PHARMACEUTICAL SCIENCES 杂志上的综述类文章。

（4）搜索中国科学院 2017 年被 SCI 收录的毒理学方面的文章，查看该类文章主要发表在哪些期刊上以及发表文章数最多的作者是谁。

3. Scifinder

（1）检索物质：硫酸钠。

（2）检索环系上含有以下结构片段的天然产物。

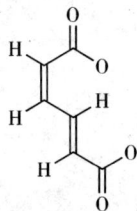

（3）检索研究紫杉醇（paclitaxel）的文献，其中被引次数最高的文献来自哪份期刊？发文最多的研究机构是哪家？该研究领域专利多还是期刊多？

（4）检索络活喜（CAS No 111470-99-6）的生物靶点及合成方法。

第五章　网络信息资源检索 ▷▷▷▷

第一节　概　述

网络信息资源是指将文字、图像、声音、动画等多种形式的信息以电子数据的形式储存在光、磁等非印刷质的介质中，并利用计算机通过网络进行发布、传递、储存的各类信息资源。简言之，即一切可以通过计算机访问的各种信息资源的总和。

一、资源类型

根据不同的类型，网络信息资源分为六类。

（一）根据信息交流方式划分

1. 非正式出版物　如电子邮件、专题讨论小组和论坛、电子会议、电子公告牌等。这类资源的特点是随意性和流动性较大，无法对内容和质量进行控制，但发布频率高，时效性强，多适用于学科前沿交流。

2. 正式出版物　如各种数据库、电子杂志、电子工具书、专利信息等。这类资源的特点是受到知识产权保护，经过有序加工，质量可靠，利用率较高。

3. 介于非正式出版物与正式出版物之间　如从各种组织机构、学术团体的网址上查询到的但无法从正式出版物渠道查询到的信息。这类资源的特点是针对性和专业性较强。

（二）根据网络传输协议划分

网络传输协议简称传送协议（Communications Protocol），是指计算机通信的共同语言。

1. Web 网络资源　又称 www 资源，是通过超文本传输协议（HTTP）在网络上进行传输的信息资源。其集文本、图形、图像、声音于一体，以友好直观的界面与用户进行交互，使用简单，功能强大，可迅速定位到分布于网络中的信息资源。

2. FTP 信息资源　是利用文件传输协议（FTP）所能获取和利用的信息资源。FTP协议可以帮助用户实现在本地计算机与远程计算机之间进行文件的复制、传输和下载等操作，是传输分发软件的一种基本方法。

3. TELNET 信息资源　是利用 Telnet 远程登录协议获取和利用的信息资源。利用远程登录协议，用户可通过远程登录访问所需的信息资源，如图书馆的馆藏目录查询系统、信息服务机构的综合信息系统等。

4. 其他类型信息资源　如用户服务组信息资源、广域信息服务器 WAIS、Gopher 信息资源等。

（三）根据信息表现形式划分

1. 全文型信息　如各类电子期刊，网上报纸，政府出版物，标准、专利的文献全文等。

2. 事实型信息　如车次信息、航班信息、天气预报、景点介绍、地图信息等。

3. 数值型信息　如各类统计数据、财务报表、商品规格和报价信息等。

4. 实时交互型信息　如聊天软件、讨论组、网上购物等。

5. 其他类型　如各类数据库、图形图像、影视广告等。

（四）根据信息加工程度划分

1. 一次加工信息　如电子图书、期刊、报纸等。

2. 二次加工信息　如搜索引擎、网络数据库、联机书目检索系统等。

3. 三次加工信息　如元搜索引擎、网站目录等。

（五）根据网页被标引程度划分

1. 表层网络资源　表层网络资源也叫透明网络资源、可见网络资源或者可标引网页资源（Clear net、the visible Web or indexable Web），是 Web 网页中可以被传统搜索引擎索引的那部分网页资源，比如关于某个名词的解释、某个网站的网址等。

2. 深网资源　深网（Deep Web）也叫 Deep net、看不见的网络（Invisible Web）、Under net 或者隐蔽网络（the Hidden Web）。深网资源是指存在于互联网中，但是由于技术限制或商业选择不能被通用搜索引擎检索到的那部分网络资源，比如 Facebook、微博等社交网站的内容。深网与表层网络一起构成网络资源的海洋，是可以通过网络获取的。

深网与表层网络并不是完全割裂的。随着通用搜索引擎的升级和发展，越来越多原先不能被搜索引擎索引的文件格式已经变为可索引的内容，加入了表层网络的集合。同时，表层网络的搜索引擎也能在一定程度上帮助我们找到深层网络资源的入口。

（六）其他划分标准

网络信息资源还可根据信息资源的媒体形式分为文本资源、图片资源、音频资源、视频资源、三维虚拟影像资源等类型；根据信息资源的来源分为政府机构型、大学型、社会团体型、公司企业型、个人型等；根据信息存取的方式分为电话型、邮件型、书目型、图书馆型等。随着技术的进步和社会的发展，网络信息资源的划分标准会随之变化和调整，使之更符合人们的认知水平和需求。

二、特点与评价

（一）特点

1. 以网络为载体和传播媒介　传统信息载体多为纸张、磁带等实体化物质，网络信息则是以虚拟化的网络为载体和传播媒介，人们可以平等公开地从网络这一媒介获取信息，而不必过问信息是存储在磁盘上还是磁带上，体现了网络资源的社会性和共享性。

2. 数量庞大且增长迅速　网络的易用性和便捷性使得人们可以自由地在网络平台上生产、上传、存储、传播内容。另外，互联网用户的不断增加也使网络信息资源的数量持续急剧增长。为了全面反映和分析我国互联网络发展状况，中国互联网络信息中心（CNNIC）自 1997 年起每年发布两次《中国互联网络发展状况统计报告》，至 2018 年已发布 42 次。根据 CNNIC 在 2018 年 7 月发布的第 42 次《中国互联网络发展状况统计报告》显示，截至 2018 年 6 月，我国网民规模为 8.02 亿，较 2017 年末增加 3.8%。互联网普及率达 57.7%。我国手机网民规模达 7.88 亿，较 2017 年末增加 4.7%，网民中使用手机上网人群的占比达 98.3%。除此之外，随着技术和社会发展，互联网领域应用出现了新的热点，比如互联网理财、线下支付、在线教育、网约车服务、共享单车等。其中，互联网理财趋于规范化，网民在线下购物时，使用过手机网上支付结算的比例达到 61.6%。我国网络支付企业向海外市场进行扩展，在线教育、网约车服务规模保持增长。

3. 传播方式的动态性　无线电和卫星通信技术的充分运用，使得网络环境下的信息传递和反馈更加迅速、便捷，并具有流动性和实时性等特点。与传统的信息载体和传播媒介相比，网络信息可不受自然环境条件的限制。在网络环境下，信息只需要短短的数秒钟就能传递到世界各地的每一个角落。

（二）评价

1. 优点

（1）存储数字化：信息资源由纸张上的文字变为磁性介质上的电磁信号或者光介质上的光信息，使信息的存储、传递和查询更加方便。以数字化形式存在的信息，既可以在计算机内高速处理，又可以通过信息网络进行远距离传送，大大提升了信息的传递效率，而且环保。

（2）共享程度高：网络一方面打破了信息传递的时空界限，使用户可以不受时间、地点、自然条件等的限制，便捷地获取信息资源。另一方面，网络信息的存储形式及数据结构具有通用性、开放性和标准化的特点，不受实体复本数限制，更便于共享和传播。

（3）呈现形式多样化：传统信息资源多以文字或图片形式呈现，网络信息资源则可以文本、图像、音频、视频、软件、数据库等形式存在，呈现形式的多样化，使内容更加生动、有吸引力。

2. 缺点

（1）信息质量缺乏控制：网络的开放性、隐匿性和共享性使得人人都可以成为互联网上的信息内容生产者和传播者，自由地上传、获取、分享和传播信息。这一方面使得互联网上的信息数量呈几何态势增长，形成信息大爆炸的现状；另一方面因缺乏相应的质量管控机制，大量未经严格审查和编辑的信息充斥于网络，造成网络信息质量鱼龙混杂、良莠不齐，给用户有效选择和合理利用网络信息带来了不便。

（2）信息稳定性差：网络信息具有很大的流动性和不稳定性。一方面，部分网络信息资源是即时、动态生成的；另一方面，网络信息资源的产生、更新、消亡周期很短，且缺乏相应维护，可轻易被删除或者转移到其他网址，出现死链接，导致内容无法访问和获取。

（3）存在安全隐患：网络信息资源的获取虽然方便快捷，但也存在一定的安全隐患。网络渠道快速、传播广泛的特点，往往伴随着网络病毒、垃圾邮件、不良网站链接等安全隐患，需要认真评价和辨别。

第二节　搜索引擎

一、概述

（一）概念

搜索引擎（Search Engine）是指根据一定的策略、运用特定的搜索工具，如 Robot、Spiders 等对互联网信息进行搜集、整理，在对网络信息进行组织和处理后，为用户提供网络信息检索服务的检索系统。

（二）工作原理

1. 抓取网页　搜索引擎有自己的网页搜索工具（如 Robot、Spider），沿着网页中的超链接，连续地抓取网页，被抓取的网页称之为网页快照。由于互联网中超链接的应用普遍，网页之间存在一定联系，从特定范围的网页出发，就能搜集到绝大多数相似的网页。

2. 处理网页　搜集到的网页都是独立的个体，搜索引擎利用一定的策略对网页进行自动标引、建立索引，形成网页索引数据库。利用关键词等技术建立联系，便于用户进行查找。

3. 提供检索服务　搜索引擎的最终目的是提供检索服务，互联网用户可以通过输入关键词进行检索，搜索引擎从索引数据库中找到匹配该关键词的网页。为了用户便于判断，除了网页标题和 URL 外，搜索引擎还会提供一段来自网页的摘要、网页快照等信息。

（三）分类

搜索引擎包括全文搜索引擎、目录式搜索引擎、元搜索引擎、垂直搜索引擎、集合式搜索引擎等。

1. 全文搜索引擎　全文搜索引擎又叫全文索引，是目前应用最为广泛的搜索引擎。全文搜索引擎按照一定规则从互联网上收集和整理网站信息，并建立数据库，能够检索出与用户查询条件相匹配的记录，按照一定的顺序返回结果。国外的谷歌、国内的百度是常见的全文搜索引擎。

2. 目录式搜索引擎　目录式搜索引擎又叫目录索引，是把搜索到的网络信息资源，按照一定的主题分门别类建立目录，根据搜索到的网页内容主题不同，将网址分配到不同的主题目录之下，形成分类树形结构索引。用户查找信息时，采取逐层浏览打开目录，逐步细化就可以查到要找的信息。典型的目录式搜索引擎有 hao123、新浪等。

3. 元搜索引擎　在接受用户查询请求后，元搜索引擎同时在多个全文搜索引擎上进行搜索，并将结果返回给用户。元搜索引擎没有自建的数据库，完全是从其他全文搜索引擎的数据库中查询结果。常见的元搜索引擎有 360 综合搜索等。

4. 垂直搜索引擎　垂直搜索引擎是应用于某一个行业、专业的搜索引擎，是搜索引擎的延伸和应用细分化。垂直搜索引擎为用户提供的并不是上百甚至上千万相关的网页，而是范围极为缩小、极具针对性的具体信息。常见的垂直搜索引擎有豆丁网（文档专业搜索引擎）、爱搜书网等。

5. 集合式搜索引擎　类似元搜索引擎，但区别在于不是同时调用多个引擎进行搜索，而是由用户从提供的多个引擎当中选择。常见的集合式搜索引擎有 howsou.com，于 2007 年推出。

二、常用搜索引擎

根据 NetMarketShare 在 2018 年 1 月统计的最新数据显示，搜索引擎全球占比前三位的依次是 Google、Baidu、Bing。其中 Google 以 69.97% 的市场占有率高居第一。中国互联网络信息中心（CNNIC）2017 年 7 月发布的 2016 年中国网民搜索行为调查报告显示，中国网民在手机端和电脑端使用的搜索引擎前三名分别是百度、搜狗搜索和 360搜索。其中，百度占搜索服务的 80% 以上。

（一）综合性搜索引擎

1. Google（谷歌）　Google 由斯坦福大学两位博士生 Larry Page 和 Sergey Brin 于1998 年 9 月 4 日创建，是当前公认的全球使用最广泛的搜索引擎。2006 年起 Google 正式启用中文名称"谷歌"。2012 年 12 月，谷歌关闭在中国内地市场的搜索服务，搜索服务由中国内地转至中国香港。

（1）基本检索：谷歌支持布尔逻辑运算符，逻辑与默认空格，逻辑或用"OR"表示，逻辑非用"–"表示。谷歌不支持通配符，词组精确检索用半角双引号表示。对于英文字符大小不敏感，例如"CHINA"与"china"搜索结果一致；当用户点击谷歌的"手气不错"按钮时，会直接打开第一个搜索结果而不是打开搜索结果页面。

（2）高级检索：谷歌有高级检索途径，可以实现逻辑关系限定、语言限定、文件格式限定以及日期、区域、网站等具体的限定（图5-1）。从谷歌首页右下角的"设置"可以进入高级检索。

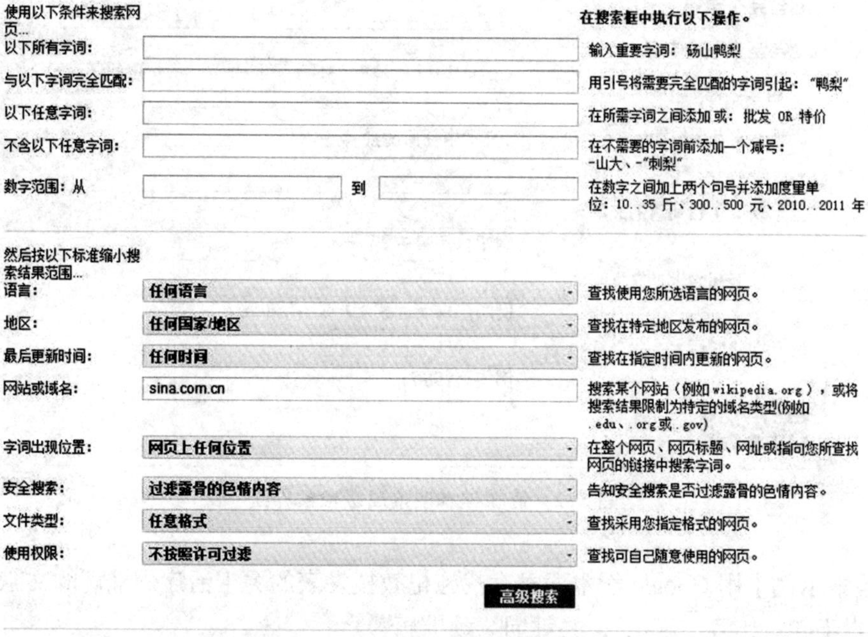

图5-1 谷歌高级检索界面

同时谷歌的高级检索支持命令检索。

① site 语法：表示搜索结果局限于某个具体网站或者网站频道，如 sina.com.cn、edu.sina.com.cn，或者是某个域名，如 com.cn、com 等。

② filetype 语法：用来搜索 word、xls、powerpoint、PDF 等格式的文档，如查找文献检索的 ppt 格式文档结果为"文献检索 filetype:ppt"。

③ link 语法：表示返回所有链接到某个 URL 地址的网页，如链接到新浪网站的所有网页结果为"link:www.sina.com.cn"。

④ inurl 语法：作用是将搜索范围限定在 URL（统一资源定位符）中。

⑤ related 语法：用来搜索结构内容方面相似的网页，如搜索与新浪网相似的网页"related:www.sina.com.cn"。

⑥ intitle 语法：是在网页的标题栏进行查询，如查询网页标题中有 NBA 的网页结果为"intitle:NBA"。

（3）谷歌学术搜索：2004年谷歌推出了学术搜索试用版，内容包括世界上绝大部分已经出版的学术期刊，是可以广泛搜索学术文献的简便方法。用户可以从一个位置搜索众多学科和资料来源：来自学术著作出版商、专业性社团、预印本、各大学及其他学术组织的经同行评论的文章、论文、图书、摘要和文章。谷歌学术搜索的高级检索支持布尔逻辑运算，同时支持作者检索、刊物检索和时间限定检索（图 5-2）。

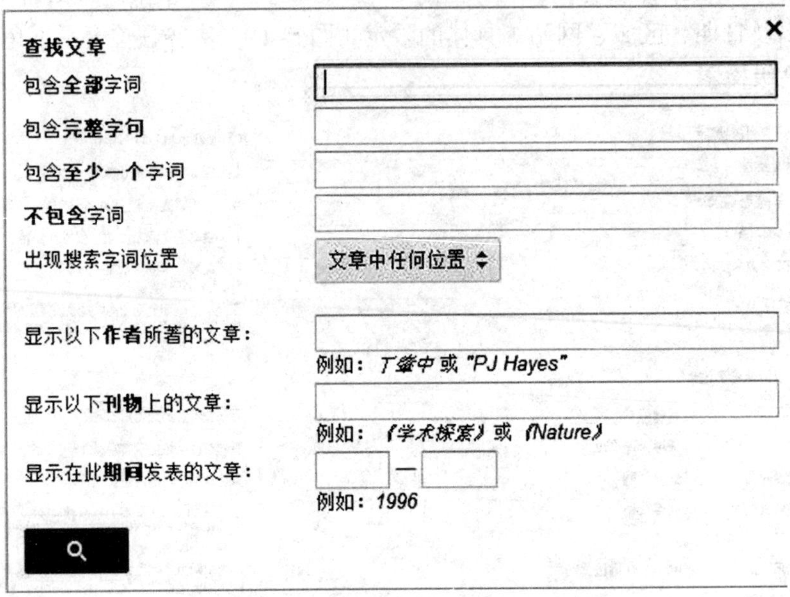

图 5-2　谷歌学术搜索高级检索界面

【检索示例】用 Google 学术搜索查找施杞教授发表的关于治疗颈椎病的文献。

检索步骤：作者"施杞"，关键词"颈椎病"。

检索步骤：

第一步：在谷歌学术搜索高级检索页面第一个检索框输入"颈椎病"。

第二步：作者栏输入"施杞"。

第三步：点击搜索即可得到检索结果。

网址：https://www.google.com.hk/

2. 百度　百度是全球最大的中文搜索引擎，2000 年 1 月由李彦宏、徐勇两人创立于北京中关村。"百度"二字源于宋朝词人辛弃疾的《青玉案》诗句："众里寻他千百度"，象征着百度对中文信息检索技术的执着追求。

（1）基本检索：百度支持逻辑运算，逻辑与默认空格，例如"A B"表示搜索既包含 A 又包含 B 的结果；逻辑或用"|"连接，"|"前后都要空格，例如"A | B"表示搜索包含 A 或者包含 B 的结果；逻辑非用"-"连接，减号前面要空格，后面不空格，例如"A -B"表示搜索 A 的同时排除 B 的结果。百度支持用双引号实现精确检索，保证双引号内的检索词不被拆分。书名号是百度的一大特色。例如，要搜索手机这部电影，但是很容易检索出手机，给手机加书名号后，例如《手机》，会排除手机的影响，直接搜索得到手机这部电影。

（2）高级检索：百度高级检索页面包含四个检索框，分别表示逻辑与、精确检索、逻辑或和逻辑非，高级检索还支持时间限定、文档格式限定、关键词位置限定和制定网站限定（图5-3）。

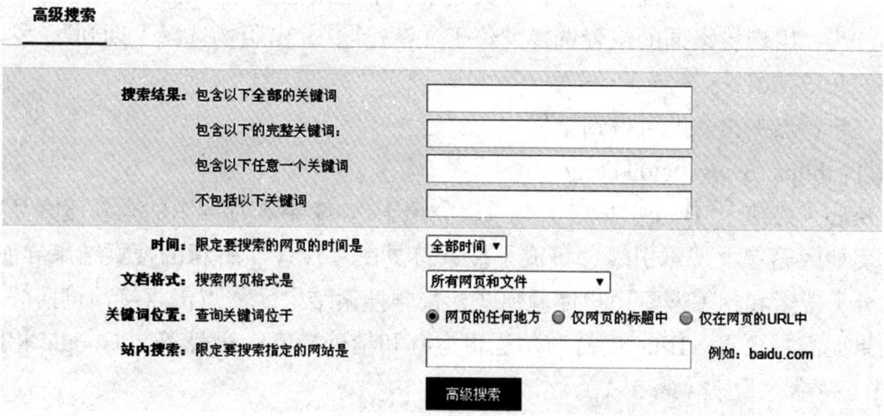

图 5-3　百度高级检索界面

百度高级检索也支持命令检索，基本语法和谷歌的命令检索一致，可以参见谷歌的命令检索进行搜索。百度于 2014 年 6 月推出学术搜索，涵盖了 CNKI（中国知网）、万方数据、VIP（维普资讯）、Springer、Web of Science 等国内外数据库。百度学术搜索的高级检索支持逻辑与、或、非和精确检索，可以实现作者限定、出版物限定、时间限定、语言范围限定等筛选功能，检索结果可以按照"相关性""被引量""时间顺序"进行排序（图5-4）。

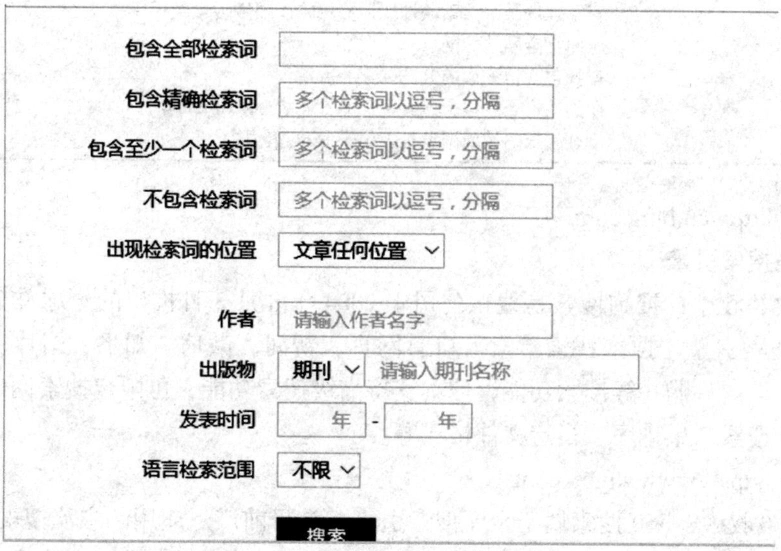

图 5-4　百度学术搜索高级检索界面

【检索示例】用百度学术搜索查找 2017 年度在标题中有"痛风"的期刊论文结果。
检索分析：发表时间"2017-2017"，精确检索词"痛风"，出版物"期刊"，出现检索词位置"位于文章标题"。

检索步骤：

第一步：在百度学术搜索高级检索页面第二个检索框输入"痛风"。

第二步：出现检索词的位置选择"位于文章标题"，出版物选择"期刊"，发表时间限定为"2017-2017"。

第三步：点击检索即可得到结果。

网址：https://www.baidu.com/

3. Bing（必应） Bing（必应）是微软公司于2009年5月推出的全新搜索品牌，目前是北美地区第二大搜索引擎，集成了搜索首页图片设计、崭新的搜索结果导航模式、创新的分类搜索和相关搜索用户体验模式，视频搜索结果无需点击直接预览播放，图片搜索结果无需翻页等。Bing支持布尔逻辑运算和精确检索，运算符与Google相同，同时Bing支持命令检索（表5-1）。

表5-1　Bing命令检索

命令	定义
contains	只搜索包含指定文件类型的链接的网站
filetype	只搜索指定文件类型创建的网页
inanchor	指令返回的结果是导入链接锚文本文字/定位标记中包含搜索词的页面
inbody	搜索正文中含有检索词的网页
IP	查找特定IP地址的网站
intitle	返回网页标题中含有检索词的网页
language	返回指定语言的网页
location（loc）	返回特定国家或地区的网页
prefer	着重强调某个搜索条件或运算符，以限定搜索结果。
site	返回指定网站的网页
feed	查找包含检索词的RSS或Atom源
hasfeed	在网站上查找包含搜索条件的RSS或Atom源的网页
url	检查列出的域或网址是否位于Bing索引中

网址：http://cn.bing.com/

4. 其他搜索引擎

（1）搜狗搜索：搜狗搜索是搜狐公司于2004年8月3日推出的全球首个第三代互动式中文搜索引擎。搜狗搜索检索入口有网页、新闻、微信、知乎、图片、视频、问问、学术、地图、购物等搜索功能，搜狗支持高级搜索功能，可限定搜索词位置、指定站内搜索、搜索结果排序、指定文件格式等。

网址：https://www.sogou.com

（2）360搜索：360搜索属于全文搜索引擎，是目前广泛应用的主流搜索引擎。360搜索包括新闻、网页、问答、视频、图片、音乐、地图、百科、良医、购物、软件、手机等应用。

网址：https://www.so.com

（3）中国搜索：中国搜索于2014年3月1日上线测试，首批推出新闻、报刊、网页、图片、视频、地图、网址导航七大类综合搜索服务，以及国情、社科、理论、法规、时政、地方、国际、军事、体育、财经、房产、汽车、家居、购物、食品、智慧城市等 16 个垂直频道和"中国新闻"等移动客户端产品和服务。

网址：http://www.chinaso.com

（二）医学专业搜索引擎

医学专业搜索引擎是根据医学专业的特点，针对某一专门领域或主题，将因特网上的信息资源进行搜集、整理而成的搜索引擎。国外常见的医学搜索引擎有 Medscape、Medical world search、MedHelp、Healthlinks 等。

1. Medscape　由美国 Medscape 公司创建于 1995 年 6 月，是最优秀的医学专业搜索引擎之一，为 WebMD 的一部分。其目的是为临床医生和其他职业卫生工作者提供及时、丰富的临床医学信息，同时也为大众提供相关医疗卫生知识，是 Web 上最大的免费提供临床医学全文文献和继续医学教育资源的网站。可选择 Fulltext、Medline、DrugInfo、AIDSLine、Toxline、Whole、Web、News、Medical Images、Dictionary、Bookstore 等十多种数据库进行检索，同时还可浏览每日医学新闻，免费获取 CME（Continuing Medical Education，继续医学教育）各种资源，免费获取 Medpulse，同时可网上查找医学词典和回答用户咨询，提供根据疾病名称、所属学科和内容性质（会议报告、杂志文章的全文或摘要等）分类检索（The Medscape Index）。

网址：http://www.medscape.com

2. Medical world search（医学世界检索）　由美国 The Polytechnic Research Institute 1997 年建立的一个医学专业搜索引擎，收集了数以千计的医学网点、近十万个 Web 页面。它采用 NLM（美国国立医学图书馆）研制的一体化医学语言系统（Unified Medical language system，UMLS），涵盖了临床、基础、药学、生物学、医学管理等医学及与医学相关学科，收录了约两百万个医学概念，医学词汇达到五百多万个，检索时可根据词表扩大或缩小检索范围，搜索的准确性很高。同时还提供扩展检索、精细检索功能和免费全文检索，大小写无差别，结果进行相关排序。医学世界检索见图 5-5。

网址：http://www.mwsearch.com/

3. MedHelp　由美国 Med Help Intermational 研制，收集了 2.5 万个医学站点，每月访问达百万人次。该搜索引擎旨在帮助患者查找高质量的医学信息，让患者在最短的时间内利用各种手段对疾病做出治疗方案的选择；提供图书馆检索、十余个类目的医生咨询、患者网络、每日医学新闻，还提供一百多个医学站点的连接，可查找完整的医药卫生信息，检索结果按医学图书馆论文、咨询医生问答、临床实验、医学词汇、赞助机构、精选因特网上其他医学站点论文等分别显示。

网址：https://www.medhelp.org/

4. Healthlinks　是一个医学网络资源搜索引擎，收录了 5.8 万多个链接。通过网络为全球医务工作者及其他用户提供医学保健信息、产品和资源等服务。

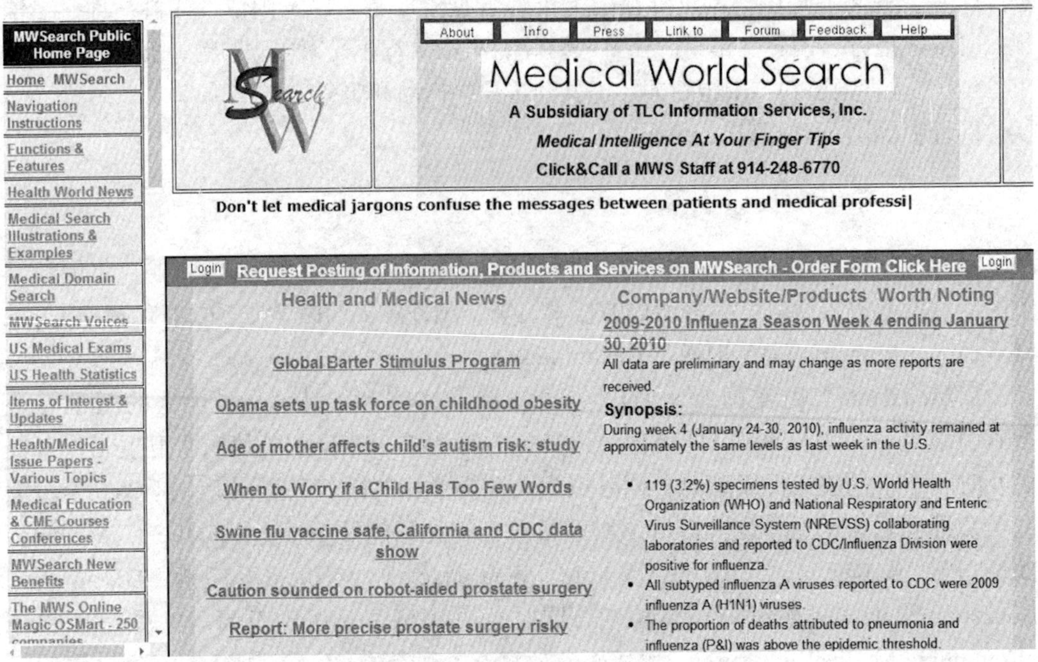

图 5-5　医学世界检索主页

Healthlinks 提供分类浏览检索和关键词检索两种检索途径，还提供具有特色的专题浏览检索，在主页左侧的导航条等位置提供有关多媒体资源、临床试验、时事通讯、招聘信息、最新网站浏览等。

网址：https://healthlinks.net/

第三节　开放存取

开放存取（Open Access，OA）是一个通过互联网让科学研究成果能够自由传播的运动，于 20 世纪 90 年代末在国际学术界、出版界、信息传播界和图书情报界大规模兴起。其初衷是解决当前的"学术期刊出版危机"，推动科研成果的自由传播，促进学术交流与出版，提升科学研究的公共利用程度，保障科学信息的长期保存。

一、概述

（一）概念

国际开放协会研究所（Open Society Institute，OSI）2001 年 12 月在匈牙利布达佩斯起草和发表的"布达佩斯开放存取倡议"（Budapest Open Access Initiative，BOAI），将开放存取定义为：某文献在 Internet 公共领域里可以被免费获取，允许任何用户阅读、下载、拷贝、传递、打印、检索、超级链接该文献，并为之建立索引，用作软件的输入数据或其他任何合法用途。用户使用该文献时不受财力、法律或技术的限制，只需在存取时保持文献的完整性，对其复制和传递的唯一限制，或者说版权的唯一作用应是使作者有权控制其作品的完整性及作品被准确接受和引用。

（二）基本特征

1. 在互联网环境中进行存取　开放存取的前提条件是在互联网环境下，无论是作者上传或发表研究成果还是用户免费获取和利用研究成果，都必须在互联网条件下进行。

2. 对用户权限的限制较少　开放存取对用户进行内容的获取和使用限制较少，尤其是在获取方面，打破了传统出版环境下高昂的获取费用壁垒，用户可以免费获取资源，并且可以进行下载、复制、散布、打印，甚至可以建立索引进行检索等操作。只要尊重作者版权即可。

3. 由作者而非出版商保留版权　传统出版渠道中，版权由出版方保留，用户获取和使用研究成果均需得到出版商授权，而开放存取中，在尊重作者版权的前提下，用户可以免费以较小限制去获取和使用这些资源。

4. 出版及获取的成本低　这里的成本不仅指费用成本，还包括时间成本。传统出版渠道下，研究成果从作者到用户，需要经过出版方的审稿、多次修改、最终排版、等待档期等环节，要经过长时间等待周期，而且作者和用户均需为此付出费用。通过互联网进行出版，不仅缩短了出版周期，使作者的研究成果可以迅速地传递到用户，而且一般只需要作者付费即可。

5. 传播速度快，影响力大　相对于传统出版渠道，开放存取采取网络存取的方式，信息获取成本和技术限制较少，这些都决定了开放存取在时效性、交互性以及传播广泛性方面要比传统出版渠道效果更好。

（三）基本形式

1. 开放存取期刊（Open Access Journals）　即基于 OA 出版模式的期刊，作者将成果发表在开放存取的期刊上，也称为金色道路。大多采用作者付费、读者免费获取的方式。

2. 开放存取仓储（Open Access Repository）　即作者自存档（Author-Self Archiving），也称为绿色道路，即研究机构或作者本人将未曾发表或已经在传统期刊中发表过的论文作为开放式的电子档案储存在机构知识库、主题或学科知识库、个人网站等相应平台上供用户免费获取或者使用。

3. 其他形式　除了开放存取期刊和开放存取仓储两种基本形式外，开放存取还以诸如个人主页、电子图书、博客、学术论坛、文件共享网络等多种形式存在。相对于开放存取期刊和开放存取仓储这两种形式，通过这些形式存在的开放获取资源缺乏严格的质量控制，无法保证其学术价值。

二、资源与获取

（一）开放获取期刊

1. 概念　开放存取期刊是一种论文经过同行评审、网络化的免费期刊。全世界的读者都可以在没有费用和权限限制的情况下从此类期刊上获取学术信息。期刊的编辑评审、出版及资源维护费用不是由用户，而是由作者本人或其他机构承担。一般包括新创办的开放存取期刊和由传统期刊转变而来的开放存取期刊两大类。与传统期刊一样，开放存取期刊对作者提交的论文采取严格的同行评审制度以确保论文质量。与传统期刊不同的是，论文的评审、编辑、出版和后期资源维护产生的费用无需用户承担，而是由作者本人、基金机构等承担。

2. 类型　根据期刊开放程度可以将开放存取期刊分为完全开放存取期刊和部分开放存取期刊。

（1）完全开放存取期刊：即期刊对用户全面开放，用户对期刊可实现全部内容的免费获取。其中部分期刊在出版后需要经过一段时间用户才能免费获取全部内容，这部分期刊称为延时开放存取期刊。

（2）部分开放存取期刊：即同一期刊中，只有部分内容可以被用户免费获取。

3. 开放存取期刊门户举例

（1）Socolar：由中国教育图书进出口公司建设和推广的开放存取资源的一站式检索服务平台，可以检索到来自世界各地、各种语种的重要开放存取资源，并提供开放存取资源的全文链接。用户也可以通过 Socolar 享受开放存取资源的定制服务，并向 Socolar 推荐开放存取资源，发表对 Socolar 收录期刊的评价。另外，Socolar 还是开放存取知识的宣传和交流平台、开放存取期刊发表和仓储服务平台（图 5-6）。

网址：http://www.socolar.com/

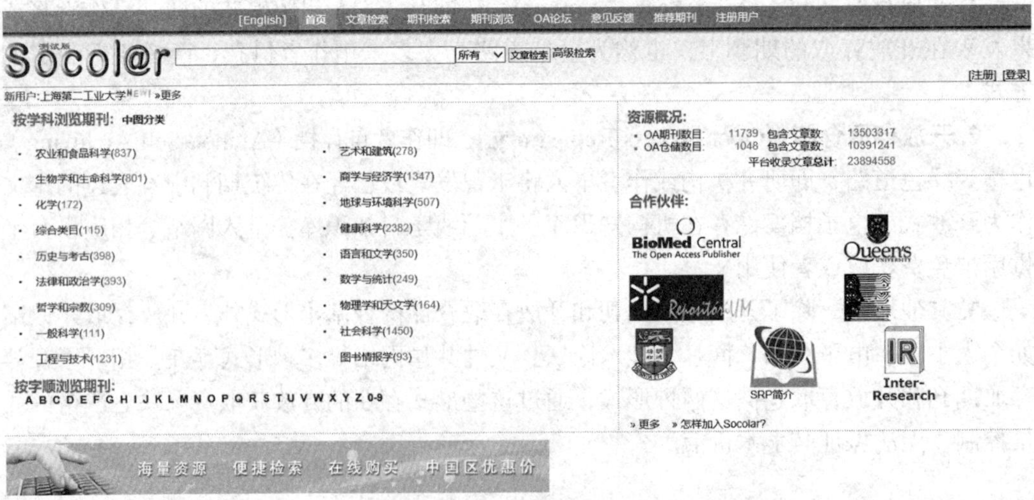

图 5-6　Socolar 界面

（2）cnpLINKer（中图链接服务）：由中国图书进出口（集团）总公司开发并提供的国外期刊网络检索系统，于 2002 年底开通运行。它既是国外期刊综合检索系统，也是开放存取期刊的集成平台。该平台收录了两万九千多种开放存取期刊，涵盖哲学、社会科学、政论时事、军事、经济、语言文字学、文学、艺术、历史、自然科学、地球科学、生物科学、医药卫生、农业科学、工程技术、运输工程、环境科学与技术 17 个学科领域，供用户免费阅读和下载全文（图 5-7）。

网址：http://cnplinker.cnpeak.com/

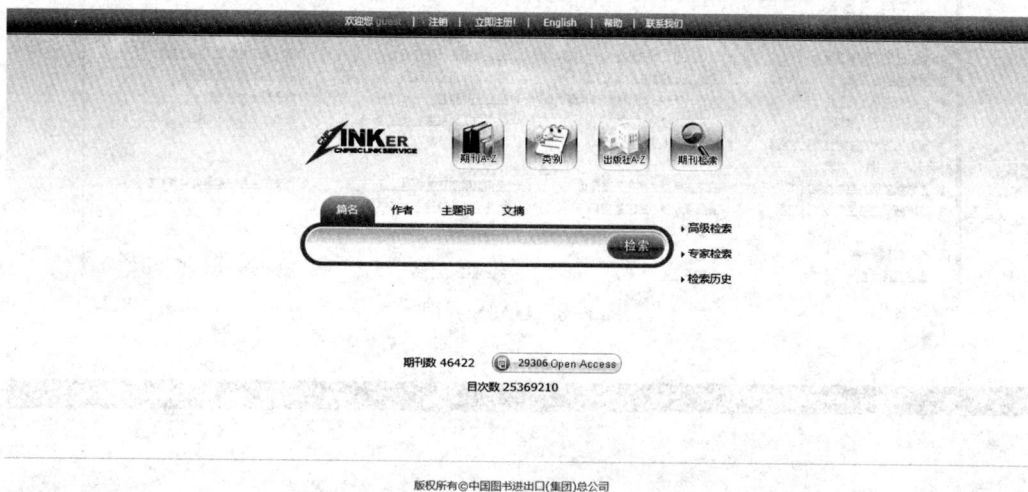

图 5-7　cnpLINKer 界面

（3）OAJS（开放阅读期刊联盟）：由中国高校自然科学学报研究会发起，加入该联盟的中国高校自然科学学报会员承诺，期刊出版后，在网站上提供全文免费供读者阅读，或者应读者要求，在三个工作日之内免费提供各自期刊发表过的论文全文（一般为 PDF 格式）。读者可以登录各会员期刊的网站，免费阅读或索取论文全文。现共有十四种理工科类期刊、三种综合师范类期刊、两种医学类期刊和一种农林类期刊（图 5-8）。

网址：http://www.cujs.com/oajs/

（4）OALib（开放存取图书馆）：提供 OALib 期刊、OA 期刊论文检索、OALib Preprints 以及外来预印本和后印本的存储。其中 OALib Journal 是一本多合一的开源期刊，以同行评审的方式出版发行文章，涵盖的研究领域覆盖科学、科技、医学以及人文社科等 311 个领域。本刊发表的全部文章均可在期刊网站上免费阅读、下载、引用和传播（图 5-9）。

网址：http://www.oalib.com/

（5）科学公共图书馆（PubliLibrary of Science，PloS）：是一家由众多诺贝尔奖得主和慈善机构支持的非营利性学术组织，旨在推广世界各地的科学和医学领域的最新研究成果。PLoS 出版了八种生命科学与医学领域的开放获取期刊，可以免费获取全文。

网址：https://www.plos.org/

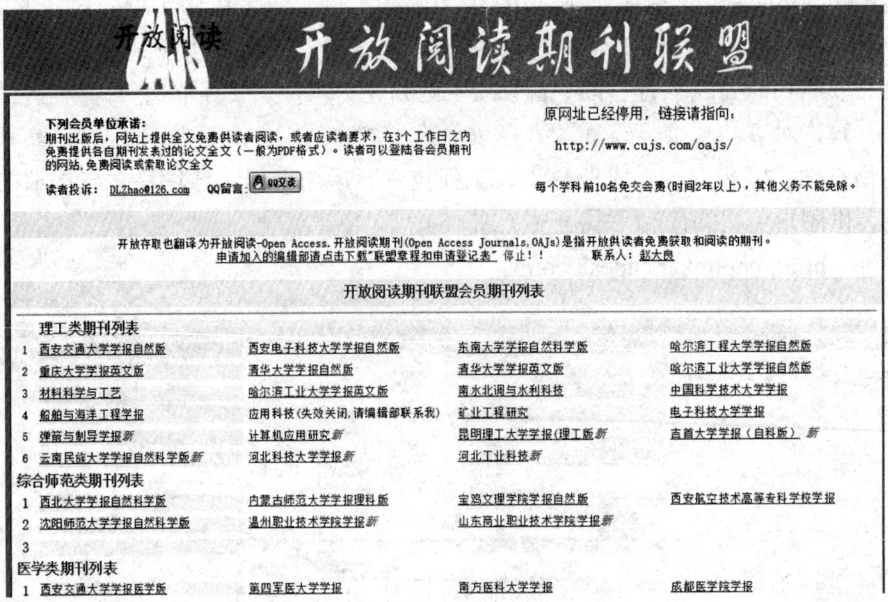

图 5-8　OAJS 界面

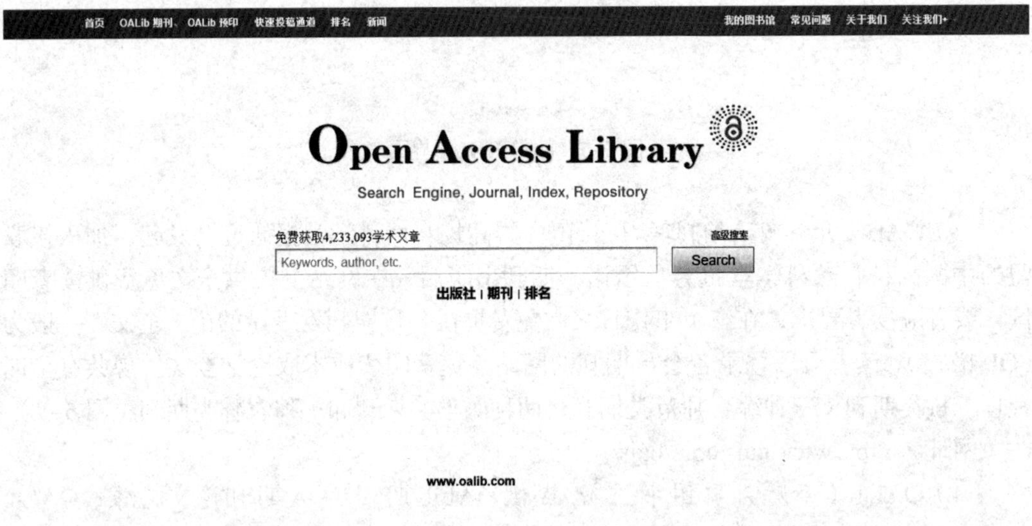

图 5-9　OALib 界面

（6）BioMed Central：致力于出版经同行评议的生物医学类期刊。BioMed Central 发表的所有原创研究文章在发表之后立即可以在网上永久性免费访问（图 5-10）。

网址：https://www.biomedcentral.com/

（7）国家哲学社会科学学术期刊数据库：是国家哲学社会科学文献中心子项目之一。目前已收录一千多种期刊，四百八十五万多篇学术论文，囊括了中国顶级人文社科类期刊。其中包括：两百种国家社科基金（NSSF）遴选并重点资助的社科类学术期刊，八十多种中国社会科学院主管主办的期刊，五百多种中国社会科学核心期刊，可以作为中文学术资源的重要数据库来源（图 5-11）。

网址：http://www.nssd.org/

图 5-10　BioMed Central 界面

图 5-11　国家哲学社会科学学术期刊数据库主页

（8）PubMed：是因特网上使用最广泛的基于 Medline 的免费搜寻引擎，提供生物医学方面的论文搜寻以及摘要。该搜寻引擎由美国国立医学图书馆提供，不提供期刊论文全文，但可提供指向全文提供者（付费或免费）的链接。使用方法详见第五章第一节。

网址：http://www.ncbi.nlm.nih.gov/pubmed/

（9）Directory of Open Access Journals（DOAJ）：由瑞典隆德大学于 2003 推出，至今已包含一万两千余份开放存取期刊，涵盖科学、技术、医学、社会科学和人文科学等领域。DOAJ 的优势在于收录的期刊有严格的质量控制，包括很多 SCI 收录的期刊。该系统收录期刊的文章都是经过同行评议或严格评审的，质量高且与期刊发行同步，能免费下载全文，是做研究的好帮手。

网址：https://doaj.org/

（10）CORE：以整合全世界范围内开放存取期刊和开放存取仓储的开放研究成果并使之能被公众访问为使命，不遗余力地促进研究成果的自由获取。

网址：https://core.ac.uk/

（11）HighWire Press：是美国斯坦福大学图书馆于 1995 年创立、全球最大的、免费提供全文的学术文献出版商之一，收录期刊、图书、参考书等资源，涉及生命科学、医学、物理学、社会科学等领域。其中 Free Online Full-text Articles 板块提供在线免费全文。

网址：http://highwire.stanford.edu/

（12）Free Medical Journals：提供 5088 种医学类开放存取期刊及部分医学书籍，部分可以看到影响因子，涉及生物学、心脏病学、内分泌学、遗传学、微生物学等各个学科。资源可开放存取的时间从当下、1 ~ 6 个月、7 ~ 12 个月到 1 年以上不等。

网址：http://www.freemedicaljournals.com/

（13）国家科技图书文献中心（NSTL）：是 2000 年 6 月建立的一个虚拟的科技文献信息服务机构，成员单位包括中国科学院文献情报中心、国家科技数字图书馆、中国医学科学院图书馆等单位。根据国家科技发展需要，采集、收藏和开发理、工、农、医各学科领域的科技文献资源，面向全国开展科技文献信息服务。NSTL 提供部分面向全国开通、部分国外先看和回溯数据库，开放存取期刊总量达 8066 种，期刊文献总量达 527 万多篇。

网址：http://oar.nstl.gov.cn/

（二）电子印本（e-print）

相较于开放存取期刊，电子印本是一种收录范围更广、对收录内容质量控制相对较低的一种方式，同样是开放存取的主要形式之一。

1. 概念 电子印本（e-print）是指可以通过网络开放存取的学术文献，包括期刊论文、技术报告、图书、学位论文等。电子印本以论文为主，包括已经发表和尚未发表论文。尚未发表的称预印本（preprint），已经发表的称后印本（postprint）。除了论文主体之外，还包括与论文相关的图表、图片、方程式等各种经过有序组织的学术资料。作者可以对 e-print 进行持续的修改、创新。

2. 类型

（1）学科 e 印本文库：学科 e 印本文库是面向全世界收录特定学科、主题、研究领域的 e 印本，并向全球范围内相同或相关学科研究者检索利用的文库类型，如 Cogprints。

（2）机构 e 印本文库：由特定研究机构创建，只收录本机构所属成员生产的 e 印本或由该机构资助的学术活动所生产的 e 印本的多学科性 e 印本文库。一般由大学或者研究机构发起创立，主要目的在于管理和传播本机构研究成果，扩大学术影响，与机构知识库的概念有类似之处，如 DSpace。

（3）其他类 e 印本文库：①期刊 e 印本文库：由期刊创建，并面向全世界收集特定学科、领域的 e 印本。其创建的目的既为了方便作者投稿，也为了使稿件得到更公开的审核和评判，如 BBSPrints。②专类 e 印本文库：面向全球，只收录某些文献类型的 e 印本。一般关注利用价值较高的学位论文、技术报告、实验数据等，如 NDLTD。③个人 e 印本文库：由个人创建，只收录本人或其他被邀请者提交的 e 印本。

3. e 印本门户

（1）中国科技论文在线：是经教育部批准，由教育部科技发展中心主办，旨在促进科研成果快速、高效地转化为现实生产力而创建的科技论文网站。平台免去传统的评审、修改、编辑、印刷等程序，作者所投论文只要遵守国家相关法律，为学术范围内的讨论，有一定学术水平，基本理论正确，且符合中国科技论文在线的基本投稿要求，一般可在 7 个工作日内发布。其为科研人员提供了及时发表成果和新观点的有效渠道，从而使新成果得到及时推广、科研创新思想得到及时交流（图 5–12）。

网址：http://www.paper.edu.cn/

图 5–12　中国科技论文在线界面

（2）中国预印本服务系统：是由中国科学技术信息研究所与国家科技图书文献中心联合建设的以提供预印本文献资源服务为主要目的的实时学术交流系统，是国家科学技术部科技条件基础平台面上项目的研究成果。该系统由国内预印本服务子系统和国外预印本门户（SINDAP）子系统构成。国内预印本服务子系统主要收藏的是国内科技工作者自由提交的预印本文章，可以实现二次文献检索、浏览全文、发表评论等功能，涉及自然科学、医药科学、人文与社会科学、工程与技术科学、农业科学等学科领域。目前，预印本系统的用户信息已经并入 NSTL 网络服务系统（图 5-13），另国外预印本已停止服务。

网址：http://prep.istic.ac.cn/main.html?action=search

图 5-13　中国预印本服务系统主页

（3）Organic Eprints：是一个关于有机食品和农业研究领域的论文、项目等 e 印本信息的国际性开放存取平台。平台收录电子格式的全文文件，包括电子表格、书目信息、摘要和其他元数据等，还提供关于有机农业研究中的组织、项目和设施的信息（图5-14）。

网址：http://www.orgprints.org/

（4）arXiv：由物理学家 Paul Ginsparg 于 1991 年创立，最初只收录物理学领域内的论文预印本，后来发展为收录物理学、数学、计算机科学、生物学定量、定量金融、统计、电子工程、系统科学和经济学领域内的 e 印本（图 5-15）。

网址：https://arxiv.org/

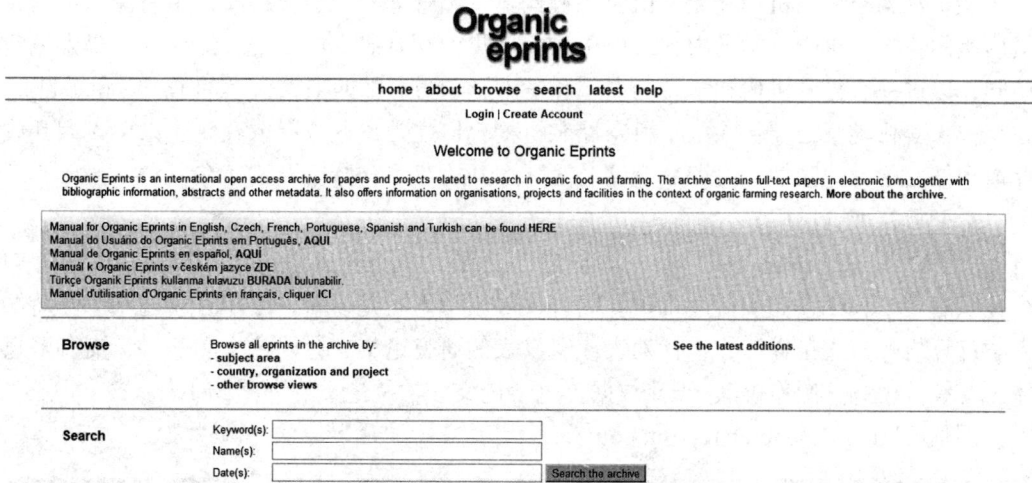

图 5-14　Organic Eprints 界面

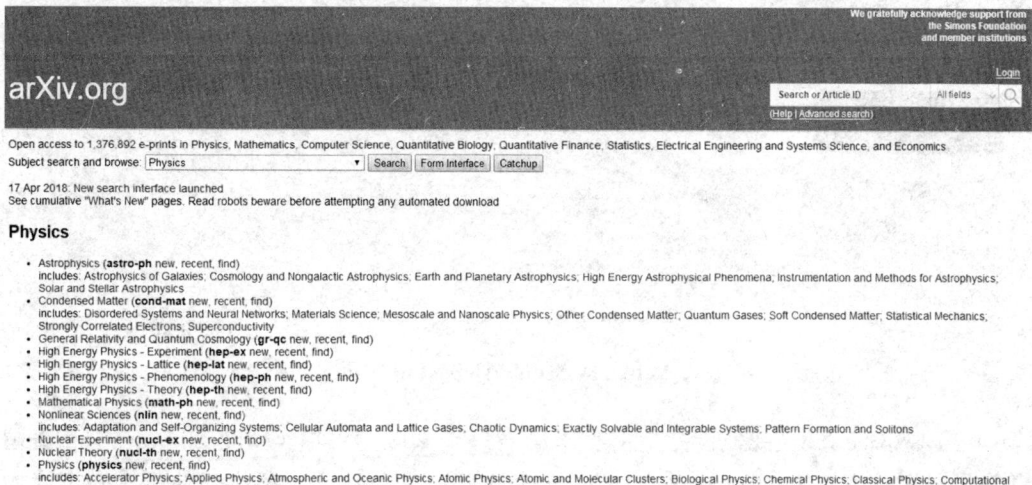

图 5-15　arXiv 界面

（三）开放存取仓储

1. 概念　开放存取仓储，即作者自存档。研究机构或作者本人将未曾发表或已经在传统期刊中发表过的论文作为开放式的电子档案储存在机构知识库、主题或学科知识库、个人网站等相应平台上供用户免费获取及使用。这是布达佩斯会议上提出的开放存取两种基本方式之一。

2. 类型

（1）学科仓储：学科仓储是按照学科领域收录、组织和整理论文、报告等与本学科相关的研究成果并对这些资源进行长期保存和广泛传播，以促进研究成果的传播、交流和利用，如早期物理学领域内的 arXiv。

（2）机构仓储：机构仓储是由研究机构建立和管理的网上文档库，用来保留机构成员出版的论文、报告等学术内容，由机构仓储集中所有研究成果统一保存，并提供免费访问，以进一步提升机构和学者的声望和学术影响力。如匹斯堡大学的 D-Scholarship。

（3）其他类型仓储：除了学科仓储和机构仓储之外，开放存取仓储还以个人型开放存取仓储、国家地区性开放存取仓储、国际型开放存取仓储等形式存在。

3. 开放存取仓储门户

（1）D-Scholarship@Pitt：是一个输出匹兹堡大学研究成果的机构知识库，并为内容提供稳定、长期存储和持续维护。内容仅限于学术研究材料，由作者通过一个匹斯堡大学计算机账户直接提交，包括发表或未发表的研究论文、会议论文和演讲，支持多媒体（音频、视频、图像等）、研究数据、电子论文和学位论文等（图 5-16）。

网址：http://d-scholarship.pitt.edu/

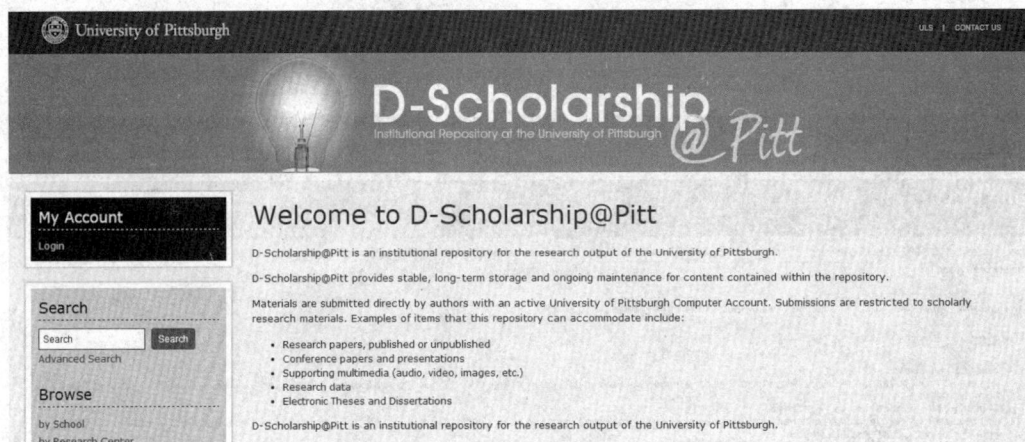

图 5-16　D-Scholarship@Pitt 主页

（2）DSpace（数字空间）：是由美国麻省理工学院图书馆（MIT Libraries）和美国惠普公司实验室（Hewlett-Packard Labs）合作建立的免费开放源代码的机构知识库构建软件，是以内容管理发布为设计目标，遵循 BSD 协议的开放源代码数字存储系统。系统可以收集、存储、索引、保存和重新发布任何数字格式、层次结构的永久标识符研究数据。目前，DSpace 联盟的许多成员使用该软件构建了本机构的机构知识库，如MIT、Cambridge、Columbia 等。以 DSpace@MIT 为例，DSpace@MIT 在持续收录麻省理工学院的研究成果，包括同行评审文章、技术报告、工作报告、论文等。终端用户每月定期下载项目数量超过 100 万（图 5-17）。

网址：http://dspace.mit.edu/

（3）中国科学院机构知识库（CAS IR GRID）：以发展机构知识能力和知识管理能力为目标，快速实现对本机构知识资产的收集、长期保存、合理传播利用，积极建设对知识内容进行捕获、转化、传播、利用和审计的能力，逐步建设包括知识内容分析、关系分析和能力审计在内的知识服务能力，开展综合知识管理（图 5-18）。

网址：http://www.irgrid.ac.cn/

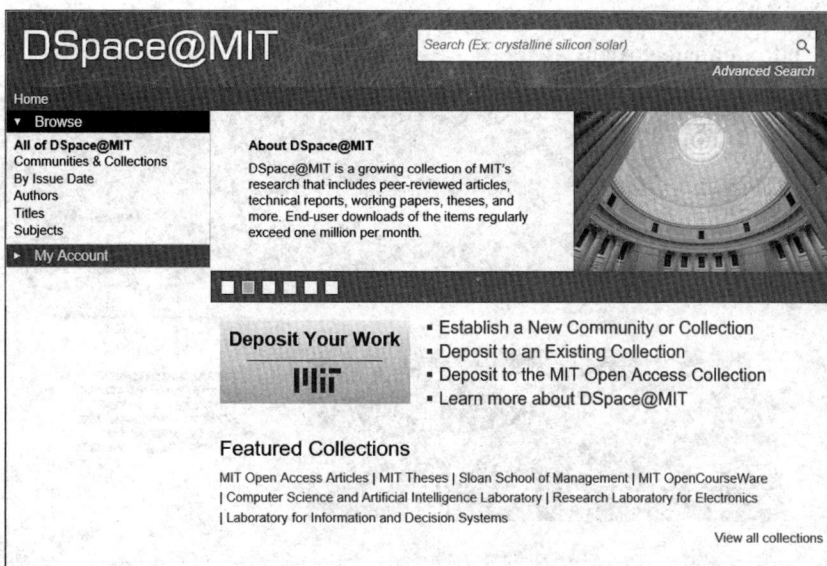

图 5-17　DSpace@MIT 主页

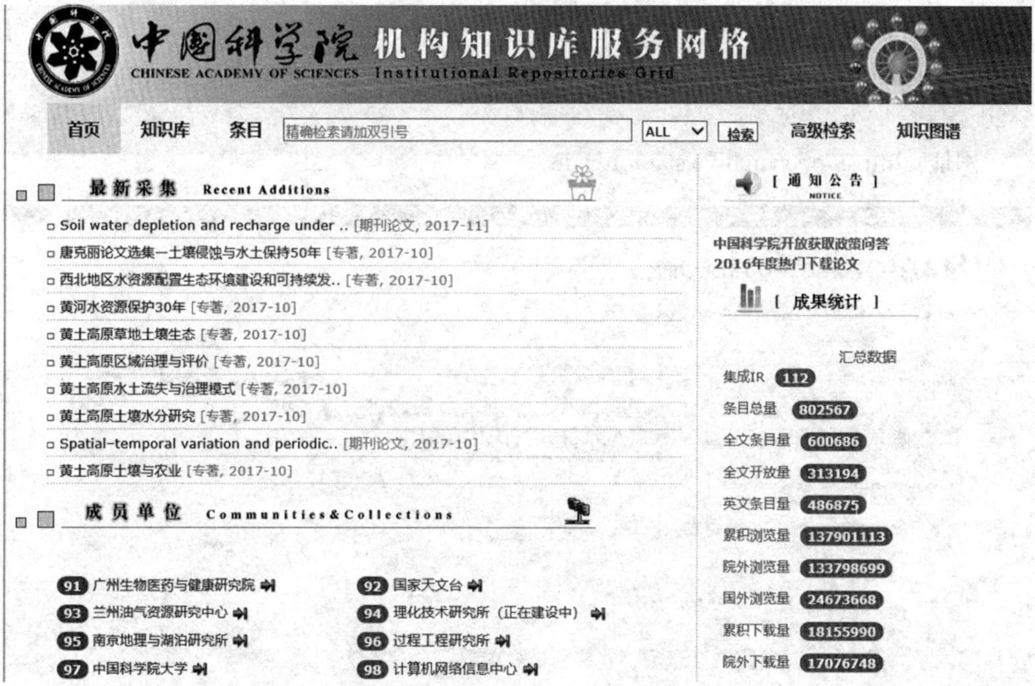

图 5-18　中国科学院机构知识库主页

（4）国家自然科学基金基础研究知识库：是我国学术研究的基础设施，收集并保存国家自然科学基金资助项目成果的研究论文的元数据与全文，向社会公众提供开放获取，致力于成为传播基础研究领域的前沿科技知识与科技成果、促进科技进步的开放服务平台。目前已公开研究论文全文 58 万多篇，包含 89 万多个作者、涉及 1863 家研究机构（图 5-19）。

　　网址：http://or.nsfc.gov.cn/

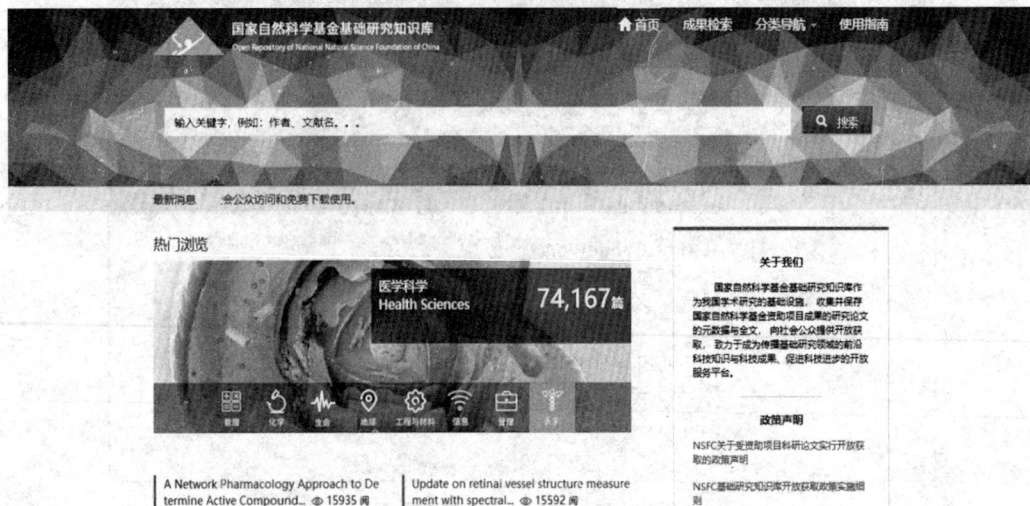

图 5-19　国家自然科学基金基础研究知识库主页

　　（5）斯坦福大学机构知识库（GSE Open Archive）：是一个机构知识库，用户可以公开获取斯坦福大学教职工、学生的工作底稿、已发表的文章和其他研究材料（图 5-20）。

　　网址：https://openarchive.stanford.edu/

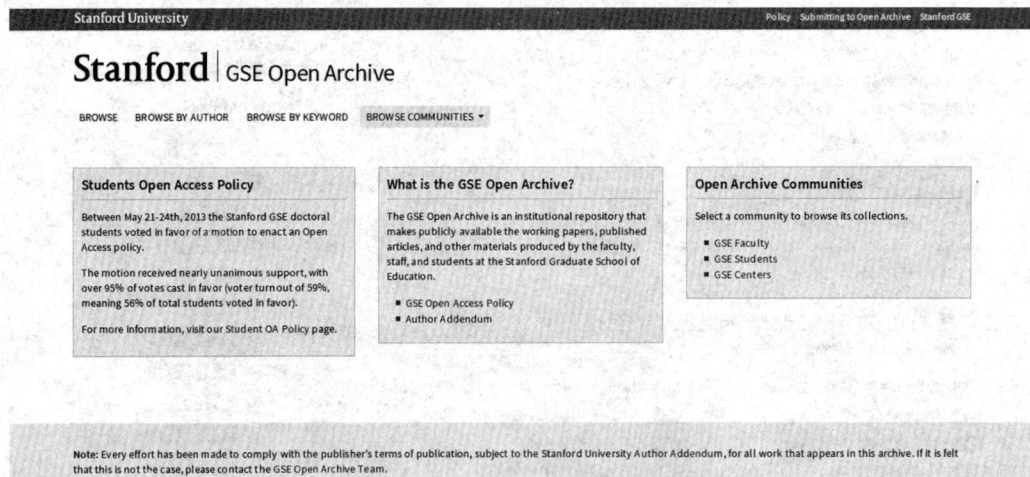

图 5-20　斯坦福大学机构知识库界面

第四节　数字图书馆

　　伴随着网络信息技术的飞速发展，需要存储和传播的信息量越来越大，信息资源的类型和发布方式呈现多样化，传统的以印刷文献为主体的图书馆已经无法满足用户对于超越空间界限的信息资源的服务需求，依托互联网技术对信息资源进行收集整理、组织加工、存储和传递的数字图书馆应运而生。数字图书馆是传统图书馆在信息飞速发展时代的产物，它不但包含了传统图书馆的功能，还融合了其他信息资源（如网络信息资源等）的一些功能，提供综合的、全方位的基于互联网的信息访问服务。

一、概述

（一）概念

数字图书馆（Digital Library）是用数字技术处理和存储各种图文并茂文献的图书馆，实质上是一种多媒体制作的分布式信息系统。它把各种不同载体、不同地理位置的信息资源用数字技术存贮，以便于跨越区域、面向对象的网络查询和传播。它涉及信息资源加工、存储、检索、传输和利用的全过程。通俗地说，数字图书馆就是虚拟的、没有围墙的图书馆，是基于网络环境下共建共享的可扩展的知识网络系统，是超大规模的、分布式的、便于使用的、没有时空限制的、可以实现跨库无缝链接与智能检索的知识中心。

1995 年 10 月，美国研究图书馆协会（ARL）认为，数字图书馆的基本要素包括以下几方面：数字图书馆不是一个简单的图书馆实体；数字图书馆需要用多种技术连接众多资源；数字图书馆与信息服务之间的连接对终端用户是透明的；数字图书馆的目标是为广泛的存储和利用信息服务；数字图书馆的馆藏并不局限于文献替代品，它延展到了不能以印刷形式表现或传递的数字化制品。

（二）特征

1. 信息资源数字化　这是数字图书馆区别于传统图书馆的重要特征。所谓数字化就是将纸介质的存储信息转变为用计算机处理和存储的信息形式。知识的载体打破了传统的以纸张为主导的格局。信息资源的数字化不仅可以将文字数字化处理，而且还能将声音、图片、影像等资源数字化。信息资源数字化为提升信息存储空间、改进信息组织方式、提高检索速度、为用户提供方便快捷的检索服务奠定了基础。

2. 信息利用共享化　数字图书馆使传统图书馆的文献资源能够最大范围地被人们所共享，使不同的数字图书馆能够协同发展，实现资源共享。最终，信息利用的共享化可以实现跨区域、跨国界的资源共建共享。随着数字图书馆的发展壮大，传统图书馆领域的信息堡垒和围墙将逐渐被拆除，图书馆联盟的信息共建共享模式会日益发展，信息共建、共享的步伐会愈加快速。

3. 信息传输网络化　网络传输和网络系统的运行是数字图书馆的主要运行基础，否则数字图书馆就会成为一座信息的孤岛，失去它真正存在的意义。与传统图书馆相比，数字图书馆需依赖网络和通信技术方能实现，其服务范围更加广泛。只要用户在取得足够大权限的前提下，在世界上任何位置、任何时间都可以查阅和检索到数字图书馆的信息资源并加以利用。

4. 信息服务知识化　传统图书馆提供的是文献本身，数字图书馆则能够提供基于知识的服务。数字图书馆将文字、视频、图片、音频、网页等各类信息载体与信息来源以知识单元进行有机组织，以链接加动态分布式的方式为用户提供服务，因此，数字图书馆的服务更能体现知识化。未来在知识化的基础上，数字图书馆的信息服务将更加智能化，将为用户营造更加有利于创造和发现知识的新型信息环境。

二、主要的数字图书馆

（一）中国国家数字图书馆

中国国家数字图书馆隶属于中国国家图书馆。中国国家图书馆馆藏宏富，古今中外，集精撷萃，馆藏文献超过 3500 万册件，并以每年百万册件的速度增长。馆藏总量位居世界国家图书馆第七位，中文文献收藏世界第一，外文文献收藏国内首位。中国国家图书馆建成了中国最大的数字文献资源库和服务基地，数字资源总量超过 1000TB，并以每年 100TB 的速度增长。

中国国家数字图书馆工程于 1997 年正式启动，经过多年建设，现已成为一个开放性的，对公众提供个性化、多样化全媒体数字图书馆服务的数字图书馆服务体系。其资源类型包括电子图书、电子期刊、电子报纸、学位论文、会议论文、音频、视频等。资源内容有序，规模海量，多种媒体服务、平台高度共享，大大提高了传统图书馆的服务能力，拓展了服务范围，使得中国国家图书馆能够跨越空间的限制，成为一个知识中心和信息服务基地。

读者访问中国国家图书馆（图 5-21）有三种方式：普通卡读者、网络实名认证读者和网络虚拟读者，不同读者所能访问的资源会有所不同。普通卡读者可以访问 44 个自建特色资源库和 128 个商业购买数据库，网络实名认证读者可以访问 44 个自建特色资源库和 70 个商业购买数据库，网络虚拟读者可以访问 44 个自建特色资源库和两个商业购买数据库。

网址：http://www.nlc.cn

（二）国家科技图书文献中心

国家科技图书文献中心（国家科技数字图书馆，NSTL）是经国务院批准，于 2000 年 6 月 12 日组建的一个基于网络环境的科技文献信息服务机构，成员单位包括中国科学院文献情报中心、中国科学技术信息研究所、机械工业信息研究院、冶金工业信息标准研究院、中国化工信息中心、中国农业科学院图书馆、中国医学科学院图书馆，网上共建单位包括中国标准化研究院和中国计量科学研究院。其采集、收藏和开发理、工、农、医各学科领域的科技文献资源，面向全国开展科技文献信息服务。

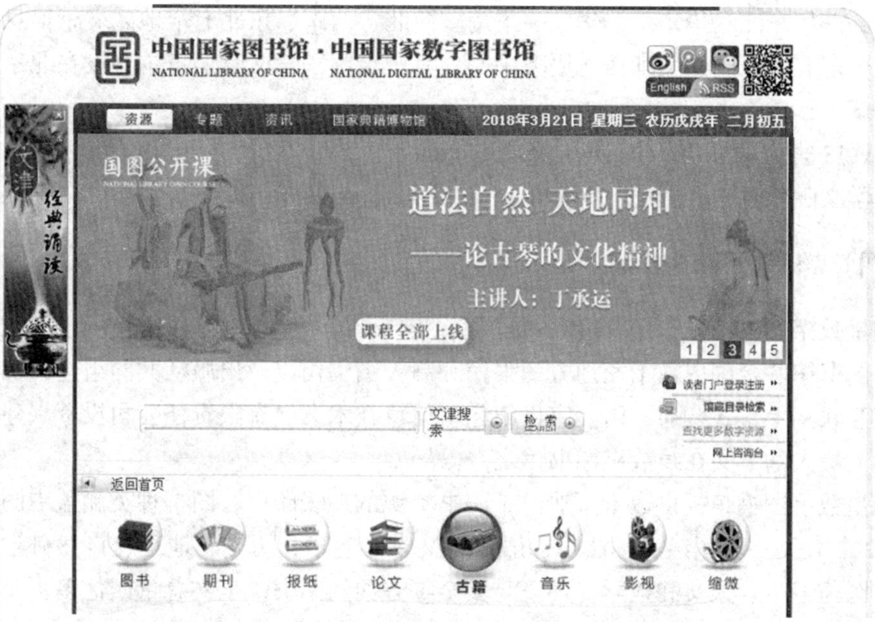

图 5-21　中国国家数字图书馆·中国国家数字图书馆主页

NTSL 拥有丰富的科技类外文文献资源，截至 2013 年 5 月，已经建成期刊文献、会议文献、学位论文、会议文献、科技文献、专利、标准和计量规程等四十余个数据库，有超过一亿条文摘或题录。网络版全文文献资源包括 NSTL 订购的国外网络版期刊、NSTL 与中国科学院及 CALIS 等单位联合购买的国外网络版期刊以及中文电子图书、网上开放获取期刊、NSTL 拟订购网络版期刊的试用、NSTL 研究报告等。NSTL 组织开发了大量互联网免费获取的全文文献，供全国各界用户使用。

网址：https://www.nstl.gov.cn/

（三）中国高等教育文献保障系统（中国高等教育数字图书馆）

中国高等教育文献保障系统（China Academic Library & Information System，CALIS）是经国务院批准的我国高等教育"211 工程""九五""十五"总体规划中三个公共服务体系之一。CALIS 的宗旨是：在教育部的领导下，把国家的投资、现代图书馆理念、先进的技术手段、高校丰富的文献资源和人力资源整合起来，建设以中国高等教育数字图书馆为核心的教育文献联合保障体系，实现信息资源共建、共知、共享，以发挥最大的社会效益和经济效益，为中国的高等教育服务。

从 1998 年开始建设以来，CALIS 管理中心引进和共建了一系列国内外文献数据库，包括大量的二次文献库和全文数据库；实行独立开发与引用消化相结合，主持开发了联机合作编目系统、文献传递与馆际互借系统、统一检索平台、资源注册与调度系统，形成了较为完整的 CALIS 文献信息服务网络。迄今参加 CALIS 项目建设和获取 CALIS 服务的成员馆已超过 500 家。

CALIS 管理中心设在北京大学，下设文理、工程、农学、医学四个全国文献信息服务中心，华东北、华东南、华中、华南、西北、西南、东北七个地区文献信息服务中心和一个东北地区国防文献信息服务中心，其中全国医学文献信息中心设在北京大学医学部。

　　CALIS 官方网址：http://www.calis.edu.cn/

　　医学文献信息中心网址：http://lib.bjmu.edu.cn/indexdiann.jsp

（四）超星数字图书馆

　　超星数字图书馆建于 1993 年，是国家"863"计划中国数字图书馆示范工程，由中国国家图书馆联合国内数十家地方图书馆和高校图书馆以及出版社共同组建，2000 年 1月，在互联网上正式开通，由北京世纪超星信息技术发展有限责任公司投资兴建，是目前世界上最大的中文在线数字图书馆之一。

　　超星数字图书馆提供数十万册电子图书资源的在线阅读，图书种类涵盖中图分类法中的 22 个大类，包括经济、法律、语言与文学、艺术、历史、地理、自然科学、工业技术、医药卫生、天文和地学、环境与安全等方面的图书，全文总量四亿多页，数据总量 30000GB，有大量免费电子图书，并且每天在不断增加与更新。

　　1. 超星阅读器　超星数字图书馆的电子图书采用 pdg 格式制作，因此首次登录时需先下载超星阅读器（图 5–22），可以选择 PC 端和手机端两种格式的超星阅读器进行阅览。

图 5–22　超星阅读器界面

　　2. 图书检索　超星数字图书馆为用户提供快速检索和分类检索两种检索方式，检索方式详见第三章的第三节。

　　超星数字图书馆网址：http://www.sslibrary.com/

（五）其他数字图书馆

　　1. 世界数字图书馆　世界数字图书馆由联合国教科文组织同 32 个公共团体合作建立，由全球规模最大的图书馆——美国国会图书馆主导开发，2009 年 4 月在联合国教科文组织总部所在地巴黎正式启用。该图书馆在互联网上以多种语言向全球读者免费提供源于世界各地的重要原始资料。

世界数字图书馆馆藏包罗万象，从图书到各种档案都有，使用者可以用阿拉伯文、中文、英文、法文、葡萄牙文、俄文与西班牙文7种语言查询，按时间、地点、主题和捐助机构等内容提供搜索和浏览服务。

网址：http://www.worlddigitallibrary.org

2. 大学数字图书馆国际合作计划　该项目由国家投资建设，作为教育部"211"重点工程，由浙江大学联合国内外的高等院校、科研机构共同承担。CADAL提供一站式的个性化知识服务，将包含理、工、农、医、人文、社科等多种学科的科学技术与文化艺术，包括书画、建筑工程、篆刻、戏剧、工艺品等在内的多种类型媒体资源进行数字化整合，各类资料目前已达到140多万种。

CADAL网站收录的中文图书包括珍贵古籍、民国时期出版的图书、现代学术著作文库、博士硕士学位论文及其他特色文献资源，英文图书则包括美国大学图书馆核心馆藏、技术报告等进入公共领域的图书资料。数字图书馆对所有互联网用户开放。用户进入该网站服务平台后，可以享受到全方位、个性化的文献检索浏览、电子资源导航、个性化定制等服务，产生的电子书字迹清晰，阅读效果良好，且还将继续"扩容"。瑞典、德国将加入此项目，我国参加CADAL项目的高校也将从原来的16家扩增至近40家。浙江大学还与多所世界名校签订了校际数字图书共享协议，定期举办数字图书馆专业论坛，力争早日实现馆藏一千万册的目标。

网址：http://www.cadal.zju.edu.cn/

3. 中华数字书苑　中华数字书苑是阿帕比推出的专业的优质华文数字内容整合服务平台。其以数据库方式，收录了1949年以来大部分的图书全文资源、全国各级各类报纸及年鉴、工具书、图片等特色资源产品，旨在为读者提供在线阅读、全文检索、离线借阅、移动阅读、下载、打印等数字内容和知识服务。

中华数字书苑有400万种电子书书目信息和试读，全文七十余万种，覆盖了1949年以来的所有电子书50%以上；520多种报纸，覆盖了100%的报业集团；两千多种工具书，覆盖了各大类大部分的重要工具书；两千多种年鉴，覆盖绝大多数地方综合年鉴及全国各大行业年鉴，覆盖了统计出版社出版的所有统计年鉴；三十多万张艺术图片，覆盖了考古、美术、书法、历史、设计等各艺术领域。安装Apabi Reader下载阅读具有逼真于纸书的阅读视觉，还有批注、注释等功能。

网址：http://www.apabi.com/neuq

第五节　开放教育资源

一、概述

（一）背景

1969年，英国开放大学（Open University）的建立，标志着世界上第一所开放大学的诞生。之后更是掀起了开放教育资源运动（Open Educational Resources Movement, OER），以促进开放教育资源的发展和共享。OER运动起源于远程教育、开放知识、开源文化以及自由共享、同行合作发展的大背景下。早期开放教育资源多为静态文本型资源，比如教学大纲、PPT等。随着网络技术的发展和社会进步，各种形式的开放教育资源层出不穷，迅速发展。其中，视频公开课就是开放教育资源发展到一定阶段的产物，并日渐成为开放教育资源的主要呈现方式。本节主要以视频公开课为对象。

（二）概念

开放课程（OpenCourseWare，OCW）是指由国内外优秀大学创建并通过网络免费向公众发布的视频课程，又名公开课。公开课最早出现于20世纪90年代末，起源于欧洲，在美国发扬光大。

（三）基本特征

1. 免费、开放、以课程形式呈现高质量教育资源。
2. 在遵守开放协议如某种知识共享许可协议的前提下才能进行使用和适应性改编。
3. 通常不为教师提供认证和访问。

二、开放教育资源门户

（一）爱课程网（中国大学MOOC）

爱课程网是教育部、财政部于"十二五"期间启动实施的"高等学校本科教学质量与教学改革工程"支持建设的高等教育课程资源共享平台。除了集中展示"中国大学视频公开课"和"中国大学资源共享课"之外，还提供各类在线开放课程（Massive Open Online Course，MOOC），包括中国知名高校MOOC、中国职教MOOC、教师MOOC、中国大学选修课等（图5-23）。网站致力于推动优质课程资源的广泛传播和共享，利用现代信息技术和网络技术，面向高校师生和社会大众，提供优质教育资源共享和个性化教学资源服务，具有资源浏览、搜索、重组、评价、课程包的导入与导出、发布、互动参与和"教""学"兼备等功能。

网址：http://www.icourses.cn/mooc/

（二）精品课程网

精品课程网是高等教育电子音像出版社有限公司创办的网上课程学习平台，包括课程中心、学习中心和资源中心三个模块。其中，学习中心偏向于职业教育，资源中心包括教学课件、教学设计、教学案例、教学录像、文献资料、媒体素材、网络课程、名词术语等各类学习资源（图5-24）。

网址：http://www.jingpinke.com/

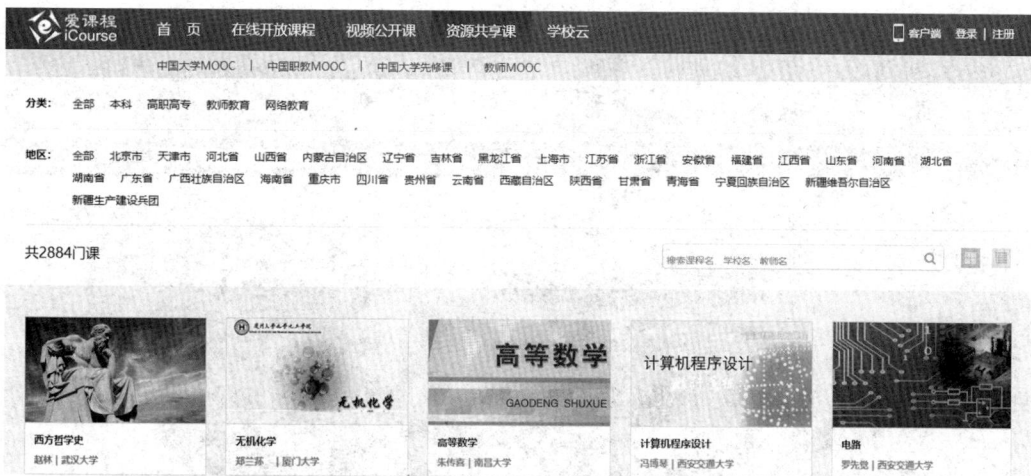

图 5-23 爱课程网界面

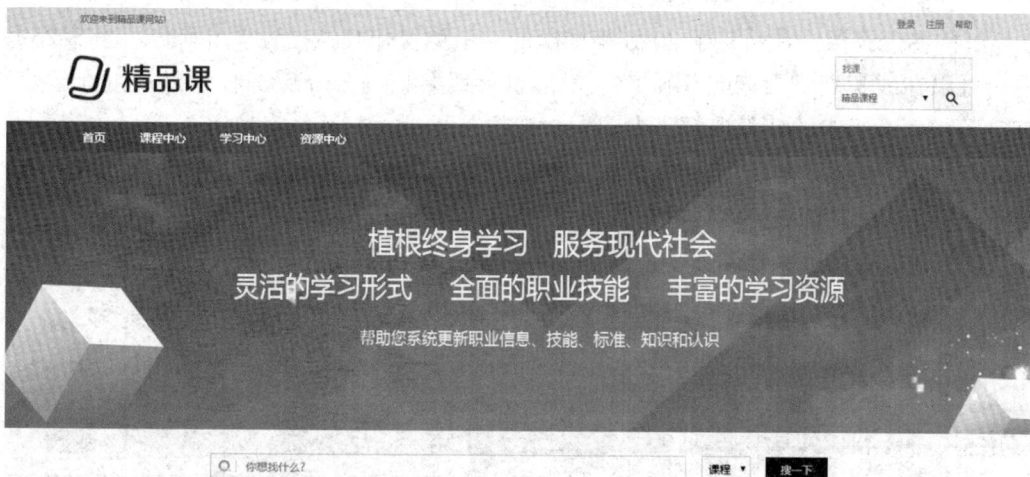

图 5-24 精品课程网界面

（三）门户网站教育资源

1. 新浪公开课 包含国内外多所一流名校的公开课视频、包括 TED（technology, entertainment, design）在内的各种演讲、讲座视频（图 5-25）。其将众多课程按照学科、学校、机构等多种标准进行分类整合，提供快捷搜索和播放记录、翻译进度提示等功能，方便用户使用，拥有哈佛、耶鲁、斯坦福、麻省理工学院等多所国际一流名校的优质公开课视频，部分课程提供中文字幕，扫除了语言障碍，让国内用户也可以获得到世界级的公开课教育资源。

网址：http://open.sina.com.cn/

图 5-25　新浪公开课界面

2. 网易公开课　是网易于 2010 年推出的一个免费开放的在线学习平台（图 5-26）。用户可以在线免费观看来自于哈佛大学等世界级名校的公开课课程，以及可汗学院、TED 等教育性组织的精彩视频，中国大学视频公开课、中国大学 MOOC 等，内容涵盖人文、社会、艺术、科学、金融等领域。网易公开课提供中文字幕，秉承互联网开放、平等、协作、分享的精神，让知识无国界！

网址：https://open.163.com/

图 5-26　网易公开课界面

3. 百度传课　是中国教育领域新兴的在线教育平台，引入全国知名重点学校的一线教学名师，采取网络互动直播和点播的授课模式，突破地域和时间的限制，为广大的学生群体提供高效、便捷的网络学习渠道，推出高质量的线上精品课程，提供编程、设计、小语种、考证考级、TED、名校公开课等各类视频课，部分课程需付费。

网址：https://chuanke.baidu.com/

4. 腾讯课堂　是腾讯于 2014 年推出的专业在线教育平台，聚合了优质教育机构和教师的海量课程资源。作为开放式的平台，腾讯课堂计划帮助线下教育机构进入，共同探索在线教育新模式。腾讯课堂分为 IT、设计、语言、职业、升学及兴趣生活六类，课程视频采用免费公开课＋付费精品课的形式为用户提供服务。平台互动性强，社交属性较其他门户网站更强。

网址：https://ke.qq.com/

5. 中国公开课　央视网中国公开课频道汇集国内外名校的优质课程，涉及文学、历史、经济、心理、艺术等各个学科。平台还将资源按照小学、初中、高中、大学的教育阶段进行划分，方便用户快速查找到适合自己的资源，是央视网搭建的强有力的网络视频教学平台（图 5-27）。

网址：http://opencla.cctv.com/2017/03/17/VIDEIg9yvPDScf3FEFSAfQx7170317.shtml

图 5-27　中国公开课界面

6. 其他网络公开课平台　如腾讯精品课（http://class.qq.com/）是集点播和直播于一体的在线课程学习平台，包括考试、培训、社会公开课和高校公开课四大类。

（四）国外教育资源

1. 麻省理工学院开放课程（MIT OCW）　麻省理工学院开放课程（MIT Open Course Ware）是开放教育的代表性项目，开始于 2001 年。MIT OCW 是麻省理工学院主动将学院几乎所有本科生及研究生教学资料放在网上，免费、公开地向所有人提供。开放课程是开放的、可获取的，并且是麻省理工学院的一项持续性活动。截至 2019 年 1 月，MIT OCW 提供约 2400 门课程，大多数提供家庭作业问题和考试及课堂讲稿。有的还提供互动网络演示、完整的教材以及流媒体视频讲座。通过开放课程，教育工作者可以提升其课程水平，使学习更有效；学生可以找到帮助他们走向成功的额外资源；自学者可以充实自己的生活，通过课程解决面临的挑战，包括可持续发展、气候变化等。麻省理工学院的开放课程累计访问人次约三亿，访问者来自世界各地，且一半以上来自于北美洲以外的地区（图 5-28）。

网址：https://ocw.mit.edu/index.htm

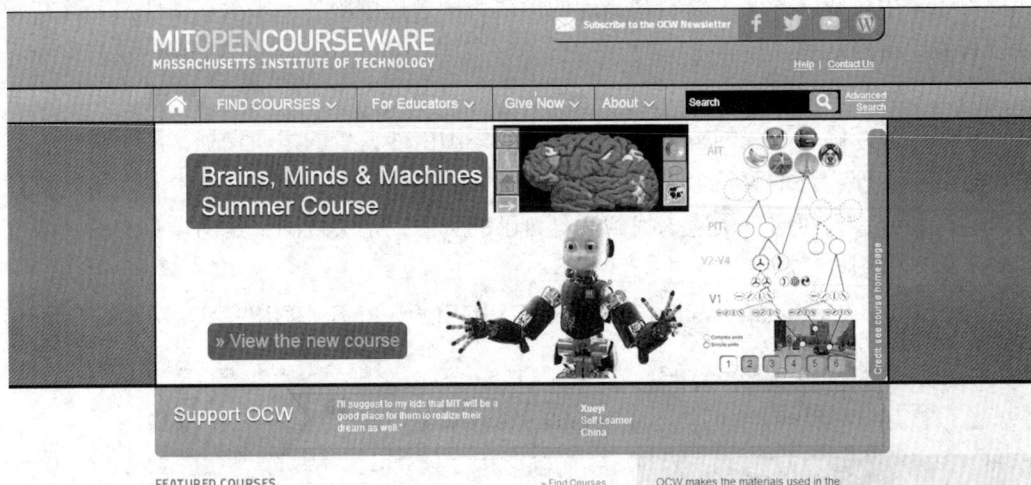

图 5-28　麻省理工学院开放课程界面

2. Coursera　这是一个大型公开在线课程项目，由美国斯坦福大学两名计算机科学教授于 2012 年 4 月发起，旨在同世界顶尖大学合作，在线提供免费的网络公开课程。Coursera 的合作院校包括斯坦福大学、密歇根大学、普林斯顿大学、宾夕法尼亚大学等国际名校，课程包括录制的视频讲座、自动分级和同行评审的作业，以及社区讨论。用户进行课程学习时，可以选择旁听的方式免费听课，也可选择付费方式在完成课程后获取认证证书。截至 2019 年 1 月，Coursera 已拥有超过 3500 万注册用户和 2700 多门课程。

网址：https://www.coursera.org/

3. 优达学城（Udacity）　优达学城建立于 2011 年，是一个在线网络教育平台，教学语言为英语。优达学城不仅提供视频，还有自己的学习管理系统、内置编程接口、论坛和社交元素，课程涉及数据分析、Web 开发、人工智能、产品设计、互联网营销等多个热门领域。优达学城与 Google、Facebook、亚马逊、IBM、腾讯等全球领先企业合作，推出纳米学位认证项目，致力于将学员培养为世界一流的网站开发者、数据分析师和移动开发者。与 Coursera 类似，优达学城也采用课程免费、学位认证收费的方式运营。

中国网址：https://cn.udacity.com/

国外网址：https://in.udacity.com/

4. edX　这是麻省理工学院和哈佛大学于 2012 年 4 月联手创建的大规模开放在线课堂平台。该计划基于麻省理工学院的 MITx 计划和哈佛大学的网络在线教学计划，主要目的是配合校内教学，提高教学质量和推广网络在线教育。它免费给大众提供高质量的大学在线课程，成员包括世界顶尖大学、非营利性机构，是慕课（MOOC）领域中兼具公益性和开源性的领导者。课程涉及计算机科学、语言学、工程、写作、电子科技、营销学等多个领域。

网址：https://www.edx.org/

5. Open Culture　由美国史丹福大学 Dan Colman 教授于 2006 年创立，以建立终身学习社区为目标，汇集了全世界高质量的免费的文化教育多媒体资源，包括来自世界顶级大学的 1300 门网上公开课、1150 部免费在线电影、700 本免费音频图书和 800 本电子书。除此之外，还提供 MOOC 课程（其中部分有证书）、儿童教育资源以及语言学习资料等，学科涉及生物学、化学、计算机科学、经济学、数学、物理、心理等 17 个领域。其中，许多开放文化课程来自世界各地的主要机构，包括耶鲁大学、斯坦福大学、麻省理工学院、哈佛大学、伯克利大学和其他机构。

网址：http://www.openculture.com/

6. Open Learn（英国大学联盟公开课）　由英国知名的十几所大学联合创办，旨在让用户免费访问开放大学的教育资料。20 世纪 90 年代，它最初是作为与 BBC 广播合作提供在线学习的一种方式。Open Learn 提供各种内容格式的主题和互动内容，包括一千门左右的开放课程，学科涉及健康教育与体育、教育与发展、历史与艺术、语言、经济、自然与环境、科学与数学、社会政治与法律等 8 个领域。

网址：http://www.open.edu/openlearn/

7. Future Learn　这是 2012 年 12 月由英国 12 所大学联合发起的一个 MOOCs 平台，发起人包括利兹大学、伦敦国王大学、伯明翰大学和英国远程教育组织等，欲打造成为世界范围内的英国高等教育品牌，提供在线免费课程，学科涉及经管、健康与心理、历史、语言与文化、法律、科学工程与数学等 13 个领域。

网址：https://www.futurelearn.com/

附：国内外医学网站

一、中文医学网站介绍

1. 中华人民共和国国家中医药管理局 http://www.satcm.gov.cn/

2. 中华中医药学会 http://www.cacm.org.cn/zhzyyxh/index.shtml

3. 中医药在线 http://www.Cintcm.com/opencms/opencms/

4. 中华医学会 http://www.cma.org.cn/

5. 中国药学会 http://www.cpa.org.cn/

6. 中国医药信息网 http://www.cpi.gov.cn/publish/default/

7. 中医药学科学数据中心 http://dbcenter.cintcm.com/

8. 中国疾病预防控制中心 http://www.chinacdc.cn/

9. 中国卫生信息标准网 http://chiss.org.cn/hism/wcmpub/hism1029/index/index.html

10. 药学数据中心 http://www.pharmdata.ac.cn/

11. 基础医学科学数据中心 http://www.bmicc.cn/web/share/home

12. 公共卫生科学数据中心 http://www.phsciencedata.cn/Share/index.jsp

13. 国家食品药品监督管理局 http://www.sfda.gov.cn/WS01/CL0001/

14. 国家卫生计生委医药卫生科技发展研究中心 http://www.Dcmst.org.cn/

15. 丁香园 http://www.dxy.cn/

16. A+ 医学百科 http://www.a-hospital.com/

17. 医学百科 http://www.wiki8.com/

18. 医脉通 http://www.medlive.cn/

19. 香港健康宝库 https://www.healthyhk.gov.hk/phisweb/gb/

20. 医学导航 http://www.meddir.cn/

21. 爱爱医资源网 https://ziyuan.iiyi.com/

二、英文医学网站介绍

1. 世界卫生组织（WHO）http://www.who.int/research/en

2. 美国国立卫生研究院 NIHhttps://www.nih.gov/

3. 美国国立医学图书馆 https://www.nlm.nih.gov/

4. 美国食品与药品管理局 https://www.fda.gov/

5. PLoS 公共科学图书馆 https://www.plos.org/

6. 美国疾控防治中心 https://www.cdc.gov/

7. CDC Wonder https://wonder.cdc.gov/

8.Healio（提供医学类新闻、视频影像、继续教育资料、期刊、电子书、会议日历）https://www.healio.com/

9. 健康网络基金会 Health On the Net Foundationhttp://www.hon.ch/

10. Pubmed http://www.ncbi.nlm.nih.gov/pubmed/

11. 医景 Medscapehttps://www.medscape.com/

12. 医学世界检索 Medical World Search
http://www.mwsearch.com/mwsframetemplate.htm?http://www.mwsearch.com/

13. BioMed Central https://www.biomedcentral.com/

14. Free Online Full-text Articles http://highwire.stanford.edu/lists/freeart.dtl

15. Free medical journals http://www.freemedicaljournals.com/f.php?f=index

思考题

1. 列出 5 种网络信息资源的划分标准及相对应的分类。

2. 什么是开放存取？开放存取资源有什么基本特征和实现方式？

3. 电子印本与开放存取期刊有什么区别？

4. 开放存取仓储有哪些基本类型？

5. 搜索引擎的定义与工作原理是怎么样的？搜索引擎有哪些类型？

练习题

1. 利用百度搜索引擎高级检索中的命令检索，查找关于中西医结合治疗中风的所有PDF格式的网页结果；用百度学术搜索引擎中的高级检索，查找中西医结合治疗中风的网页结果。

2. 超星数字图书馆中利用快速检索书名中有"中医药"的图书结果，继续二次检索目录中有"中医养生"的图书结果；利用分类检索，查找"医药卫生 - 中国医学 - 中医临床学"的图书结果。

第六章　特种文献检索 ▷▷▷▷

特种文献是指除了图书、期刊、报纸以外的其他形式的出版物，包括专利文献、标准文献、学位论文、会议论文、科技报告、政府出版物、科技档案和产品资料等。特种文献的特点是：①报道比较及时，内容广泛新颖，数量庞大。②多数为原始文献，出版周期不定，收集比较困难。③从不同领域及时地反映当前的科技发展水平和科学研究进展，对于社会政治、经济、文化的发展具有实际的应用价值。

第一节　专利文献检索

专利从字面上是指专有的权利和利益。专利一词来源于拉丁语 Litterae Patentes，意为公开的信件或公共文献，是中世纪的君主用来颁布某种特权的证明，后来指英国国王亲自签署的独占权利证书。在现代，专利一般是由政府机关或者代表若干国家的区域性组织根据申请而颁发的一种文件。这种文件记载了发明创造的内容，并且在一定时期内产生这样一种法律状态，即获得专利的发明创造在一般情况下他人只有经专利权人许可才能予以实施。

一、专利概述

（一）相关概念

1. 专利　从法律的角度讲，专利是国家知识产权局以法律形式保护专利申请人及其继承人在一定时期内享有该项发明创造的独占权。从技术的角度讲，可以理解为受法律保护的某项发明创造。从文献的角度理解，专利是指记录发明创造内容的专利文献。

2. 专利制度　专利制度是通过专利法来保护和鼓励发明创造、促进科学技术发展的制度。它包含四个方面的内容：①法律保护：这是专利制度的主体和核心。②进行新颖性、创造性和实用性的科学审查。③公开通报。④国际交流。

专利制度起源于欧洲，它不是先有法律然后建立起来的，而是随着科技和经济的发展而产生的。在实践中，因发明专利逐渐增多，各国的专利制度逐渐建立起来。我国于1980 年成立了中国专利局，1985 年 4 月 1 日开始实施《中华人民共和国专利法》，1985年 9 月开始出版中文专利文献刊物。《中华人民共和国专利法》进行过两次修改，1993年的修改增加了药品与化学物质专利保护，2008 年的修改又增加了资源保护、试验例外和强制许可，对中医药研制成功的专利申报起到了很大的促进作用。1994 年 1 月，中国成为"专利合作条约"（Patent Corporation Treaty，PCT）成员国，国家知识产权局（专利局）成为国际专利的受理局、国际检索单位和国际初步审查单位，中文亦成为PCT的工作语言。目前，中国已成为全世界申请专利最多的国家之一。

3. 优先权　优先权是指专利申请人就其发明创造第一次在某国提出专利申请后，在法定期限内又就相同主题的发明创造提出专利申请，根据有关法律规定，其在后申请以第一次专利申请的日期作为申请日，专利申请人依法享有的这种权利就是优先权。专利优先权的目的在于，排除在其他国家抄袭此专利者，有抢先提出申请，取得注册之可能。发明和实用新型优先权期限为 12 个月，外观设计优先权期限为 6 个月。

4. 同族专利　同族专利是指人们把具有共同优先权的由不同国家公布或颁发的内容相同或基本相同的一组专利申请或专利称为专利族，在同一专利族当中，每件专利互为同族专利。

（二）专利的类型

在我国，专利分为发明专利、实用新型专利和外观设计专利三种。

1. 发明专利　发明专利是对产品、方法或者其改进所提出的新的技术方案或技术思想。发明专利具有较高的创造性，是科技含量最高和最有价值的专利，被称为"大发明"。发明专利分为两种：①产品发明：指工业上能够制造的各种新制品，如中成药、保健营养品、医药器械。②方法发明：指对原材料进行加工，制成各种产品的方法，如中药的生产方法、药材的炮制工艺，以及保健品、医疗器械的生产方法等。发明专利受保护的期限为 20 年。

2. 实用新型专利　实用新型专利是对产品的形状、构造或者其结合所提出的适于实用的新的技术方案。实用新型专利的创造性要略低于发明专利，大都是一些比较简单或改进性的技术发明，但实用价值较大，被称为"小发明"。实用新型专利不能是一种方法，也不能是没有固定形状和结构的产品，只限于具有一定形状和结构的产品，如美容保健床、新型煎药器、健身车、磁化水杯等。实用新型专利受保护的期限为 10 年。

3. 外观设计专利　外观设计专利是指对产品的形状、图案、色彩或者其结合做出的符合美学并适于工业应用的新的设计。外观设计专利不是技术方案，而是设计方案，如保健品和药品的外包装、药品的物理形状等。外观设计专利只保护所申请的产品，期限为 10 年。

（三）专利的特征

专利是知识产权的重要组成部分，属于无形财产权，与有形财产权相比，具有专有性、时间性和地域性三个特征。

1. 专有性　专有性也称独占性、垄断性或排他性，即专利权人对其发明创造所享有的占有、使用、收益和处分的专属权。专利权是唯一的，对同样内容的发明创造，国家只授予一次专利权。在规定的专利保护期限内，任何单位和个人要想实施他人专利，必须与专利权人签订实施许可证，否则就视为侵犯专利权。

2. 时间性　时间性是指专利权人对其发明创造所拥有的法律赋予的保护期限。关于专利权的期限，各国专利法的保护期各有不同，且计算保护期的起止时间也不尽相同。在我国，发明专利的保护期限为 20 年，实用新型专利和外观设计专利为 10 年，均自申请日起开始计算。

3. 地域性　地域性是对专利权的空间限制。它是指一个国家或地区所授予和保护的专利权仅在该国或该地区法律管辖范围内有效，对其他国家或地区不产生法律效力。比如，一项发明创造只在我国取得了专利权，那么专利权人就只在我国享有专有权。若有人在其他国家或地区生产、使用或销售该项发明创造，则不属于侵权行为。

二、专利文献概述

（一）专利文献的概念

专利文献是包含已经申请或被确认为发现、发明、实用新型和工业品外观设计的研究、设计、开发和试验成果的有关资料，以及保护发明人、专利所有人及工业品外观设计和实用新型注册证书持有人权利的有关资料的已出版或未出版的文件（或其摘要）的总称。

专利文献一般的理解主要是指各国专利局的正式出版物。作为正式出版物的专利文献主要有：①发明专利说明书、实用新型说明书和工业品外观设计说明书。②发明专利、实用新型和工业外观设计公报、文摘和索引。③涉及发明和实用新型工业品外观设计的分类表等。

1985 年 4 月 1 日《中华人民共和国专利法》正式实施，同年 9 月开始出版第一批中国专利文献。

（二）专利文献的特征

与其他类型的文献相比，专利文献有其自己的特点。

1. 内容新颖，报道迅速　由于专利制度中特有的优先权原则，发明人往往会在发明完成的第一时间里提出专利申请。因此，90% ~ 95% 的发明创造会很快地首先出现在专利文献中，所以专利文献是跟踪技术创新领域最新进展的一个重要媒介。多个专利权威机构的调查表明，一般 80% 以上的专利不会再以其他形式（期刊论文、会议论文等）发表。

2. 内容广泛，连续系统　专利制度在许多国家由来已久，因此许多国家都保存了大量广泛而系统的专利技术文献，可以说从尖端的纳米技术到日常的生活用品，无所不包。由于专利文献保存的系统性，因而它可以反映出技术从无到有、从低级到高级的完整技术进化史。

3. 内容详尽，形式规范　专利说明书对申请的专利技术特征、内容和细节都会进行足够清楚、完整和具体的描述，以达到该技术领域的普通专业人员能够理解和实施的目的。在形式上，各国的专利说明书结构一致，包括扉页、权利要求、说明书、附图等部分，采用或标注国际专利分类划分发明所属技术领域，从而使各国的发明创造融为一体，成为便于检索、系统化的科技信息资源。

4. 内容局限，重复量大 一份专利说明书只包含一项发明，不包含产品的全部设计、材料、生产和测试，如要全面了解这些信息，必须把产品各个环节的专利说明书都查阅到。由于多数国家实行的是早期公开、延迟审查的专利制度，而且同样的专利可以在不同国家申请，所以就造成了专利文献大量重复的现象。

（三）专利文献的作用

专利文献作为技术信息最有效的载体，囊括了全球 90% ~ 95% 的最新技术情报，比一般技术刊物所提供的信息要早 5 ~ 6 年，而且 70% ~ 80% 的发明创造只通过专利文献公开，并不见之于其他科技文献。相对于其他文献形式，专利文献更具有新颖、实用的特征，在科技创新、经济发展等许多方面有着不可忽视的重要作用。

1. 可以了解该领域的最新动态 专利文献报道迅速，比其他文献早 1 ~ 3 年，而且一项新技术的诞生到推广应用有个过程，少则几个月，多则几十年。因此，从专利文献中用户可以了解科技发展的最新动态，获取最新的科技信息。

2. 可以开阔眼界和思路 通过专利文献用户能够系统了解某一技术的发展过程和当前水平，以借鉴前人或他人经验，开阔眼界，启迪发明创造的思路，避免重复劳动。对于企业来说，查看专利文献，有利于进行技术预测，获得最新的技术情报。

3. 可以作为专利诉讼的有力依据 专利文献中明确了专利技术的归属、保护范围、专利权人的姓名、地址、申请日期等，是了解专利权内容、范围和有效性的唯一有效的信息源。在专利侵权诉讼中，检索专利文献，相关的资料可作为法律的依据。

（四）专利文献的类型

根据功能的不同，专利文献可分为专利说明书、专利公报和专利分类表等。

1. 专利说明书 专利说明书主要用来描述发明创造的具体内容及专利保护范围。从广义来讲，专利说明书是指各国专利局或国际性专利组织出版的各种类型说明书的统称，包括未经专利性审查的申请说明书和经过专利性审查的专利说明书。从狭义上讲，是指经过专利性审查、授予专利权的专利说明书。

中国国家知识产权局出版发明专利和实用新型专利说明书，外观设计专利的有关说明在《外观设计专利公报》中予以公告。根据我国现行的专利审查制度，在审查程序的不同阶段会出版三种类型的说明书：①国家知识产权局对发明专利申请进行初步审查后出版发明专利申请公开说明书。②国家知识产权局对发明专利申请进行实质性审查并批准授权后出版发明专利说明书。③国家知识产权局对实用新型专利申请进行实质性审查并批准授权后出版实用新型专利说明书。

2.专利公报　专利公报是用于公布和公告与专利申请、审查及授权有关的事项和决定，是刊载专利题录、专利文摘、专利索引的检索工具，包括有关申请报道、有关授权报道、有关地区或国际性专利组织在该国的申请及授权报道，与所公布的申请和授权有关的各种法律状态变更信息，以及各类专利索引，包括号码索引、分类索引、人名索引等。

中国专利公报是查找中国专利文献、检索中国最新专利信息和国家知识产权局业务活动的主要工具书。通过专利文献出版社，国家知识产权局共出版《发明专利公报》《实用新型专利公报》和《外观设计专利公报》三种专利公报。

3.国际专利分类表　国际专利分类表（International Patent Classification，IPC）是国际统一的专利分类体系，用于对专利文献进行科学有效的分类，便于检索同一技术主题在世界范围内的专利文献。IPC主要是对发明专利和实用新型专利文献进行分类，外观设计专利文献则使用国际外观设计分类法（也称洛迦诺分类法）进行分类。

IPC是根据1971年保护工业产权巴黎联盟成员国外交会议上签订的《国际专利分类斯特拉斯堡协定》编制的，是目前国际通用的专利文献分类和检索工具，为世界各国所必备。第1～7版的IPC是基于纸本的检索工具建立并发展的，每五年修订1次。第8版（2009年）分类表分为基本版和高级版，基本版修订周期为三年，高级版修订周期为三个月。

附：专利文献分类体系

一个完整的IPC分类号采用等级结构，即八个部（Section）、二十个分部（Subsection），以及大类（Class）、小类（Subclass）、大组（Group）和小组（Subgroup），将技术内容逐级分类组成一个完整的分类体系。

①部：部是分类表等级结构的最高级别。每一部由A～H中的一个大写字母标明。每个部都有类名，部类名概要地指出该部所包括的技术范围，通常对部类名的技术范围不作精确的定义。每一个部的类名后面有一个它下面主要细分类名的概要。

八个部分别根据专利用途用A～H表示，以八个分册出版。

A——人类生活必需品（农、轻、医）。

B——作业、运输。

C——化学、冶金。

D——纺织、造纸。

E——固定建筑物（建筑、采矿）。

F——机械工程、照明、加热、武器、爆破。

G——物理学。

H——电学。

②大类：每一部分根据不同的技术领域分为若干个大类。每一大类的类名对它所包含的各小类的技术主题进行全面说明，表明该大类所包括的主题内容。大类号由

A～H部中的1个英文字母加两位阿拉伯数字构成。中医药卫生专利主要集中在A61类目下。

③小类：每一大类包括一个或多个小类。小类是指在国际专利分类表中每一个大类的细分，小类类名是对它所包含的各个大组的技术主题的全面说明。小类号由大类号加上除A、E、I、O、U以外的英文字母构成。

④大组：每一小类下分若干组。大组号由小类号加1～3位阿拉伯数字和斜线后的两个零（"/00"）构成。大组的类名明确表示可以分类和可以检索发明的技术主题范围。

⑤小组：小组是大组的细分。小组号是把大组号斜线后的两个零（"/00"）替换为除了两个零以外的其他2～3位数字。小组的类名明确表示可检索属于该大组范围之内的一个技术主题范围。

例如：颈部手术伤口张开装置

A部　（A分册）

A61　医学或兽医学、卫生学

A61B　诊断；外科；鉴定

A61B17/00　外科器械或方法

A61B17/02　保持伤口张开的器械

三、专利检索

（一）国内专利检索

1. 中华人民共和国知识产权局（SIPO）专利检索及分析系统　中华人民共和国知识产权局网是一个集专利申请、专利审查、专利检索等为一体的政府性机构网站，其中的专利检索及分析系统（图6-1）是国家知识产权局提供的专门检索各类专利信息的数据库，收录了103个国家、地区和组织的专利数据，以及引文、同族、法律状态等数据信息，其中的中国专利数据库涵盖了自1985年以来公布的发明专利和实用新型专利的说明书全文，以及1998年以来公布的外观设计专利说明书全文。该系统每周二和周五各更新1次。

专利检索提供常规检索、高级检索、导航检索和命令行检索四种检索方式。利用该系统进行专利检索之前需要进行注册，根据提示注册成功之后，登录个人账号即可进行检索。

（1）常规检索：常规检索页面（图6-2）提供自动识别、检索要素、申请号、公开（公告）号、申请（专利权）人、发明人和发明名称7个字段的检索入口，并且在多个字段之间支持模糊检索。常规检索的检索框中1次可输入多个检索词，检索词之间用空格隔开时，默认为"逻辑与"的关系。若要利用其他的逻辑关系时，可用具体的关系词来连接。

图 6-1　中华人民共和国知识产权局专利检索及分析系统

图 6-2　常规检索界面

【检索示例】检索申请号为"CN201710726848.6"的专利。

检索步骤：

第一步：常规检索方式下，选中"申请号"字段。

第二步：在检索框中输入"CN201710726848.6"。

第三步：单击"检索"按钮（图 6-3）。

图 6-3 常规检索示例界面

　　检索结果的显示和输出：在检索结果页面，系统默认"搜索式"的显示方式，可以选择"列表式"或"多图式"，排序方式默认"按申请日降序"，可根据需求切换为"申请日升序""公开日降序"或"公开日升序"。此页面能看到专利的基本著录信息，包括发明名称、申请号、申请日、公开（公告）号、公开（公告）日、IPC 分类号、申请（专利权）人和发明人（图 6-4）。单击"详览"按钮，进入文献浏览页面，可以查看该项专利更加详细的著录信息，以及文本版和图像版的全文文本，包括权利要求书和说明书（图 6-5）。单击文献浏览页面左侧的"下载"按钮，便可下载该项专利文献的全文。

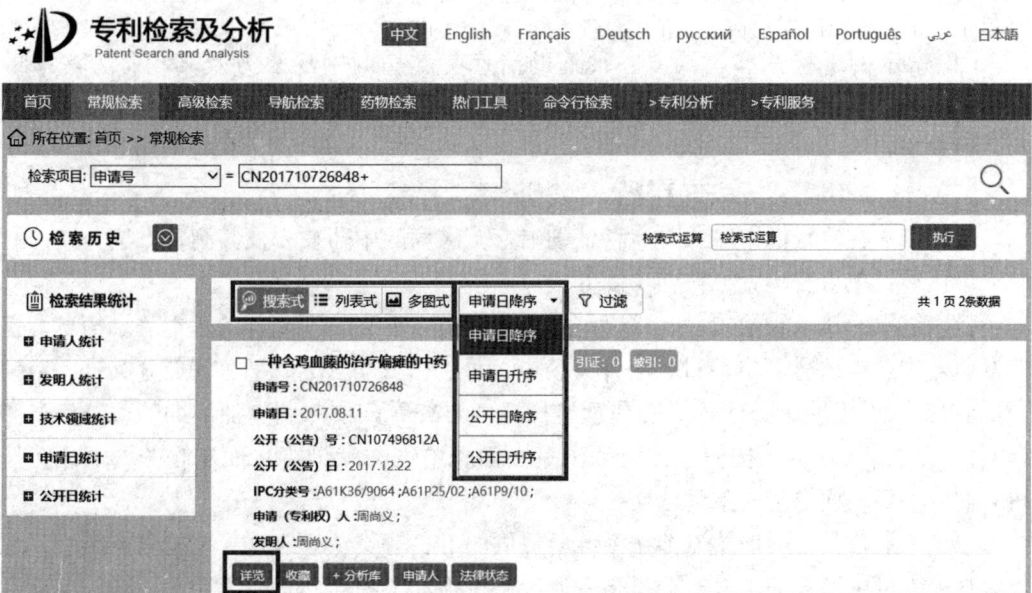

图 6-4 常规检索示例结果界面

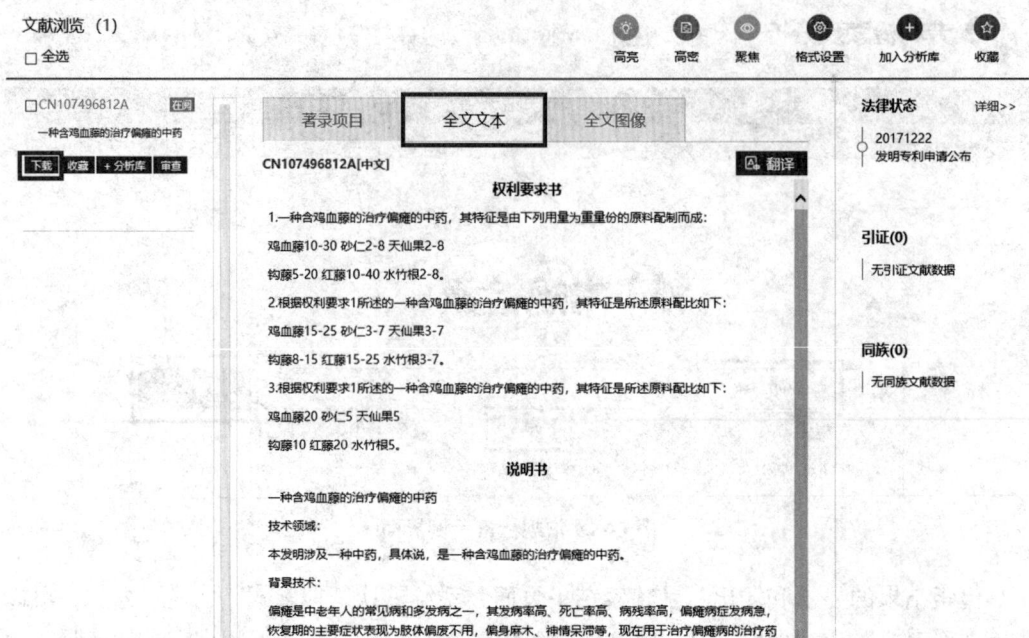

图 6-5　常规检索示例文献浏览界面

（2）高级检索：高级检索页面提供 14 个检索字段，分别是申请号、申请日、公开（公告）号、公开（公告）日、发明名称、IPC 分类号、申请（专利权）人、发明人、优先权号、优先权日、摘要、权利要求、说明书和关键词。高级检索可实现多个字段的组配检索，多个检索字段之间全部都是"逻辑与"的关系。页面左侧可进行地区、专利类型的范围筛选，下方是检索式编辑区，可根据系统提示直接输入检索表达式进行检索。

【检索示例】检索名称为"一种辅助治疗艾滋病的中药复方及其制备方法"的专利。

检索步骤：

第一步：高级检索方式下，选择"发明名称"字段。

第二步：在检索框中输入"一种辅助治疗艾滋病的中药复方及其制备方法"。

第三步：单击"检索"按钮（图 6-6）。

检索结果的显示和输出：在检索结果页面，可以看到该项专利的基本著录信息，包括发明名称、申请号、申请日、公开（公告）号、公开（公告）日、IPC 分类号、申请（专利权）人、发明人、代理人和代理机构。若要查看该项专利更加详细的著录信息和全文，可单击"详览"按钮进入文献浏览页面。单击文献浏览页面左侧的"下载"按钮，便可下载该项专利文献的全文。

（3）导航检索：导航检索能按系统所提供的 IPC 分类法逐级选择要检索的类别，也可以在检索框中输入分类号或分类名查询后进行检索（图 6-7）。

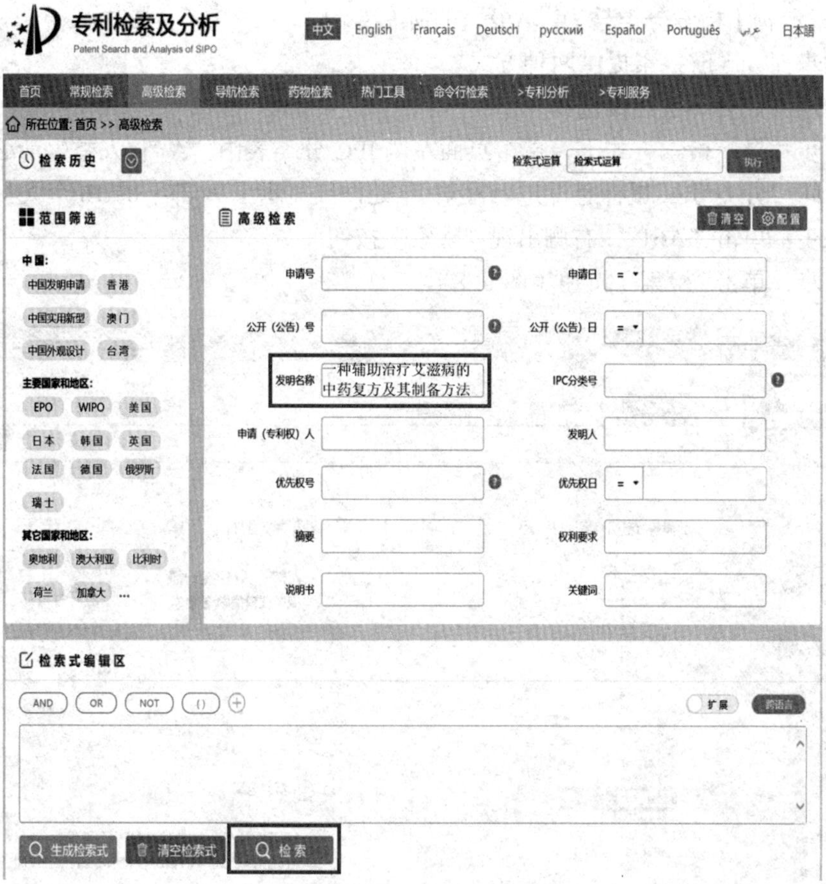

图 6–6 高级检索示例界面

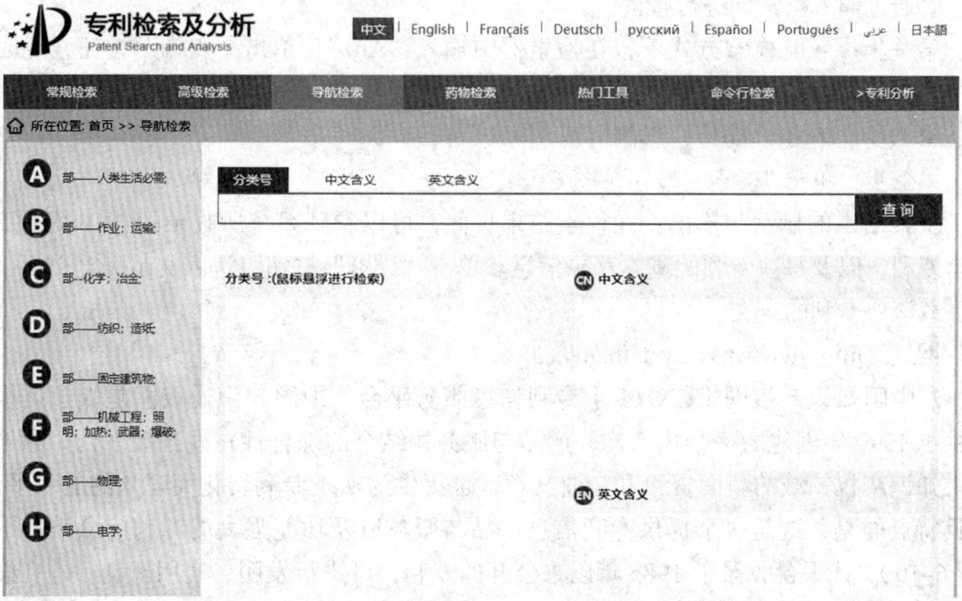

图 6–7 导航检索界面

【检索示例】检索分类号为"A61"的所有专利。

检索步骤：导航检索提供两种方式。

①通过 IPC 分类法逐级选择

第一步：导航检索方式下，单击页面左侧 IPC 分类表中"A 部 人类生活必需"，此时页面中间"分类号：（鼠标悬浮进行检索）"处详细显示了 A 部下的 16 个大类。

第二步：单击"A61"，右侧出现"检索"按钮。

第三步：单击"检索"按钮（图 6-8）。

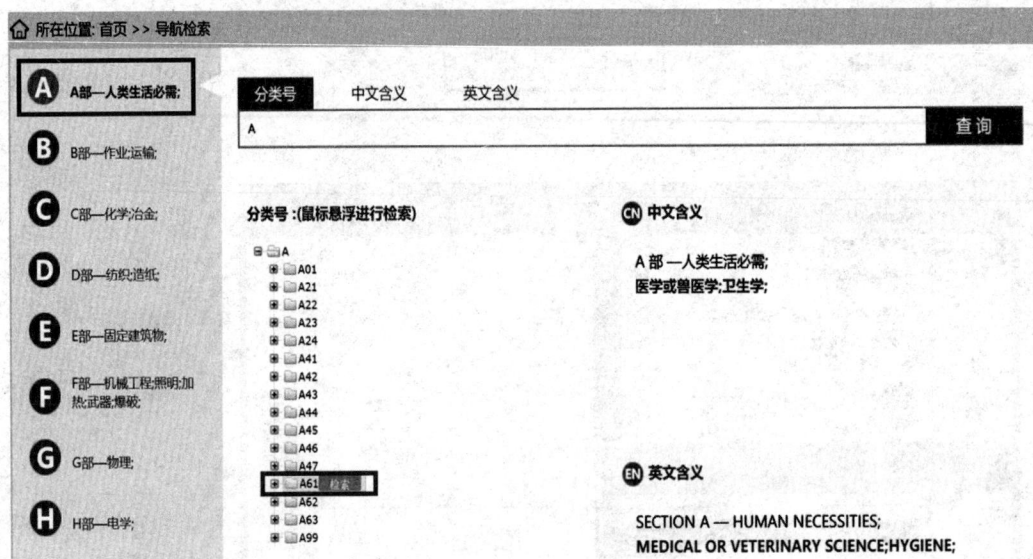

图 6-8　导航检索示例 IPC 分类检索界面

②通过输入检索词进行查询

第一步：导航检索方式下，在检索框中输入"A61"，单击"查询"按钮，此时页面中间会显示 A 部和 A61 大类两个级别的分类体系。

第二步：单击"A61"，右侧出现"检索"按钮。

第三步：单击"检索"按钮（图 6-9）。

检索结果的显示与输出：在检索结果页面，可以看到系统所收录的 A61 类别下的所有专利，以及每项专利的基本著录信息。单击"详览"按钮，进入文献浏览页面，即可下载该项专利的全文。

网址：http://www.pss-system.gov.cn/

2. 中国知识产权网（CNIPR）专利信息服务平台　中国知识产权网是知识产权出版社于 1999 年创建的一个集新闻、产品与服务相结合的综合性在线互动平台，网站既提供知识产权领域的新闻资讯和专业文章，也提供为实现专利转化而建立的展示平台。最具特点的是，这是一个提供专利信息产品与服务以及功能强大的专利信息服务平台（图 6-10）。该平台收录了 1985 年以来公开的专利，可进行发明、实用新型、外观设计专利检索以及法律状态、失效专利和运营信息检索，每周二和周五各更新 1 次。

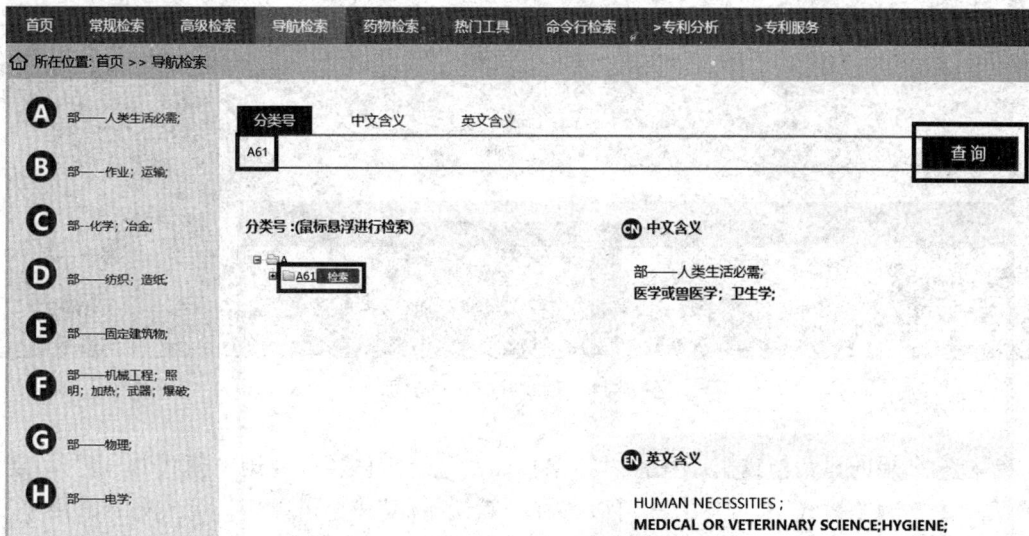

图 6-9　导航检索示例检索词检索界面

图 6-10　中国知识产权网专利信息服务平台

　　该平台提供基本检索和高级检索两种方式。利用该平台进行专利检索之前，需要进行注册，按照提示注册成功之后，登录个人账号即可进行检索。

　　（1）基本检索：基本检索页面（图 6-10）提供一个检索框，可同时输入多个检索词，多个检索词之间可用空格隔开，其逻辑关系及检索词所对应的字段由系统自动识别。

　　【检索示例】检索申请人为"陆洋"，申请号为"CN201710609695.7"的专利。

　　检索方法：

　　第一步：基本检索方式下，在检索框中输入"陆洋 CN201710609695.7"。

　　第二步：单击"放大镜"按钮（图 6-11）。

图 6-11　基本检索示例界面

检索结果的显示与输出：在检索结果页面，系统默认"普通浏览模式"，也可以切换为"图文浏览模式"；排序方式可以选择"默认排序"，也可以切换为"公开日降序"或"申请日降序"。此页面可以看到专利的基本著录信息，包括发明名称、申请号、申请日、公开（公告）号、公开（公告）日、申请（专利权）人、分类号和摘要等（图6-12）。若要查看该项专利更加详细的著录信息和全文，可单击发明名称，进入详细信息页面（图6-13）。单击详细信息页面右上角的"下载"按钮，便可下载该项专利文献的著录项、TIFF 图、XML 文档和 PDF 文档。

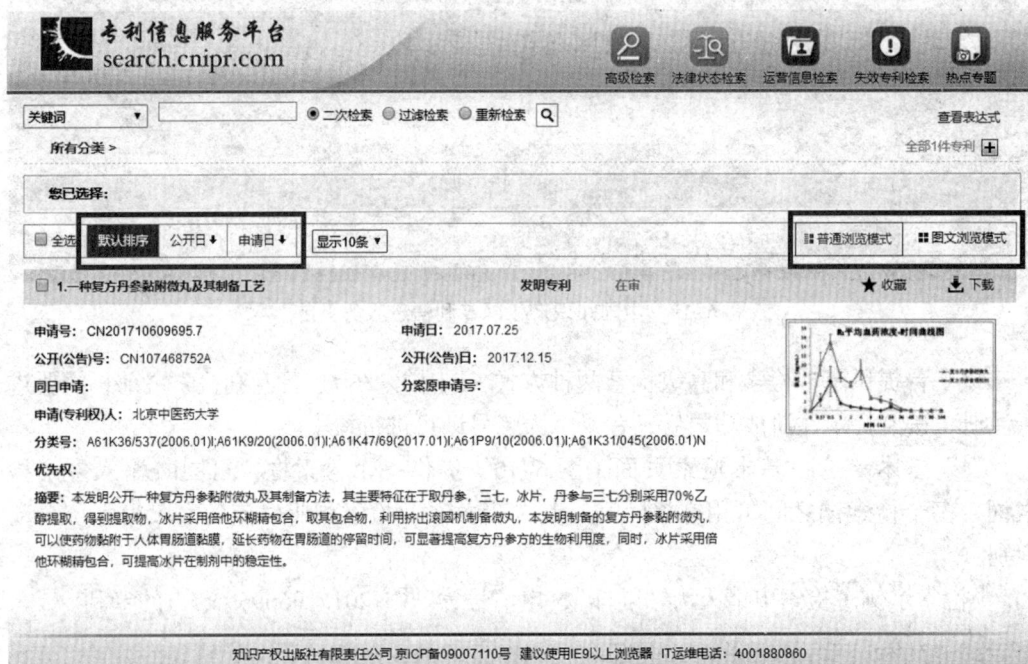

图 6-12　基本检索示例结果界面

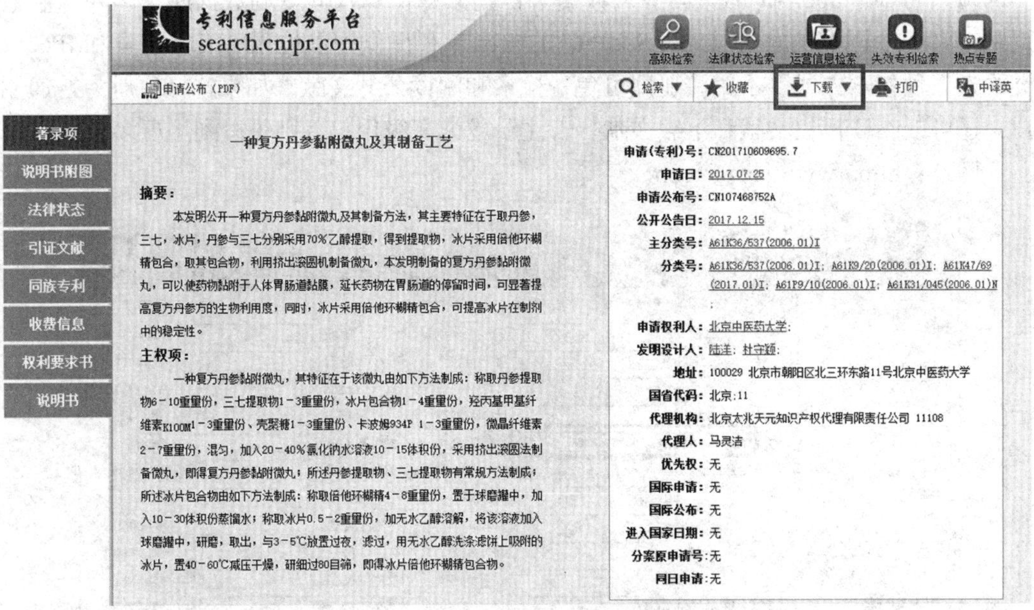

图 6-13　基本检索示例详细信息界面

（2）高级检索：高级检索页面提供包括申请（专利）号、申请日、公开（公告）号、公开（公告）日、名称、摘要、权利要求书、说明书、申请（专利权）人、发明（设计）人等在内的 22 个检索字段。高级检索可实现多个字段的组配检索，多个检索字段之间全部都是"逻辑与"的关系。页面左侧可进行地区、专利类型的范围筛选，下方是检索式编辑区，可根据系统提示直接输入检索表达式进行检索。

【检索示例】检索申请（专利权）人为"北京大学人民医院"的专利。

检索步骤：

第一步：高级检索方式下，选择"申请（专利权）人"字段。

第二步：在检索框中输入"北京大学人民医院"。

第三步：单击"检索"按钮（图 6-14）。

检索结果的显示与输出：在检索结果页面，能看到检索到的专利件数，以及每项专利基本的著录信息。选择"按申请日排序"，最新申请的专利会排在最前面。例如，要查看第一项专利更加详细的著录信息和全文，可单击发明名称"一种组配式人工跟骨假体"，进入详细信息页面，此页面还可下载该项专利的著录项、TIFF 图、XML 文档和 PDF 文档。

网址：http://search.cnipr.com/

3. 其他专利检索系统

（1）SooPAT 专利搜索：SooPAT 是一个专利数据搜索引擎。Soo 意为"搜索"，PAT 为"patent"，SooPAT 即"搜索专利"。SooPAT 立足专利领域，致力于专利信息数据的深度挖掘与专利信息获得的便捷化。它本身并不提供数据，而是与 Google 合作，将互联网上所有免费的专利数据库进行整合，并加以人性化的调整，使之更为符合人们的检索习惯。SooPAT 的中国专利数据来自国家知识产权局专利数据库，国外专利数据则来自各个国家的官方网站。SooPAT 的中国专利提供基本检索、表格检索和 IPC 分类检索三种检索方式，不用注册即可免费检索和阅读公开文献。如果选择注册为普通用户，还可以阅读授权文献和下载文献。若注册成为高级用户，则可以利用更多功能。

网址：http://www.soopat.com/

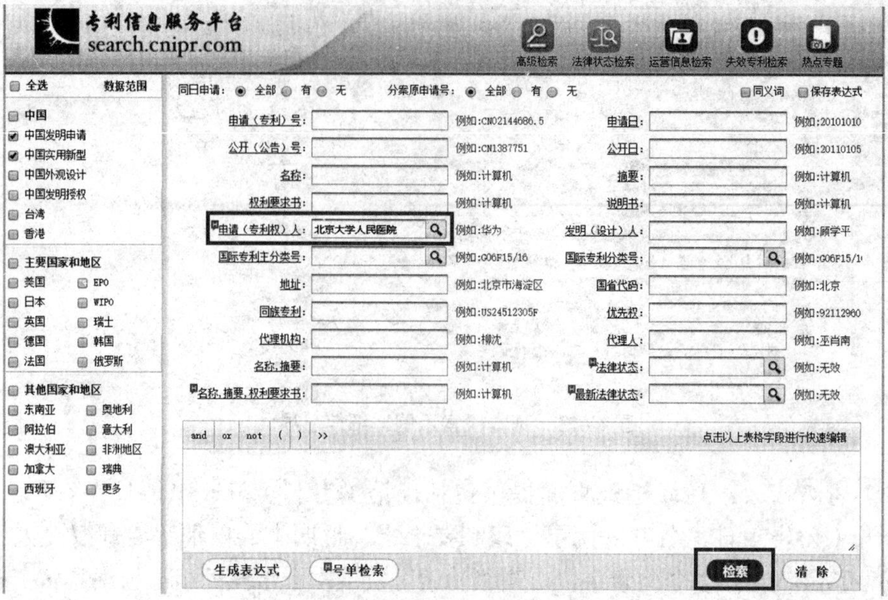

图 6-14　高级检索示例界面

（2）专利之星检索系统：专利之星是中国专利信息中心提供的专利检索系统，收录了 1985 年至今的中国专利信息。注册成为该系统的用户之后，便能利用系统提供的智能检索、表格检索、专家检索和法律状态检索等方式进行专利检索，查看每项专利的名称、申请号、申请日、公开号、公开日、IPC 分类号、申请人、发明人、摘要等著录信息，还可以在线查看和下载专利文献的全文。

网址：http://searchtel.patentstar.cn/

（二）国外专利检索

1. 美国专利商标局（USPTO）专利数据库　美国专利商标局网是美国专利商标局建立的政府性官方网站，该网站向公众提供包括专利数据库检索、专利概述、专利申请、文献公布程序、US 专利分类体系等全方位的信息服务。其中的专利数据库分为授权专利数据库和申请专利数据库两部分，授权专利数据库提供 1790 年至今各类授权的美国专利说明书扫描图像和 1976 年至今的说明书全文文本（附图像链接）。申请专利数据库只提供 2001 年 3 月 15 日起在授权前的专利出版物中收录的实用新型专利（包含发明专利）申请说明书的文本和图像。数据库有布尔检索、高级检索和专利号检索三种检索方式，其中 1790 年至 1975 年 12 月的专利只能通过专利号和美国专利分类号检索，并通过链接查看专利全文的扫描图像。

网址：https://www.uspto.gov/

2. esp@cenet 欧洲专利数据库　esp@cenet 欧洲专利数据库由欧洲专利局及其成员国提供，收录了 1920 年以来（各国的起始年代有所不同）世界上八十多个国家和地区出版的专利文献数据，时间跨度大，涉及国家多，是检索世界范围内专利信息的重要平台。esp@cenet 共有四个数据库：欧洲专利数据库（EP）、世界知识产权组织专利数据库（WIPO）、世界范围专利数据库（Worldwide）和日本专利数据库（PAJ）。该系统中各数据库收录专利的国家范围不同，各国收录专利数据的范围和类型也不同。从 esp@cenet 检索专利信息可以从欧洲专利局的站点进行，也可以从欧洲专利组织各成员国的站点进行，各成员国的站点可支持本国的官方语种。esp@cenet 提供快速检索、高级检索、专利号检索及专利分类号检索。

网址：http://ep.espacenet.com/

3. 德温特世界专利数据库　德温特世界专利数据库（Derwent Innovation Index，DII）是英国德温特公司与美国科技情报所（Institute for Scientific Information，ISI）合作开发的基于 Web of science 的统一检索平台，是检索专利文献最重要的工具之一。DII 收录了来自四十多个国家和地区的基本发明和专利，涵盖化学工程、电气电子工程及机械工程等专业，专利文献索引回溯至 1963 年，专利引文索引回溯至 1973 年，每周增加来自全球 四十 多个专利机构授权的、经过德温特专家深度加工处理过的四万五千多篇专利文献。DII 将世界专利索引（WPI）、专利引文索引（PCI）整合在一起，为科学研究人员提供了世界范围内的、综合全面的专利信息。该系统检索分为一般检索和引文检索两种，一般检索提供快速检索、表格检索和专家检索三种检索方式。

网址：http://www.isiknowledge.com/

4. 日本特许厅专利数据库　日本特许厅专利数据库是由日本特许厅工业产权数字图书馆建立的，收集了 1976 年以来公开的日本专利及 1993 年 1 月以来日本专利的法律状态信息。该数据库有英语和日语两种语言，英文版收录自 1993 年至今公开的日本专利题录和摘要；日文版提供日本专利说明书的全文，包含 1971 年以来的公开特许公报，1885 年以来的特许发明明细书，1979 年以来的公表特许公报等专利文献。该数据库专利信息每月更新，专利法律状态信息每两周更新，可以通过关键词、公开号等字段进行检索。

网址：http://www.jpo.go.jp/

5. 世界知识产权组织专利数据库　世界知识产权组织专利数据库是由世界知识产权组织建立的知识产权电子图书馆（IPDL）提供的，收录有专利合作条约（PCT）国际专利公报数据库、PCT 国际专利全文图形数据库、马德里申请商标数据库、海牙快报数据库、健康遗产测试数据库。其中，PCT 国际专利公报数据库可以检索 1997 年 1 月 1 日至今公布的 PCT 专利申请。

网址：http://www.wipo.int/

6. 其他网上专利检索网站

香港知识产权署 http://ipsearch.ipd.gov.hk/

澳门特别行政区政府经济局 http://www.economia.gov.mo/

韩国知识产权局 http://www.kipris.or.kr/

俄罗斯专利局 http://www.rupto.ru/

英国专利局 http://www.Patent.gov.uk/

德国专利商标局 http://www.deutsches–patentamt.de/

加拿大知识产权局 http://www.opic.gc.ca/

澳大利亚知识产权局 http://www.ipaustralia.gov.au/

国际发明者协会联合会 https://www.ifia.com/

免费专利在线 http://www.freepatentsonline.com/

第二节　标准文献检索

一、概述

（一）标准的定义

我国国家标准 GB3935–1–83 对标准的定义是："标准是对重复性事物和概念所做的统一规定，它以科学、技术和实践经验的综合成果为基础，经有关方面协商一致，由主管机构批准，以特定形式发布，作为共同遵守的准则和依据。"2017 年 11 月修订的《中华人民共和国标准化法》对标准的定义是："农业、工业、服务业以及社会事业等领域需要统一的技术要求。"国际标准化组织给标准下的定义是："ISO 创建提供需求、规格、指南或特性的文件，这些文件可以一致地使用，以确保材料、产品、过程和服务符合它们的目的。"

标准文献又称技术资料，是标准化组织或有关机构按照规定的程序编制，对工农业产品的质量、规格、生产过程及检验方法等所做的技术规定，并且经过权威机构批准发布，在一定范围内必须执行的文件。标准文献具有较强的权威性、规范性、法律性和时效性，需要定期修改。

（二）标准的类型

在我国，通常将标准分为技术标准、管理标准和工作标准三大类。

1. 技术标准　对标准化领域中的技术事项所制定的统一标准，包括基础技术标准、产品标准、工艺标准、检测试验方法标准，以及安全、卫生、环保标准等。

2. 管理标准　对标准化领域中的管理事项所制定的统一标准，包括基础管理标准、技术管理标准、经济管理标准、行政管理标准、生产经营管理标准等。

3. 工作标准　对工作的责任、权利、范围、质量要求、程序、检查方法、考核办法所制定的标准，包括部门工作标准和岗位（个人）工作标准。

（三）标准的级别

《中华人民共和国标准化法》将我国标准分为国家标准、行业标准和团体标准、地方标准、企业标准和团体标准。

1. 国家标准　国家标准分为强制性标准和推荐性标准。强制性国家标准是由国务院批准发布或者授权批准发布，对保障人身健康和生命财产安全、国家安全、生态环境安全以及满足经济社会管理基本需要的技术要求。推荐性标准是由国务院标准化行政主管部门制定，对满足基础通用、与强制性国家标准配套、对各有关行业起引领作用等需要的技术要求。

2. 行业标准　行业标准是由国务院有关行政主管部门制定，并报国务院标准化行政主管部门备案，对没有推荐性国家标准、需要在全国某个行业范围内统一的技术要求。当同一内容的国家标准公布后，则该内容的行业标准即行废止。

3. 地方标准　地方标准是由省、自治区、直辖市人民政府标准化行政主管部门为满足地方自然条件、风俗习惯等特殊技术要求制定的标准。

4. 企业标准　企业标准是对企业范围内需要协调统一的技术要求、管理要求和工作要求所制定的标准。企业标准由企业制定，由企业法人代表或法人代表授权的主管领导批准、发布。

（四）标准的编号

标准编号由标准代号＋顺序号＋批准年代组成。中国国家标准用 GB 表示，国家推荐的标准用 GB/T 表示，国家指导性标准用 GB/Z 表示。行业标准用该行业主管部门名称的汉语拼音首字母表示，如化工行业标准用 HB 表示。地方标准代号由 DB 加上省、自治区、直辖市行政区划代码的前面两位数字，再加上斜线 T 组成推荐性地方标准（DBXX/T），不加斜线 T 为强制性地方标准（DBXX），如湖北省代码为 420000，其地方标准代码为（DB42）。企业标准代号以 Q 代表，以企业名称的代码为字母表示，在 Q 前面冠以省市自治区的简称汉字。

（五）标准的分类

国际标准化组织从 1994 年开始采用《国际标准分类法》（ICS）。我国国家标准局 1984 年编制的《中国标准文献分类法》将除军工标准外的各级标准和标准文献分为 24 个类目（表 6-1）。

表 6-1　《中国标准文献分类法》

分类号	类名	分类号	类名
A	综合	N	仪器、仪表
B	农业、林业	P	土木、建筑
C	医药、卫生、劳动保护	Q	建材
D	矿业	R	公路、水路运输
E	石油	S	铁路
F	能源、核技术	T	车辆
G	化工	U	船舶
H	冶金	V	航空、航天
J	机械	W	纺织
K	电工	X	食品
L	电子元器件与信息技术	Y	轻工、文化与生活用品
M	通信、广播	Z	环境保护

（六）标准的有效期

标准自实施起至复审重新确认、修订或废止的时间，称为有效期。由于各国情况不同，标准的有效期也不同。我国在《国家标准管理办法》中规定，国家标准实施 5 年要进行复审，即国家标准的有效期一般为 5 年。过了年限后，国家标准就要被修订或重新制定，以跟上世界同类标准的变化，适应人们生产和生活的需求。

（七）标准化组织

1. 国际标准化组织（International Organization for Standardization，ISO）　ISO是一个独立的、非政府的国际组织，始于 1946 年。当时来自 25 个国家的代表在伦敦的土木工程师协会开会，决定成立一个新的国际组织，以促进国际协调和统一工业标准。1947 年 2 月 23 日，ISO 正式开始运行。目前，ISO 已经出版了超过 2.2 万项国际标准，几乎涵盖了技术和制造的方方面面。共有来自 162 个国家和 778 个技术机构的成员负责标准的开发，共同制定自愿的、基于共识的以及市场相关的国际标准。ISO 总部设在瑞士日内瓦，有 135 人全职工作。

网址：https://www.iso.org/home.html

2. 中医药标准化国际咨询委员会（SAC）　中国国家标准化管理委员会于 2009 年向ISO 提出了成立国家中医药管理局中医药标准化国际咨询委员会，其职责：①对中医药国际标准化发展战略、规划等重大问题提出意见建议。②审议中医药国际标准提案项目建议，提出技术审核意见。③审议中医药国际标准草案中国技术方案，提出技术审核意见。④承办国家中医药管理局交办的其他事项。

网址：http://www.stctcm.com/STCM/home/index.htm

二、文献检索

（一）国内标准文献检索

1. 中国标准服务网　即国家标准文献共享服务平台，是国家科技基础条件平台重点建设项目"标准文献共享服务网络建设"的成果。国家标准馆收藏有六十多个国家、七十多个国际和区域性标准化组织、450 多个专业学（协）会的标准以及全部中国国家标准和行业标准一百余万册。此外，还收集了 170 多种国内外标准化期刊和近万册标准化专著，与三十多个国家及国际标准化机构建立了长期、稳固的标准资料交换关系。国家标准馆收藏有 IHS 数据库、Perinorm 数据库、韩国标准数据库、台湾标准数据库、VDI 标准数据库等资源。

网站提供标准文献、技术法规、期刊、专著、内容指标的检索，其中标准文献检索提供简单检索、高级检索、专业检索、分类检索、批量检索等。网站还提供标准阅读、标准跟踪、专题浏览、标准翻译等服务。

在平台主页选择"资源检索"，进入标准文献高级检索页面（图 6-15），页面提供关键词、标准号、国际标准分类、中国标准分类、采用关系、标准品种等检索入口，并配合年代号和标准状态的限制条件进行选择。

网址：http://www.cssn.net.cn/

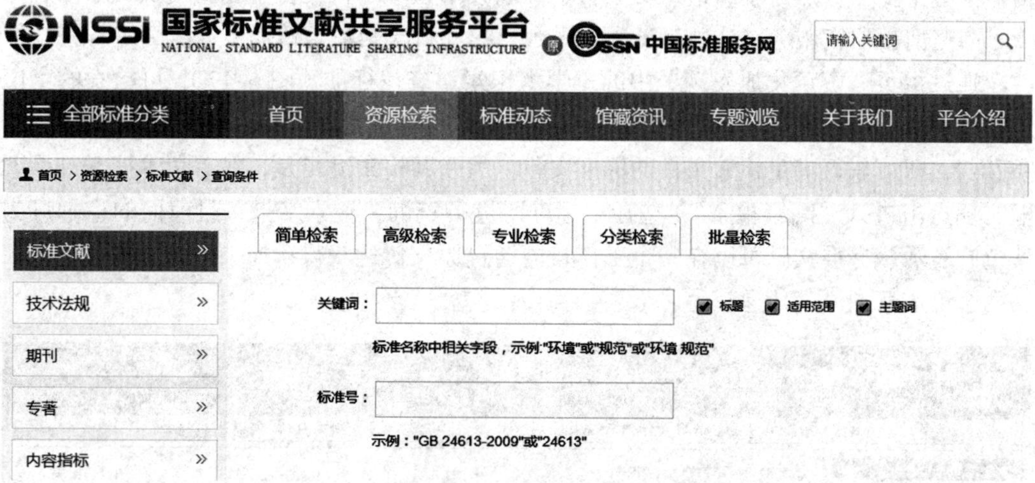

图 6-15　中国标准服务网标准文献检索界面

2. 国家科技图书文献中心（National Science and Technology Library，NSTL）　国家科技图书文献中心智能检索平台提供国外标准和中国标准的检索及计量检定规程。在网站主页点击"标准规程"，进入标准文献的检索页面（图 6-16）。该检索平台提供标准名称、标准号、关键词、标准分类号等字段，按照检索流程说明即可完成检索。

网址：http://www.nstl.gov.cn/

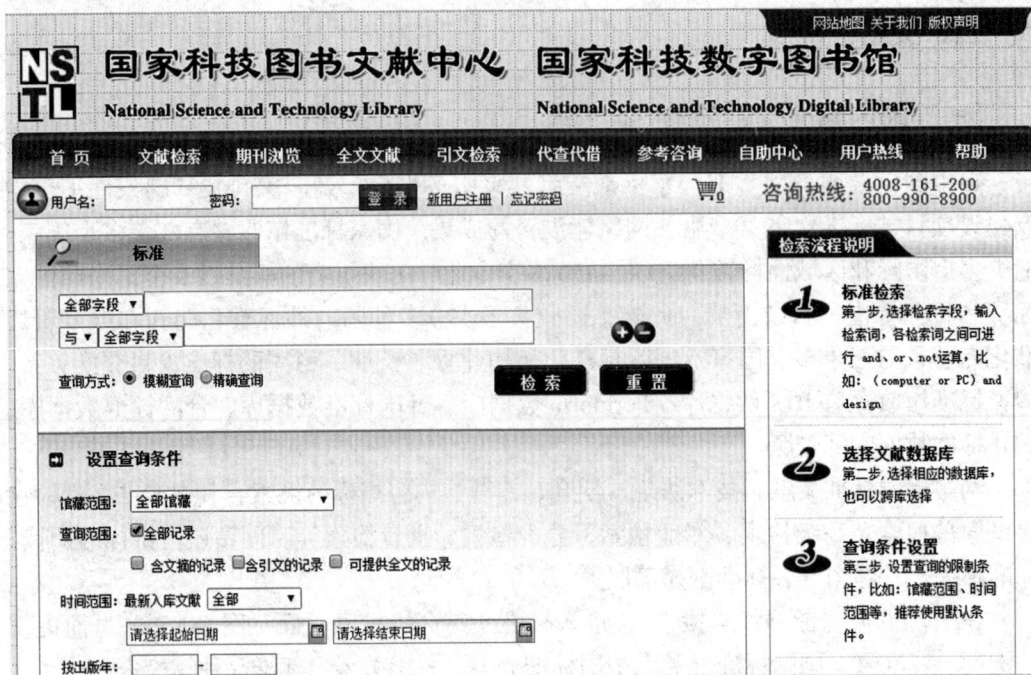

图 6-16　国家科技图书文献中心标准文献检索界面

3. 中国科学院文献情报中心（National Science Library，NSL） 中国科学院文献情报中心主要为自然科学、边缘交叉科学和高技术领域的科技自主创新提供文献信息保障、战略情报研究服务、公共信息服务平台支撑和科学交流与传播服务。

通过主页"资源集成发现"中的"学术搜索"查找标准（图 6-17），可检索的字段包括标准的题名、标准号、关键词等，在检索结果页面的左侧导航栏"资源类型"选择"标准"，即可获得满足检索条件的标准文献。另一种检索途径是，在"学术搜索"检索框右侧点击进入"高级检索"，选择"标准"进行查询。检索结果条目前面的指示灯为紫色，表示该标准文献可以在一个工作日内通过原文传递获得；如果指示灯为黄色，表示两个工作日内原文传递获得。

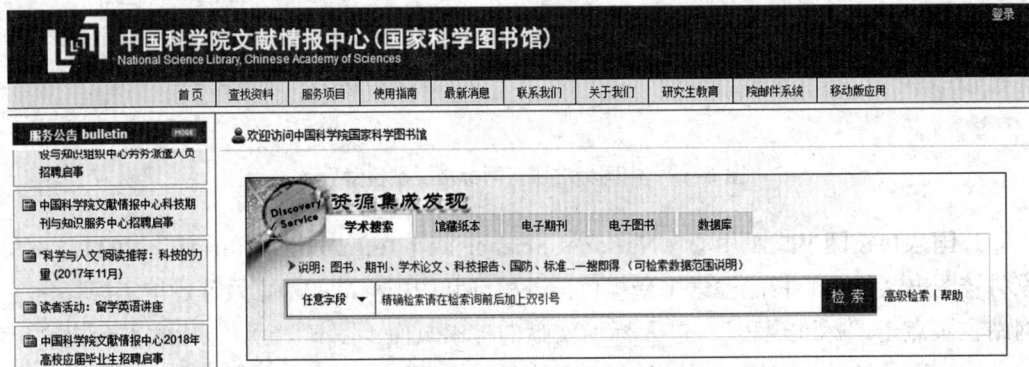

图 6-17　中国科学院文献情报中心标准文献检索界面

该标准检索数据信息来自标准信息检索系统（包含国家标准文献共享服务平台、中国计量科学院）、国防科技信息中心、中国科学院机构知识库。其中，可以从国家标准文献共享服务平台检索的内容包括中国国家标准、国际标准化组织标准、美国国家标准、欧洲标准、法国国家标准、英国国家标准、德国国家标准等，以及中国行业标准、国际电子委员会标准、美国机械工程师协会标准、美国材料试验协会标准、美国电子电器工程师协会标准、日本工业标准等标准文献，并可检索计量检定规程等，共三十三万余篇。中国科学院用户均可通过本系统进行检索和申请文献传递服务。

网址：http://www.las.ac.cn/

4. 中国知网（China National Knowledge Infrastructure，CNKI）　中国知网标准数据总库是国内数据量最大、收录最完整的标准数据库，分为中国标准题录数据库（SCSD）、国外标准题录数据库（SOSD）、国家标准全文数据库和中国行业标准全文数据库。SCSD收录了所有的中国国家标准（GB）、国家建设标准（GBJ）、中国行业标准的题录摘要数据，共约十三万条标准；SOSD收录了世界范围内重要标准，共计三十一万条。国家标准全文数据库收录了由中国标准出版社出版的、国家标准化管理委员会发布的所有国家标准，占国家标准总量的90%以上。中国行业标准全文数据库收录了现行、废止、被代替以及即将实施的行业标准，全部标准均获得权利人的合法授权，标准内容来源于中国标准化研究院国家标准馆，相关的文献、专利、成果等信息来源于CNKI各大数据库。用户可通过标准名称、标准号、关键词、摘要、发布单位等途径进行检索（图6-18），标准的状态包括现行、作废、被代替等。

网址：http://www.cnki.net/

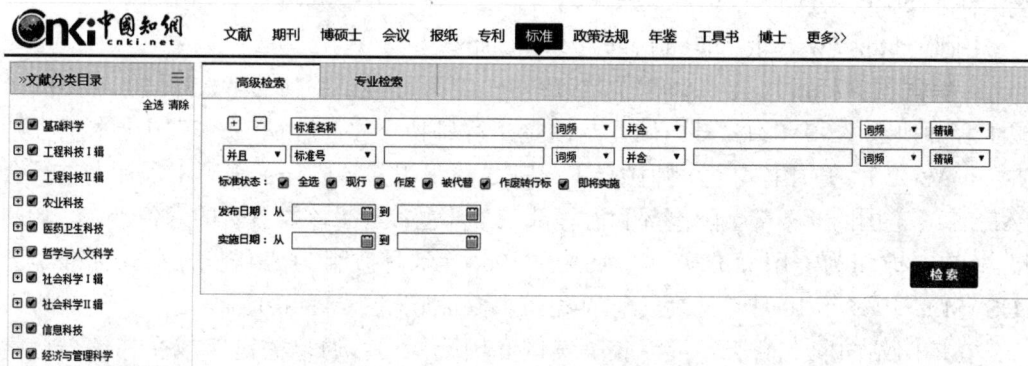

图6-18　中国知网标准文献检索界面

5. 万方数据知识服务平台　万方中外标准数据库收录了中国国家标准、建设标准、建材标准、行业标准及国际标准、国际电工标准、欧洲标准，以及美、英、德、法等国的国家标准和日本工业标准等各类标准题录。在万方数据知识服务平台选择"标准"栏目，可以实现标准的快速检索、高级检索，以及按照标准的分类进行浏览。

网址：http://www.wanfangdata.com.cn/navigations/standards.do

（二）国外标准文献检索

1. 国际标准化组织（ISO）　在 ISO 的主页右上方有一个检索框，能够实现标准的快速检索，点击 Search 按钮进入检索结果页面，左下方还提供高级检索，点击 Advanced search for standards 进入高级检索页面，检索字段包括 ISO 标准号、关键词或短语、文档类型、语种、日期、标准委员会等。如果要获取标准的全文，可以点击 OBP 链接，即 Online Browsing Platform 进行订购。

网址：https://www.iso.org/home.html

2. 国际电工委员会（IEC）　国际电工委员会（IEC）是世界领先的组织，发布电气科学、电子及其相关技术的国际标准，有来自行业、商业、政府、测试和研究实验室、学术界和消费者团体近两万名专家参与 IEC 标准化工作。IEC 与 ISO（国际标准化组织）或 ITU（国际电信联盟）合作，以确保国际标准能够完美地结合在一起，并相互补充。

网址：http://www.iec.ch/index.htm

3. 国际电信联盟（ITU）　国际电信联盟于 1865 年在巴黎成立，始称"国际电报联盟"，后于 1934 年改用现名，又于 1947 年成为联合国的专门机构，主管信息通信技术事务（ICT），致力于联通世界各国人民。ITU 划分全球的无线电频谱和卫星轨道，制定技术标准，以确保网络和技术的无缝互联，并为世界欠发达地区提供 ICT 接入，保护并支持每个人的基本通信权利。国际电信联盟自诞生之日起就是一个公有和私营部门的合作机构，拥有 193 个成员国、七百多家私营部门实体和学术机构。总部设在瑞士日内瓦，在世界各地设有 12 个区域代表处和地区办事处。在其网站主页上方有一个检索框，提供标准文献的检索。

网址：https://www.itu.int/en/Pages/default.aspx

4. 美国国家标准协会（ANSI）　1918 年，美国材料试验协会（ASTM）与美国机械工程师协会（ASME）、美国矿业与冶金工程师协会（ASMME）、美国土木工程师协会（ASCE）、美国电气工程师协会（AIEE）等组织共同成立了美国工程标准委员会（AESC）。美国的商务部、陆军部和海军部三个部也参与了该委员会的筹备工作。1928 年，AESC 改组为美国标准协会（ASA）；1966 年 8 月改组为美利坚合众国标准学会（USASI）；1969 年 10 月 6 日改成现名美国国家标准学会（ANSI）。

在该网站的网上商店，可以获得美国和国际标准：通过关键字或文档编号检索 ANSI、ISO、IEC、ASTM 和其他标准出版商提供的标准。

网址：https://webstore.ansi.org/

5. 美国电气电子工程师协会（IEEE）　这是一个国际性的电子技术与信息科学工程师协会，是目前全球最大的非营利性专业技术学会，会员超过四十万人，遍布 160 多个国家。IEEE 致力于电气、电子、计算机工程和与科学有关的领域的开发和研究，在太空、计算机、电信、生物医学、电力及消费性电子产品等领域已制定了九百多个行业标准，现已发展成为具有较大影响力的国际学术组织。IEEE 专门设有 IEEE 标准协会（IEEE-SA，IEEE Standard Association），负责标准化工作。IEEE-SA 下设标准局，标准局下又设有两个分委员会，即新标准制定委员会（New Standards Committees）和标准审查委员会（Standards Review Committees）。IEEE 的标准制定内容包括电气与电子设备、试验方法、元器件、符号、定义以及测试方法等多个领域。在该网站的首页可以检索标准文献。

网址：http://standards.ieee.org/

第三节　学位论文检索

一、概述

学位论文是指作者为了获取学位而撰写的论文，表明作者具有相应的理论知识与科研能力。根据申请的学位不同，学位论文可分为学士论文、硕士论文和博士论文三种。学士论文是高等学校本科生毕业生申请的学位论文，硕士论文和博士论文是高等学校、科学研究机构的研究生或具有研究生毕业同等学力的人员申请硕士学位、博士学位的学位论文。

通常，学位论文检索是指硕士论文和博士论文。学位论文一般由授予单位收藏，另外还在国家指定的单位专门收藏，国内学位论文收藏单位有中国科学技术信息研究所和国家图书馆。

二、论文检索

（一）国内学位论文检索

1. 中国优秀博硕士学位论文全文数据库　CNKI 学位论文全文数据库是目前国内相关资源最完备、高质量、连续动态更新的中国优秀博硕士学位论文全文数据库。文献来源于 1984 年至今的全国 446 家培养单位的博士学位论文和 735 家硕士培养单位的优秀硕士学位论文。目前，博士和硕士学位论文的全文文献达三百万篇，涵盖基础科学、工程技术、农业、医学、哲学、人文、社会科学等各个领域（图 6-19）。

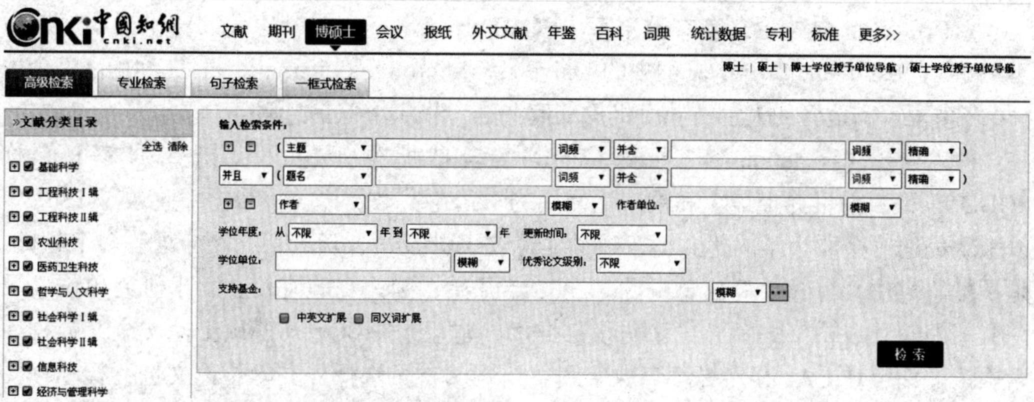

图 6-19　中国知网博硕士学位论文检索界面

在高级检索中选择"博硕士",可以从主题、题名、关键词、摘要、目录、全文、参考文献、中图分类号、学科专业名称途径进行检索,并提供学位的授予年度、学位授予的单位等途径。

网址:http://www.cnki.net/

2. 中国学位论文全文数据库　中国学位论文全文数据库是万方数据知识服务平台的重要组成部分,精选全国重点学位授予单位的硕士、博士学位论文以及博士后报告,内容涵盖理学、工业技术、人文科学、社会科学、医药卫生、农业科学、交通运输、航空航天和环境科学等各个领域,是我国收录数量较多的学位论文全文数据库。收录了1980年以来国内六百余所高校、科研院所等学位授予单位的学位论文,每年增加约30万篇。

网址:http://new.wanfangdata.com.cn/index.html

3.CALIS 高校学位论文服务中心系统　CALIS(中国高等教育文献保障系统)学位论文中心服务系统原名是 CALIS 高校学位论文数据库,收录了国内八十余所高校1995年以来的博士、硕士学位论文的文摘信息,论文索书号为培养单位的馆藏号。该平台只支持题名、作者、导师、文摘、关键词的简单检索,以有偿的文献传递形式提供学位论文的全文。

网址:http://etd.calis.edu.cn/

4. 中文学位论文数据库(NSTL)　国家科技图书文献中心(NSTL)是由国务院批准于2000年6月12日创建的一个虚拟的科技文献信息服务机构。该网站的"中文学位论文"收藏了自1984年以来我国高等院校、研究生院所的博士论文、硕士论文和博士后报告,涉及自然科学各个领域,兼顾人文社科。

网址:http://www.nstl.gov.cn/

5. 国家图书馆学位论文检索　国家图书馆是教育部指定的全国博士论文、博士后研究报告收藏机构,收藏了1981年以来我国海外留学生的部分博士论文。

网址:http://www.nlc.gov.cn

(二)国外学位论文检索

1. ProQuest 学位论文全文数据库(PQDD)　ProQuest 是一家美国资讯公司,起源于1938年由 Eugene B. Power 创立的 University Microfilms International(UMI),为全球160多个国家和地区的大学、政府机构和商业客户提供增值信息服务。

ProQuest Dissertations & Theses(PQDT)全球博硕士论文文摘数据库(原称PQDD),是目前世界上最大和最广泛使用的学位论文数据库。该数据库收录了1861年以来欧美两千余所大学的优秀博士、硕士论文,涉及文、理、工、农、医等多个领域,是学术研究中十分重要的信息资源。2002年开始,国内高等院校、学术研究单位以及公共图书馆,以价格集团方式采购该数据库,建立了 ProQuest 博硕士论文全文数据库中国镜像站,在 CALIS 高等教育数字图书馆网站首页选择外文学位论文进行检索(图6-20)。该库提供基本检索、高级检索与学科导航三种检索方式,其中高级检索提供标题、摘要、学科、作者、学校、导师、来源七个检索字段，并且对检索结果从出版年度、学位、语种和有无全文等方面进行限定。

网址：http://pqdt.calis.edu.cn/

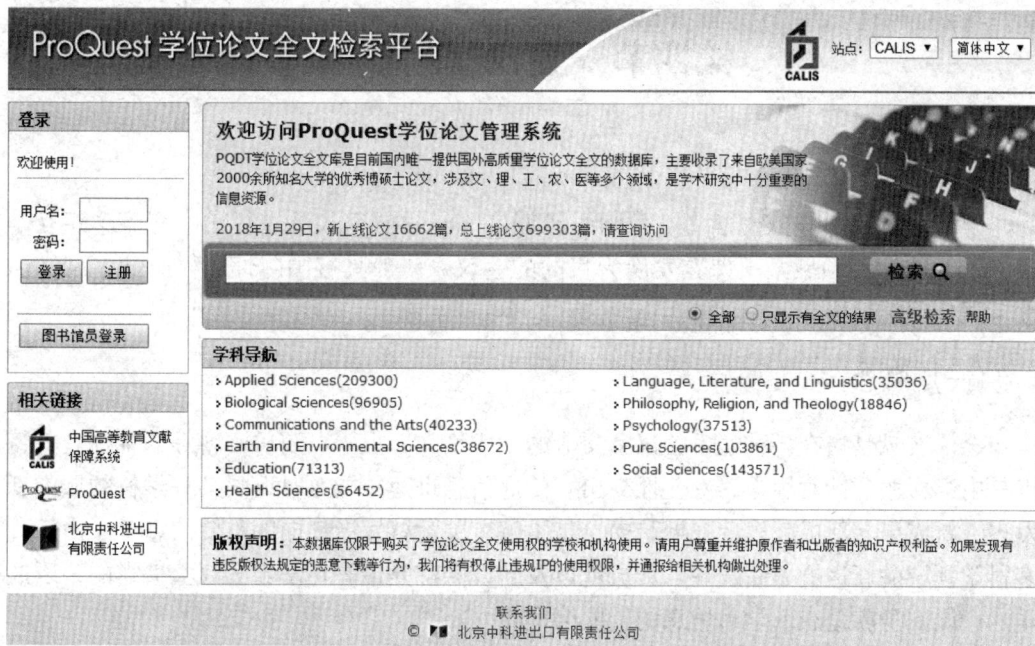

图 6-20　ProQuest 学位论文全文检索平台界面

2. NDLTD（Networked Digital Library of Theses and Dissertations，NDLTD）博硕论文数据库　这是由美国国家自然科学基金支持的一个网上学位论文共建共享项目，为用户提供免费的学位论文文摘以及部分可免费获取的学位论文全文，收录了美国、加拿大、澳大利亚、德国、中国等国家和地区的学位论文。在其网站的 Theses Resources 栏目里，通过点击不同国家或地区的学位论文资源链接，可以进行相应的检索。

网址：http://www.ndltd.org

3. 其他网络资源

（1）Australian Digital Theses Program：澳大利亚高校学位论文索引，目前被新南威尔士大学、墨尔本大学、昆士兰大学、悉尼大学、澳大利亚国立大学等多所高校认可。CAUL 是澳大利亚高校图书馆的最高领导机构，成员是在澳大利亚大学有代表的机构的主要图书馆主管。

网址：http://adt.caul.edu.au

（2）EthOS：全称 e-theses online service，是英国的国家论文在线服务系统，旨在最大限度地提高英国博士研究论文的知名度和有效性。它展示了英国研究的质量，并支持英国政府的开放获取原则，即由公共资助的研究成果发表的出版物应该免费提供给所有的研究人员，为进一步的研究提供机会。

网址：http://ethos.bl.uk/Home.do

（3）DART-Europe E-theses Portal：可获得来自 28 个欧洲国家 618 所大学的 7.5 万多个开放访问研究论文。

网址：http://www.dart-europe.eu/basic-search.php

第四节　会议文献检索

一、概述

学术会议是科学家、学者、教师、研究生等科学研究人员进行学术交流、相互学习，以促进学科领域某一课题发展为目的的会议，一般具有国际性、权威性、高知识性、高互动性等特点。

（一）概念

会议文献是指在各种学术会议上交流的学术论文、报告、演讲资料等的统称。其特点是内容新颖、针对性强、专业性突出、传递信息迅速，能及时反映某一学科领域的新发现、新成果、新成就以及发展趋向，是了解有关学科发展动向的重要信息源。由于许多科学领域的新进展、新发现、新成就以及新设想都是最先在学术会议上披露的，因此学术会议本身就是获取学术信息的重要渠道。

（二）类型

学术会议根据组织形式和规模，一般分为国际性会议、地区性会议、全国性会议、学会或协会会议、同行业联合会议五大类。根据出版时间的先后，会议文献可分为会前文献、会间文献和会后文献三类。

1. 会前文献　在会议之前，主办方会印发给参会人员一些会议资料，包括会议通知、议程、论文预印本、论文摘要、发言提要以及会议近期的通知或预告信息。

2. 会间文献　会间文献又称会中资料，包括开幕词、闭幕词、会议记录、会议决议和会议报道等。有些论文预印本和论文摘要在会议期间发给参会者，成为会间文献。会议决议是会议期间重要的材料，许多会在期刊上发表。

3. 会后文献　会后文献也称会后出版物，指会议结束后正式出版的论文集，是会议文献的主要组成部分。会议论文虽然会公开出版，但一般不作为个人科研成果，参会者可将论文投稿至期刊发表。

（三）发行方式

据美国科学情报所（ISI）统计，全世界每年召开的学术会议约一万个，正式发行的各种专业会议文献有五千多种。一般情况下，学术会议结束后会出版纸质的会议论文集，有的会被会议论文数据库收录，有的期刊也会为会议论文出增刊。

会议文献具有专业性、针对性、新颖性的特点，时效性强，信息量大，可靠性高，出版方式灵活。因此，学术会议不仅是学术交流的良好平台，也是传递和获取科技情报的重要渠道。由于会议文献的出版形式多样，所以入藏比较分散，检索及获取也不如图书和期刊那样方便。通常以图书或期刊形式公开出版发行的会议文献，在大型图书馆和省级以上信息研究所收藏较多。

二、文献检索

会议文献检索主要是指会前的会议预报信息和会后的会议论文检索。

（一）会议预报信息检索

会议预报信息会预告学术会议召开的时间、地点、主题等，是拟定会议论文和参加学术会议的指南，比较重大的学术会议预报信息都可以通过相关学术会议网站来检索和获取。

1. 中国会议网　中国会议网由北京金谷田经济顾问有限公司主办，创立于 1999 年，是国内最早专门针对会议产业的资讯服务平台，致力于为社会提供各行各业、丰富多彩的第一手会议资讯，向办会者和参会者提供双向信息服务。网站提供会议信息预报、会议在线报名和会议分类检索等功能。

网址：http://www.chinameeting.com/

2. hui123　这是一个为国内外科研机构和科研团队提供学术会议交流、学术论文出版和会务服务的专业平台，旨在承办具有专业优势和创新视角的学术研讨会，将来自世界各地从事相关科研领域研究的专家、学者聚集在一起，面对面交流探讨各自最新的研究成果。用户在这个网站可以查看最近由 hui123 承办的学术会议预告信息、会议新闻资讯，还可以在线投稿和发表论文。

网址：http://www.huiyi123.net/

3. 中国学术会议在线　中国学术会议在线是经教育部批准，由教育部科技发展中心主办，面向广大科技人员的科学研究与学术交流信息服务平台。它为用户提供学术会议信息预报、会议在线报名、会议论文征集、会议新闻、会议分类搜索、会议视频点播等服务，包括国内及境外会议日程信息，用户可以通过电子邮件免费注册定制会议信息。

网址：http://www.meeting.edu.cn/

4. 医学会议在线　医学会议在线是正保医学教育网旗下的以大型医学会议信息发布和会议内容报道为主的医学行业学术会议平台和会议中心，旨在免费为各类医学会议组织方和医务人员之间搭建一座沟通的桥梁。网站设有会议公告、会议搜索、会议报道、专家观点、发布会议等栏目。通过发布会议栏目，注册用户可以发布和管理自己的会议，发布的会议经网站管理者审批后就可发布到网站平台上。

网址：http://www.med66.com/yixuehuiyi/

5. 丁香会议　丁香会议是丁香园网站旗下的医学会议频道，除了提供会议预告、会议快讯、视频播报、专家视点、精彩幻灯（会议报告 PPT）等会议资料以外，还设有会议论坛栏目，网站用户可在此版块发布会议预告、会议报道，交流会议心得、发布会议述评等。

网址：http://meeting.dxy.cn/

6. 世界会议　世界会议是由美国世界会议情报中心编辑，专门预报两年内将要在全世界一百多个国家和地区召开的学术会议信息。其报道的学术会议涉及自然科学、工程技术、医学和社会学等多个领域，共分 4 辑，按季度报道。

网址：https://www.worldmeetings.com/nl/

（二）会议论文检索

会议论文是属于公开发表的论文，一般正式的学术交流会议都会出版会议论文集，会议论文一般通过数据库来检索和获取。

1. CNKI 重要会议论文全文数据库　CNKI 重要会议论文全文数据库的文献是由国内外会议主办单位或论文汇编单位书面授权并推荐出版的重要会议论文，是由《中国学术期刊（光盘版）》电子杂志社编辑出版的国家级连续电子出版物专辑。数据库重点收录 1999 年以来，中国科协系统及国家二级以上的学会、协会、高校、科研院所、政府机关举办的重要会议以及在国内召开的国际会议上发表的文献。其中，国际会议文献占全部文献的 20% 以上，全国性会议文献超过总量的 70%，部分重点会议文献回溯至 1953 年。目前，已收录出版国内外学术会议论文集三万本，累积文献总量 300 万篇。网站版数据每日更新，光盘版数据每月 10 日更新，内容涵盖基础科学、工程科技、农业科技、医药卫生科技、哲学与人文科学、社会科学、信息科技、经济与管理科学等领域，下设 168 个专题。

该数据库提供简单检索、高级检索、专业检索、作者发文检索、句子检索和一框式检索，用户可从篇名、关键词、摘要、论文集名称、会议时间、会议名称、报告级别、论文集类型等字段进行检索，并能对专辑类别、检索结果的时间范围等进行限定。

网址：http://www.cnki.net/

2. 万方中国学术会议论文全文数据库　万方中国学术会议论文全文数据库会议资源包括中文会议和外文会议，中文会议收录始于 1982 年，年收集四千多个重要学术会议，年增二十万篇全文，每月更新；外文会议主要来源于外文文献数据库，收录了 1985 年以来世界各主要学协会、出版机构出版的学术会议论文，内容涵盖人文社科、自然科学、农林、医学、工程技术等各个专业领域，以全国性的学会、协会、研究会组织、部委、高校召开的全国性学术会议论文为主，是目前国内收集学科较全、数量较多的会议论文数据库，是了解国内学术动态必不可少的帮手。

网址：http://www.wanfangdata.com.cn/

3. 国家科技图书文献中心（NSTL）会议论文数据库　NSTL 会议论文数据库收录有中外文会议论文。中文会议论文收录了 1985 年以来我国国家级学会、协会、研究会以及各省、部委等组织召开的全国性学术会议论文、数据库的收藏重点为自然科学领域，每年涉及六百余个重要的学术会议，年增加论文四万余篇，每季或每月更新。外文会议论文数据库收录了 1985 年以来世界各主要学会、协会、出版机构出版的学术会议论文，部分文献有少量回溯，学科范围涉及工程技术和自然科学各专业领域，每年增加论文二十余万篇，每周更新。

网址：http://www.nstl.gov.cn/

4. 学术会议论文联合数据库　学术会议论文联合数据库由中国科学技术信息研究所、医学科学院医学信息研究所、中国农业科学研究院科技文献信息中心、林业科技信息研究所共同研发。数据库包含中文和外文会议文献。中文会议文献从 1982 年开始收集，累计收藏近五万册，年增量近三千册，涉及国内 130 多个国家级学会、协会、研究会召开的全国性自然科学学术会议论文。外文会议文献从 1968 年开始收集，累计收藏十多万册，年增量三千余册，几乎覆盖世界上所有科技类重要学会、协会出版的会议文献。

网址：http://www.istic.ac.cn/

5. 读秀学术搜索　读秀学术搜索会议论文频道提供会议论文的题录检索，不提供试读功能。

网址：http://edu.duxiu.com/

6. Web of Science Proceedings　这是美国科学情报研究所（ISI）基于 Web of Science 的检索平台，将 ISTP（科学技术会议录索引）和 ISSHP（社会科学及人文科学会议录索引）两大会议录索引集成为 Web of Science Proceedings（WOSP）。收录时间从 1990 年至今，汇集了世界上最新出版的会议录资料，包括专著、丛书、预印本以及来源于期刊的会议论文，提供综合全面、多学科的会议论文文摘索引信息资料，是目前查找国际会议文献信息的主要工具。

网址：http://www.isiwebofknowledge.com/

7. OCLC PapersFirst 与 Proceedings　OCLC FirstSearch 是 OCLC 的一个联机参考服务系统，FirstSearch 系统包含两个检索世界范围内会议文献的数据库，即 PapersFirst（国际学术会议论文索引）和 Proceedings（国际学术会议录索引）。

PapersFirst 是在世界范围召开的大会、座谈会、博览会、研讨会、专业会、学术报告会上发表的论文索引，涵盖自 1993 年以来所有来自英国图书馆文献供应中心发表过的研讨会、大会、博览会、研究讲习会和会议资料，可通过馆际互借获取全文。此数据库以论文为主，按何人、何时、发表何论文排序，数据库每月更新两次。

Proceedings 是 PapersFirst 的关联库，提供 1993 年以来在世界各地举行的学术会议上发表的论文的目录表，是 PapersFirst 的相关库。与 PapersFirst 不同的是，此数据库以会议名称排序，如何年、何会、何人、发表何论文。该数据库每周更新两次。

网址：http://firstsearch.oclc.org/

8. 美国会议论文索引数据库　美国《会议论文索引》（CPI）由美国剑桥科学文摘社出版，1973 年创刊，是报道世界各国及国际即将召开或刚刚召开的学术会议中提交论文情况的国际性检索刊物。CPI 数据库即《会议论文索引》的网络检索平台，是《剑桥科学文摘》数据库的一个子库，收录了 1982 年以来的世界范围内会议和会议文献的信息，提供会议论文和公告会议的索引，内容涉及航天学与工程、动植物科学、生物化学、普通生物学、化学与化工、临床医学、地球科学、电子工程等领域。

网址：http://www.csa.com

9. CPCI　CPCI 是美国科学情报研究所（ISI）基于 Web of Science 的检索平台，将 ISTP（科学技术会议录索引）和 ISSHP（社会科学及人文科学会议录索引）两大会议录索引集成为 ISI Proceedings。集成之后 ISTP 分为 CPCI–S（原 ISTP）和 CPCI–SSH（原 ISSHP）。CPCI 提供会议文献的书目信息、著者摘要（1997 年以来），从 2002 年底开始提供 1999 年以来会议文献的参考文献列表，会议文献回溯到 1990 年。内容包括专著、丛书、预印本以及来源于期刊的会议论文，涉及自然科学、社会科学及人文艺术等多个学科，数据每周更新。

网址：http://isiknowledge.com/

思考题

1. 特种文献包括哪些文献类型？

2. 中国专利分几种类型？各自的保护期限是多少年？

3. 国际通用的专利分类体系是什么？根据这个分类体系，医学相关专利对应的分类号是什么？

4. 检索我国的专利文献可通过哪几个网站？

5. 会议文献检索主要检索什么？

练习题

1. 在中国标准服务网中检索有关中药检测方面的标准。

2. 在中国知网中检索有关中医护理技术操作规范的现行标准。

3. 在中国知网中检索近 10 年来针灸治疗高血压的博硕论文。

4. 在 PQDT 中检索近 5 年来药物治疗肺癌的博士论文。

第七章　　文献的积累与管理 ▷▷▷▷

文献检索的最终目的是为了借鉴、学习或者利用他人的知识信息。检出的文献越多，则从中选择可资利用的知识信息的余地就越大。文献检索的过程同时也是知识信息积累的过程。由于检出的文献并非全部对检索者有用，故在积累的过程中必须进行筛选。在编撰论著中引用他人文献虽然是文献利用的一种常见现象，但必须遵循有关的规定。

第一节　　文献的积累

文献积累前要把握一定的原则。文献积累的过程中，一般先通过阅读进行筛选，筛选时要遵循一定的要求进行鉴别，然后再运用多种记录方法加以保存。

一、文献积累的原则

为了节省时间和精力，提高积累文献的效率，一般可采用以下原则。

1. 针对性原则　积累文献应紧密结合本人的学科专业、兴趣爱好、个人特长或具体任务等来进行。研究专题或研究方向确定以后，应将学科前沿情况、研究动态、发展趋势等方面的文献作为文献积累的重点。贯彻针对性原则有利于提高文献积累的目的性，避免或减少文献积累中的盲目性。

2. 系统性原则　科学技术的继承性决定了文献积累中必须做到时间上的连续性。凡与研究课题相关的重要文献应不间断地收集，以保持其系统性与完整性。同时要注意从不同的文献类型中搜集相关资料。

3. 预见性原则　创造是对新知识的探索，带有极强的预见性。文献收集的预见性从纵的方面来说，要密切关注学科发展的动态，收集有关的新观点、新技术、新方法和新产品的文献资料，以便始终处在学科前沿，增强科研的主动性。从横向上说，要博览群书。现代科学技术的特点是交叉渗透，医务工作者要把眼光放宽、放远，要注意边缘学科的发展，在求知的过程中，不可把知识面限得太窄、太死。

二、文献积累的方法

（一）阅读

阅读是每个人在求学、深造、工作、钻研过程中获取知识、掌握信息的一个重要手段。注意阅读方法，讲究阅读技巧，能够收到事半功倍的效果。阅读是文献积累的第一步工作，有泛读、快读和精读三种方法。对检出的一批文献应先泛读筛选；对选留的文献，在逐篇文献阅读中可采用快读方法筛选要保留的内容，然后再对这些内容进行精读，以求理解吸收。

1. 泛读　泛读又称浏览或概览，是一种博览文献并了解主要内容的阅读方法。对于期刊中的文章主要是看它的标题、提要、结论或个别的数据，对于图书主要是看内容提要、前言、序跋和目录，以了解大概内容，对该文（书）的全貌有个初步的认识。泛读的目的一是了解学科的进展情况，二是以最快的速度找到自己最需要的部分，以便进一步阅读。泛读是快读的基础。

2. 快读　快读又称粗读、略读，是一种突破按字、词、句顺序阅读的习惯，以较快速度掌握其主要内容的阅读方法。快读的要领是在了解主要内容的前提下跳过不需要的部分，着重掌握其中的论点与论据。这是与解决问题密切相关、目标明确的一种阅读方法。针对具体任务和实际情况，选择有价值的资料，有的放矢地去阅读。对那些与问题无关的内容、章节一掠即过，发现重要内容则放慢速度。读到主要或关键处，则逐字逐句咀嚼，深入领会。掌握快读法的关键是要有扎实的专业知识，否则容易将重要的内容遗漏而抓不住全文的核心与精华。

3. 精读　精读是在快读的基础上进一步细读精华部分，力求做到理解、消化与吸收的一种阅读方法。精读不仅要求逐字逐句仔细阅读，对一些经典医著的精要之处还必须熟读背诵。更重要的是，要用心品味、消化，边阅读，边思考；不仅要读懂书上已有的内容，还要动脑筋，下功夫钻研，并能由此及彼地深入探索书上还没有写出的东西，从而启迪自己的思路。精读是阅读过程中最重要的一环，是深入钻研自己所需知识信息所必须采用的方法。但是精读需要花费大量的时间，故不宜范围过宽，应有重点地选择。

在精读中，对照阅读法值得推广。这种方法是把若干同类的文献中与自己研究课题有关的内容集中起来对照阅读，相互比较，取其精华部分，弃其重复部分。这样做可对某一方面的知识信息有一个比较全面的认识，对开展课题研究大有帮助。采用对照阅读法，要善于使用各种检索工具，在同类文献中要有所选择。一般宜先读近人的，后读古人的。因为近人论著中大多会包含古人论述的内容。为了提高对照阅读的效果，对照点必须具体明确，针对性要强，这样才能收到事半功倍的效果。

（二）筛选

在阅读过程中，对查到的文献要认真筛选，去粗取精，提炼浓缩，找出最重要、最有价值的内容加以反复推敲，深入钻研。文献筛选的关键是要从所积累的文献中筛选出能说明某学科领域或某专题研究的发展脉络，不同时期各种观点中具有典型代表意义的知识信息。

1. 新颖性　首先从文献发表的时间来判断。一般来说，在内容相同或相近的一组文献中，新近发表者其研究的内容应该是新的。其次，从文献的作者来判断，在某个专业或某一专题的研究中居于领先地位的单位与学科带头人，以及长期从事某一专题研究的人员，持续发表的文献都具有一定的新意。最重要的还是要从文献的内容来判断，主要看是否提出或介绍新观点、新理论、新概念、新工艺和新设计；还可从获奖的级别来判断，获得国际奖、国家级奖及省部级奖的成果，分别反映了其国际领先水平、国内先进水平和地区先进水平。

2. 可靠性 文献的可靠性主要指文献内容的真实性。一般而言，国内外知名专家、学者的文章所提供的情况比较准确；著名学府、著名科研机构和著名出版社出版的文献可靠性比较大；机密资料比公开资料的可靠性要大；技术档案、科技报告、标准文献、专利文献的内容比一般书刊的可靠性大；科技书刊记载的知识信息比科普读物可靠性大；专业研究机构编著的文献比一般社团的可靠性大。

3. 适用性 文献的适用性是指文献所提供的观点、技术、方法可资利用的程度，主要看文献中论述的理论、技术、方法是否切合自己需要，是可直接使用、参考使用还是给予启发和引导。这可以从技术、方法是处于探索阶段、研究阶段，还是应用阶段来判断。另外，从文献的读者面也可做出适用性的判断。一般来说，读者人数越多，适用范围越广，使用价值越大。

（三）积累

在文献的阅读与筛选过程中，应随时将需要的内容保留下来，保留的方法有笔记、摘要、剪贴和利用现代技术等。

1. 笔记 阅读书刊时，把自己需要的或所感兴趣的东西做摘抄、写心得、记概要等，统称记笔记。记笔记可以加深对文献内容的记忆、理解，锻炼自己的逻辑思维能力，提高写作水平，是积累资料的一种重要方式。笔记可分为五种形式。

（1）索引式笔记：在阅读过程中记下所读内容的笔记。读到对自己有用的章节时，来不及一一细读或记下来的可先抄下有关书名以及书后所附参考文献，标明出处，便于以后查找利用。

（2）引语式笔记：把原文中某些重要句子原封不动地抄下来，作为备用。抄录时必须绝对忠实于原文，不能断章取义，要注明出处，以便查考。

（3）提纲式笔记：读完全文后，对作者所论述和探讨的主要问题，按作者的思想脉络，加上自己的理解，用简洁的语言记下来。这种笔记用来记录各章节论述的主要论点、结论、医案、数据等。

（4）批注式笔记：阅读时，在自己的书刊上对重点、难点、精彩语句、疑难之处加以标记和批注，这有助于把握重点，便于分析、归纳、摘引。

（5）心得笔记：心得笔记是阅读后的心得体会，其中凝聚着自己的新认识和新见解。科学研究与科学著述是一种脑力劳动，大脑对客观事物的判断、推理与新概念的形成不是一蹴而就的，而是要经过量变到质变的过程。阅读过程中闪现的思想意识特别重要，它有可能孵化成创新思维，故应养成写心得笔记的好习惯。

2. 摘要 摘要是原著的一个缩影，是在理解原文精神实质的基础上，通过综合归纳而概括出来的。它既要体现原文的主要内容，又要层次分明，重点突出。其内容一般包括原文的论点、论据、实验结果与结论等。摘要是积累资料的一种形式，与笔记有异曲同工之处。摘要可分为四种形式。

（1）概要式摘要：对原文的中心思想、基本论点、论据和结论融会贯通后，用简练的语言重点扼要地概述。文摘类期刊上刊载的文摘与冠于论文前面的摘要均属此类。这种摘要要求高度概括，主题明确，重点突出，并要准确地反映原文的主要内容和学术观点。

（2）引语式摘要：这种摘要除了对原著的内容进行扼要概述外，还要把原文的重点语句摘录下来，将两部分内容结合在一起，形成一个整体。其中引语部分必须原文照录，加上引号，并注明出处。这种摘要常写在文摘卡片上，它是摘录者在消化吸收原著的基础上整理出来的，既有经过浓缩的语言，又保留了原作中的关键语句，因此更加真实可靠，便于日后引用。

（3）节录式摘要：是将论著中某些重要内容逐字逐句地节录出来。节录的内容应是原著的语言，一个字也不能改，标点符号也不能错。有时从大段文章中摘出自己所需的内容，中间有些内容无需抄出的可以加省略号，但应注意内容的完整性，不可断章取义。选择节录的内容须经过认真的分析思考，抄写的过程能加强记忆，加深理解，还能激发新的思维。节录出来的同类资料综合成一份较为完整的资料，还可为写文献综述或论文提供参考。

（4）综合式摘要：对许多同类资料进行比较、分析，并将每篇具有特色的内容分别摘录，然后围绕一个主题，按照一定的顺序或层次组合成一个逻辑体系。在归纳整理的过程中要去其重复，突出特点，切忌单纯堆砌资料。写综合性摘要要有自己的观点，以自己的语言为主，可穿插相应的引语。某些文献综述或专题论文中的第一部分（如历史回顾、现状描述或展望），采用的都是这种形式。

3. 剪贴或复制　阅读时，将报纸或期刊上有用的材料剪下或复制下来，并标明出处、时间，然后分门别类地辑录在一起，经过日积月累，由少到多，就可建立有参考价值的个人资料库。这也是文献积累常用的一种方法。

4. 利用现代技术　随着现代化办公设备和数字化技术的广泛应用，积累资料有了新的更方便的途径。录音、录像、复印、计算机下载与存储等手段都可加以运用。尤其应学会利用计算机进行检索、整理和积累文献资料，创建个人的数字化数据库。

积累资料要做到眼勤、手勤、脑勤。要有恒心、毅力坚持下去，才有成效。要注意捕捉那些一闪而逝的信息，及时将它们记录下来，积累起来，以资利用。收集到的资料，要经常进行加工整理，使之有序，便于对资料进行研究和利用。

第二节　文献的管理

科学研究离不开查阅文献，查阅文献之后如果不善于管理，犹如入宝山而空手归。传统的文献存储方式容易出现文献资料种类繁多、数量增加、重复下载、遗忘丢失、交叉学科资料难以归类和查找等诸多问题。传统的文献管理与利用方式越来越无法满足科研人员高效、准确、便捷地利用海量参考文献的要求。

在网络时代，信息的生产、发布、传播和获取变得越来越容易，但对个人用户而言，如何高效获取和管理已经检索到的文献信息依然是一件棘手的事情，也成为人们工作、学习中必须解决的问题。为了提高人们对电子资源的使用效率，有效管理和利用这些电子文献，文献管理类软件应运而生。利用文献管理软件能有效地对已经获取的文献信息进行组织和管理，以便在研究和著述中高效、方便、准确地利用科技文献，较好地完成文献检索和管理任务。

一、概述

（一）文献管理的必要性

个人信息管理是指人们为了高效获取、组织、维护、提取和使用信息所采取的活动。个人信息管理一词越来越多地出现在信息管理的研究中，甚至成为信息服务提供者的重要服务方向。

文献管理软件能够对文献进行检索和整理、标注引文、按格式要求生成参考文献列表，把各种途径检索出的参考文献转换成默认格式导入，统一进行管理，既可嵌入文字处理软件中使用，也可直接通过在线数据库下载文献题录进行统计分析。它是学者或作者用于记录、组织、调阅引用文献的计算机程序。一旦引用文献被记录，就可重复多次地生成文献引用目录，有效节省了研究人员的时间。

（二）文献管理软件的功能

随着文献管理软件的不断改进，其功能贯穿于个人知识管理的整个过程，即知识的获取积累、加工整合、交流共享与创新，大大提升了用户信息处理和知识吸收的效率，文献管理软件的功能主要为检索、智能管理和写作。

1. 检索 文献管理软件的检索功能有两层含义：①对外部数据库的检索和使用：用户使用文献管理软件时，可以直接检索数据库，无需进入相关网站，极大地提高了对外部数据库的使用效率。②对已经导入软件中的数据进行检索和二次使用，在已经建立的数据库中利用题名、作者、出处等字段检索特定的信息。

2. 智能管理 对收集的参考文献进行管理是参考文献管理软件的核心功能，内容包括汇集、管理已经获取的文献信息，建立个人文献数据库，保存研究需要的各种参考文献（包括期刊、书籍、专利、会议论文、毕业论文、技术资料等各种资料信息）。文献管理功能有添加、删除、编辑、排序、去重等一般性管理，也有自动分组、统计分析、形成统计图表等智能化管理。

3. 写作 为了方便用户撰写文章时插入引文和形成参考文献目录，文献管理软件自身带有插件，安装时会自动集成到 Word 等写作软件中，用户需要时能直接从参考文献数据库中搜索到指定文献，并以特定格式插入文中指定位置，无需手工输入，既节省了时间，也减少了手工输入的错误。此外，文献管理软件还在积极探索一些新的功能，以期完全实现与写作软件的无缝集成。

二、常用文献管理软件

常用的文献管理软件有 EndNote、Reference Manager、ProCite、Research Information Manager、Refworks、RefViz 等；对中文文献管理支持较好的包括 NoteExpress、文献之星、Paperworks、医学文献王等；网络版的应用软件有 EndNote Online、Refwork 等。

（一）NoteExpress

1. 功能特点　NoteExpress（NE）是北京爱琴海软件公司于 2005 年开发的完全支持中文的专业文献检索与管理系统，可从官方主页（http://www.inoteexpress.com/aegean/）免费下载。NE 对中文文献管理支持较好，可以进行中国知网、重庆维普资讯、万方数据知识服务平台等中文期刊数据库的在线检索和题录导入。NE 的核心功能主要有题录、采集、管理、使用和笔记等，能够通过各种途径自动高效地在本地或互联网搜索信息，为用户提供信息的导入过滤和全文下载。用户使用微软 Office Word 或金山 WPS 撰写科研论文时，利用内置的写作插件可以实现边写作边引用参考文献。可以采取附件的方式保存参考文献的全文及相关资源，并将题录、笔记和附件关联成一个整体，形成个人的知识管理系统，能够提高研究者的文献管理水平和效率。

2. 页面介绍　NE 的页面由工具栏、菜单栏、数据库组织树形目录、表头栏和题录详细信息五大板块组成（图 7-1）。工具栏包括文件、文件夹、题录、检索、工具和帮助。菜单栏包括在线检索、导入全文、查重、数据库、智能更新、引用、标签标记、下载、选项和软件内检索框。数据库组织树形目录包括保存的题录文件夹、笔记、检索记录、组织和回收站。表头栏包括作者、标题、来源、关键词等信息（表头栏可以自定义显示内容）。题录详细信息包括题录信息的细节、综述（摘要）、附件（网络连接或全文）、笔记和位置。

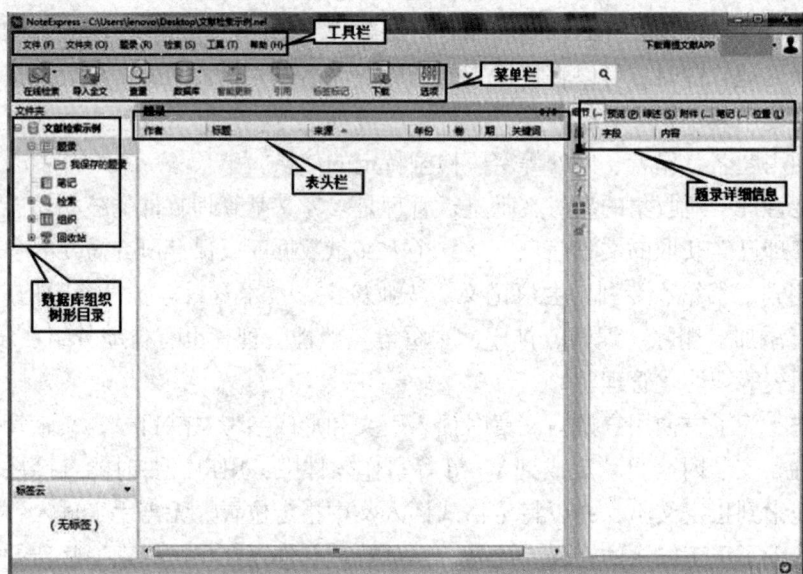

图 7-1　NoteExpress 主页

3. 建立文献数据库 点击文件菜单选择"新建数据库",选择保存位置,设定"添加附件",即可新建并命名一个新的文献数据库,并生成对应的后缀为".nel"的数据库文件。

(1)导入文献题录信息:NE 提供四种导入文献题录信息的方式,以建立新的文献题录数据库。

①在线检索导入:直接以 NoteExpress 作为网关,通过"选择在线数据库"功能进行检索,选择多线程下载方式下载,无需选择过滤器,无需登录数据库网站,方便快捷导入题录。以 CNKI 中国知网为例,在 NE 菜单栏点击"在线检索",选择 CNKI 中国知网。在弹出来的检索框中输入检索式,点击"开始检索"。在检索结果中勾选所需要导出的题录,然后点击"保存勾选的题录",把勾选的题录保存在指定的文件夹之后就可以使用了(图 7-2)。

图 7-2 NoteExpress 在线检索界面

②过滤器导入:即网上数据库导入。因为数据库不同,检索结果格式也不同,导入 NE 后,若要以相同的格式显示,需通过"工具"→"过滤器"→"过滤器管理器"进而选择与之相应的过滤器才能将文献信息导入数据库当中。用户在中国知网、重庆维普资讯、万方数据知识服务平台中进行检索,在导出结果页面选择导出 NoteExpress 格式,在 NE 中导入题录的时候,选择默认的 NoteExpress 过滤器即可。在导入中国生物医学文献服务系统(SinoMed)、PubMed 等数据库的检索结果时,要根据数据库的名称选择不同的过滤器。以 PubMed 为例,导入题录时,在过滤器的下拉菜单中选择

PubMed，点击"开始导入"，即可完成题录信息的导入（图7-3）。

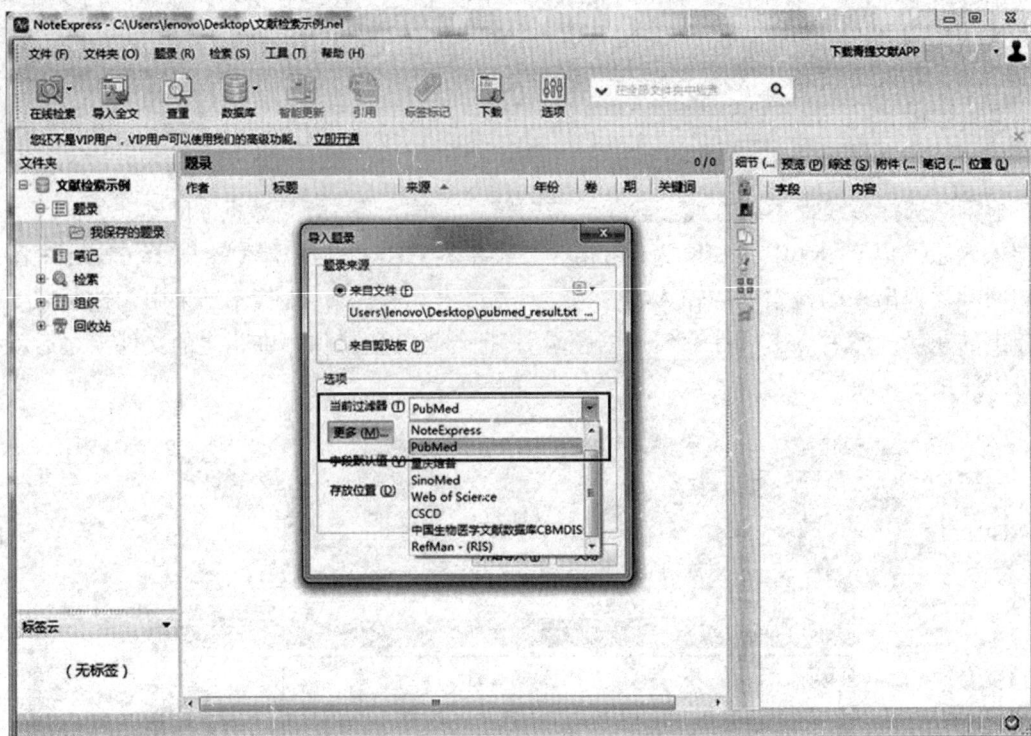

图 7-3　NoteExpress 导入题录界面

③手工录入：编辑题录时，对关键词、作者等字段，软件会自动查找数据库中相应字段的内容进行提示，以保证录入的准确性和高效性。需要注意的是，作者的输入格式为：姓名1；姓名2；……多个姓名之间用英文分号加空格隔开，或者作者姓名之间直接转行，中文作者的姓与名之间不留空格（图7-4）。

（2）导入全文：导入全文的功能可以实现用 NE 自动生成题录、管理大量全文并将全文作为附件，实现文献管理的基本功能。NE 能一次导入多个文件，根据目录结构在数据库中自动建立对应的文件夹结构等。对已经导入的题录，可以在附件信息处右击鼠标，点击添加文件，导入相应的全文。

（3）在线更新：导入全文时，自动生成的题录只有题录类型以及标题等简单的信息。在线更新题录作为"导入文件为题录"功能的补充，弥补了"导入文件"信息有限的缺陷，可将导入全文生成的简单题录更新为需要的详细题录。在线更新题录有手动更新（用于更新某一条选择的题录）和自动更新（用于同时更新多条题录，检索结果候选题录在列表中显示），可以通过菜单"检索"→"在线更新题录"实现。

4. 管理文献数据　建立了个人文献数据库后可通过 NE 提供的各种管理模块，高效地管理和利用文献题录信息，为进一步的研究设计或文章撰写等服务。数据库管理功能主要有以下操作。

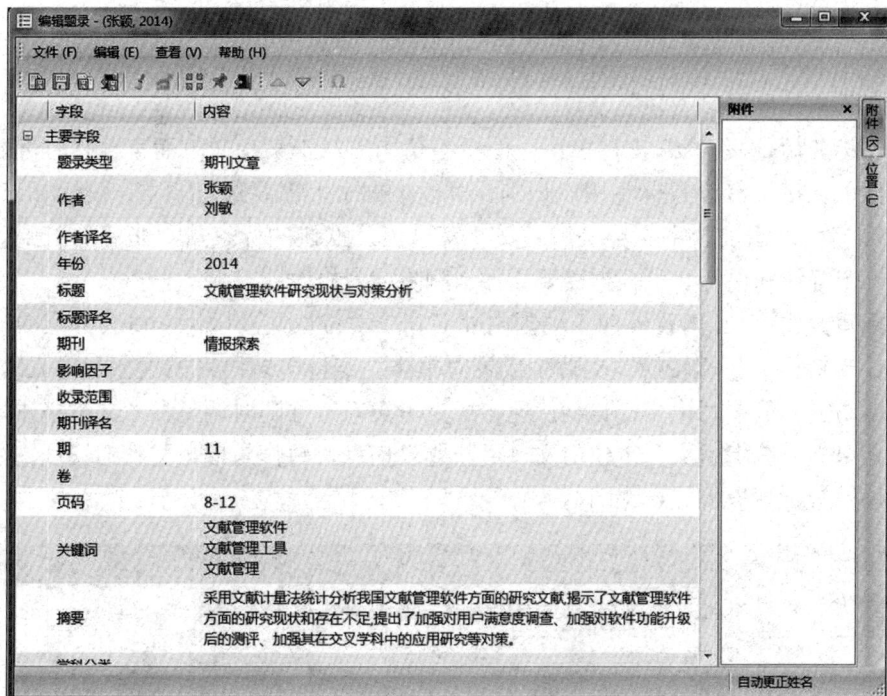

图 7-4 NoteExpress 编辑题录界面

（1）查重：NE 数据库在题录导入时或几个小数据库合并时，都会出现重复题录，可以通过菜单"检索"→"查找重复题录"方便快捷地查找并删除重复题录。

（2）多文件文件夹：NE 在同一数据库下可以有不同的文件夹，可将文献进行分类整理。即在数据盘下建立多个文件夹，管理方法类似于资源管理器。通过文件夹树形结构能够清晰地看到文件夹之间的关系，根据需求，用户可方便地建立、删除和转移文件夹。虚拟文件夹为多学科交叉的科研提供了解决办法，同一条文献可以属于多个文件夹，但数据库中只保存一条。修改任何文件夹中的该条题录，其他文件夹也会同时修改；删除其中一个文件夹下的这条题录，其他文件夹则仍然存在。只有将最后一条题录删除，这条题录才会彻底从数据库中删除。

（3）全文下载：在有下载权限的前提下，NE 可对需下载的文献选择部分或全部直接下载对应题录的 PDF 全文并保存。

（4）添加附件：NE 支持 PDF、Word、CAJ、图片、Excel 等任意类型的附件格式，也可添加多个附件。文献题录信息与全文信息关联在一起，添加全文附件的题录，在"题录相关信息命令"栏会出现回形针标志，点击后即可迅速打开附件。

如已指定附件文件存放的附件文件夹位置，则在为题录新增文件型附件时，软件会自动将文件复制或移动到附件文件夹下与该题录在数据库中的文件夹对应的目录层次中。如对某文件夹下的多个文献添加附件，使用 NE 的"批量链接附件"功能，选择全文位置、文献信息与文件名匹配程度等，即可批量链接附件到题录。

（5）附件显示：NE 能够直接从题录列表的"附件"中看到每个题录的附件情况，

当该题录关联多项不同类型的附件时，在题录列表栏中"附件"会自动显示不同颜色的小方块，左上角红色提示关联附件；右上角紫色提示关联笔记；左下角黄色提示关联文件夹；右下角棕色提示关联题录。

（6）标签的作用：NE 支持标识，即标签功能，对于某一文献而言，有时可能会对其重要性、关键词等设置标签用以识别，可以根据个人需要进行调整，设置标识名称。自定义标签可以添加汉字、英文、日文、符号等，默认的标签从"非常低"到"非常高"有五个等级和星标，可根据需要添加、删除或者修改。

5. 撰写论文　NE 内置近四千种国内外期刊、学位论文及国家、协会标准的参考文献格式，支持格式一键转换，支持生成校对报告，支持多国语言模板，支持双语输出。可以帮助研究人员撰写论文，自动快速生成参考文献，并随时调整参考文献格式。可以实现插入引文、编辑引文、定位引文、更新题录信息等写作与参考文献的管理，还可以使用手稿模板撰写投稿文章（图 7-5）。

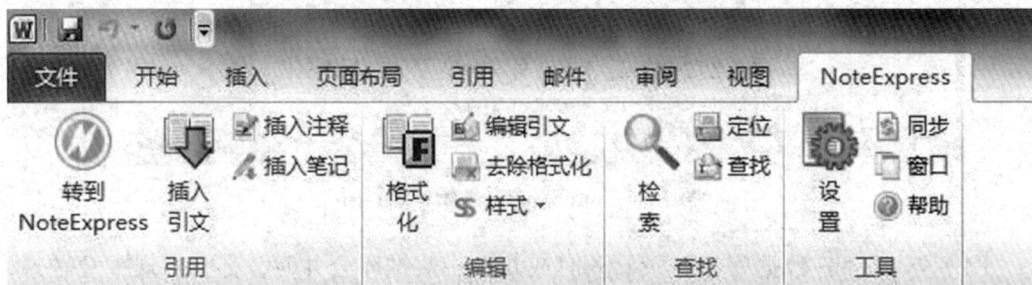

图 7-5　NoteExpress 在 Word 中的嵌入插件界面

（1）插入引文：将光标移至需要插入引文的位置，切换到 NE，选择主程序中的题录，点击插入引文按钮，插入到 Word 中，则生成当前输出样式的文中引文格式。在 Word 的 NE 插件菜单中，点击"样式"可以选择不同标准的参考文献格式。

（2）编辑引文：对插入的引文进行修改、删除、更新题录以及调整题录顺序等编辑，编辑后需重新对参考文献进行格式化。

（3）定位引文：NE 具有引文定位和跳转功能，可以在一篇题录的引文和尾注 / 脚注之间进行直接跳转。

（4）更新题录信息：对已经插入到 Word 中的引文题录，如果在 NE 主程序中进行过修改，只要点击该按钮，文中引文及参考文献索引将同步更新。

（二）EndNote

1. 功能特点　EndNote（EN）是 Clarivate Analytics 旗下的专业文献检索与管理系统，有软件版本和 Web 版本两种。EN 功能强大，可以在成千上万个数据库中进行在线检索和导入题录，导出的参考文献格式多达 6000 种，能在不同的设备上如电脑、网页云端和 iPad 上进行同步管理，并能通过网络与团队成员共享数据。

EN 除了支持在线检索、导入题录、导出参考文献、管理文献、PDF 阅读和笔记等核心功能，还支持在题录后附 PDF、音频、视频或其他任何类型的文件等特色功能。需要注意的是，EN 是 Clarivate Analytics 旗下的英文软件，也是 Web of Knowledge 的官方软件，这就意味着通过 EN 搜索出来的外文文献质量较高，有大量的 SCI 收录的文献。另外，EN 暂不支持中文文献的在线检索。也就是说，通过 EN 在中国知网、重庆维普资讯和万方数据知识服务平台等中文期刊数据库中不能实现在线检索，但并不影响从这些数据库和本地文件夹中导入中文题录和实现中文文献的管理。

2. 菜单介绍

（1）File 菜单项：包括文献题录数据的导入、导出，数据库文件的新建、打开、保存、分享、打印、关闭等功能。

（2）Edit 菜单项：包括撤销、剪切、复制、粘贴、清除、全选、调整字体和其大小、样式等操作，以及导出参考文献格式、导入过滤器、链接文件和参数的设置。

（3）References 菜单项：包括对题录的新建、编辑、删除和其他各种管理功能。

（4）Groups 菜单项：包括新建、重命名、编辑、删除群组和新建智能群组、隐藏／显示群组栏等功能。

（5）Tools、Window 和 Help 分别是工具、视图和帮助菜单项。

3. 建立文献数据库 点击 File 菜单，选择 NEW，新建数据库，选择保存位置，即可新建并命名一个新的文献数据库，生成对应的后缀为 .nel 的数据库文件。

（1）导入文献题录信息：EN 提供四种导入文献题录信息的方式。

①PDF 导入：从本地文件夹中直接导入 PDF 格式的文件即可获取题录信息。步骤：File → Import 选中 File 导入单个文件→ Choose 选中需要导入的 PDF 文件→ Import Option 选择 PDF → Import。其原理是 EN 识别文献的 doi 编码，没有 doi 编码的文献无法正确导入，因此不是所有的 PDF 文件均可导入，部分中文文献也不能正确识别。

②过滤器导入：从网络数据库直接导入检索结果即可获取题录信息。步骤：访问网络数据库并进行检索→勾选所需文献，保存题录信息→ File → Import 选中 File → choose 选中需要导入的文件→ Import Option 选择相对应的过滤器→ Text Translation 选择相对应的译码→ Import。中国知网、维普、万方数据库和谷歌学术都可以直接导出 EndNote 格式的题录信息，EN 过滤器选择"EndNote Import"即可导入。在 PubMed 数据库中选中要保存的记录，Send to → Choose Destination 选中 Citation Manager → Create File，即可导出一个名为 citations.nbib 的题录文件。EN 过滤器中 Other filters 搜索，选中 PubMed（NLM）即可导入。需要注意的是，维普数据库的题录 Text Translation 需要选择 Chinese simplified（GB2312）。

③在线检索导入：直接以 EN 作为网关通过在线检索快捷导入题录信息。步骤：Tools → Online Search →选择数据库→在表单式检索框内输入关键词，限定检索条件，并可实现布尔逻辑检索→ Search →选择需要的检索记录→ OK。这种导入方式无需选择过滤器，无需登录网络数据库，更加方便快捷，题录信息更准确。

④手工录入：从 References 菜单栏选择 New Reference，即可逐行输入作者、年、题名、刊名、卷、期、页码、关键词、文摘，新建题录信息。

（2）导入全文：导入 PDF 全文除了可以获取题录信息外，还能将文件作为附件，实现文献管理的基本功能。File 菜单栏下 Import 选中 Folder 则可导入整个文件夹内的 PDF 文件。根据本地文件夹目录结构，在数据库中可自动建立对应的群组结构，导入时勾选 Include files in subfolders 即可。在导入的时候还可以选择建立相应的群组。

（3）在线更新：导入全文时，自动生成的题录有时仅包含标题、作者等简单信息，通过在线更新题录可更新为需要的详细题录。在题录信息上点击右键，选择 Find Reference Updates 即可在线更新。

3. 管理文献数据库 科研人员可通过 EN 提供的管理模块对文献题录信息进行管理和利用，主要包括六种操作。

（1）查重：EN 文献数据库在题录导入或合并子数据库时会出现重复题录，可通过 References → Find Duplicates 查找并删除重复题录。

（2）群组：EN 可以在一个数据库下建立多个群组，并根据需求建立、删除和转移群组。智能群组是 EN 的特色功能，通过 Groups → Create Smart Group → 输入智能分组的条件并创建即可实现。

（3）全文下载：EN 可对有下载权限的文献进行直接下载，或者提供可供下载的 URL 链接。在题录信息上鼠标左键选中，再点右键 Find Full Text 即可。

（4）添加附件：EN 可添加多个附件，支持 Excel、Word、PDF、图片、音频、视频或其他任何类型的文件。点击编辑预览窗口的回形针标识即可添加，在该窗口 Reference 页面，往下拖到 File Attachments 处可直接双击打开。

（5）排序：直接点击题录列表上方的 Author、Year、Title、Rating、Journal、Last Updated、Reference Type 即可进行排序。

（6）简单分析工具：EN 可对题录信息进行简单的统计分析，从 Tools 菜单栏点击 Subject Bibliography 选择如从作者、出版社、时间等需要分析的项目，得到分析结果数目后点击 OK 即可查看聚类的题录信息。

4. 撰写论文 EN 内置了六千多种国外学术期刊、学位论文的国际规范格式，可以帮助科研人员撰写论文，自动快速生成参考文献，并随时调整参考文献格式，同时可以实现在 Word 中插入引文。在 File 菜单栏选择 Export 即可导出默认格式的参考文献。通过 Edit → Output Styles 可选择常用格式或新建格式。

（四）其他文献管理软件

1. Reference Manager（RM） 这是专门用来管理书目参考文献的数据库程序，任何需要收集参考文献来做研究或是写论文、书目的人都可以利用它管理文献、数据。每个数据库可以容纳超过 6.5 万笔数据，可以用作者、期刊、关键词和出版年份等查询，所产生的参考书目可以与大部分文字处理软件兼容，并提供百余种参考书目格式，便于快速从草稿中按事先设置好的格式，格式化出论文引用文献和参考书目。

2. RefWorks 这是一个基于网络的文献管理软件。它可以在撰写论文时自动加入引文，创建多种格式的书目，可从多种数据源导入参考文献，创建不同文档格式的书目，如 Word、RTF、HTML 等。基于网络的设计，意味着无需下载软件或进行软件升级便可从任何一台接入互联网的计算机访问个人账户，简化了在论文中建立参考文献的过程。

练习题

1. 下载 NoteExpress（地址：http://www.noteexpress.com/aegean/），注册成为免费版用户。

2. 新建一个个人文献数据库，以自己的名字命名。

3. 从万方或维普下载与本专业相关的文献全文，并保存到电脑，然后尝试导入全文到 NE 中。

4. 利用 NE 中数据库 CNKI、万方、维普检索平台检索与专业相关的文献，并导入部分题录信息。

5. 在 word 或者 WPS 中尝试插入几篇参考文献，选择不同的参考文献格式。

第八章　文献的合理使用与学术论文撰写 ▷▷▷▷

第一节　文献的合理使用

　　文献的合理使用是指在特定条件下，允许个人和特定组织在未经版权人许可的情况下无偿使用版权作品的法律规范，属于知识产权范畴。因此，在实际工作中我们应注意知识产权保护问题，做到既能避免侵权纠纷，又能合理利用信息资源。

一、概述

（一）学术诚信

　　学术诚信是指与学术相关活动中的诚信，是学术研究、创新、交流、发展的首要和基本要求。学术诚信是通过学术研究的过程和成果呈现得以体现的，是人类在学术活动中诚实正直和学术道德的具体体现。作为科学研究者有必要时常告诫自己坚守最基本的学术道德，以公开、真诚、负责任的方式进行学术活动，主动了解和遵守相应的学术规范，并以此指导自己的学术研究，对自己的学术行为负责。

　　加强学术道德建设，营造良好的科研氛围和制度环境，明确学术规范，严肃学术纪律，强化学术监督，严惩学术不端，保护知识产权，弘扬科学精神，鼓励科研创新，崇尚诚实劳动，是实现创新人才培养、提升创新能力、建设创新型国家的前提。

（二）学术规范

　　学术规范是人们在长期的学术实践活动中逐步形成的被学术界公认的一些行为规则，是以学术道德为基础，以学术活动为对象，强调学术活动中尊重知识产权和学术伦理，严禁抄袭剽窃，充分理解、尊重前人和今人已有的学术成果，并通过引证、注释等形式加以明确说明，从而在有序的学术对话、学术积累中加以创新。

　　在我国，学术规范主要体现在学术道德上，2004 年 8 月 16 日，教育部印发的《高等学校哲学社会科学研究学术规范（试行）》，对学术规范提出了五点要求。

1. 学术基本规范

　　（1）高校哲学社会科学研究应以马克思列宁主义、毛泽东思想、邓小平理论、"三个代表"、科学发展观和习近平新时代中国特色社会主义思想为指导，遵循解放思想、实事求是、与时俱进的思想路线，贯彻"百花齐放、百家争鸣"的方针，不断推动学术进步。

（2）高校哲学社会科学研究工作者应以推动社会主义物质文明、政治文明和精神文明建设为己任，具有强烈的历史使命感和社会责任感，勇于学术创新，努力创造先进文化，积极弘扬科学精神、人文精神与民族精神。

（3）高校哲学社会科学研究工作者应遵守《中华人民共和国著作权法》《中华人民共和国专利法》《中华人民共和国国家通用语言文字法》等相关法律、法规。

（4）高校哲学社会科学研究工作者应模范遵守学术道德。

2. 学术引文规范

（1）引文应以原始文献和第一手资料为原则。凡引用他人观点、方案、资料、数据等，无论曾否发表，无论是纸质或电子版，均应详加注释。凡转引文献资料，应如实说明。

（2）学术论著应合理使用引文。对已有学术成果的介绍、评论、引用和注释，应力求客观、公允、准确，伪注、伪造、篡改文献和数据等均属学术不端行为。

3. 学术成果规范

（1）不得以任何方式抄袭、剽窃或侵吞他人学术成果。

（2）应注重学术质量，反对粗制滥造和低水平重复，避免片面追求数量的倾向。

（3）应充分尊重和借鉴已有的学术成果，注重调查研究，在全面掌握相关研究资料和学术信息的基础上，精心设计研究方案，讲究科学方法，力求论证缜密，表达准确。

（4）学术成果文本应规范使用中国语言文字、标点符号、数字及外国语言文字。

（5）学术成果不应重复发表。另有约定再次发表时，应注明出处。

（6）学术成果的署名应实事求是。署名者应对该项成果承担相应的学术责任、道义责任和法律责任。

（7）凡接受合法资助的研究项目，其最终成果应与资助申请和立项通知相一致；若需修改，应事先与资助方协商，并征得其同意。

（8）研究成果发表时，应以适当方式向提供过指导、建议、帮助或资助的个人或机构致谢。

4. 学术评价规范

（1）学术评价应坚持客观、公正、公开的原则。

（2）学术评价应以学术价值或社会效益为基本标准。对基础研究成果的评价，应以学术积累和学术创新为主要尺度；对应用研究成果的评价，应注重其社会效益或经济效益。

（3）学术评价机构应坚持程序公正、标准合理，采用同行专家评审制，实行回避制度、民主表决制度，建立结果公示和意见反馈机制。

评审意见应措辞严谨、准确，慎用"原创""首创""首次""国内领先""国际领先""世界水平""填补重大空白""重大突破"等词语。

评价机构和评审专家应对其评价意见负责，并对评议过程保密，对不当评价、虚假评价、泄密、披露不实信息或恶意中伤等造成的后果承担相应责任。

（4）被评价者不得干扰评价过程。否则，应对其不正当行为引发的一切后果负责。

5. 学术批评规范

（1）应大力倡导学术批评，积极推进不同学术观点之间的自由讨论、相互交流与学术争鸣。

（2）学术批评应该以学术为中心，以文本为依据，以理服人。批评者应正当行使学术批评的权利，并承担相应的责任。被批评者有反批评的权利，但不得对批评者压制或报复。

（三）学术不端行为

学术不端行为是指在科学研究和学术活动中的各种造假、抄袭、剽窃和其他违背科学共同体（即为遵守同一科学规范的科学家所组成的群体）惯例的行为。违反学术规范的行为包括学术失范（是指在学术研究过程中出现的有意或无意违反或偏离学术研究行为规则的现象）、学术不端（是指在申请课题、实施研究和报告结果的过程中出现的伪造、篡改或抄袭行为）、学术腐败（是指在与学术有关的行为中利用权力、地位和金钱等谋取不正当的利益）等。三者都是违反基本的学术道德和学术规范的行为，有时也统称为"学术不端行为"。

近年来，我国的学术不端行为案例日益增多，尤其是教育部门尤为突出，全国多所高校相继卷入学术造假事件。教育部于 2009 年 3 月 19 日下发了《关于严肃处理高等学校学术不端行为的通知》，2016 年 9 月 1 日正式实施《高等学校预防与处理学术不端行为办法》（以下简称《办法》）。这是教育部第一次以部门规章的形式对高等学校预防与处理学术不端行为做出规定。该《办法》依据新修订的《高等教育法》，对预防与处理学术不端行为的工作机制、工作原则、预防措施、学术不端行为的类型，以及学术不端案件的受理、调查、认定、处理与监督等进行了规定，提出了许多重要举措。该《办法》提出，学术不端行为包括：①剽窃、抄袭、侵占他人学术成果。②篡改他人研究成果。③伪造科研数据、资料、文献、注释，或者捏造事实、编造虚假研究成果。④未参加研究或创作而在研究成果、学术论文上署名，未经他人许可而不当使用他人署名，虚构合作者共同署名，或者多人共同完成研究而在成果中未注明他人工作、贡献。⑤在申报课题、成果、奖励和职务评审评定、申请学位等过程中提供虚假学术信息。⑥买卖论文、由他人代写或为他人代写论文。⑦其他根据高等学校或者有关学术组织、相关科研管理机构制定的规则。

二、如何合理使用文献

要做到学术诚信，就要合理使用文献和了解引用规范。

（一）合理使用文献

《著作权法》的立法原则，除首先保护著作权人的利益外，还要维护作品传播者和使用者的权益，以利于科学文化的传播、传承和创新。为了平衡三者之间的权益，《著作权法》规定，在一定条件下，对著作权人享有的专有使用权要进行适当的限制，其中"合理使用"就是这样一种制度。合理使用文献就是在一定条件下使用受著作权保护的作品，可以不经著作权人的许可，也不必向其支付报酬。《中华人民共和国著作权法实施条例》第二十七条规定：为介绍、评论某一作品或者说明某一问题，在作品中适当引用他人已经发表的作品，可以不经著作权人许可，不向其支付报酬，但应当指明作者姓名、作品名称，并且不得侵犯著作权人依照该法享有的其他权利，所引用部分不能构成引用人作品的主要部分或者实质部分。

（二）了解引用规范

要合理使用文献必须了解引用规范。2011 年 6 月 20 日教育部科技发展中心修订的《中国科技论文在线学术监督管理办法》提出了引用规范的标准。

1. 参考文献是指为撰写或编辑论著而引用的有关资料，包括正式发表或已接收待发表的纸印本文献、电子印本文献和网络文献。非公开发表的文献不宜作为参考文献，可紧跟在引用内容之后进行注释。不可公开的内部资料不能作为参考文献，也不能作为注释列出。

2. 作者必须亲自认真阅读所引参考文献全文，且所引参考文献应与所撰写论文密切相关。引用时要忠实于原文，不可肆意更改或断章取义。引用他人研究成果，包括观点、数据、公式、表格、图片、程序、结论等，必须注明原始文献出处，所有参考文献应该在文后按参考文献标注规范全部详实列出，参考文献著录格式要完备，类型标识要正确，避免遗漏和错误。

3. 引用的内容不能成为作者论文的主要部分或实质部分，引用待发表文献须征得著作权人（作者等）的同意，并行标引。自引文献比例不宜过高。

4. 网络发表论文，作为科技论文发表的一种新形式，是受《著作权法》保护的，可引用参考文献。网络文献要求论文内容真实可信，文献出处明确，文献来源单位真实，具有权威性，包括官方数据库、权威学术网站、电子期刊上正式发表的文章、纸质期刊或图书的电子版、政府机构网站等。

5. 引用网络文献须著录网络发表日期和首发此网络文献的平台中指向具体文献的URL 地址。网络文献已分配有唯一数字标识符（DOI）的须同时给出 DOI 码。

6. 网络文献须能被他人获取并可以查证及使用，不得随意或不实书写引文来源，不得将无授权的二级转载网页地址作为引文来源，不得随意删减必要的著录要件。

第二节　学术论文的撰写

一、概述

（一）定义

《科学技术报告、学位论文和学术论文的编写格式》（中华人民共和国国家标准 UDC.001.81，GB7713-87 号文）给学术论文下的定义是：学术论文是某一学术课题在实验性、理论性或观测性上具有新的科学研究成果或创新见解和知识的科学记录；或是某种已知原理应用于实际中取得新进展的科学总结，用以提供学术会议宣读、交流或讨论；或在学术刊物上发表；或做其他用途的书面文件。

学术论文在现今的科技信息时代至关重要。首先，撰写学术论文是科学发展的需要。科学的发展离不了科技的创新，而这些科技创新成果以文字的形式记录下来，起到了传递和交流学术信息的作用，有助于繁荣科学事业，促进技术进步；其次，有些学术论文可转化成商品或生产力，会受到生产企业、新药研制开发等单位的重视，可以推动经济发展；第三，学术论文是科技信息的存储，不受时间和空间的限制，不断的积累，可以为全人类共享。现阶段，学术论文水平的高低，是衡量一个人或单位的科研水平的重要标志。

（二）分类

学术论文涉及各个专业和领域，种类繁多，根据写作目的不同，可分为专题研究论文、学位论文和研究报告三类。

1. 专题研究论文　专题研究论文是各学科领域中专业人员对自己所从事的领域进行科学研究而撰写的专业论文，是最常见的学术论文形式，可以发表在各种专业刊物或报纸上，或在各种学术会议上宣读、交流或讨论。这类论文反映了各学科领域中的最新学术水平。

2. 学位论文　学位论文是作者为申请学位而提交的学术论文，为了申请授予相应学位所撰写的毕业论文。包括学士论文、硕士论文和博士论文。

3. 研究报告　研究报告是指学术研究的成果报道和研究过程的记录，一般由科研机构提供。主要提供给各级科研管理部门，作为科研验收、成果鉴定和申报奖项的主要材料，可以作为内部使用，也可公开发表在学术期刊上。

（三）学位论文与研究论文的区别

1. 目的不同　研究论文的主要目的是学术交流，介绍对某一问题的研究及结果。学位论文是评价学生的培养是否符合要求的重要依据，在一定程度上决定了大学生能否通过答辩并取得学位。学位论文如何达标，关键要看所提供的证据是否完整。学位论文能够反映科研训练过程的要求与实施，与杂志发表的研究论文不完全一样。

2. 内容不同 研究论文的内容通常围绕所研究的问题，简单明了。学位论文的内容较多，除研究外，还有与研究内容相关的综述。综述和研究是学位论文的核心内容。其中，综述能够体现学生的文献检索、信息提取和归纳总结能力。学位论文需按相关的模板进行撰写，每个部分都必须保留，以保证其完整性。

3. 篇幅不同 杂志发表的研究论文内容集中，篇幅较短，有一定字数限制。学位论文相对较长，对字数没有严格限制，要求能够展现科研训练的全过程，尽可能详细，相关研究也要写清楚。

4. 参考文献数量不同 杂志发表的研究论文对参考文献的数量有一定的要求，多要求引用近 5 年内的文献，以反映研究的最新进展和学术观点。学位论文既有综述又有研究，对参考文献的数量没有限制，少则几十条，多则上百条。除要标注近期文献，往年文献及古代文献均需标注。

二、专题研究论文的撰写

（一）步骤

论文写作要求实事求是，论点明确，文辞精练，图表清晰，数据准确，逻辑性强，论据充分，层次分明，图表设计规范等。

1. 确定选题 选题是研究论文写作的起点，选题是否恰当，直接关系到论文的质量。选题应遵循价值性、可行性、合理性和创造性原则。论文题目可大可小，大到一个领域、一个学科，小到一种疾病、一个方法、一个理论。

2. 收集、整理

（1）材料的收集：选题确定后要收集与之有关的文献，越全越好，充分利用检索工具，尽可能全面地获取原始文献。材料收集时需考虑几个方面：①历史脉络。即问题的由来，目前的研究现状，未来的发展方向。②前人的学术贡献。要尊重历史，尊重前人的贡献，以开拓新的研究领域。③前人研究的问题，为自己的研究找到突破口。要反复阅读、比较和分析前人的既有研究，注意发现问题，弥补前人的不足，在此基础上寻找新的研究点。

（2）材料的整理：①选择有代表性的文献，即在权威刊物上发表的论文和权威论著，因为其能反映学术发展的状况。②选择权威专家、学者的论文，或是学术界活跃作者的论文、论著。其能反映学术发展的基本态势。③选择研究的视角梳理文献，可借助文献管理软件对文献进行整理，选择典型性、科学性和可靠性大的文献，缩小范围。从某种程度上讲，文献的质量高低直接影响学术论文的水平。

3. 拟定提纲 提纲是对论文结构的初步安排，是论文的骨架。拟定提纲有助于厘清思路，安排材料，形成结构。拟定提纲时要考虑论文各部分之间的逻辑关系，如分几部分、什么顺序。写出主题句，确定中心论点。列出各级标题，尽可能细，做到条理清晰，层次分明。

4. 撰写成文

（1）撰写初稿：紧紧围绕主题，按照提纲撰写，尽可能一气呵成，以使思维连贯。注意上下文之间的衔接、转换，论文前后的照应，做到层次清楚，重点突出，语句通顺，用词准确。初稿形成的过程是认识不断深化的过程，是论文基本成型的过程，也是对提纲进行检验的过程。

（2）修改、定稿："文章不厌改，佳作出苦心"。这是研究的一种态度。初稿的形成只能说完成了一半的任务，尚需不断完善。比如，总体结构是否合乎逻辑；语言表述是否合乎规范；所引文献是否为一次文献；数据是否真实可信等。前人有言："善作不如善改。"好的论文无一不是改出来的。

（二）基本格式

中国国家标准化管理委员颁布了《科学技术报告、学位论文和学术论文的编写格式》（GB 7713-87）和《文后参考文献著录规则》（GB/T 7714-2005），使论文的写作格式趋向标准化。根据规定，论文主要由前置部分和主体部分构成，有的论文有附录部分。前置部分包含题目、署名、摘要、关键词等项；主体部分包含引言、正文、结论、致谢、参考文献等项。由于内容和体裁不同，格式也不尽相同。

1. 题名　以最恰当、最简明的词语反映论文中最重要的特定内容的逻辑组合。确定题名要注意几点。

（1）题名应当精炼、简洁，恰当、简明地反映论题的内容，使读者对写作意图一目了然。

（2）核心概念最好一个，不宜超过两个。概念太多会冲淡实质内容。

（3）表达精准，避免模糊不清。中文题名以不超过 20 个字、外文题名以不超过 10 个实词为宜，题名偏长可用副标题补充。

（4）避免使用不常见的缩略词、首字母缩写字、字符、代号和公式等。

2. 署名　公开发表的论文要签署作者的姓名和工作单位，表明科研成果的归属，同时对论文负有学术责任和法律责任。署名分个人署名和集体署名，集体署名按实际贡献大小排列名次，原则上是直接参加全部或主要部分研究且做出主要贡献的人。

署名一般写在题名之下，用括号标明作者单位全称、单位所在省份和城市、邮政编码。多位作者（一般不超过 6 个），各姓名间用逗号隔开。

很多期刊要求提供作者简介，包括性别、出生年月、职称、职务、最高学位、从事专业和研究方向等。

3. 摘要　摘要具有检索和报道文献的作用，是不加注释和评论的简短陈述。摘要一般包括要解决的问题、采用的研究手段、实验结果和得到的结论等，是论文内容的高度浓缩，要求简练、准确、完整。

（1）中文摘要以 200 ～ 300 字为宜，外文摘要不宜超过 250 个实词。如遇特殊需要字数可略多。

（2）摘要中一般不采用图、表、化学结构式、非公知公用的符号和术语。

（3）很多论文需提供外文摘要，外文摘要与外文摘要需互相对应。

4. 关键词　关键词是用以表示全文主题内容的单词或术语。关键词通常为 3 ~ 8 个，排在摘要下方。中文关键词尽量使用《汉语主题词表》等提供的规范词。与中文对应的英文关键词尽量使用《MeSH》词表中的词。

5. 引言　引言（或绪论）是简要说明研究工作的目的、范围、相关领域内前人的工作、水平、理论基础和分析、研究设想、研究方法和实验设计、预期结果和意义等，起提纲挈领和引导阅读的作用。引言要言简意赅，不要与摘要雷同，不要成为摘要的注释。

6. 正文　正文是论文的核心部分，占主要篇幅，可以包括调查对象、实验和观测方法、仪器设备、材料原料、实验和观测结果、计算方法和编程原理、数据资料、经过加工整理的图表、形成的论点和导出的结论等。因研究工作涉及的学科、选题、研究方法、工作进程、结果表达方式等有很大差异，故正文内容没有统一规定，但是必须实事求是，客观真切，准确完备，合乎逻辑，层次分明，简练可读。

7. 结论　结论是论文最终、总体的总结，内容包括主要解决了什么问题，或前人研究存在的不足之处，或本研究存在的问题及进一步研究设想。结论不是正文各段小结的简单重复，用语要明确和精练。如果不可能导出应有的结论，也可以没有结论而进行必要的讨论，如提出建议、研究设想、改进意见、尚待解决的问题等。慎用"国内首创""第一次发现"等词语。

8. 致谢　是作者向课题研究中给予人力、物力、财力和技术指导，提供文献资料帮助和做过贡献的单位、个人所表示的感谢和敬意。致谢并非每篇论文所必备，之前要征求被致谢人的意见。

9. 参考文献　参考文献是论文撰写过程中所引用的重要文章和著作，是论文不可或缺的部分。参考文献的意义在于：一是尊重被征引者的劳动成果，保护知识产权；二是为综述提供理论和事实依据，提高综述的可信性；三是为读者提供查找原始文献的线索。参考文献应尽量选用质量高、有代表性的文献，所引用的文献要注明出处，按照2005 年《GB/T 7714-2005 文后参考文献著录规则》的规定执行。

三、学位论文的撰写

（一）概述

学位论文是表明作者从事科学研究取得创造性结果或有新的见解，并以此为内容而撰写的作为申请授予相应学位时评审用的学术论文。学位论文分为学士论文、硕士论文和博士论文三种。这里主要介绍学士论文的撰写。

学士论文侧重科学研究规范的基本训练，体现的是运用本专业理论知识和技能分析问题、解决问题的能力。要求论文具有科学性、创新性、学术性和规范性，见解独到，成果具有一定的理论意义和应用价值。

（二）结构

1. 论文封面 由学校统一设计，包括分类号、UDC 号、密级、学位代码、学号、校名、题名、作者、导师、专业、申请学位类别、论文提交日期等。

2. 原创性与使用授权声明 由学校统一内容。

3. 中外文摘要 见学术论文的编写格式。

4. 关键词 见学术论文的编写格式。

5. 目录 将论文的内容以目录的形式列出，包括前言、综述、正文、结语、参考文献、附录、致谢等，后面可有图表目录。

6. 前言（绪论） 简述既往研究的不足、研究背景、目的、意义、依据、创新点和基本思路，用于判断参考和阅读价值。要求言简意赅，重点突出，彰显对象、方法、与已有成果的差异和独特性。

7. 文献综述

（1）文献综述的作用：文献综述是在对文献进行阅读、选择、比较、分类、分析和综合的基础上，研究者用自己的语言对某一问题的研究状况进行综合叙述的情报研究成果。①文献综述是开展科学研究的基础性工作。②文献综述的撰写要求联系实际，分析所研究课题的内容，对选准课题和题目的确定打下比较牢固的基础。③文献综述的内容能作为科研项目申报的依据。④文献综述的撰写中能发现研究中存在的不足与空白，有助于确定采取何种科研手段和研究方法，为拟定课题实施方案提供。一篇好的文献综述会在学术思想上有所启发，在科学实验中有所借鉴，能够对取得的结果有所预见。

文献综述也是一项科研成果，可作为专题研究论文在杂志上发表，为同行提供相关课题的信息，使读者能在较短的时间内了解该项研究的背景、现状和前景，从而确定研究方向，为科研课题立项提供重要线索。

（2）综述的撰写：文献综述专题性强，往往限于一定范围之内。文献综述多采用第三人称，要求客观，忠实原意，不能把个人观点强加到引用资料上。不能断章取义，更不能任意歪曲。为了使逻辑性更强，可分段落或加小标题。段落之间既要有论述的重点，又要保持内在的逻辑联系。可按时间顺序写，也可按问题性质写，无固定格式。要围绕论点组织文献，每一段将提炼的论点放在前面，后面介绍各家论点、引用文献的结果或调查数据作为论据。

8. 正文 是学位论文的核心，系统介绍材料、方法、结果、讨论和小结，重点是得出独到的见解。正文要求结构合理，层次清楚，条理分明，重点突出，语言规范。

（1）研究材料：列出可影响主要结果的对象、原料、仪器、条件和选择标准。

（2）研究方法：描述影响关键结果的细节、特征、原理、准则、工具、技术、程序和操作流程，方法可重复，结果可重现；采用国家法定单位、符号、外文、公式和标准；注明引用和略作修改的内容。

（3）研究结果：将分析后的插图、数据、图表和文字说明，按照逻辑关系依次列出，研究结果必须做到实事求是，数据可靠，计算无误，报表规范，统计恰当，图片清晰，层次分明，文图相符，简明易懂。

（4）讨论：对比前人研究与新理论、新成果的异同，从理论和实用的角度进行论证，解释其因果关系、偏差原因，立论要客观准确，论据充实，结构严谨，合乎逻辑，说理透彻。

（5）结论：高度概括论文的主要观点，包括主要结果、创新点、展望与设想，做到观点鲜明，语言精练，结论公正客观。

（6）小结：总结结果。

（7）结语：论文总体结果、创新点和展望。

（8）参考文献：见学术论文的编写格式。

9. 附录　不便编入正文的补充材料，包括调查问卷、工具、图表、程序全文；重要符号说明、计量单位、标志；名词、术语、单位缩写与注释；攻读学位期间发表的成果等。

10. 致谢　对给予资助、指导、建议、帮助，提供资料或便利条件的主要单位和个人表示真诚地感谢。

思考题

1. 如何做到合理引用？
2. 哪些行为属于学术不端？
3. 学位论文与杂志发表的专题研究论文有什么区别。
4. 简述学术论文撰写的步骤。
5. 文献综述的作用。
6. 简述学位论文的结构。

主要参考书目

［1］陆伟路.中医药文献信息检索.2 版［M］.北京：中国中医药出版社，2016.

［2］邓翀，陈守鹏.中医药文献检索（修订版）［M］.上海：上海科学技术出版社，2013.

［3］林丹红.中西医学文献检索［M］.北京：中国中医药出版社，2010.

［4］邓翀，辛宁.中医药文献检索.2 版［M］.上海：上海科学技术出版社，2011.

［5］湛佑祥，陈锐，陈界，等.医学信息检索学［M］.北京：人民军医出版社，2014.

［6］邓翀.中医药文献检索.3 版［M］.上海：上海科学技术出版社，2017.

［7］于光.信息检索.2 版［M］.北京：电子工业出版社，2014.

［8］陈红勤，梁平，杨慕莲.医学信息检索与利用［M］.武汉：华中科技大学出版社，2014.

［9］刘川.中医药文献信息利用［M］.北京：人民日报出版社，2017.

［10］程鸿，周凤岐.医学信息检索实践指导［M］.北京：北京大学医学出版社，2016.

［11］王立诚.科技文献检索与利用［M］.南京：东南大学出版社，2014.

［12］何冰，刘兴太.医学信息检索与利用［M］.北京：人民军医出版社，2011.

［13］徐景芬，杨静.文献信息检索教程［M］.成都：电子科技大学出版社，2005.

［14］穆安民.科技文献检索实用教程［M］.重庆：重庆大学出版社，2015.

［15］毕玉侠，于占洋.药学文献检索［M］.沈阳：东北大学出版社，2014.

［16］赵鸿萍.新编药学信息检索教程［M］.南京：东南大学出版社，2016.

［17］谢志耘.医学文献检索［M］.北京：北京大学医学出版社，2010.

［18］徐云，张倩.医学信息检索［M］.武汉：华中科技大学出版社，2015.

［19］张稚鲲，李文林.信息检索与利用［M］.南京：南京大学出版社，2015.

［20］周晓政.医药信息检索与利用.2 版［M］.南京：东南大学出版社，2012.

［21］朱金玲.网络生物医学信息理论与实践［M］.天津：天津科学技术出版社，2017.

［22］陈新艳，陈振华.信息检索与利用［M］.武汉：武汉理工大学出版社，2015.

［23］申杰，王净净.医学科研思路与方法［M］.北京：中国中医药出版社，2016.

［24］彭奇志.信息检索与利用［M］.北京：中国轻工业出版社，2013.

［25］张士靖.医学信息素养研究与实践［M］.武汉：湖北科学技术出版社，2010.